高等教育安全科学与工程类系列规划教材

道路交通安全

第 2 版

主　编　房曰荣　沈斐敏
参　编　陈伯辉　潘　瑜
主　审　钱新明

机械工业出版社

本书以道路交通事故的基本概念和道路安全工程的主要内容为基础，系统地介绍了道路、人、车辆和道路交通设施等因素与道路交通安全的关系，及预防道路交通事故发生的相关措施，并介绍了安全系统工程在道路交通系统中的运用，较为详尽地阐述了道路交通系统的安全分析、安全评价、安全管理的原理及方法。

本书共分八章，内容系统、全面，编入大量图表，侧重道路交通安全管理的理论和实践，附录中依据国家规范给出了我国目前道路交通标志的图片。

本书主要作为交通运输、交通工程、安全工程等相关专业的本科、专科教材，同时也可作为从事道路交通安全设计、安全管理、安全评价等相关工作专业人员的业务参考书，以及交通运输系统安全管理人员的培训教材。

图书在版编目（CIP）数据

道路交通安全/房曰荣，沈斐敏主编.—2 版.—北京：机械工业出版社，2019.7（2025.6重印）
高等教育安全科学与工程类系列规划教材
ISBN 978-7-111-62689-3

Ⅰ.①道… Ⅱ.①房…②沈… Ⅲ.①公路运输-交通运输安全-高等学校-教材 Ⅳ.①U492.8

中国版本图书馆 CIP 数据核字（2019）第 086263 号

机械工业出版社（北京市百万庄大街22号　邮政编码100037）
策划编辑：冷　彬　责任编辑：冷　彬　陈　洁　商红云
责任校对：杜雨霏　封面设计：张　静
责任印制：张　博
固安县铭成印刷有限公司印刷
2025 年 6 月第 2 版第 5 次印刷
184mm×260mm・19.75 印张・539 千字
标准书号：ISBN 978-7-111-62689-3
定价：49.80 元

电话服务　　　　　　　网络服务
客服电话：010-88361066　机　工　官　网：www.cmpbook.com
　　　　　010-88379833　机　工　官　博：weibo.com/cmp1952
　　　　　010-68326294　金　书　网：www.golden-book.com
封面无防伪标均为盗版　机工教育服务网：www.cmpedu.com

安全科学与工程类专业教材编审委员会

主 任 委 员：冯长根

副主任委员：王新泉　吴　超　蒋军成

秘 书 长：冷　彬

委　　　员：（排名不分先后）

冯长根　王新泉　吴　超　蒋军成　沈斐敏

钮英建　霍　然　孙　熙　金龙哲　王述洋

刘英学　王保国　张俭让　司　鹄　王凯全

董文庚　景国勋　柴建设　周长春　冷　彬

序⊖

"安全工程"本科专业是在1958年建立的"工业安全技术""工业卫生技术"和1983年建立的"矿山通风与安全"本科专业基础上发展起来的。1984年,国家教委将"安全工程"专业作为试办专业列入普通高等学校本科专业目录之中。1998年7月6日,教育部发文颁布《普通高等学校本科专业目录》,"安全工程"本科专业(代号:081002)属于工学门类的"环境与安全类"(代号:0810)学科下的两个专业之一⊖。1958—1996年年底,全国各高校累计培养安全工程专业本科生8130人。到2005年年底,在教育部备案的设有安全工程本科专业的高校已达75所,2005年全国安全工程专业本科招生人数近3900名⊜。

按照《普通高等学校本科专业目录》的要求,以及院校招生和专业发展的需要,原来已设有与"安全工程"专业相近但专业名称有所差异的高校,现也大都更名为"安全工程"专业。专业名称统一后的"安全工程"专业,专业覆盖面大大拓宽⊖。同时,随着经济社会发展对安全工程专业人才要求的更新,安全工程专业的内涵也发生了很大变化,相应的专业培养目标、培养要求、主干学科、主要课程、主要实践性教学环节等都有了不同程度的变化,学生毕业后的执业身份是注册安全工程师。但是,安全工程专业的教材建设与专业的发展出现了不适应的新情况,无法满足和适应高等教育培养人才的需要。为此,组织编写、出版一套新的安全工程专业系列教材已成为众多院校的翘首之盼。

机械工业出版社是有着悠久历史的国家级优秀出版社,在高等学校安全工程学科教学指导委员会的指导和支持下,根据当前安全工程专业教育的发展现状,本着"大安全"的教育思想,进行了大量的调查研究工作,聘请了安全科学与工程领域一批学术造诣深、实践经验丰富的教授、专家,组织成立了教材编审委员会(以下简称"编审委"),决定组织编写"高等教育安全工程系列'十一五'规划教材"⊛。并先后于2004年8月(衡阳)、2005年8月(葫芦岛)、2005年12月(北京)、2006年4月(福州)组织召开了一系列安全工程专业本科教材建设研讨会,就安全工程专业本科教育的课程体系、课程教学

⊖ 此序作于2005年9月,为便于读者了解本套系列教材的产生与延续,该序将一直被保留和使用,并对其中某些数据的变化加以备注,以反映本套系列教材的可持续性,做到传承有序。

⊖ 按《普通高等学校本科专业目录》(2012版),"安全工程"本科专业(专业代码:082901)属于工学学科的"安全科学与工程类"(专业代码:0829)下的专业。

⊜ 这是安全工程本科专业发展过程中的一个历史数据,没有变更为当前数据是考虑到该专业每年的全国招生数量是变数,读者欲加了解,可在具有权威性的相关官方网站查得。

⊛ 自2012年更名为"高等教育安全科学与工程类系列规划教材"。

内容、教材建设等问题反复进行了研讨，在总结以往教学改革、教材编写经验的基础上，以推动安全工程专业教学改革和教材建设为宗旨，进行顶层设计，制订总体规划、出版进度和编写原则，计划分期分批出版30余门课程的教材，以尽快满足全国众多院校的教学需要，以后再根据专业方向的需要逐步增补。

由安全学原理、安全系统工程、安全人机工程学、安全管理学等课程构成的学科基础平台课程，已被安全科学与工程领域学者认可并达成共识。本套系列教材编写、出版的基本思路是，在学科基础平台上，构建支撑安全工程专业的工程学原理与由关键性的主体技术组成的专业技术平台课程体系，编写、出版系列教材来支撑这个体系。

本套系列教材体系设计的原则是，重基本理论，重学科发展，理论联系实际，结合学生现状，体现人才培养要求。为保证教材的编写质量，本着"主编负责，主审把关"的原则，编审委组织专家分别对各门课程教材的编写大纲进行认真仔细的评审。教材初稿完成后又组织同行专家对书稿进行研讨，编者数易其稿，经反复推敲定稿后才最终进入出版流程。

作为一套全新的安全工程专业系列教材，其"新"主要体现在以下几点：

体系新。本套系列教材从"大安全"的专业要求出发，从整体上考虑、构建支撑安全工程学科专业技术平台的课程体系和各门课程的内容安排，按照教学改革方向要求的学时，统一协调与整合，形成一个完整的、各门课程之间有机联系的系列教材体系。

内容新。本套系列教材的突出特点是内容体系上的创新。它既注重知识的系统性、完整性，又特别注意各门学科基础平台课程之间的关联，更注意后续的各门专业技术课与先修的学科基础平台课程的衔接，充分考虑了安全工程学科知识体系的连贯性和各门课程教材间知识点的衔接、交叉和融合问题，努力消除相互关联课程中内容重复的现象，突出安全工程学科的工程学原理与关键性的主体技术，有利于学生的知识和技能的发展，有利于教学改革。

知识新。本套系列教材的主编大多由长期从事安全工程专业本科教学的教授担任，他们一直处于教学和科研的第一线，学术造诣深厚，教学经验丰富。在编写教材时，他们十分重视理论联系实际，注重引入新理论、新知识、新技术、新方法、新材料、新装备、新法规等理论研究成果，以及工程技术实践成果和各校教学改革的阶段性成果，充实与更新了知识点，增加了部分学科前沿方面的内容，充分体现了教材的先进性和前瞻性，以适应时代对安全工程高级专业技术人才的培育要求。本套系列教材中凡涉及安全生产的法律法规、技术标准、行业规范，全部采用最新颁布的版本。

安全是人类最重要和最基本的需求，是人民生命与健康的基本保障。一切生活、生产活动都源于生命的存在。如果人们失去了生命，一切都无从谈起。全世界平均每天发生约68.5万起事故，造成约2200人死亡的事实，使我们确认，安全不是别的什么，安全就是生命。安全生产是社会文明和进步的重要标志，是经济社会发展的综合反映，是落实以人为本的科学发展观的重要实践，是构建和谐社会的有力保障，是全面建成小康社会、统筹经济社会全面发展的重要内容，是实施可持续发展战略的组成部分，是各级政府履行市场监管和社会管理职能的基本任务，是企业生存、发展的基本要求。国内外实践证明，安全生产具有全局性、社会性、长期性、复杂性、科学性和规律性的特点，随着社会的不断进步，工业化进程的加快，安全生产工作的内涵发生了重大变化，它突破了时间和空间的限制，存在于人们日常生活和生产活动的全过程中，成为一个复杂多变的社会问题在安全领域的集中反映。安全问题不仅对生命个体非常重要，而且对社会稳定和经济发展产生重要影响。党的十六届五中全会提出"安全发展"的重要战略理念。安全发展是科学发展观理论体系的重要组成部分，安全发展与构建和谐社会有着密切的内在联系，以人为本，首先就是要以人的生命为本。"安全·生命·稳定·发展"是一个良性循环。安全科技工作者在促进、保证这一良性循环中起着重要作用。安全科技人才匮乏是我国安全生产形势严峻的重要原因之一。加快培养安全科技人才也是解开安全难题的钥匙之一。

高等院校安全工程专业是培养现代安全科学技术人才的基地。我深信，本套系列教材的出版，将对我国安全工程本科教育的发展和高级安全工程专业人才的培养起到十分积极的推进作用，同时，也为安全生产领域众多实际工作者提高专业理论水平提供学习资料。当然，由于这是第一套基于专业技术平台课程体系的教材，尽管我们的编审者、出版者凤兴夜寐，尽心竭力，但由于安全工程学科具有在理论上的综合性与应用上的广泛性相交叉的特性，开办安全工程专业的高等院校所依托的行业类型又涉及军工、航空、化工、石油、矿业、土木、交通、能源、环境、经济等诸多领域，安全科学与工程的应用也涉及人类生产、生活和生存的各个方面，因此，本套系列教材依然会存在这样和那样的缺点、不足，难免挂一漏万，诚恳地希望得到有关专家、学者的关心与支持，希望选用本套系列教材的广大师生在使用过程中给我们多提意见和建议。谨祝本套系列教材在编者、出版者、授课教师和学生的共同努力下，通过教学实践，获得进一步的完善和提高。

"嘤其鸣矣，求其友声"，高等院校安全工程专业正面临着前所未有的发展机遇，在此我们祝愿各个高校的安全工程专业越办越好，办出特色，为我国安全生产战线输送更多的优秀人才。让我们共同努力，为我国安全工程教育事业的发展做出贡献。

中国科学技术协会书记处书记[一]
中国职业安全健康协会副理事长
中国灾害防御协会副会长
亚洲安全工程学会主席
高等学校安全工程学科教学指导委员会副主任
安全科学与工程类专业教材编审委员会主任
北京理工大学教授、博士生导师

冯长根

[一] 曾任中国科协副主席。

前　言

交通作为国民经济和社会发展的基础性产业，其发展必须以安全为前提和保障，实现与经济社会的和谐发展。近十年来，交通事故各项指标呈下降趋势，但形势却不容乐观，交通事故指标的绝对值依然较大。据官方数据统计，我国每年因道路交通事故死亡的人数远远超过其他各类安全生产事故死亡的人数之和，交通安全依然是公众所面临的一个严重的社会问题。保障交通事业全面、协调、可持续发展，构建平安交通，必须依靠广大科技工作者，集思广益，深入探索道路交通的庞杂系统，研究道路交通事故的规律，寻求积极有效的预防措施。

本书是为适应交通事业发展对安全工程专业人才的需求，由安全科学与工程类专业教材编审委员会组织编写的。本次修订是在第 1 版的基础上，参照国家最新出台的道路交通安全方面的法律法规和技术标准，加入了国内外关于交通安全方面的先进研究成果，同时补充了编者近些年研究所形成的一些粗浅的成果。在内容选取方面，尽量遵循"全面系统、重点突出"的原则；在道路交通事故影响因素方面，系统介绍了道路、人、车辆和道路交通设施等因素与交通安全的关系，重点阐述了道路各要素的影响特点及设计要求；在安全系统工程的运用方面，详细介绍了系统安全分析、安全评价及安全管理三个方面的内容，重点阐述了国家最新关于交通运输企业安全生产标准化建设的内容。

为学习贯彻党的二十大报告精神，本书重印时结合本课程具体内容，加入了中国创造、川藏公路的修筑等课程思政元素，旨在培养学生爱国主义精神，强化学生科技报国热情。

本书由房日荣、沈斐敏担任主编并负责统稿，陈伯辉、潘瑜参加编写。具体的编写分工为：第一章由沈斐敏编写，第二、三、五、六、七章由房日荣编写，第四章由陈伯辉编写，第八章由潘瑜编写。全书由北京理工大学钱新明教授担任主审。

在编写过程中，安全科学与工程类专业教材编审委员会积极组织专家对本书的编写大纲与书稿进行了审纲和审稿工作，同时得到了许多专家、同行的关心和指点，在此向他们表示衷心的感谢。

本书在编写过程中参考了国内外文献资料，在此向文献资料原著者表示感谢。

限于编者水平，书中错误和不妥之处在所难免，恳请读者批评指正。

编　者

目　录

序
前言
第一章　绪论 ··· 1
　　第一节　道路交通事故概况 ·· 1
　　第二节　道路交通事故的基本概念 ·· 6
　　第三节　交通安全工程的内容 ··· 13
　　第四节　道路交通安全的哲学基础 ·· 18
　　复习思考题 ·· 21
第二章　道路因素和交通安全 ··· 22
　　第一节　道路基本概念 ·· 22
　　第二节　平面线形 ·· 24
　　第三节　纵断面 ··· 41
　　第四节　横断面 ··· 49
　　第五节　道路交叉口 ··· 53
　　复习思考题 ·· 60
第三章　人的因素与交通安全 ··· 62
　　第一节　驾驶人导致事故发生的主要原因 ··· 62
　　第二节　疲劳驾驶与行车安全 ··· 64
　　第三节　饮酒与行车安全 ··· 70
　　第四节　吸烟、药物与行车安全 ··· 76
　　第五节　行人、骑自行车者的交通特性 ·· 78
　　复习思考题 ·· 83
第四章　车辆因素与交通安全 ··· 84
　　第一节　概述 ·· 84
　　第二节　车辆的主动安全性 ·· 88
　　第三节　车辆的被动安全性 ·· 97
　　复习思考题 ··· 103
第五章　道路交通设施 ··· 104
　　第一节　交通信号灯 ··· 104
　　第二节　道路交通标志 ·· 107
　　第三节　道路交通标线 ·· 125

第四节　安全护栏 …………………………………………………… 130
　　　第五节　防眩设施 …………………………………………………… 134
　　　第六节　视线诱导设施 ……………………………………………… 140
　　　复习思考题 …………………………………………………………… 142
第六章　道路交通安全系统分析 …………………………………………… 143
　　　第一节　交通事故分析指标 ………………………………………… 143
　　　第二节　系统安全分析方法 ………………………………………… 147
　　　第三节　交通事故致因分析的突变模型 …………………………… 159
　　　第四节　事故多发点鉴别分析 ……………………………………… 162
　　　复习思考题 …………………………………………………………… 171
第七章　道路交通安全系统评价 …………………………………………… 172
　　　第一节　道路交通安全系统评价的基本概念 ……………………… 172
　　　第二节　道路安全评价概述 ………………………………………… 174
　　　第三节　道路交通安全系统评价的基本方法及应用 ……………… 176
　　　第四节　交通冲突评价方法 ………………………………………… 194
　　　第五节　道路安全检查表评价法 …………………………………… 196
　　　复习思考题 …………………………………………………………… 209
第八章　道路交通安全管理 ………………………………………………… 211
　　　第一节　交通安全管理的基本概念 ………………………………… 211
　　　第二节　我国交通安全管理体制 …………………………………… 213
　　　第三节　道路安全管理 ……………………………………………… 216
　　　第四节　驾驶人的管理 ……………………………………………… 223
　　　第五节　车辆安全管理 ……………………………………………… 229
　　　第六节　道路交通安全法规 ………………………………………… 237
　　　第七节　交通事故紧急救援管理 …………………………………… 246
　　　第八节　智能交通系统 ……………………………………………… 253
　　　第九节　交通运输企业安全生产标准化建设 ……………………… 255
　　　复习思考题 …………………………………………………………… 267
附　录 ………………………………………………………………………… 269
　　　附录 A　中华人民共和国道路交通安全法 ………………………… 269
　　　附录 B　道路交通标志 ……………………………………………… 283
参考文献 ……………………………………………………………………… 305

第一章

绪论

第一节 道路交通事故概况

自从交通行为出现以来,交通安全就是交通运输研究中的一个重要内容。随着城市化的发展和科学技术在交通运输领域中的应用,机动车已在全球范围内迅速普及,并成为人类社会经济生活不可缺少的工具,交通的进步与发展给人类带来了无尽的生活便利、经济效益和社会繁荣,但交通工具的使用导致交通事故的频繁发生也给人类带来灾难,使人类蒙受了难以计数的损失,交通事故已成为当今社会的一大公害。在许多国家,由交通事故引起的人员伤亡数比火灾、水灾和意外爆炸等事故造成的伤亡人数总和还要大得多。从经济损失方面来看也是如此。例如,美国的火灾经济损失只有交通事故经济损失的13%左右,中国的火灾经济损失只相当于交通事故经济损失的10%。

如何治理交通事故已成为各国政府普遍关注的课题,发达国家在这方面积累了不少成功的经验,我国政府也进行了不懈的努力和探索。我们相信,随着人类科学的不断进步和各国交通管理法规的进一步完善,人类在消除交通运输的负面影响,构筑安全有序的交通环境,保护绿色、洁净的生存空间方面必将做出显著的成绩。

一、全球道路交通安全状况

自1886年汽车问世以来,道路交通事故就一直困扰着世界各国,道路交通安全状况也越来越受到各国的重视。然而,汽车交通受人、车、路、环境等复杂因素的影响,因此道路交通事故的发生是不可避免的,这是一个社会问题。

据世界道路协会道路安全委员会1999年的统计,全世界每年因道路交通事故而死亡的人数达70万人,受伤人数超过500万人,道路交通事故累计死亡人数已超过3000万人。而第一次世界大战期间死于战争的人数仅有1700多万人,交通事故对人类生命的危害明显大于第一次世界大战。所以,人们将交通事故对人类的危害称为"无休止的战争""交通地狱",把导致道路交通事故发生的汽车称为"行驶的棺材"。全世界每年因道路交通事故造成的经济损失约为5180亿美元,占世界GDP的1%~3%。

世界卫生组织2017年公布的《世界卫生统计》报告指出,2013年大约有125万人因道路交通事故死亡,道路交通碰撞造成了多达5000万人的非致命伤害,道路交通伤害是造成15~29岁年龄段人死亡的主要原因,其对道路使用者的弱势群体(即行人和骑自行车者)的影响更大。2000—2013年,道路交通死亡人数全球增长约13%。2013年部分国家交通死亡率情况见表1-1。

表 1-1　2013 年部分国家交通死亡率情况

国　　家	美国	德国	法国	澳大利亚	日本	伊朗	中国
10万人口死亡率	10.6	4.3	5.1	5.4	4.7	32.1	18.8

根据美国国家公路交通安全管理局(NHTSA)2017 年 6 月公布的最新统计数据,2016 年美国地区有 37461 人因交通事故而死亡,同比增长 5.6%。2016 年在美国的公路上行驶的车辆英里数增加了 2.2%,这也导致了每 1 亿车辆英里死亡率达 1.18,同比增长 2.6%。相关数据显示:

与分心驾驶有关的死亡人数(3450 人死亡)下降了 2.2%。

疲劳驾驶的死亡人数(803 人死亡)下降了 3.5%。

酒后驾车的死亡人数(10497 人死亡)增加了 1.7%。

超速驾驶的死亡人数(10111 人死亡)增加了 4.0%。

未系安全带的死亡人数(10428 人死亡)增加了 4.6%。

骑摩托车死亡的人数(5286 人死亡——2008 年以来骑摩托车死亡人数最多)增加了 5.1%。

行人死亡人数(5987 人死亡——自 1990 年以来的最高值)增加了 9.0%。

骑自行车者的死亡人数(840 人死亡——自 1991 年以来的最高值)增加了 1.3%。

在欧洲,每年大约有 1200000 起交通事故,1600000 人受伤,25% 的受伤者是行人、骑自行车的人或摩托车驾驶员,与行人相关的事故占交通事故伤害的第二位。在日本,每年大约有 1000000 起交通事故发生,大约 10000 人丧生,因此造成的经济损失每年高达 1.2 亿美元。

交通安全问题已经成为世界各国关注的问题,许多国家已经在交通可持续发展中将交通安全摆在首位。发达国家制订的交通战略计划中也将交通安全作为首要目标,都明确指出要实现以减少交通伤亡,促进公众健康,改善公共安全为目标的提高交通安全性战略。

发达国家在处理交通发展与交通安全的关系上,已将交通安全作为交通领域各项工作之首,除将交通安全的目标作为主要战略目标外,也将提高交通安全性作为交通运输发展的行动指南和判断标准。

随着世界各国(主要是发达国家)对道路交通安全的日益关注,并且投入大量的人力、物力来研究道路交通事故的成因并制定相应对策,交通安全状况逐渐好转。表 1-2 给出了一些国家 2002 年的道路交通事故数据及部分与其 1998 年数据的对比变化情况。从表中可以看出,总体上,随着交通的快速发展,发达国家的交通安全状况在保持事故次数基本稳定的基础上,事故严重程度趋于好转。

表 1-2　部分国家道路交通事故数据汇总

统计项目	人口(百万)	机动车保有量(百万辆)	事故次数(起)	受伤人数(人)	死亡人数(人)	10亿车公里死亡率(人/10亿车公里)	事故次数变化率(%)	受伤人数变化率(%)	死亡人数变化率(%)	10亿车公里死亡变化率(%)
年份	2002	2002	2002	2002	2002	2002				
			1998	1998	1998	1998				
美国	288.40	225.70	2222000	3400000	—	5.20	-9.50	0.03	—	-1.89
			2455118	3399000	41967	5.30				
日本	127.40	81.00	—	—	—	4.60	—	—	—	—
			780399	957311	9211					

(续)

统计项目	人口（百万）	机动车保有量（百万辆）	事故次数（起）	受伤人数（人）	死亡人数（人）	10亿车公里死亡率（人/10亿车公里）	事故次数变化率（%）	受伤人数变化率（%）	死亡人数变化率（%）	10亿车公里死亡变化率（%）
英国	59.20	30.40	240046	323945	3599	2.10	-2.91	-3.73	-3.85	-8.70
			247238	336499	3743	2.30				
法国	59.30	35.40	125202	169578	7989	4.50	0.66	0.62	-5.31	-15.09
			124387	168535	8437	5.30				
德国	82.40	53.30	380835	501094	8549	4.10	0.00	26.64	0.00	-24.07
			380853	395689	8549	5.40				
加拿大	31.40	18.10	152689	221186	3064	—	-0.05	-0.07	3.20	—
			152765	221341	2969	—				
意大利	57.80	42.10	190031	270962	6226	—	-13.24	0.00	-1.55	—
			219031	270962	6324	13.40				
丹麦	5.40	2.50	8004	9617	489	4.90	—	6.86	-2.20	32.43
			—	9000	500	3.70				
葡萄牙	9.50	8.70	49417	66516	1939	—	0.20	27.48	3.97	—
			49319	52177	1865	—				

在几个发达国家之间进行横向比较，从万车死亡率来看，一般都在5人/万车以下。以2002年为例，法国最高，为2.26人/万车，葡萄牙为2.23人/万车，丹麦为1.96人/万车，美国为1.86人/万车，英国最低，为1.18人/万车。10亿车公里死亡率也是衡量一个国家道路交通安全状况的重要指标。美国、英国、法国及意大利等发达国家的10亿车公里死亡率在20世纪70年代初期达到高峰，之后开始回落，但时有起伏。20世纪90年代以来，各国的10亿车公里死亡率开始稳中有降。

二、中国道路交通安全状况及原因分析

（一）交通安全状况

中国是世界上交通事故发生较严重的国家之一。进入21世纪以来，我国道路交通安全总体上趋于好转，但形势依然严峻，概括起来，我国道路交通安全状况主要有以下特点：

1. 道路交通安全总体趋于好转

自2002年以来，道路交通事故起数、死亡人数、受伤人数、直接经济损失四项指标总体上均呈现出明显下降趋势，这说明全国交通安全状况总体趋于好转。主要原因有：①国家及地方加强了交通安全的立法工作；②政府及相关部门采取了切实可行的整治措施，如实施了城市道路的"畅通工程"、实施了公路危险路段排查及整治、实施了针对醉酒驾车等违法行为的集中整治等；③道路基础设施的不断完善及人民群众交通安全意识的日益提高。我国近年来的道路交通事故统计见表1-3。

表 1-3 我国近年来的道路交通事故统计结果

年 份	事故次数(起)	死亡人数(人)	受伤人数(人)	直接经济损失(万元)
2000	616971	93853	418721	266890
2001	754919	105930	546485	308787
2002	773137	109381	562074	332438
2003	667507	104372	494174	336915
2004	512508	107077	463134	239141
2005	450254	98738	469911	188401
2006	378781	89455	431139	148956
2007	327209	81649	380442	119878
2008	265204	73484	304919	100972
2009	238351	67759	275125	91437
2010	219521	65225	254075	92634
2011	210812	62387	237421	107873
2012	204196	59997	224327	117490
2013	198394	58539	213724	103897
2014	196812	58523	211882	107543
2015	187781	58022	199880	103692

2. 道路交通安全形势依然严峻

虽然我国道路交通事故目前呈下降或平稳的态势，但从指标的绝对数值、相对指标的横向比较等看，我国交通安全形势依然比较严峻，不容乐观。

例如，2013 年我国的道路交通 10 万人口死亡率为 18.8，美国为 10.6，德国为 4.3，而英国仅为 2.9；2011—2015 年，我国道路交通事故死亡人数占全国各类生产安全事故死亡人数的比例平均为 84.7%，说明道路交通是事故发生最严重的环节，如果能采取有效措施加强道路交通安全整治，进一步遏制重特大事故，有效控制交通事故率、死亡率，则全国总体安全生产水平将有大幅度的提高。图 1-1 为 2013 年部分国家道路交通 10 万人口死亡率统计情况。

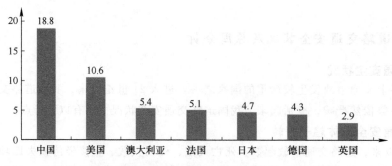

图 1-1　2013 年部分国家道路交通 10 万人口死亡率统计

3. 高速公路事故率大大高于普通公路

高速公路具有线形指标高、路面质量好、全封闭、无行人和慢车干扰、交通安全设施齐全的特点。因此，从理论上和国外的实际情况来讲，高速公路的交通事故情况要比普通公路好得多，国外高速公路发生的交通事故数量平均约为一般公路的43.76%，而日本高速公路的伤亡事故率只有一般公路的1/2，事故死亡率为一般公路的1/3。

但作为一个新的路面形态，高速公路发生的交通事故却不容忽视。2004年在公路事故中，二级公路上平均每万公里死亡人数为1453人，三级公路上平均每万公里死亡669人，高速公路上死亡人数为6235人，比上年上升18.3%，平均每万公里死亡1823人，远远高于二、三级公路每万公里死亡水平。2005年，高速公路上交通事故造成6407人死亡，比2004年上升2.8%。

高速公路事故上升主要是由于高速公路通车里程的快速增长，高速公路车流量增大，以及驾驶人对高速驾驶不适应等原因。从高速公路事故原因看，未保持安全距离和疲劳驾驶是导致事故最直接的原因。从2004年统计数据看，其中未保持安全距离造成968人死亡，占高速公路死亡总数的15.5%，远远高于一般公路事故中这一违法行为导致4.3%死亡人数的比例；疲劳驾驶共造成925人死亡，占高速公路死亡总数的14.8%，也高于一般公路事故中这一违法行为导致2.9%死亡人数的比例。

4. 群死群伤特大恶性道路交通事故上升幅度较大

多年来群死群伤特大恶性道路交通事故多发，2004—2015年，全国平均每年发生一次死亡10人以上道路交通事故29起，造成443人死亡、442人受伤，事故伤亡比为1∶1，后果极其严重。

这些群死群伤特大恶性事故发生的时间相对集中，多数发生在春运期间及黄金周期间。例如，2004年春运40天内共发生一次死亡10人以上群死群伤特大交通事故18起，占总数的32.7%；2005年5月、10月黄金周期间发生特大交通事故13起，占总数的27.7%。

从事故发生的原因来看，主要是超速行驶、疲劳驾驶、客车超员等交通违法严重，机械故障导致事故增多及营运车辆肇事突出等。因此，如何做好交通繁忙时候的交通安全管理工作也是个紧迫的课题。

（二）交通事故致因分析

事故致因理论是指从事故的角度研究事故的构成要素和原因体系，分析事故成因及其静态过程和动态发展规律，从而用于指导事故预防工作。通过对近几年的国家交通事故统计资料分析，我国交通事故多发的主要原因有以下几点：

1. 机动车驾驶人违法行为

机动车驾驶人违法行为是造成交通事故的主要原因，未按规定让行、超速行驶、占道行驶、无证驾驶、酒后驾驶、疲劳驾驶等原因造成的交通死亡事故比较突出。2016年，因机动车驾驶人违法导致交通事故184325起，造成56261人死亡、196129人受伤，分别占总数的86.6%、89.2%和86.6%。其中因未按规定让行、超速等严重交通违法行为造成的交通死亡事故较为突出，2016年，因未按规定让行造成6882人死亡，占死亡总数的10.9%。另外，因无证驾驶造成5209人死亡，占总数的8.26%；因机动车驾驶人超速行驶造成3332人死亡，占总数的5.28%。2016年我国主要的机动车违法行为如图1-2所示。

2. 交通基础设施供应不足

同欧美国家相比，我国的道路交通状况还存在巨大的差距。中国、美国、日本三国交通数据的比较表明，我们在公路交通环境上同交通发达国家还有很大的差距。道路通行能力、交通基础设施标准低。在我国具体的交通工程实践中，还普遍存在着单纯地为了提高道路等级，简单地将道路路面硬化的做法。其结果只能是使驾驶人产生错觉，导致交通事故。混合交通状态也非常严重，行人、非机动车辆和机动车辆混行的道路导致了事故多发。

另外，道路及辅助设施的发展速度还不完全适应车辆、交通流量的增长需求。随着改革开放

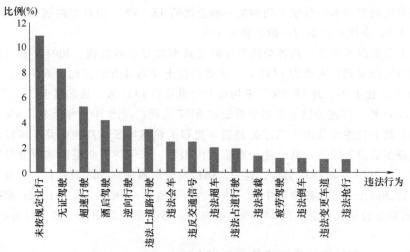

图1-2 2016年我国主要的机动车违法行为

的深入,我国经济发展迅速,人民生活水平大幅度提高。民用汽车保有量以10%~15%的速度快速增长,公路货运量、客运量增长速度为5%~7%,公路货运周转量、客运周转量增长速度为8%~10%,而公路通车里程及设施建设增长速度约5%。在现有公路构成中,大部分还是四级路及等外公路。从交通安全的角度考虑,交通规划是现代交通发展的一个必然要求。

3. 车辆性能欠佳

车辆是现代道路交通得以实现的主要因素,车况的好坏、车辆的性能等直接影响着道路交通的安全。车辆安全技术状况不良、机动车的性能不佳、机件失灵或零部件损坏,均可成为直接导致交通事故的因素。

其次,我国对客货运输车辆、无牌无证车辆的使用与管理不是很严格,这类车辆肇事严重,成为高速公路、农村道路交通安全的隐患。

另一方面,对于客货运输车辆的使用维护、技术状况审验方面存在各地不均衡的情况,尤其是在车辆超限超载的控制方面还需进一步加大力度。

4. 我国交通安全管理体制的缺陷

这是一个深层次的间接原因。交通安全是一项复杂的系统工程,需要多部门协调配合,社会各界通力合作进行综合治理。管理部门的多头分割体制是影响交通安全的一个重要因素。虽然,我国的道路交通安全管理体制经历了几次改革,但从目前看,我国交通管理手段上还存在一定的滞后性,从交通安全管理的实际效果看,还存在一定的不足,这些从我国目前严重的交通安全形势就可反映出来。因此,我国交通安全管理体制亟待完善与提高。

第二节 道路交通事故的基本概念

交通是指人们或人们借助某种运载手段,通过某种运动转移的方式,实现人或物的空间位置移动的社会活动过程,即各种运输活动的总称。如果从广义上讲,交通还包括邮电和通信。交通主要有铁路、道路、水运、航空等基本方式。交通的先进与落后,不仅直接影响着人们的正常交往和日常生活,而且还直接影响着一个地区或一个国家的国民经济的发展。

就交通事故的研究范畴来讲,其中道路交通事故带来的人员伤亡与经济损失在全部交通事故中所占的比例最大(达80%以上),远远大于其他交通方式,因此本书中研究的交通主要是指道路交通。

一、交通事故的定义及构成要素

(一) 定义

世界各国由于国情不同，交通规则和交通管理的规定不同，对交通事故的定义也不尽相同。

美国国家安全委员会对交通事故所下的定义为：交通事故是在道路上所发生的意料不到的有害的或危险的事件。这些有害的或危险的事件妨碍着交通行为的完成，其原因常常是由于不安全的行动（指精神方面不注意交通安全）或不安全的因素（指客观物质基础条件），或者是两者的结合所造成的。

日本对交通事故所下的定义为：由于车辆在交通中所引起的人的死伤或物的损坏，在道路交通中称为交通事故。

加拿大的定义为：发生在公共道路上的交通碰撞（traffic collision），涉及至少一辆机动车，并且导致一人或一人以上受伤或死亡，或者财产损失超过一定的数额（由各省或各地区的法律规定）时，称为交通事故。

英国的定义为：发生在公共道路上，涉及至少一辆车，并且造成了人员受伤或死亡的事件为交通事故。不包括仅仅造成财产损失的事故。

德国的定义为：发生在公共道路上或广场上，涉及至少一辆运动的车辆，并且造成了人员受伤或死亡，以及（或）财产损失的事件称为交通事故。对于只引起财产损失的事故，仅当事故原因是由于违章行为（如酒后驾驶）时，才算作交通事故。

法国的定义为：对于仅造成财产损失的事故不列为交通事故，除此之外，没有官方的定义。

意大利的定义为：交通事故是由至少一辆运动的车辆造成人员受伤或死亡的事件。

我国对交通事故的定义是根据国情、民情和道路交通状况提出来的，即《中华人民共和国道路交通安全法》（以下简称《道路交通安全法》）给出的定义：交通事故是指车辆在道路上因过错或者意外造成的人身伤亡或者财产损失的事件。这一定义基本上适合我国道路、车辆和人员参与交通行为的状况，得到了国家和社会各方面的肯定。

与原实行的《道路交通事故处理办法》中的道路交通事故的定义相比，《道路交通安全法》中的定义扩大了道路交通事故的范围，交通事故不仅是由特定的人员违反交通管理法规造成的，也可以是由意外造成的，如地震、台风、山洪、雷击等不可抗拒的自然灾害。

在交通事故处理过程中，常因一起事故是否属于交通事故发生争议。为了正确认定是否属于交通事故，除了根据国家统计局和公安部对交通事故统计的范围和标准执行外，还应参照构成交通事故的基本要素。

(二) 构成交通事故的基本要素

1. 车辆

道路交通事故应限于车辆造成的人身伤亡和财产损失的事件。也就是说，发生交通事故必有车辆参与，这是构成交通事故的前提条件，若当事各方均无车辆参与，则不认为是交通事故。例如，行人之间碰撞致使人员伤亡的事故。

交通事故包括机动车与机动车，机动车与非机动车，机动车与行人之间发生的交通事故，而飞机、轮船、火车与机动车、非机动车、行人之间的交通事故及行人与行人之间在行走中发生碰撞就不能算是道路交通事故。

2. 道路

这里的道路是指在公用的道路上，即《道路交通安全法》规定的"公路、城市道路和虽在单位管辖范围但允许社会机动车通行的地方，包括广场、公共停车场等用于公众通行的场所"。它必须具有三个特性，即形态性、客观性、公开性。形态性是指与道路毗连的供公众通行的地方；客观性是指道路尚未完工，但却是为公众通行所建；公开性是指交通管理部门认为是供公众通行的地方，都可视之为道路。只供本单位车辆和行人通行的，交通管理部门没有义务对其进行管理的，不能算作道路。因此，厂矿、企业、机关、学校、住宅区内不具有公共使用性质的道路不在此列。此外，判断是否在道路上，应以事故发生时人、车所在的位置为准，而不是以最后停止的位置为准。

同时，《道路交通安全法》第七十七条及《交通事故处理程序规定》第二条都明确规定，"车辆在道路以外通行时发生的事故，公安机关交通管理部门接到报案的，参照本法有关规定办理"，即车辆在道路以外通行时发生的事故，也可参照交通事故处理的规定予以办理。这一条扩大了道路交通事故处理法律法规的使用范围，同时又指出其参照适用的主体是接到报案的公安机关交通管理部门。

在非道路上发生的事故不适用道路事故的有关规定，如水上交通、空中交通、轨道交通等。

3. 在运动中

即在行驶或停放过程中。停放过程应理解为交通单元的停车过程，而交通单元处于静止状态停放时所发生的事故（如停车后装卸货物时发生的伤亡事故）不属于交通事故。停车后溜车所发生的事故，在公路上属于交通事故，在货场里则不算交通事故。所以，关键在于交通事故各当事方中是否至少有一方车辆处于运动状态。例如，乘车人在车辆行驶时，由车上跳下造成的事故属于交通事故。停在路边的车辆，被过往车辆碰撞发生事故，由于对方车辆处在运动中，因而也是交通事故。

4. 发生事态

发生事态是指发生碰撞、碾压、刮擦、翻车、坠车、爆炸、失火等其中的一种或几种现象。若没有发生上述事态，而是行人或旅客因其他原因（如疾病）造成死亡的，不属于交通事故。

5. 损害后果

道路交通事故必须有造成人身伤亡或者财产损失的损害后果发生，这种后果不包括间接的损害后果，并且为物质损失。如果没有造成人身伤亡和财产损失的损害后果的发生，就不能形成交通事故。因为，道路交通事故处理的最终目的是为了解决交通事故所造成的人身伤亡和财产损失，没有造成财产损失和人身伤亡的事故不作为交通事故统计。例如，仅造成了精神损失的交通事故。

6. 心理状态是过错或者意外

心理状态是过错或者意外即指事故是出于人的意料之外而偶然发生的事件，当事人的心理状态是过失。若事故发生时，当事人心理状态处于故意，如自杀或制造车辆事故的，则不属于交通事故。

道路交通事故当事人的主观心理状态是因为过错或者意外，不能为故意行为。这是因为故意是指行为人明知自己的行为会发生危害的结果，并希望或有意地放任这种结果的发生，事故本身包含非故意的要求，如果为故意造成人身伤害或财产损失的，就将构成犯罪，不适用于交通事故处理。

任何一起事故，必须同时具备以上六个基本要素，才属于道路交通事故。

不列入统计范围的事故包括：

（1）轻微事故。

（2）不通行社会车辆的专用道路上发生的事故（厂矿、油田、农场、林场自建的专用道路，农村机耕道,机关、学校、单位大院,车站、机场、港口、货场内及住宅区楼群之间的道路)。

（3）在道路上举行军事演习、体育竞赛时以及施工作业路段发生的事故。

（4）军车、武装警察车辆发生未涉及地方车辆或人员的事故。

（5）铁路道口及渡口发生的事故。

（6）蓄意驾车行凶、自杀,酗酒者、精神病患者自己碰撞车辆等发生的事故。

（7）车辆尚未开动发生的事故(人员挤、摔伤亡事故)。

（三）交通事故现象

交通事故现象也称交通事故的形式,即交通参与者之间发生冲突或自身失控造成肇事所表现出来的具体形态,基本上可分为碰撞、碾压、刮擦、翻车、坠车、爆炸和失火七种。

1. 碰撞

碰撞是指交通强者(相对而言,下同)的正面部分与他方接触,或同类车的正面部分相互接触。碰撞主要发生在机动车之间、机动车与非机动车之间、机动车与行人之间、非机动车之间、非机动车与行人之间,以及车辆与其他物体之间。

2. 碾压

碾压是指作为交通强者的机动车,对交通弱者如自行车、行人等的推碾或压过。尽管在碾压之前,大部分均有碰撞现象,但在习惯上一般都称为碾压。

3. 刮擦

刮擦是指相对而言的交通强者的侧面部分与他方接触,造成自身或他方损坏。主要表现为车刮车、车刮物和车刮人。对汽车乘员而言,发生刮擦事故时的最大危险来自破碎的玻璃,但也有车门被刮开,将车内乘员摔出车外的现象。

机动车之间的刮擦,根据运动情况,可分为会车刮擦和超车刮擦。

4. 翻车

翻车通常是指车辆没有发生其他事态,部分或全部车轮悬空、车身着地的现象。翻车一般可分为侧翻和滚翻两种,车辆的一侧轮胎离开地面称为侧翻,所有的车轮都离开地面称为滚翻。为了准确地描述翻车过程和最后的静止状态,也可用 90°、180°、360°、720°翻车等概念。

5. 坠车

坠车即车辆的坠落,并且在坠落的过程中,有一个离开地面的落体过程,通常是指车辆跌落到与路面有一定高差的路外,如坠落桥下、坠入山涧等。

6. 爆炸

爆炸是指将爆炸物品带入车内,在行驶过程中由于振动等原因引起突爆造成事故。若无违章行为,则不算是交通事故。

7. 失火

失火指车辆在行驶过程中,由于人为的或技术上的原因引起的火灾。常见的原因有乘员使用明火,违章直流供油,发动机回火,电路系统短路、漏电等。

交通事故发生的现象有的是单一的,有的是两种以上并存的。对两种以上并存的现象,一般按现象发生时间的先后顺序加以认定,如刮擦后翻车认定为刮擦,碰撞后失火认定为碰撞等；也有按主要现象认定的,如碰撞后碾压认定为碾压。

二、交通事故的特点

交通事故具有以下特点：随机性、突发性、频发性、社会性及不可逆性。

1. 随机性

以系统论观点看，交通运输系统本身是一个复杂系统，与周围环境相互作用时会构成一个动态的大系统。在这样的动态大系统中，每一环节的失误都会引发危及整个系统的大事故，而这些失误绝大多数是随机的，由此发生的事故也是随机的。道路交通事故往往是多种因素共同作用或互相引发的结果，其中有许多因素本身就是随机的（如气候因素），而多种因素正好凑在一起或互相引发则具有更大的随机性，因此道路交通事故的发生必定带有极大的随机性。

2. 突发性

道路交通事故的发生通常并没有任何先兆，即具有突发性。驾驶人从感知到危险至交通事故发生这段时间极为短暂，往往短于驾驶人的反应时间与采取相应措施所需的时间之和。或者即使事故发生前驾驶人有足够的反应时间，但由于驾驶人反应不正确、不准确而操作错误或不适宜，从而导致交通事故。

3. 频发性

由于汽车工业的高速发展，车辆急剧增加，交通量增大，造成车辆与道路比例的严重失调，加之交通管理不善等原因，造成道路交通事故频繁，伤亡人数增多，道路交通事故已成为世界性的一大公害。许多国家因道路交通事故造成的经济损失约为其国民生产总值的1%。

4. 社会性

道路交通是随着社会和经济的发展而发展的客观社会现象，是人们客观需要的一种社会活动，这种活动是人们日常生活和工作必不可少的。在目前现代化的城市中，由于大生产带来的社会分工越来越细，人际间的协作和交往也越来越密切，使人们在道路上的活动日趋频繁，成为一种社会的客观需求。

道路交通事故是伴随着道路交通的发展而产生的一种现象，无论何时，只要人参与交通，就存在涉及交通事故的危险性。道路交通随着社会的发展不断地进行演变，从步行到马车到汽车，以至形成今天的规模。这个过程不仅表明人们对道路交通的追求意识和发展意识，也证明了道路交通事故是随着社会发展和经济发展而发展的客观存在的社会现象，即道路交通事故具有社会性。

5. 不可逆性

道路交通事故的不可逆性是指不可重现性。事故是人、车、路组成的系统内部发展的产物，与该系统的组成因素有关，并受一些外部因素的影响。尽管交通事故是人类行为的结果，但却不是人类行为的期望结果。

从行为科学的观点看，社会上没有哪种行为与事故发生时的行为相类似，无论如何研究事故发生的机理和防治措施，也不能预测何时何地何人发生何种事故。因此，道路交通事故是不可重现的，其过程是不可逆的。

三、交通事故的分类

对道路交通事故进行分类，目的在于对道路交通事故进行分析研究和处理。分析的角度、方法不同，对道路交通事故所划分的类别也不相同。根据我国目前道路交通管理和事故处理的实际状况，主要有以下五种分类方法：

1. 后果分类

道路交通事故等级划分标准，是事故处理和统计工作中都要涉及的一个重要问题。国务院发布的《道路交通事故处理办法》的第六条规定："根据人身伤亡或者财产损失的程度和数额，交通事故分为轻微事故、一般事故、重大事故和特大事故，具体标准由公安部制定。"虽然根据《中华人民共和国道路交通安全法实施条例》（以下简称《道路交通安全法实施条例》）第一百一十五条规定，

《道路交通事故处理办法》已经废止，但新的《道路交通安全法实施条例》并未给出交通事故后果分类说明。

为了适应事故处理中对交通事故责任者的行政处罚，追究刑事责任和收取事故处理费，同时也为了道路交通事故的统计分析和档案管理的需要，并与最高人民法院、最高人民检察院《关于严格依法处理道路交通肇事案件的通知》等有关标准尽量协调起来，一般认为现行的道路交通事故分为以下四类：

（1）轻微事故，是指一次造成轻伤1~2人，或者财产损失机动车事故不足1000元，非机动车事故不足200元的事故。

（2）一般事故，是指一次造成重伤1~2人，或者轻伤3人以上，或者财产损失不足3万元的事故。

（3）重大事故，是指一次造成死亡1~2人，或者重伤3人以上，10人以下，或者财产损失3万元以上不足6万元的事故。

（4）特大事故，是指一次造成死亡3人以上，或者重伤11人以上，或者死亡1人同时重伤8人以上，或者死亡2人同时重伤5人以上，或者财产损失6万元以上的事故。

在事故统计中，公安部《关于做好交通管理统计工作的通知》中规定的统计范围不变动。死亡的判定以事故发生后7天内死亡的为限；重伤，按司法部、最高人民法院、最高人民检察院、公安部发布的《人体重伤鉴定标准》执行；轻伤，按最高人民法院、最高人民检察院、公安部、司法部发布的《人体轻伤鉴定标准（试行）》执行；财产损失，是指道路交通事故造成的车辆、财产直接损失折价，不含现场抢救（险）、人身伤亡善后处理的费用，也不含停工、停产、停业等所造成的财产间接损失。

在事故处理中，死亡不以事故发生后7天内死亡的为限；重伤、轻伤同样按上述标准确定；财产损失，还应包括现场抢救（险）、人身伤亡善后处理的费用，但不包括停工、停产、停业等所造成的财产间接损失。

2. 原因分类

任何交通事故的发生都有其必然的原因，因此，从原因上可以把交通事故分为两大类，即主观原因类和客观原因类。

主观原因类是指造成道路交通事故的当事人本身内在的因素，即主观故意或过失。主要包括：违反规定、疏忽大意、操作不当等方面的行为。

（1）违反规定。当事人由于思想方面的原因，不按交通法规和其他交通安全规定行驶或行走，致使正常的道路交通秩序紊乱，发生事故。例如，酒后开车、无证驾车、超速行驶、争道抢行、故意不让、违章超车、违章装载、非机动车走快车道、行人不走人行道等原因造成的交通事故。

（2）疏忽大意。当事人由于心理或生理方面的原因，没有正确地观察和判断外界事物而造成的失误。例如，心理烦恼、情绪急躁、身体疲劳都可能造成精力分散、反应迟钝，表现出瞭望不周、措施不及时或措施不当；也有的当事人凭主观想象判断事物，或过高地估计自己的驾驶技术，过分自信，引起行为不当而造成事故。

（3）操作不当。驾驶车辆的人员技术生疏，经验不足，对车辆、道路情况不熟悉，遇有突然情况惊慌失措，发生操作错误。例如，有的机动车驾驶人制动时误踩加速踏板和有的骑自行车人遇情况不能停车而造成的事故。

从道路交通事故的具体情况看，原因往往不是单一的，但任何一起道路交通事故的发生都有其促成事故发生的主要情节和造成后果的主要原因。在诸多的交通事故中，绝大部分都是当事人的主观原因造成的。

客观原因类是指由于道路条件(包括气候、水文、环境等)不利因素导致的交通事故。这类事故虽然没有因驾驶人员主观原因发生的事故所占的比例高,但在某一种情况下,它却常常是产生事故的诱因。但目前由于我们交通管理部门尚缺乏对客观条件和因素进行调查、测试的手段,因而在事故分析中,这类原因往往被忽视,这是需要引起事故处理部门和相关人员高度注意的一种情况。

3. 按交通工具分类

根据构成道路交通事故的交通工具,可以把交通事故分为以下三大类:

(1) 机动车事故。在事故当事方中机动车负主要以上责任的事故称为机动车事故。但在机动车与非机动车或行人发生的事故中,机动车负同等责任的,也应视为机动车事故。因为在道路交通中,机动车相对为强者。

机动车事故主要包括机动车单独、机动车与机动车、机动车与摩托车、机动车与自行车、机动车与行人,以及机动车与火车六种情况。

(2) 非机动车事故。畜力车、三轮车、自行车等非机动性能车辆负主要以上责任的事故称为非机动车事故。非机动车事故主要是指自行车事故,即骑自行车人过失或违反交通规则所造成的交通事故,包括自行车单独、自行车与机动车、自行车与自行车、自行车与其他非机动车、自行车与行人,以及自行车与火车六种情况。

(3) 行人事故。行人事故是指由于行人过失或违反交通规则而发生的交通事故,包括行人负主要责任的机动车和非机动车压死或撞死行人的事故,也包括火车在铁路道口撞死、撞伤人的事故。

4. 按事故的对象分类

按事故的对象可将交通事故分为以下六类:

(1) 车辆间的交通事故。车辆之间发生刮擦、碰撞而引起的事故称为车辆间的交通事故。碰撞又可分为正面碰撞、追尾碰撞、侧面碰撞、转弯碰撞等。刮擦是车辆侧面接触的现象,刮擦可分为超车刮擦、会车刮擦等。

(2) 车辆与行人的交通事故。机动车对行人的碰撞、碾压和刮擦等事故称为车辆与行人的交通事故,包括机动车闯入人行道,以及行人横穿道路时发生的交通事故。其中,碰撞和碾压常导致行人重伤、致残或死亡。刮擦相对前两者后果一般比较轻微,但有时也会造成严重后果。

(3) 机动车对非机动车的交通事故。由于我国的交通组成主要是混合交通,因而这类事故在我国主要表现为机动车辆在机动车行车道和自行车道压死、撞伤骑自行车人的事故。

(4) 车辆单独事故。机动车没有发生碰撞、刮擦等的翻车和坠入桥下或江河的事故。例如,车辆由于行驶速度太快,或者车辆在转弯及掉头时所发生的翻车事故,以及在桥上因大雾天气或因机器失灵而产生的机动车坠落的事故等。

(5) 车辆对固定物的事故。机动车与道路两侧的固定物相撞的事故,其中固定物包括道路上的作业结构物、护栏、路肩上的灯杆、交通标志杆、广告牌杆、建筑物及路旁的树木等。

(6) 铁路道口事故。铁路道口事故是指车辆或行人在铁路道口被火车撞死、撞伤的事故。

5. 按事故发生地点分类

交通事故发生地点一般是指交通事故发生在哪一级道路。在我国,公路可分为高速公路及一、二、三、四级公路五个等级;城市道路可分为快速路、主干路、次干路、支路四个等级。另外,还可按在道路交叉口和路段所发生的交通事故来分类。

除上述五种主要分类方法外,其他分类方法还有:按伤亡人员职业类型分类;按肇事者所属行业分类;按肇事驾驶人所持驾驶证种类、驾龄分类。

第三节　交通安全工程的内容

一、交通安全的概念

(一) 交通安全的定义

交通安全的定义从微观层面上理解为：针对人、车、道路环境三个要素，实施法律法规、工程技术、宣传教育(3E)等手段，采取事故前的预防对策、事故中的降低损伤对策和事故后的挽救对策，避免发生人身伤亡或财产损失的过程。从宏观层面上理解，则是交通运行质量的一个测度指标，是经济发展和社会文明进步的重要指标和内容，关系到交通的可持续发展。

(二) 交通安全三要素

1. 交通系统与事故"因素链"

道路交通系统是一个由人、车、道路构成的动态复合系统(见图1-3)。系统中，驾驶人从道路交通环境中获取信息，这种信息综合到驾驶人的大脑中，经判断形成动作指令，指令通过驾驶操作行为使汽车在道路上产生相应的运动，运动后汽车的运行状态和道路环境的变化又作为新的信息反馈给驾驶人，完成整个行驶过程。在整个过程中，随着时间的推移和外界交通环境的改变，人、车、道路环境之间的协调、配合关系也有所改变，它们的变化是时间的函数。并且在道路系统中，由于人、车、道路环境之间的相互影响，使得它们之间的关系变得错综复杂，不确定因素甚多。因此，人、车、道路(含整个环境)被称为道路交通系统的三要素。

图1-3　人、车、道路构成的道路交通系统

交通安全工程就是对"人、车、道路"系统在运行中的安全性、可靠性做出系统的分析评价和提出保证措施的系统工程。对于三者在事故中的作用，学术界一直有较大的争论，研究结果也不尽相同。

美国、英国和澳大利亚的专家学者经过对大量事故的深入研究得到表1-4的结论。从表中可以看出，与人有关的原因占93%~94%，与车有关的占8%~12%，与道路有关的原因占28%~34%，这表明人是事故的关键因素，同时也可以看出，虽然唯一由道路环境因素引发的道路交通事故所占比例较小，但是与道路环境因素有关的道路交通事故所占比例也较高。

表1-4　各因素对事故的影响程度

原　　因	美国(%)	英国(%)	澳大利亚(%)
单纯道路	3	2	4
单纯人	57	65	67
单纯车	2	2	4
道路和人	37	24	24
人和车	6	4	4
道路和车	1	1	1
人、车、道路共同	3	1	3

我国学者采用模糊识别方法，通过黑龙江省的3271起事故，对以上7种事故原因的隶属程度，

即各影响因素在道路交通事故中所占的比例进行计算,得到了与国外学者基本一致的结果(见图1-4)。从图中可以看出,与道路环境因素有关的道路交通事故所占比例,黑龙江省达到了17.01%,可见,不良道路环境条件在国内外的道路交通事故中都起到了主要的诱发作用。计算结果还表明,采用传统分析方法(单因素法)分析我国道路交通事故影响因素时,人的因素所占比例超过90%的原因在于记录时将只要与人有关的因素就认为人是主要因素,事实上缩小了道路环境等因素在道路交通事故中所起的作用。这也在一定程度上降低了研究者对这些因素的关注程度,对道路交通安全状况的改善起到了一定的负面作用。

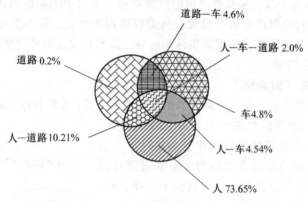

图1-4 人、车、道路在事故因素中的比例

2. 三要素的基本要求

道路交通是一个涉及人、车、道路环境的系统,防止交通事故,保障交通安全,要求人、车辆和道路环境三方面均安全可靠。

(1) 驾驶人。在三要素中,驾驶人是环境的理解者和指令的发出和操作者,因此它是系统的核心。道路和车的因素必须通过人才能起作用,人、车、道路组成的系统时刻在变化,因此是不稳定的,三者靠人的干预达到平衡,无疑人是道路事故的关键因素。因此要求驾驶人驾驶技术熟练、经验丰富、注意力集中,并能严格遵守交通法规。

(2) 车辆。造成交通事故的第二大要素是车辆。在道路上行驶的车辆,既有机动车,又有自行车和其他非机动车,其中机动车是一种快速、能量较大的交通工具,也是造成严重事故后果的最大"元凶",因此,在讨论交通事故时,研究车的因素主要是研究机动车的特性。车辆的安全措施主要与车辆的设计制造有关,因此要应用人机工程原理,对车辆的驾驶系统进行优化设计,不断改进车辆的安全保障系统。通常道路基础设施和车辆方面的防治措施效果比较明显,但投资大、周期长。

(3) 道路。虽然现有的统计资料表明,以道路缺陷为主要原因引发的交通事故不足10%。但是,如果考虑到道路条件在很大程度上促使交通事故发生,那么道路条件的间接作用绝不可忽视。正如美国的交通专家海特(Haight.F)教授多年之前就指出的:"不管各方面的意见如何,只是驾驶人一方面的错误,决不会引起最严重后果的事故。事故的主要原因往往是不安全的、危险的道路条件引起的。"因此道路交通设施要使道路满足车辆行驶的物理、力学要求,不至于使汽车发生滑移、倾覆等事故。同时,道路交通设施的另一个重要要求是使道路用户能做出正确的决策。例如,道路的线形和交通标志标线应当保证驾驶人能迅速、正确地对前方的道路情况做出判断,另一方面也要保证一次给驾驶人的信息不能太多、太快,否则会超出驾驶人的接受能力。

3. 其他各种措施的影响

研究表明，以下几方面的措施对交通安全也有较大影响：

（1）交通事故快速反应系统。虽然事故无法完全消除，事故减少也需要长期的努力，但事故发生时采取一定的保护措施，事故的严重性是可以降低的。因此建立交通事故快速反应系统显得尤为重要，因为它能够为交通执法人员迅速赶赴交通事故现场，尽快处理事故车辆及人员，尽快疏导交通提供必要技术手段的支持。

（2）交通事故抢险救护系统。实际上紧急救援是减少伤亡的一个重要措施。根据澳大利亚的研究，交通事故的人员死亡主要发生在如下三个时间：①碰撞发生后的几分钟内，约占死亡人数的50%；②事故后的1~2h，约占死亡人数的35%；③事故后30天内，约占死亡人数的15%。

紧急救援主要针对第二部分进行，只要抢救及时，这部分死亡人数可以大大减少。

建立交通事故快速抢险救护系统，通过科学合理的运行机制，可以最大限度地降低交通事故后果的严重性。西方发达国家的经验表明，反应迅速、衔接顺畅、运转高效的抢救系统，对于减轻人员的伤害程度，特别是降低交通事故的死亡率发挥着非常重要的作用。

（3）智能交通管理系统（ITS）。ITS能够将先进的信息技术、计算机技术、数据通信技术、传感器技术、电子控制技术、自动控制理论、运筹学、人工智能等各项科技有效地综合运用于交通运输、服务控制和车辆制造，把车辆、道路、使用者三者之间紧密结合起来，从而形成的一种安全、准确、高效的综合交通系统。运用ITS技术，不仅可以有效地解决交通阻塞问题，而且对交通事故的应急处理、环境保护、能源节约等都有显著的效果。

（三）3E安全对策

为了保障城市交通安全，可以从工程措施、执法管理和安全教育三个方面采取措施。

1. 工程措施

（1）改进汽车设计。

（2）采用耐撞击的车身结构、安全玻璃、安全带、气囊、靠枕、防滑轮胎、灵敏可靠的制动器、变光灯、安全油箱等。

（3）改善道路设计，在城市道路两侧设人行道，尽量避免形成多于四路相交的复杂交叉口。

（4）必要时封闭与干线街道相交的某些横向街道，修建环岛或立交道口等。

（5）修建安全设施，如设人行横道、修建人行过街天桥或人行过街地道、安装信号灯和安全监测设备及设立护栏、设置交通安全标志等。

2. 执法管理

（1）制定和严格执行交通法规。

（2）制定驾驶人甄选标准，对驾驶人实行考核，颁发驾驶执照，加强对驾驶人的管理。

（3）拟定车辆检验标准，办理车辆牌照，严格车辆管理，控制车辆进入道路的数量。

（4）限制车速，将无法达到某种车速的车辆分离出去，也不允许车速超标。

（5）按车流分布规律组织交通；纠正违法，维护正常交通秩序。

3. 安全教育

主要采用学校教育和社会教育两种形式。学校教育是对在校学生进行交通法规、交通安全和交通知识教育。社会教育是通过报刊、广播、电视、广告等方式，广泛宣传交通安全的意义和交通法规，同时对驾驶人定期进行专业技术知识、守法思想、职业道德、交通安全等方面的教育。

二、交通安全工程的内容

道路交通运输是一个涉及多方面因素的复杂系统，要解决道路交通安全问题，必须利用安全系统工程技术，才能有效做到防患于未然。

（一）交通安全工程的定义

交通安全工程是运用系统工程的原理和方法，对道路交通系统中的危险性进行定量和定性的分析、评价和预测，并根据其结果，采用综合安全措施予以控制或消除系统中存在的危险因素，使道路交通事故发生的可能性降到最低限度，从而达到系统最佳安全状态的技术和方法。

（二）交通安全工程的内容

交通安全工程主要包括系统安全分析、系统安全评价和系统安全管理三个方面的内容。

1. 系统安全分析

系统安全分析是交通安全工程的核心，也是安全评价的基础，通过对交通事故的发生原因、概率及各种隐患表现的定性或定量分析，可以充分了解、查明系统存在的危险性，估计事故发生的概率和可能产生伤害及损失的严重程度，为确定哪种危险能够通过修改系统设计或改变控制系统运行程序来进行预防提供依据。其目的在于：找出引发事故的因素及其不同的组合形式；把握道路交通系统的安全薄弱环节；寻求预防事故发生的各种途径；并为安全评价和安全控制提供依据。

2. 系统安全评价

系统安全评价是指在安全系统分析的基础上，通过事故指标、隐患指标及风险指标等，对道路交通系统的整体安全性、交通安全管理的薄弱环节等进行比较和评价。根据评价结果可选择确定保证系统安全的技术路线和投资方向，拟定安全工作对策。

3. 系统安全管理

经过系统安全分析和评价，在了解并掌握系统安全薄弱环节的基础上，对系统所实施的全员、全要素、全过程的安全管理，包括总体安全管理、重点安全管理和事后安全管理。与主要凭经验的传统安全管理相比，系统安全管理在全面、动态和定量安全管理方面向前迈出了一大步，更具有预见性和科学性，其防范措施的效果更为显著。

综上所述，交通安全工程的主要内容有：

（1）发现交通事故隐患；预测、分析由于交通事故隐患和人的失误可能引起的危险。
（2）制定和选择交通安全措施、方案，进行交通安全决策。
（3）组织并实施交通安全措施、方案。
（4）对交通安全措施的实施效果进行评价。
（5）改进交通安全措施，以求得最佳的效果。

具体内容包括表1-5中所列的各项。

表1-5 交通安全工程的内容

分 类	内 容	分 类	内 容
事故研究与预防	及时准确地处理数据	道路设计	良好的视线诱导
	分析人、车、道路的影响		均衡的几何线形
	事故前、中、后的防治措施		安全的路面表面
整治措施	经济合理的措施		视距的保证
	减轻伤亡的措施		减少、分离或消除冲突点
	长效的措施		防止眩光和驾驶人分心

(续)

分 类	内 容	分 类	内 容
评价	全面的历史数据	交通管理	明确的意义
	合适的评价对象		良好的可视性
	合理的统计方法		有效的监控
路侧安全	视距范围的清除	交通控制设施	最合适的设施
	固定物的保护		考虑所有道路用户的利益
	易折杆(柱)的采用		减少冲突和相对速度
运输与交通规划	人车分离或改变道路环境	交通标线	在任何条件下都可见
	公交优先		特别要考虑不符合标准的位置
	道路功能分级与土地开发利用相适应		保证高标准的养护
交通标志	设置必要的标志	施工区	引导用户安全地绕行或通过施工区
	给所有的道路用户一个明确的信息		提前给出警告和指示
	保证标志自身不产生安全问题		特别注意设置临时标志标线

三、交通安全工程的作用

国外对交通安全工程的作用给予了充分的肯定。交通事故中与道路因素有关的事故至少占事故总数的 28%~34%，即使是由人的因素导致的事故，许多时候也受到道路与交通环境的影响。因此，各主要工业化国家都制定了以交通安全工程为主要内容的综合安全计划，以期减少事故灾害。

美国联邦公路局(Federal Highway Administration)建立了道路安全管理系统，包括：建立系统的、综合的安全管理方法；鉴别和研究危险或潜在危险的道路位置、特征，并提出建议采取的措施；保证在道路建设计划和项目中尽早地考虑安全；在道路规划、设计、建造和运营中确定道路特殊用户(如小学生、残疾人等)的安全要求；道路安全设施和道路要素的日常养护和改善。

美国联邦运输部(US Department of Transportation)1991 年提出的 11 项优先采取的措施中有 6 项属于道路安全工程范围，包括人行设施、信号灯与交通标志标线改善、施工区安全、不安全的设施杆的迁移、事故多发位置鉴别与整治和通道改善，指定由道路安全工程师负责。

英国运输部(UK Department for Transport)在 1987 年建立了道路安全战略目标：与 1981—1985 年的平均水平相比，到 2000 年道路事故伤亡人数减少 1/3，并以立法的形式开展以下工作：建立一个推进道路安全的计划；深入研究道路事故并提出预防措施；对建设中的道路和新建项目实施安全评价以减少事故的可能性，并指出道路交通方面的事故防治研究在减少事故方面是最有效的方法。

澳大利亚新南威尔士公路局则指出：道路交通控制系统的开发应用(如信号灯、标志标线等)可以给道路用户带来安全。几乎所有的交通工程和管理措施都会影响人的行为，因此，是整个道路安全战略中的重要部分。

交通安全工程在我国的应用具有更重要的意义，其作用体现在以下几个方面：

(1) 将影响安全的道路与交通环境因素作为一个系统，综合地加以研究。尽管我们一直强调交通安全的"综合治理"，但在实践中由于行政管理体系的条块分割，始终难以实现真正的"综合治理"，交通安全基本上由交警部门负责，预防措施主要是安全法规教育和加强管理，整治措施以违章处罚为主。交通安全工程的实施将涉及道路交通中的规划、设计、施工和养护管理机构，交通执法与事故处理机构,道路与交通研究机构等。

(2) 交通安全工程使道路交通事故的评价、分析更为全面客观。过去,由于事故处理的需要,事故的原因绝大多数会归结到人,除了对一些事故特别严重的地方交警会提请公路部门注意外,一般道路上的安全缺陷是很难纠正的。交通安全工程可以使道路交通部门更多地参与事故分析、研究和整治,使事故的成因分析更为客观、全面,使整治措施更加合理、有效。

(3) 交通安全工程可大大强化事故的预防。以往道路设计中主要注重各单项技术指标符合设计规范,以经济性作为最终的优化指标,对各单项指标组合后对安全的影响考虑得是不够的。

交通安全工程建立的安全评价制度将消除事故隐患的任务从"事后"提前到"事前",规划设计中的道路安全性检查使"防患于未然"成为可能。

对已通车的道路,道路安全工程既要求消除事故多发段点(黑点)的缺陷,也要求发现虽不曾发生事故但有潜在事故危险的段点。传统的安全评价方法往往只注意到事故记录突出的位置,虽然这也是十分重要的,但这也隐含着这样一种意识:事故记录没有或不突出的地方是安全的。事实并非如此,事故的发生既有必然性也有偶然性,对道路交通特征相近的路段,有的事故明显,有的不明显,只是由于事故的偶发性的原因,当其他路段整治后,这些路段的事故就有可能会突出出来。交通安全工程将事故虽然不多但道路交通特征与事故多发路段相近的路段作为工作内容。

综上所述,交通安全工程从道路与交通设施入手,整治和预防结合,打断"事故链",以达到减少事故数或事故损失的目的,对遏制我国道路交通事故上升的势头将产生巨大影响。

第四节 道路交通安全的哲学基础

哲学是人类思维的最高形式,它给出了发现问题、分析问题和解决问题的思维方式和方法论。如果所需要解决的问题越复杂,则越需要这种思维方式和方法论的指导。交通事故的发生是由人、车、道路、环境等多方面因素耦合失调而导致的不幸事件,是一个典型的复杂系统。为了确保道路交通系统的安全功能,减少事故和经济、环境损失,如果从哲学的层面上来分析和认识其本质,对开展道路交通安全管理、防止道路交通事故的发生、减少道路交通事故所造成的损失和指导道路交通安全科学技术的发展均有着重要的现实意义和较高的理论价值。

一、道路交通安全科学的系统观

道路交通安全系统是由人、车、道路、环境和管理等多个子系统构成的一个典型的复杂系统,道路交通安全科学是专门研究这一复杂系统的安全功能的科学,必须坚持道路交通安全科学的系统观。

系统最大的特点是整体性、协调性和层次性。整体性指系统不是各要素的机械堆积,而是有机地组合,整体的功能并不等于各组成要素的性质和功能的简单叠加,而是大于部分之和,它具有其要素所不具有的性质和功能。协调性指系统的整体性由各个要素的综合与协同来决定。系统内部各要素间相互联系和相互作用,产生某种协同效应,才使系统具有整体性。系统整体性的强弱,要由要素之间协同作用的大小决定。层次性指的是一个系统往往又是更大系统的组成要素,它本身也有更深层次的子系统。

对道路交通安全系统而言,该系统中存在各种大量有利于或不利于安全的要素,各要素又分布于该大系统的各深层次的子系统中,各要素和各深层子系统又相互联系和相互作用,产生各种协同效应。那些有利于系统整体安全的各要素叠加在一起,系统的整体安全影响力会大大增加;而那些不利于系统整体安全的要素叠加在一起,系统的整体安全影响力则会大大降低,系统的整体危险影响力会大大增加。所以为了确保道路交通系统安全功能的最大化,必须对各要素统筹兼顾,增强各要素和各深层子系统在整体安全功能方面的协同作用,增加系统中有利于系统整体安全的安全因子的整体功能,削弱系统中存在的不利于系统整体安全的危险因子的整体功能。

在由人、车、道路、环境和管理等要素及其附属和衍生的多个组成要素以一定的结构形成的复杂道路交通安全系统中,各要素在系统中的地位和作用有着较大程度的差异,有些要素处于主导地位和支配地位,有些要素处于从属地位和被支配地位。要确保道路交通安全这个复杂的大系统的整体安全功能达到最优,就必须从整个系统出发,正确处理好系统中各要素和各子系统(包括各深层子系统)之间的关系,使它们能很好地为系统的整体安全功能协同作用,使系统的整体安全功能达到最优,使事故和损失降到人们可以接受的范围以内。

二、道路交通安全科学的联系观

客观世界普遍联系的观点是唯物辩证法总的特征之一,指的是一切事物、现象之间及其内部诸要素之间的相互作用、相互制约和相互影响。道路交通安全系统中影响系统整体安全功能的因素很多,它包括人、车、道路、环境和管理等多方面的事物及要素所引发的各种因素,其因果关系错综复杂。要寻求道路交通安全科学的内在规律性,就必须利用各个学科已取得的研究成果,全面、科学、系统地分析各要素及其在各种道路交通事故和现象中所发生的各种相互作用、相互制约和相互影响,对这个复杂系统进行全面、系统地分析和综合,找出实现道路交通安全的客观规律和实现途径。

在对道路交通安全系统进行全面、科学、系统的分析和综合的过程中,要注意道路交通安全各事件中的任何事物的联系都是有条件的,随着条件的改变,事件之间、事件中的事物之间,以及事物内部各要素之间联系的性质和方式,也要发生变化。同时,在分析道路交通事故危险因素和进行道路交通安全管理风险决策的过程中,还要注意区分主要原因和次要原因、内因和外因、直接原因和间接原因、客观原因和主观原因等。在全面分析因果联系的基础上集中力量抓住事物内部的主要矛盾进行分析和研究。

三、道路交通安全科学的发展观

发展是事物运动过程中前进的变化,其最本质的含义是指新事物的产生和旧事物的灭亡。这一发展观告诉我们,道路交通安全科学的发展必须在不断的运动和变化中前进,运动和变化是其基本属性,前进则是其总的趋势。因此,对道路交通安全系统中的人、车、道路、环境和管理等各组成要素自身的运动和变化规律,以及这些要素在道路交通事故发生过程中的运动、变化和发展历程进行研究,是我们创新和发展道路交通安全科学的必由之路。此外,还应对这些因素随社会政治、经济、科技、文化和人们生活水平等因素的变化而改变的规律进行研究。

四、道路交通安全与危险的对立统一性

道路交通安全与危险是一对矛盾,它们相伴存在、相互依存,互为发展的条件,既对立又统一,具有矛盾的所有特性。一方面,矛盾双方互相排斥、互相否定,道路交通安全度越高,其危险势就越小;道路交通安全度越低,其危险势就越大。另一方面,道路交通安全与危险两者互相依存,共同处于一个统一体中,在一定的条件下存在着向对方转化的趋势。正是道路交通安全与危险这对矛盾的运动、变化和发展推动着道路交通安全科学的发展和人类道路交通安全意识的提高。

五、道路交通安全的相对性与道路交通危险的绝对性

道路交通安全是相对的，而道路交通危险则是绝对的。

道路交通安全的相对性表现在三个方面：

(1) 道路交通的绝对安全是不存在的，人们不可能把道路交通事故的发生率降为零。道路交通系统的安全功能是相对于危险而言的，没有危险则无所谓安全。

(2) 道路交通安全的标准是相对的。它是相对于人类的认识和社会经济的承受能力而言的，并将随着人的认识水平和社会经济的发展而发生变化，抛开社会环境讨论道路交通安全是不现实的。

(3) 道路交通安全对于人类的认识而言具有相对性。人类的认识是无限发展的，对道路交通安全机理和运行机制的认识也将随着人类对道路交通安全认识的深入而不断深化。道路交通危险的绝对性表现在其存在于道路交通系统的任何要素及其运动与变化过程中，对于某一要素及其运动与变化过程中所存在的危险势可能变大或变小，但不会消失，危险存在于道路交通系统的任何时间和空间中。

六、道路交通安全中的量变与质变

哲学中的量变与质变，在道路交通安全科学中表现为流变与突变。恩格斯认为流变是一种缓慢的变化过程，突变则是流变过程的中断，是质的飞跃。流变和突变是量变和质变在自然界中的具体表现。因此，流变和突变的范畴与量变和质变的范畴属于不同的层次。一般来说，流变相当于量变，突变相当于质变。从一定层面上来说，无论是道路交通安全势的变大或变小，还是道路交通危险势的变小或变大，只要这种变化是在没有发生道路交通事故这个度的范围内，就是道路交通安全的流变，它是道路交通安全事故（突变）的必要准备；这种变化一旦导致了道路交通事故的发生，突破了度的范围，就是道路交通安全的突变，这也是道路交通安全流变的必然结果。由此可见，在现实的道路交通安全管理工作中，应该把握好道路交通安全系统的量变与质变规律，重视道路交通安全系统的日常管理工作，采取措施减慢或改变道路交通系统安全势的流变，延缓或消除道路交通系统突变的发生。

七、道路交通安全问题的简单性和复杂性

客观世界是复杂与简单的统一体，道路交通系统也是复杂和简单的统一体。一方面，任何一个道路交通系统不仅在其内部有着无穷多层次的相互间结构和功能极为复杂的安全和危险矛盾，同时还与外部世界有着各种各样的联系，存在多种相互作用。另一方面，任何复杂多样的道路交通系统均可分为人、车、道路、环境和管理等简单要素，它们之间的联系和所遵循的基本规律往往又是简单的。这就从一定层面上为研究道路交通安全科学或日常管理道路交通安全，提供了方法论的指导。

八、道路交通事故的必然性和偶然性

必然性就是客观事物的联系和发展中不可避免、一定如此的趋势。偶然性是在事物发展过程中由于非本质的原因而产生的事件，它在事物的发展过程中可能出现，也可能不出现；可以这样出现，也可以那样出现。道路交通事故的发生是必然的，但道路交通事故何时、以何种形式、在何地发生，则是偶然事件。

道路交通事故发生的必然性和偶然性不仅相互联系、相互依赖，而且在一定的条件下可以相

互转化。道路交通事故发生的必然性存在于偶然性之中,是大量道路交通偶然性事件的必然结果,道路交通的偶然性则是发生道路交通事故必然性的具体体现,同时也受其制约。所以在处理道路交通系统中的安全问题时,不能抱着"守株待兔"的侥幸心理,而是要想方设法地创造条件促使有利于道路交通安全的偶然因素发生,同时尽可能地减弱和避免有害的偶然因素的影响,并做好应付突发事件的一切准备,做到有备无患。

九、道路交通安全科学的哲学指导

通过以上的阐述可知,马克思主义哲学主要在以下几个方面为分析和认识道路交通安全科学提供了理论指导:

(1) 一切从实际出发,以道路交通系统客观对象的全部事实及其之间的相互关系为认识的出发点,科学地分析道路交通系统及已发生过的事故,尽量使我们的主观认识与道路交通系统的客观实际相统一。

(2) 运用道路交通安全科学的系统观,正确处理好系统中各要素和各子系统(包括各深层子系统)之间的关系,使它们能很好地为系统的整体安全功能协同作用,以确保道路交通安全这个复杂的大系统的整体安全功能达到最优。

(3) 在普遍联系中把握道路交通系统中事物的本质。要正确认识道路交通系统的安全功能就必须全面了解和具体分析其组成要素的复杂联系,在众多的联系中找出道路交通系统中事物直接的、内部的、本质的、必然的联系,找出其变化发展的规律,用来指导道路交通安全科学研究及日常管理工作。

(4) 在动态中把握实现道路交通安全规律的方法。唯物辩证法不仅是联系的学说,而且也是运动发展的学说,绝对静止和不变的事物是不存在的,整个世界是一个运动发展的过程。因此在道路交通安全科学研究中,必须加入时间的概念,在动态中加以认识,不断研究新情况和新问题,对道路交通安全现状做全面了解,科学预测道路交通系统中事物未来的安全状况,预先采取防范措施,确实做到预防为主。

(5) 在分析道路交通安全与危险这一对矛盾时,应科学运用矛盾分析法。道路交通安全科学是讨论道路交通安全与危险这一对矛盾的运动、变化、发展规律的科学。在对道路交通事故进行分析的过程中,要充分认识道路交通安全中的量变与质变规律和道路交通事故的必然性和偶然性,注意区分其主要矛盾和次要矛盾、矛盾的主要方面和次要方面。

复习思考题

1. 我国交通事故多发的原因有哪些?
2. 交通事故的定义是什么,其构成要素有哪些?
3. 交通事故现象有哪些?
4. 如何理解交通事故的特点?
5. 交通事故按后果可以分为几类?
6. 试述交通安全定义及交通安全三要素。
7. 交通安全工程的内容有哪些?
8. 交通安全工程有哪些重要作用?
9. 如何理解道路交通安全的哲学基础?

第二章

道路因素和交通安全

交通系统由人、车及道路环境组成,在"人—车—道路"组成的动态交通系统中,"人"是中心,"道路"是基础,"车"是纽带,三者在交通系统中的作用都很重要。但是在交通事故分析中经常将事故归咎于"人为造成"。许多国家的公众舆论与交通管理机构的官方统计都简单地认为,事故的根本原因是驾驶人的粗心和错误及汽车的机械问题,而忽视了"道路"在交通事故中的作用。其实道路因素作为道路交通的基础设施和车辆行驶的根本条件,在事故的发生过程中起着不可忽视的作用,许多事故本可以不发生,但由于道路因素的作用使事故发生了,交通事故的"事故多发地段的非移动"特性反映了道路对事故的影响。因此,为了客观分析交通各个因素对交通安全的影响,从而有的放矢地制定安全措施,提高行车安全性,必须要详细深入地分析道路因素。

第一节 道路基本概念

一、道路等级划分

道路是指供各种车辆(无轨)和行人等通行的工程设施。我国按照道路使用特点,可分为城市道路、公路、厂矿道路、林区道路和乡村道路。除对公路和城市道路有准确的等级划分标准外,对厂矿道路、林区道路和乡村道路一般不再划分等级。

1. 城市道路

城市道路是指在城市范围内具有一定技术条件和设施的道路。根据道路在城市道路系统中的地位、作用、交通功能及对沿线建筑物的服务功能,我国目前将城市道路分为四类:

(1)快速路。快速路在特大城市或大城市中设置,是用中央分隔带将上、下行车辆分开,供汽车专用的快速干路,主要联系市区各主要地区、市区和主要的近郊区、卫星城镇的对外出路,负担城市主要客、货运交通,有较高车速和大的通行能力。

(2)主干路。主干路是城市道路网的骨架,联系城市的主要工业区、住宅区、港口、机场和车站等货运中心,是承担城市主要交通任务的交通干道。主干路沿线两侧不宜修建过多的行人和车辆入口,否则会降低车速。

(3)次干路。次干路是市区内普通的交通干路,配合主干路组成城市干道网,起联系各部分和集散作用,分担主干路的交通负荷。次干路兼有服务功能,允许两侧布置吸引人流的公共建筑,并应设停车场。

(4)支路。支路是次干路与街坊的连接线,为解决局部地区的交通而设置,以服务功能为主。部分主要支路可设公共交通线路或自行车专用道,支路上不宜有过境交通。

2. 公路

公路是连接各城市、城市和乡村、乡村和厂矿地区的道路。根据交通量、公路使用任务和性质，将公路分为以下五个等级：

（1）高速公路。高速公路为专供汽车分方向、分车道行驶，全部控制出入的多车道公路。高速公路的设计交通量宜在 15000 辆小客车/日以上。

（2）一级公路。一级公路供汽车分方向、分车道行驶，可根据需要控制出入的多车道公路。一级公路的设计交通量宜在 15000 辆小客车/日以上。

（3）二级公路。二级公路为供汽车行驶的双车道公路。二级公路的设计交通量宜为 5000~15000 辆小客车/日。

（4）三级公路。三级公路为供汽车、非汽车交通混合行驶的双车道公路。三级公路的设计交通量宜为 2000~6000 辆小客车/日。

（5）四级公路。四级公路为供汽车、非汽车交通混合行驶的双车道或单车道公路。双车道四级公路的设计交通量宜在 2000 辆小客车/日以下；单车道四级公路的设计交通量宜为 400 辆小客车/日。

川藏公路是连接西藏与成都间通行汽车的第一条公路，建成于 1954 年。在修筑过程中，广大筑路军民挥热汗、洒热血，克服了种种艰难险阻，甚至献出宝贵生命，才有了这条我国海拔最高、最险、最难修建的公路。

川藏公路修筑纪实（一）

川藏公路修筑纪实（二）

川藏公路修筑纪实（三）

二、交通安全对道路设计构造的基本要求

驾驶人在道路上驾车行驶的过程中，需要不断接收信息、处理信息并做出反应。而驾驶人所依据的信息主要来自道路和交通环境，通过觉察、判断而抉择驾驶行为，其中任何一点失误都可能造成事故，事故次数往往随需要抉择次数的增加而增加。因此，道路设计应尽量满足车辆运动特性和驾驶人心理效应的要求，便于驾驶人能够快速做出正确抉择。另外，道路设计、建造也应当尽可能扩展道路的安全空间，并且通过对道路网的调节和合理设计，使道路环境更加"宽容"，具备一定的"容错"能力，创造一个安全行车和有效驾驶的可靠条件。

提供一个清晰醒目的行车方向是基本要求，这主要依靠道路的线性设计及与地形、地物等自然环境相协调来保证。道路的路线、道路安全设施及其外部自然景观是最直观、最具感觉特性的信息。道路设计最基本的目的是保证汽车行驶的安全性和舒适性，公路线形是公路的骨架，若线形要素组合不当，不能适应驾驶人的运动视觉和心理效应的要求，将会降低公路的安全性与舒适性，降低公路通行能力，严重时将增加交通事故。因此，公路设计要充分利用道路几何组成部分的合理尺寸和线形组合，创造连续的、清晰顺畅的行车方向，加上路面标线、防护栅栏及路旁行道树的合理布置，即可形成一条人为识别方向的导向线。

足够的视距是保证道路行车安全的重要因素之一。信息需要足够时间来加工处理，抉择需要足够的行驶距离来完成。当抉择的困难程度增加时，反应时间也随之增加。反应时间越长，失误的可能性越大。在平曲线与竖曲线上超车时发生的道路交通事故，经常是由于视距不足导致的，因此视距与道路的平面线形和纵断面线形有密切关系。

道路的设计还要考虑到驾驶人的行车期望。通常以同样方式发生的一些情况和对这些情况做出的成功反应，都被积存到驾驶人的经验知识库中，当下一次情况发生时，驾驶人就按期望预测

对它做出反应。与驾驶人行车期望相适应的设计成果有助于增进驾驶效能和行车安全。因此，应避免例外的或不符合标准的设计，各项设计要素应始终一致地用于整个公路路段，注意保持一致性。应从驾驶人对公路不熟悉、难以预测该路段如何展现因而需要加强行车诱导的观点来考虑设计。公路设计特性和交通管制设施两者的标准化，有利于驾驶人适应不同类型公路上的行车期望。

综上所述，道路交通事故的发生往往与多种因素有关，其中道路方面的因素涉及线形设计要素（包括平面、纵断面、横断面及平纵线形组合）、视距、交叉口（包括平面交叉和立体交叉）等。

下面就分别介绍各种要素对交通安全的影响。

第二节 平面线形

平面线形由直线、圆曲线、缓和曲线三个几何要素组成。平面线形设计就是按照地形、地物和沿线环境条件，对三个几何要素进行合理的组合，满足行车安全、舒适、美观和工程经济的要求。

一、平面线形设计的一般原则

公路平面线形由直线、曲线组合而成，平曲线又分为圆曲线和回旋线两种。高速公路和一、二、三级公路平面线形要素有直线、圆曲线、回旋线三种。四级公路平面线形要素有直线、圆曲线两种。

设计的一般原则如下：

（1）平面线形应直捷、连续、均衡，并与地形、地物相适应，与周围环境相协调。

（2）各级公路不论转角大小，均应敷设曲线，并尽量选用较大的圆曲线半径。公路转角过小时，应设法调整平面线形，当不得已而设置小于7°的转角时，则必须设置足够长的曲线。

（3）两同向曲线间应设有足够长度的直线，不得以短直线相连接，否则应调整线形使之成为一个单曲线或复曲线或运用回旋线组合成复合形曲线。

（4）两反向曲线间夹有直线段时，以设置不小于最小直线长度的直线段为宜，否则应调整线形或运用回旋线而组合成S形曲线。

（5）曲线线形应特别注意技术指标的均衡性和连续性。

（6）应避免连续急弯的线形，可在曲线间插入足够长的直线或回旋线。

（7）应避免线形的骤变，不得在长直线尽头设置小半径平曲线。

（8）设计平面线形时，应注意与纵断面线形的联系，使之成为良好的立体线形。

二、直线长度

高速公路供车辆高速行驶，早期直线被认为是最好的线形，因为直线容易布置，直线所连接的两点间距离最短。但是运行过程中，驾驶人在长直线上高速行车时由于景观平静单调所产生的容易疲劳的反应，加之直线上公路环境不富变化，致使驾驶人注意力涣散，有时急于加速行驶往往对车距失去判断造成恶性交通事故。有些国家在长直线的运用上有条件地加以限制。

1. 直线线形的特性

（1）直线是平面设计的基本要素之一，它具有路线短捷、缩短里程和行车方向明确的特点；直线线形简单，容易测设。

（2）但过长的直线，线形呆板，行车单调，易使驾驶人产生疲劳，也容易发生超车和超速行驶；行车中驾驶人估计前方车距不准；夜间行车时，对向车容易产生眩光；这些都对行车安全不利。

（3）直线线形布线缺乏灵活性，不易与地形、地物等自然环境相协调。特别是在山区和丘陵区，采用过长的直线，会破坏自然环境，造成大填大挖，加大工程造价。

2. 运用直线线形的标准和限制

（1）运用直线线形时，应根据路线所处地段的地形、地物、地貌，并考虑驾驶人的视觉、心理状态等合理布设。

（2）直线线形不宜过短，其最小直线长度为：当设计速度≥60km/h时，两个同向圆曲线间的最小直线长度（m）以不小于$6v$（v为设计速度，km/h）为宜；两个反向圆曲线间的最小直线长度（m）以不小于$2v$为宜，见表2-1。当设计速度≤40km/h时，可参照上述规定执行。

表2-1　最小直线长度

计算车速/(km/h)	120	100	80	60
同向圆曲线间($6v$)/m	720	600	480	360
反向圆曲线间($2v$)/m	240	200	160	120

（3）直线的长度不宜过长。受地形条件或其他特殊情况限制而采用长直线时，应结合运行速度分析和安全性评价，根据沿线具体情况采取相应的技术措施，如增设必要的提醒和警示标志。

有些国家在长直线的运用上有条件地加以限制。例如，日本、德国规定最大直线长度不宜超过设计速度的20倍，即72s行程；西班牙规定不宜超过80%的设计速度的90s行程；法国认为长直线宜采用半径在5000m以上的圆曲线代替；美国规定线形应尽可能直捷，但应与地形一致。

三、圆曲线半径

1. 圆曲线半径对交通安全的影响

交通安全与道路几何线形设计关系密切。交通事故的发生与圆曲线半径有很大关系，从理论上来说，在圆曲线上，车辆的离心力$F \propto 1/R$，即圆曲线半径越小，产生的离心力越大，越容易发生滑移、倾覆翻车事故。从相关事故统计资料来看也是如此，有10%以上的交通事故发生在圆曲线上，圆曲线半径越小，发生事故的概率越高，即在道路圆曲线处发生的交通事故通常是在急弯路段。

图2-1表示出了1968年美国公路事故次数与圆曲线半径的关系。我国高速公路事故与圆曲线半径的关系和国外的统计分析结果基本一致，即当圆曲线半径较小时，交通安全状况恶化；随着圆曲线半径的增大，交通安全状况趋于良好。这是综合所有等级公路的事故与曲线半径的调查结果得到的，比较具有代表性。

假设用圆曲线半径影响系数K来表示圆曲线半径对交通安全的影响程度，则圆曲线半径越小，K越大，即对应的圆曲线越不安全。在确定曲线半径的影响系

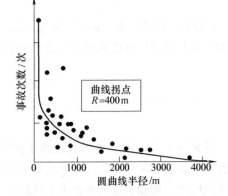

图2-1　美国公路事故次数与圆曲线半径

数时，采用半径为2000m时的K为1（当圆曲线半径达到2000m时，圆曲线半径的继续增加对交通安全的改善效果并不明显，此时的交通事故率令人满意），半径小于2000m的系数K依统计资料确定，这些系数按与最大半径的比值计算得出，见表2-2。

表 2-2　圆曲线半径与影响系数的关系

圆曲线半径 R/m	≤50	100~150	200~300	400~600	1000~2000	≥2000
K	5.4	4.46	2.25	1.6	1.25	1

2. 圆曲线半径的确定依据

在高速公路平面定线中，大半径的圆曲线往往是首选的要素。

曲线具有柔和的几何线形。长而平缓的曲线线形能够较好地适应地形，并可获得匀顺圆滑的线形，灵活变换方向，自然地诱导视线，使公路沿线景色随汽车行驶角度逐渐变化而组成多样有趣的美丽画面。由于曲线本身具备的特点，其使用范围和适应地方十分广泛。但曲线会增加距离，车辆在曲线上行驶受力比较复杂，会增加轮胎的磨损和路面的破坏。因此，在适应地形的条件下，圆曲线应尽量选用较大的半径，以改善车辆在曲线上的行驶条件。

圆曲线半径不能过小，圆曲线半径值的限定主要根据汽车行驶横向稳定性（滑移、倾覆）而定，并以滑移稳定控制。由图 2-2 在道路曲线上行驶作用于汽车上的力可知，重力 W 分解为平行路面的分力 W_p 及垂直路面的分力 W_n，离心力 $F(F=Wv^2/gR)$ 分解为平行路面的分力 F_p 及垂直路面的分力 F_n。R 为道路的曲线半径(m)。

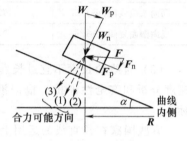

图 2-2　汽车在有超高的曲线上行驶的力

（1）当 $W_p = F_p$ 时，合力垂直于路面，如图 2-2 中(1)所示，此时无横向滑移倾向。

（2）当 $W_p > F_p$ 时，合力倾斜向曲线内侧，如图 2-2 中(2)所示。

（3）当 $W_p < F_p$ 时，合力倾斜向曲线外侧，如图 2-2 中(3)所示。

当 $W_p = F_p$ 时，即

$$W\sin\alpha = \frac{Wv^2}{gR}\cos\alpha$$

$$\tan\alpha = i_{超} = \frac{v^2}{gR}$$

将速度 v 的单位由"m/s"换为"km/h"，则可得完全无横向滑移倾向的理想状态时求算超高 $i_{超}$ 和与此相适应的半径 R 的计算公式如下：

$$\begin{cases} i_{超} = \dfrac{v^2}{127R} \\ R = \dfrac{v^2}{127i_{超}} \end{cases} \tag{2-1}$$

当 $W_p \ne F_p$ 时，则存在着促使汽车横向滑移的力。当 $W_p > F_p$ 时，则相当于超高横坡较大，而车速很小或静止状态的情况，此时汽车向曲线内侧滑移的倾向一般可由路面的横向摩阻力所平衡。当 $W_p < F_p$ 时，则相当于汽车在小半径曲线上高速行驶，此时产生了促使车辆向曲线外侧滑移的横向力，当车辆轮胎与路面之间的摩阻力不足以抗衡横向力时，汽车将产生侧向滑移。μ 为横向力系数，可用下式表达：

$$\mu = \frac{F_p - W_p}{F_n + W_n} = \frac{F\cos\alpha - W\sin\alpha}{F\sin\alpha + W\cos\alpha}$$

由于 α 很小，一般不大于 7°，则 $F\sin\alpha \approx 0$，则可得

$$\mu = \frac{F}{W} - \tan\alpha = \frac{v^2}{gR} - i_{超} \qquad (2\text{-}2)$$

上式中横向力系数 μ 的安全值主要取决于轮胎与路面间能提供的横向摩阻系数。

由此可得限定平曲线半径的计算公式为

$$R = \frac{v^2}{127(\mu + i_{超})} \qquad (2\text{-}3)$$

式中　v——汽车车速(km/h)；

　　　μ——横向力系数；

　　　$i_{超}$——路面超高横坡度。

当汽车在双向路拱外侧(不设超高)行驶时，行驶离心力方向与重力分力方向相一致，此时为防止侧向滑移，可用下式计算相适应的限制车速：

$$R = \frac{v^2}{127(\mu - i)} \qquad (2\text{-}4)$$

式中　i——路拱的横坡度。

横向力系数 μ 的选用应不仅考虑汽车在弯道行驶时对行车的力学稳定性，还应考虑乘客的舒适程度及汽车燃料和轮胎的消耗情况。

汽车在弯道上行驶的稳定性，主要是指横向抗滑稳定，即保证汽车不会在超高横坡度路面上产生横向滑移。抗滑稳定性取决于路面与轮胎间的摩阻力，摩阻力又与路面的潮湿程度、车速及路面类型等有关，其中与路面的潮湿程度关系最大。

根据试验分析，μ 值取决于行驶稳定性、乘客舒适程度及运营经济性。具体数据见表2-3、表2-4。

表 2-3　行驶稳定性与 μ 值的关系

μ 值	行驶稳定性
0.15~0.16	干燥与潮湿路面均可以较高速度行驶
0.07	路面结冰也能安全行驶

表 2-4　乘客舒适程度与 μ 值的关系

μ 值	乘客舒适程度
<0.10	不感曲线存在，很平稳
0.15	略感曲线存在，尚平稳
0.20	已感曲线存在，已感到不平稳
0.35	感到有曲线存在，感到不平稳
≥0.40	转弯时已非常不稳定，站不住，而有倾倒危险

综上所述，μ 值必须加以限制。根据我国研究资料，采用的最大横向力系数值见表2-5。

表 2-5　最大横向力系数

设计速度/(km/h)	120	100	80	60	40	30	20
最大横向力系数 μ_{max}	0.10	0.12	0.13	0.15	0.15	0.16	0.17

根据所在地区的气候,一般规定最大超高值见表2-6。

表2-6 最大超高值 i_{max}

公路所在地区的气候	高速公路、一级公路	二、三、四级公路
一般地区(%)	8或10	8
积雪冰冻地区(%)	6	6

对山区有较多数量非机动车行驶的道路,最大超高应比一般公路用得小些。

3. 圆曲线最小半径的确定

《公路路线设计规范》(JTG D20—2017)(以下简称《规范》)中规定了平面圆曲线最小半径的极限值和一般值。

(1) 最小半径(极限值)。指圆曲线半径采用的最小极限值。当地形条件很困难或受其他特殊情况限制时方可采用。它采用表2-5、表2-6的数据,按式(2-3)计算而得(见表2-7)。道路曲线半径取最小半径(极限值)时,应设置最大超高。

表2-7 最小半径(极限值)　　　　　　　　　　　　(单位:m)

设计速度/(km/h)		120	100	80	60	40	30	20
一般地区 μ_{max}(%)		0.10	0.12	0.13	0.15	0.15	0.16	0.17
最大超高值 i_{max}	10%	570	360	220	115	—	—	—
	8%	650	400	250	125	60	30	15
	6%	710	440	270	135	60	35	15
	4%	810	500	300	150	65	40	20

(2) 最小半径(一般值)。指在通常情况下汽车依设计车速能安全、舒适行驶的最小半径,是设计时建议采用的值。参考国内外使用的经验,确定一般最小半径采用的横向力系数值为0.05~0.06。将计算结果取整数,即得出一般最小半径值,见表2-8。

表2-8 最小半径(一般值)

设计速度/(km/h)	120	100	80	60	40	30	20
μ值	0.05	0.05	0.06	0.06	0.06	0.05	0.05
i值	0.06	0.06	0.07	0.08	0.07	0.06	0.06
最小半径(一般值)/m	1000	700	400	200	100	65	30

(3) 不设超高的最小半径。指道路曲线半径较大、离心力较小时,汽车沿双向路拱(不设超高)外侧行驶的路面摩擦力足以保证汽车行驶安全稳定所采用的最小半径。它可以按照式(2-4)计算而得,见表2-9。

表2-9 不设超高的圆曲线最小半径

设计速度/(km/h)		120	100	80	60	40	30	20
不设超高的圆曲线最小半径/m	路拱≤2%	5500	4000	2500	1500	600	350	150
	路拱>2%	7500	5250	3350	1900	800	450	200

4. 最小半径的选用

各级公路设计,应根据沿线地形等情况,尽量选用较大半径,最小半径(极限值)尽可能不用;当不得已采用时,应注意前后线形的协调。从目前国内已建公路的调研情况看,山岭区公路采用比最小半径(极限值)稍大的半径的路段,尽管也做到了线形指标的逐渐过渡,但很难引起驾驶人的足够注意,行车速度一般不会有大的改变,极限最小半径的曲线不仅表现出行车不舒适,而且往往因超高与速度不匹配导致驾驶操作不当引发事故。

最小半径（一般值）的推荐值,从国内调研资料看,行车安全及舒适感基本能得到保证,但不少省区认为《公路路线设计规范》规定的最小半径(一般值)对应的超高值偏大,最小半径不适宜作为一般控制条件,最小半径(一般值)的推荐值宜按2%超高对应半径控制比较符合实际,见表2-10。

表2-10 最小半径（一般值）的推荐值

公 路 等 级	高速公路、一级公路				二、三、四级公路				
设计速度/(km/h)	120	100	80	60	80	60	40	30	20
R/m	3200	2200	1500	900	1500	900	450	270	140

圆曲线半径较小时,车辆行驶速度一般会有所降低。但对于陡的下坡路段,往往由于汽车的动量关系,容易导致车辆加速行驶,造成圆曲线上车速增高,影响行车安全。因此,公路平面必须设置小于最小半径(一般值)的小半径曲线时,应根据纵坡设置情况适当加大曲线半径。

设置大半径圆曲线,必然会产生两种不利情况,一是为控制曲线长度易形成小偏角,二是为加大偏角而设置长大曲线。

对应于长直线,车辆行驶在长大曲线上,尽管曲线本身较直线柔和,但驾驶人在同曲率半径曲线上行驶时方向盘几乎与直线上一样无须做大的调整,如果半径>9000m,视线集中的300~600m范围内视觉效果近乎直线,同样易使驾驶人疲劳或为追求新的环境加快行车速度而导致车祸。因此设计中应结合地形等条件,合理设置曲线转角与半径。

四、缓和曲线

（一）缓和曲线对交通安全的影响

汽车由直线段驶入曲线段,其转弯半径由无限大(直线)变为某一定值(圆曲线),与汽车行驶轨迹的连续曲率不相吻合;由曲线段驶入直线段也是如此。这种现象会造成行车的不安全。由大半径圆曲线段到小半径圆曲线段也有这种现象。为了缓和这种曲率变化,保证行车安全平顺,需要在其间设置缓和曲线段。此外,曲线段还存在超高加宽问题,由直线段的路拱、定宽路面改变为超高、加宽,也需要缓和段来实现其间的过渡。

（二）缓和段曲线的作用

缓和段曲线一般用于三种需要：曲率变化缓和段,超高变化缓和段,加宽变化缓和段。其中,曲率变化缓和段是缓和曲线的主要部分。

（1）曲率变化缓和段：从直线向曲线或从大半径曲线向小半径曲线变化。

（2）超高变化缓和段：横向坡度变化的缓和过渡段(直线段的路拱横坡度向弯道超高横坡度的过渡或曲线部分不同的横坡度的过渡)。

（3）加宽变化缓和段：直线段的标准宽度向曲线部分加宽度之间的渐变。

（三）缓和曲线的形式

为适应曲率渐变要求,可以选用多种数学曲线。我国公路测设中的缓和曲线多数选用回旋线。《公路路线设计规范》规定：高速公路和一、二、三级公路的直线同小于表2-9中所列不设超高的圆曲线最小半径衔接处,应设置回旋线。四级公路可将直线与圆曲线直接衔接,用超高、加宽缓和段代替回旋线。

回旋线的特点是曲率半径随曲线长度的增加而减小，即半径 r 与长度 l 成反比。基本公式为

$$rl = A^2 \tag{2-5}$$

式中　r——回旋线上某点的曲线半径(m)；

　　　l——回旋线上某点到原点的曲线长(m)；

　　　A——回旋线参数，为一常数(m)。

（四）缓和曲线的长度

公路上的缓和曲线必须有足够的长度，以使驾驶操纵从容，乘客感觉舒适。为此，可以考虑由离心加速度变化率及驾驶人操作需要时间两个因素来控制。

1. 按照离心加速度变化率确定缓和曲线最小长度

离心加速度变化率在缓和曲线上应控制在一定的范围内，它主要根据驾驶上的要求，使驾驶人能从容不迫地操纵汽车，使它比较准确地行驶在应占的车道内。实验研究表明，在高速公路上的离心加速度变化率宜控制在 $p = 0.35 \sim 0.5 \text{m/s}^3$，如取用 $p = 0.5 \text{m/s}^3$，则可以推导出缓和曲线的最小长度为

$$Ls = 0.043 v^3 / R \tag{2-6}$$

式中　v——计算车速(km/h)；

　　　R——圆曲线半径(m)。

2. 依驾驶人操作反应时间确定缓和曲线最小长度

在缓和曲线段上行驶时间过短，会使驾驶操纵来不及调整，乘客感觉不适。实验研究表明，在高速公路上适宜采用最短行程时间为 $t = 3\text{s}$，则可得公式：

$$Ls = v / 1.2 = 0.83 v \tag{2-7}$$

按照以上规定，《公路路线设计规范》对缓和曲线的最小长度规定见表2-11。当圆曲线设置超高时，缓和曲线长度还应满足超高过渡段的需要。

表 2-11　回旋线最小长度

设计速度/(km/h)	120	100	80	60	40	30	20
最小长度/m	100	85	70	50	35	25	20

注：四级公路为超高、加宽过渡段长度。

五、圆曲线的超高

（一）定义

圆曲线超高指的是为抵消车辆在平曲线路段上行驶时所产生的离心力，在该路段横断面上设置的外侧高于内侧的单向横坡。

曲线超高与行车速度和路面横向摩阻力密切相关，横向摩阻力的存在对于行驶车辆的稳定、行车的舒适等均有不利影响。

（二）圆曲线超高设置

各级公路当圆曲线半径小于表2-9中所列不设超高最小半径时，应在曲线上设置超高。一般地区的圆曲线最大超高值宜采用8%。

超高设计及超高率计算应考虑把横向摩阻力降至最低程度。因此，对应于确定的行车速度，最大超高值的确定主要取决于曲率半径、路面粗糙率及当地气候条件。美国经验，对无冰雪地区公路通常使用的最大超高值为10%，以不超过12%为限；在潮湿多雨及季节性冰冻地区过大超高，

易引起车辆向内侧滑移,采用最大超高值为8%。我国《公路路线设计规范》参考美国及澳大利亚经验,对一般地区高速公路、一级公路仍限定最大超高值为8%和10%,正常情况下采用8%;对于以通行中、小型客车为主的高速公路和一级公路,最大超高值可采用10%。二、三、四级公路限定最大超高值为8%是适宜的。但对于积雪冰冻地区,考虑我国以货车为主的汽车性能,限定最大超高值为6%比较安全。对于城镇区域的公路,考虑到非机动车、行人及排水等因素,最大超高值可采用4%。

各级公路圆曲线部分最大超高值的规定见表2-12。

各级公路圆曲线部分最小超高应与该公路直线部分的正常路拱横坡度一致。

表 2-12 各级公路圆曲线最大超高值

公 路 等 级	高速公路、一级公路	二、三、四级公路
一般地区(%)	10 或 8	8
积雪冰冻地区(%)	6	

二、三、四级公路混合交通量较大且接近城镇路段,或通过城镇作为街道使用的路段,当车速受到限制,按规定设置超高值有困难时,可按表2-13规定设置超高值。

表 2-13 市区路段最大超高值

设计速度/(km/h)	80	60	40、30、20
最大超高值(%)	6	4	2

一条公路的设计速度和横向力系数 μ 均已确定时,超高横坡度即由圆曲线半径大小确定。根据式(2-3)得下式:

$$i_{超} = \frac{v^2}{127R} - \mu \tag{2-8}$$

表2-14已将超高值和曲线半径成抛物线关系重新进行了编制。

表 2-14 圆曲线半径与超高值

半径/m 超高值(%)	计算车速	$v=120$km/h		$v=100$km/h		$v=80$km/h		$v=60$km/h	
		一般情况	积雪冰冻地区	一般情况	积雪冰冻地区	一般情况	积雪冰冻地区	一般情况	积雪冰冻地区
2		<5500~3240	<5500~1940	<4000~1710	<4000~1550	<2500~1240	<2500~1130	<1500~810	<1500~720
3		<3240~2160	<1940~1290	<1710~1220	<1550~1050	<1240~830	<1130~750	<810~570	<720~460
4		<2160~1620	<1290~970	<1220~950	<1050~760	<830~620	<750~520	<570~430	<460~300
5		<1620~1300	<970~780	<950~770	<760~550	<620~500	<520~360	<430~340	<300~190
6		<1300~1080	<780~650	<770~650	<550~400	<500~410	<360~250	<340~280	<190~125
7		<1080~930	—	<650~560		<410~350	—	<280~230	

(续)

半径/m 超高值(%)	计算车速	$v=120$km/h		$v=100$km/h		$v=80$km/h		$v=60$km/h	
		一般情况	积雪冰冻地区	一般情况	积雪冰冻地区	一般情况	积雪冰冻地区	一般情况	积雪冰冻地区
8		<930~810	—	<560~500	—	<350~310	—	<230~200	—
9		<810~720	—	<500~440	—	<310~280	—	<200~160	—
10		<720~656	—	<440~400	—	<280~250	—	<160~125	—

(三) 超高缓和段

从直线上的路拱双坡断面，过渡到圆曲线上具有超高横坡的单坡断面，要有一个逐渐变化的区段，这一变化段称为超高缓和段，如图2-3所示。

图中 l_c 是超高缓和段的长度，i_0 是路拱横坡度，$i_超$ 是超高横坡度，A 点是缓和段起点，E 点是缓和段终点。在 A 点处路面保持直线上原有路拱双坡断面，到达 C 点时路拱双坡外侧提高而与内侧成单侧横断面，其坡度为 i_0，自 C 点起，逐渐提高路面单坡坡度一直到缓和段终点 E 时达到 $i_超$ 数值。

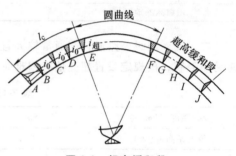

图 2-3　超高缓和段

超高缓和段长度依下式计算：

$$l_c = B\Delta i/\Delta\rho \quad (2-9)$$

式中　l_c——超高过渡段长度(m)；

　　　B——旋转轴至行车道(设路缘带时为路缘带)外侧边缘的宽度(m)；

　　　Δi——超高坡度与路拱坡度的代数差(%)；

　　　$\Delta\rho$——超高渐变率，即旋转轴与行车道(设路缘带时为路缘带)外侧边缘线之间的相对坡度，其值见表 2-15。

根据上式求得过渡段长度，应凑整成 5m 的倍数，并不小于 20m 的长度。

表 2-15　超高渐变率

设计速度/(km/h)	超高旋转轴位置		设计速度/(km/h)	超高旋转轴位置	
	中线	边线		中线	边线
120	1/250	1/200	40	1/150	1/100
100	1/225	1/175	30	1/125	1/75
80	1/200	1/150	20	1/100	1/50
60	1/175	1/125			

(四) 超高过渡方式

1. 无中间带的公路

(1) 超高横坡度等于路拱坡度时，将外侧车道绕路中线旋转，直至超高横坡度。

（2）超高横坡度大于路拱坡度时，可分别采用以下三种过渡方式：

1）绕车道内侧边缘旋转（见图2-4a）。先将外侧车道绕路中线旋转，待达到与内侧车道构成单向横坡后，整个断面再绕未加宽前的内侧车道边缘旋转，直至超高横坡度。一般新建工程应采用此种方式。

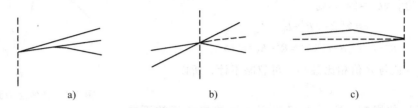

图2-4 无中间带公路的超高过渡方式
a）绕车道内侧边缘旋转 b）绕路中线旋转 c）绕车道外侧边缘旋转

2）绕路中线旋转（见图2-4b）。先将外侧车道绕路中线旋转，待达到与内侧车道构成单向横坡后，整个断面一同绕路中线旋转，直至超高横坡度。一般改建工程应采用此种方式。

3）绕车道外侧边缘旋转（见图2-4c）。先将外侧车道绕车道外侧边缘旋转，与此同时，内侧车道随中线的降低而相应降坡，待达到单向横坡后，整个断面继续绕外侧车道边缘旋转，直至超高横坡度。此种方式可在特殊设计（如强调路容美观）时采用。

2. 有中间带的公路

（1）绕中间带的中心线旋转（见图2-5a）。先将外侧车道绕中间带的中心线旋转，待达到与内侧车道构成单向横坡后，整个断面一同绕中心线旋转，直至超高横坡度。此时中央分隔带呈倾斜状。中间带宽度≤4.5m的公路可采用此种方式。

（2）绕中央分隔带边缘旋转（见图2-5b）。将两侧车道分别绕中央分隔带边缘旋转，使之各自成为独立的单向超高断面，此时中央分隔带维持原有水平状态。各种宽度中间带的公路均可采用此种方式。

（3）绕各自车道中线旋转（见图2-5c）。将两侧车道分别绕各自的中心线旋转，使之各自成为独立的单向超高断面，此时中央分隔带两边缘分别升高与降低而成为倾斜断面。车道数大于4条的公路可采用此种方式。

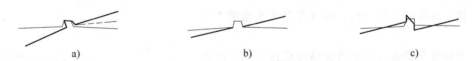

图2-5 有中间带公路的超高过渡方式
a）绕中间带的中心线旋转 b）绕中央分隔带边缘旋转 c）绕各自行车道中线旋转

3. 分离式公路

分离式断面公路的超高过渡方式可视为两条无中间带的公路分别予以处理。

六、圆曲线加宽

汽车在曲线上行驶时，所有车轮沿不同半径轨迹行驶，后轴内侧车轮所行驶曲线半径最小，前轴外侧车轮所行驶曲线半径最大。因此，在曲线上行驶的汽车占有较大的宽度，必须将车道宽度加宽。如图2-6所示，R为圆曲线半径（m）；L_0为汽车后轮轴到前沿缓冲器的距离（m），小客车为4.6m（可取为5m），载重汽车取8m，半挂车取（5.2+8.8）=14m；b为一个车道宽度，e_1为一个车道路面的加宽值。

由 △COD 得
$$L_0^2+(R-e_1)^2=R^2$$

则
$$e_1=R-(R^2-L_0^2)^{1/2}$$

若为双车道，取 $e=2e_1$，则
$$e=2[R-(R^2-L_0^2)^{1/2}]$$
$$R^2-L_0^2=(R-e/2)^2=R^2-Re+e^2/4$$

因为，$e^2/4$ 值与 R 值相比甚小，可忽略不计，所以，
$$e=L_0^2/R$$

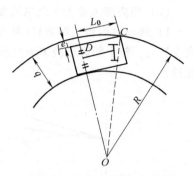

图 2-6 曲线上的路面加宽

考虑到车速的影响，曲线上双车道路面的加宽值按下式计算：

$$e=\frac{L_0^2}{R}+\frac{0.1v}{\sqrt{R}} \tag{2-10}$$

式中　v——计算车速(km/h)。

《公路路线设计规范》规定，当圆曲线半径≤250m 时，应设置加宽。双车道路面加宽值见表 2-16，圆曲线加宽值应根据公路功能、技术等级和实际交通组成确定，并应符合下列规定：

表 2-16 双车道路面加宽值　　　　　　　　　　　　　（单位：m）

加宽类别	设计车辆	圆曲线半径/m								
		200~250	150~200	100~150	70~100	50~70	30~50	25~30	20~25	15~20
第 1 类	小客车	0.4	0.5	0.6	0.7	0.9	1.3	1.5	1.8	2.2
第 2 类	载重汽车	0.6	0.7	0.9	1.2	1.5	2.0	—	—	—
第 3 类	铰接列车	0.8	1.0	1.5	2.0	2.7	—	—	—	—

注：单车道公路路面加宽值应为表列规定值的一半。

（1）作为干线的二级公路，应采用第 3 类加宽值。

（2）作为集散的二级公路和三级公路，在考虑铰接列车通行时，应采用第 3 类加宽值；不考虑通行铰接列车时，可采用第 2 类加宽值。

（3）作为支线的三级公路、四级公路可采用第 1 类加宽值。

（4）有特殊车辆通行的专用公路应根据特殊车辆验算确定其加宽值。

圆曲线上的路面加宽应设置在曲线的内侧。各级公路的路面加宽后，路基也应相应加宽。

高速公路曲线加宽缓和段的加宽，由直线加宽为零逐渐按比例增加到圆曲线起点处的全加宽值，其变化如图 2-7 所示。为使路面边缘圆滑、舒顺，任一点的加宽值 E_n 可为

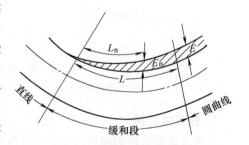

图 2-7 加宽缓和段的变化

$$E_n=(4K^3-3K^4)E \tag{2-11}$$

式中　E——圆曲线段路面全加宽值(m)。

$K=L_n/L$，其中 L 为加宽缓和段全长，L_n 为加宽缓和段任一点到起点的距离(m)。

七、平曲线长度

(一) 平曲线长度影响行驶的特点

公路平曲线一般情况下包括圆曲线和两端的回旋线(或超高、加宽缓和段)。汽车在道路曲线上行驶时,如曲线过短,则驾驶人操作方向盘频繁,高速行驶易发生危险;同时,为保证乘客良好的心理状态,需设置足够长的缓和曲线以使离心加速度变化率小于一定数值。

(二) 平曲线长度设计

1. 路线转角 $\alpha > 7°$

在此情况下,平曲线最小长度不应小于缓和曲线最小长度的2倍长,以计算车速3s行程(即公路缓和曲线长)的2倍计,即6s行驶时间的距离,平曲线最小长度L(m)计算公式如下:

$$L = vt = (v/3.6) \times 6 = 1.67v \tag{2-12}$$

此时,可按表2-17规定设置平曲线长度。

但实际上这是一种极限状态,此时曲线为凸形回旋线,即使驾驶人操作突感变化,又使视觉不舒服。因此最小曲线长理论上至少应该不小于3倍缓和曲线最小长度,即保证设置最小长度的缓和曲线后,仍保留相同长度的一段圆曲线。

各级公路设计平曲线长度不宜过短,从线形设计要求方面考虑,曲线长以极限值的5~8倍较适宜,国内调研情况与此基本一致,故《公路路线设计规范》规定平曲线最小长度一般值,取最小值长度的3倍(见表2-17)。

表2-17 平曲线长度 (单位:m)

设计速度/(km/h)	120	100	80	60	40	30	20
一般值	600	500	400	300	200	150	100
最小值	200	170	140	100	70	50	40

2. 路线转角 $\leq 7°$

当路线转角很小时,应引起特别注意。当转角小于7°时,不仅容易使曲线设得过短,而且会将曲线长度和半径看得比真实的小,产生急剧转弯错觉而造成事故。这种倾向在转角越小时越显著,所以在转角很小时应设置较长的曲线,使之形成公路是在顺适转弯的感觉,以避免驾驶人枉做减速转弯的准备。

一般认为,当$\alpha = 7°$时,最小平曲线的长度应是6s的行程;当$\alpha < 7°$时,则属于小转角,此时平曲线的长度应与α成反比例增加,即α越小则越需更长的平曲线。

公路转角非常小时,小的曲线长将被看成急转弯的错觉,转角越小越显著,所以,转角越小越要插入长的曲线,使之产生顺适的转弯,为使驾驶人识别出是曲线,图2-8中外距(AB)必须大于某一数值。

转角不足7°时,平曲线可作为两个回旋线的凸形曲线考虑,使外距N与曲线转角7°时的N相等时的曲线长为最小曲线长。

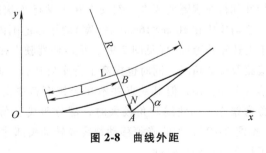

图2-8 曲线外距

平曲线最小长度一般值可用下式计算:

$$L = 688N/\alpha \tag{2-13}$$

式中　N——具有7°转角的曲线外距(m)；

　　　α——道路转角(°)；

　　　L——具有与7°转角相同曲线外距N时转角为α的道路平曲线总长(m)。

利用上式求算转角7°时的外距N，依此求以α为参数的L，见表2-18。

表2-18　$\alpha<7°$时的平曲线最小长度

设计速度v/(km/h)	最小缓和曲线长l_s/m	外距N/m	曲线长L/m
120	100	2.04	1400/a
100	85	1.73	1200/a
80	70	1.42	1000/a
60	50	1.02	700/a
50	40	0.81	600/a
40	35	0.71	500/a
30	25	0.51	350/a
20	20	0.41	280/a

八、曲线转角

与曲线长度相关的曲线转角也可以作为道路交通安全的影响因素，两者关系可用下式表示：

$$\alpha = 0.01 CCR \times L \tag{2-14}$$

式中　α——曲线转角(°)；

　　　CCR——曲率变化率[(°)/100m]；

　　　L——曲线长度(m)。

1. 影响特点

当曲线转角在0°~45°变化时，亿车事故率与转角的关系近似成抛物线形，即随着转角的增大，事故率在逐渐降低，当转角增大到某一数值时事故率降到最低值(即抛物线的极值点)，此时随着转角的继续增大，事故率又开始上升，变化规律明显。

当路线转角为小偏角时，事故率明显偏高，其原因是小偏角曲线容易导致驾驶人产生急弯错觉、不利于行车安全这一传统观点。当转角值在15°~25°时，事故率最低，交通安全状况最好。美国的研究成果证明平曲线转角的安全值是20°，因为转角20°的平曲线能最好地满足驾驶人的视觉特性和行车视野的要求。驾驶人在正常行车状态下，坐直、头正、目视前方，此时驾驶人的视点一般均集中在10cm×16cm(高×宽)的矩形范围内。若曲线转角为20°，则驾驶人看到的曲线恰好落于上述矩形范围内(见图2-9)，从而使驾驶人在不需要移动视线或转动头部的情况下即可充分了解道路及交通情况，同时也提高了行车舒适性，减少了行车疲劳和紧张感。小偏角的平曲线虽然也落入上述范围，但其缺点并不在于视野范围是否有利，而是容易导致另一种交通心理现象，即急弯错觉。当曲线转角较大时，部分曲线已落于矩形范围之外，导致驾驶人看到的路线不连续(见图2-10)，为此必须移动视线或转动头部才能看清全部曲线上的道路及交通情况，这无疑增加了行车难度和危险性。

因此，事故率与路线转角关系的统计结果表明，在高等级公路的设计中合理确定路线转角对保证行车安全、提高服务水平具有十分重要的意义。

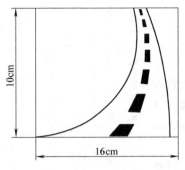 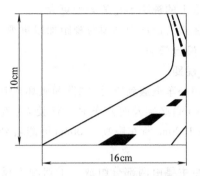

图 2-9　曲线转角为 20°的情况　　　图 2-10　曲线转角较大时的情况

2. 安全对策

曲线转角对交通安全的影响很大，为了保证道路交通安全，在公路选线和线形设计中，应尽可能考虑以下几点：

（1）交通事故率 AR 与曲线转角呈抛物线关系，并且抛物线具有极小值，即存在最优曲线转角。曲线转角的最佳安全值是 20°，安全范围是 15°～25°，转角 20°左右的平曲线能最好地满足驾驶人的视觉特性和行车视野的要求。

（2）小偏角曲线（转角小于或等于 7°）容易导致驾驶人产生急弯错觉，不利于行车安全，因此，在条件许可的情况下，尽量不采用小偏角曲线。

（3）要尽量避免较大曲线转角的出现，转角大于 30°的曲线会造成严重的交通安全隐患，大于 45°的曲线要尽可能避免。

九、视距

视距是驾驶人开车向前所能看见的车道中心线的长度。车前的视野和视距对车辆在公路上安全和有效的运行极为重要，速度和行车路线的选择，取决于驾驶人要能看清前方道路及其周围的瞬时环境，并有足够远的视距，以便高度准确地预测道路的线位方向、纵坡，选择车道和避让其他车辆及路上障碍物，在紧急状态时能及时停车和避开危险。因此，足够的视距和清晰的视野，是保证安全行车最重要的因素。在平、竖曲线上超车时发生的道路交通事故常常与视距不足有关。视距不良路段往往是事故多发路段。

（一）视距的定义

视距：从车道中心线上规定的视线高度，能看到该车道中心线上高为 10cm 的物体顶点时，沿该车道中心线量得的长度。

停车视距：汽车行驶时，驾驶人员自看到前方障碍物时起，至达到障碍物前安全停车止，所需的最短行车距离。

会车视距：两部车辆相向行驶，会车时停车则需 2 倍停车视距，称会车视距。

超车视距：在双车道道路上，后车超越前车时，从开始驶离原车道起，至可见对向来车并能超车后安全驶回原车道所需的最短距离。

（二）对交通安全的影响

图 2-11 给出了美国事故率与行车视距的关系曲线，如图所示，事故率随视距的增加而降低。当视距小于 100m 时，事故率随视距减小而显著增加；当视距大于 200m 时，事故率随视距增加而缓慢降低；当视距大于 600m 时，事故率基本不再变化。

另外，通过对大量统计资料的分析可知，道路纵断面线形上的视距不足对道路交通事故的影响比平面线形上的视距不足的影响更大。

因此,在道路设计中必须对视距加以重视。

(三) 设计要求

1. 停车视距

汽车在同一车道遇到障碍(如路面破坏或其他障碍物在地面以上0.10m)必须及时停车时,驾驶人(驾驶人视线高度:小车眼高1.20m,货车眼高2.00m)可能看到的距离,即为停车视距。

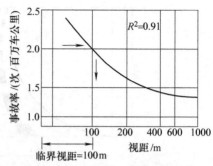

图 2-11 美国事故率与行车视距的关系

停车视距主要由两部分组成:①驾驶人反应时间行驶的距离;②开始制动到制动停止所行驶的距离——制动距离。另外应增加安全距离5~10m。通常按下式计算:

$$S_{停} = \frac{v}{3.6}t + \frac{(v/3.6)^2}{2gf_1} \tag{2-15}$$

式中 f_1——纵向摩阻系数,依车速及路面状况而定;

t——驾驶人反应时间,可取2.5s(判断时间1.5s,运用时间1.0s)。

依上式计算,路面处于潮湿状态的小车停车视距见表2-19。

表 2-19 潮湿状态下的停车视距

设计速度/(km/h)	行驶速度/(km/h)	f_1	计算值/m	规定值/m
120	102	0.29	212.0	210
100	85	0.30	153.70	160
80	68	0.31	105.90	110
60	54	0.33	73.2	75
40	36	0.38	38.3	40
30	30	0.44	28.9	30
20	20	0.44	17.3	20

制动停车距离随纵坡度的不同而变化,表列计算值是采用纵坡度为零时的平坦路面而求得,理论上,下坡路段是危险的,上坡则比较有保障。但因采用值尚较富裕,当属安全。

高速公路、一级公路,由于设有中央分隔带无对向车流,同向车辆只需考虑制动停车视距。双向行驶的二、三、四级公路按相向的两辆汽车会车同时制动停车的视距考虑,会车视距应不小于停车视距的2倍;等级较低的公路当受地形、地物等所限,无法保证会车视距时,允许采用停车视距,此时该视距路段对向车辆应通过划线等措施分道分向行驶。

货车存在空车制动性能差、轴间荷载难以保证均匀分布、一条轴侧滑会引发其他车轴失稳、半挂车铰接制动不灵等现象。尽管货车驾驶人因眼睛位置高,能比小客车驾驶人看得更远,但仍需要比小客车更长的停车视距。《公路路线设计规范》规定,公路一般应按小客车特征采用停车视距,但设计中应考虑货车特征,对货车通行可能存在视距和减速距离潜在危险的区段进行视距检验。

平坡路段货车停车视距规定见表2-20;下坡坡段应按表2-21规定进行修正;对于平曲线半径小于400m的曲线段,应在坡度修正后将货车停车视距增加10%。

表 2-20　平坡上货车停车视距

公路等级	高速公路、一级公路				二、三、四级公路				
设计速度/(km/h)	120	100	80	60	80	60	40	30	20
停车视距/m	245	180	125	85	125	85	50	35	20

表 2-21　下坡段货车视距修正值　　　　　　　　　　（单位：m）

修正值＼纵坡＼车速/(km/h)	下坡							
	0%	-3%	-4%	-5%	-6%	-7%	-8%	-9%
120	245	265	273	—	—	—	—	—
100	180	190	195	200	—	—	—	—
80	125	130	132	136	139	—	—	—
60	85	89	91	93	95	97	—	—
40	50	50	50	50	50	50	—	—
30	35	35	35	35	35	35	35	—
20	20	20	20	20	20	20	20	20

应对下列路段按货车停车视距进行检查：
(1) 减速车道及出口端部。
(2) 主线下坡段纵面竖曲线半径采用小于一般值的路段。
(3) 主线分、汇流处，车道数减少且该处纵面竖曲线半径采用小于一般值的路段。
(4) 要求保证视距的圆曲线内侧，圆曲线半径采用小于一般最小半径 2 倍或路堑边坡陡于 1∶1.5 的路段。
(5) 公路与公路、公路与铁路平面交叉口附近。

2. 超车视距

双向行驶的双车道公路，根据需要应结合地形设置，保证具有超车视距的路段。超车视距的长度取决于超车汽车、对向汽车及被超汽车的速度。超车视距 S 如图 2-12 所示。

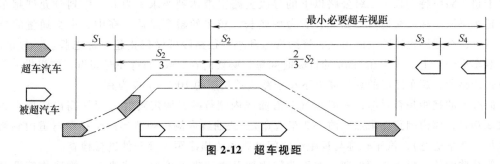

图 2-12　超车视距

超车视距由加速行驶距离 S_1、在对向车道上行驶距离 S_2、安全距离 S_3 及对向汽车行驶距离 S_4 组成。
(1) 加速行驶距离 S_1 为

$$S_1 = \frac{v_0}{3.6}t_1 + \frac{1}{2}at_1^2 \tag{2-16}$$

式中　v_0——被超汽车的速度(km/h)；

t_1——加速时间(s);

a——平均加速度(m/s^2)。

(2) 超车汽车在对向车道上行驶的距离 S_2 为

$$S_2 = \frac{v}{3.6}t_2 \tag{2-17}$$

式中　v——超车汽车的速度(km/h);

t_2——在对向车道上行驶的时间(s)。

(3) 超车完成时,超车汽车与对向汽车之间的安全距离 S_3 为

$$S_3 \approx 30 \sim 100m$$

(4) 超车汽车从开始加速到超车完成时,对向汽车的行驶距离 S_4 为

$$S_4 = 2S_2/3$$

超车视距见表 2-22。

表 2-22　超车视距

	超车汽车及对向汽车速度/(km/h)	80	60	40	30	20
	被超汽车速度/(km/h)	60	45	30	20	15
S_1	平均加速度 a/(m/s^2)	0.65	0.63	0.61	0.60	0.60
	加速时间 t_1/s	4.2	3.7	3.1	2.9	2.7
	加速行驶距离 S_1/m	76	50	28	19	14
S_2	在对向车道上行驶时间 t_2/s	10.4	9.5	8.5	8.0	
	在对向车道上行驶距离 S_2/m	231	159	95	67	42
S_3	对向车道的间距 S_3/m	60	40	25	20	15
S_4	对向汽车行驶的距离($S_4=2S_2/3$)/m	154	106	63	45	28
	全超车视距($S_1+S_2+S_3+S_4$)/m	550	350	200	150	100
	最小超车视距($2S_2/3+S_3+S_4$)/m	350	250	150	110	70

(四) 关于视距的有关规定

由于超车路段特别长,二级公路以下的等级公路很难达到要求。为此,应划分允许超车路段和禁止超车路段。在大交通量公路上,宜考虑较长、较多的超车路段;在中、小交通量的公路则可适当减少;在地形比较困难的山区,连续弯道和小半径路段可设禁止超车标志牌。一般情况下,在对向双车道公路上,至少在 1min 的行驶时间里,必要时在 3min 的行驶时间里,应提供一次保证超车视距的路段,超车路段的总长度以不小于路线总长度的 10%~30% 为宜。

平曲线上的视距是否足够,一般按汽车沿曲线内侧行驶,假定驾驶人视线高出路面 1.2m(货车可取 2.0m),离内侧路面未加宽前 1/2 车道宽处(或曲线内侧行驶轨迹的半径取弯道内侧路面内缘半径加 1/2 车道宽),汽车轨迹与视距线之间的距离为横净距 h 等条件进行检查。

各级公路的停车视距必须保证,在平曲线内侧及中间带的护栏及其他人工构造物等设置而不能保证停车视距时,可加宽中间带、路肩或将构造物后移;当采用停车视距计算最大横净距,而挖方边坡还妨碍视线时,则应按横净距绘制的包络线,即按视距曲线来清除边坡。考虑到停车视距的物高采用 0.1m,在凸形竖曲线处或采用停车视距时均不得采用开挖视距台。当采用会车视距计算最大横净距,则应按横净距绘制的包络线,即按视距曲线清除边坡或开挖视距台。

二、三、四级公路的会车视距(即双倍的停车视距),在有条件处也须满足。如达不到会车视

距要求，清除边坡、开挖视距台或加大圆曲线半径的工程量又太大时，可采用设置标志或分道行驶并必须保证停车视距的办法解决行车安全问题。

第三节　纵断面

纵断面线形由平坡线、坡线、竖曲线三个几何要素组成，设计时通常是在平面线形初定之后，结合地形、地物、环境和土石方工程量等条件，将几何要素进行合理组合，满足行车安全、舒适及与环境协调、工程经济的要求。

一、纵断面线形布置的一般原则

（1）纵断面线形应与地形相适应，设计成视觉连续、平顺而圆滑的线形，避免在短距离内出现频繁起伏。

（2）应避免能看见近处和远处而看不见中间凹处之线形。

（3）较长的连续上坡路段，宜将最陡的纵坡放在底部，接近坡顶的纵坡宜适当放缓。

（4）相邻纵坡之代数差小时，应尽量采用大的竖曲线半径。

（5）交叉处前后的纵坡应平缓。

（6）在积雪或冰冻地区，应避免采用陡坡。

（7）纵断面线形的好坏，往往与平面线形有关，要注意与平面线形配合，尽力按立体线形要求，设计成良好的线形。

二、纵坡

纵坡指的是路线纵断面上同一坡段两点间的高差与其水平距离之比，以百分率表示。

路形纵坡包括最大纵坡和最小纵坡之间的各种坡度。其中，最大纵坡是公路线形设计控制的一项重要指标，它直接影响到路线的长度、使用品质、行车安全、运输成本和工程造价。最小纵坡是为排水而规定的最小值。

（一）陡坡路段事故的主要形态

道路纵坡段的交通事故较多。经统计，在陡坡路段发生的道路交通事故主要形态为：

（1）下坡行驶的汽车失控驶出路面，或者与上坡超车车辆正面相撞。

（2）个别驾驶人在连续下坡时，行车速度过高而发生翻车等事故。

（3）在绕过路边停车时与对面来车相撞；或者上坡过程超越货车时，由于货车遮挡视线而与对面来车相撞。

第一种情况下发生的事故约占全部陡坡路段总交通事故数的24%，第二种情况约占40%，第三种情况约占18%。

（二）纵坡影响特点

1. 坡度大小的影响

不同的纵坡对事故有不同的影响，设纵坡对交通事故的影响系数为K，K满足以下回归方程。

（1）当$i=-1\%\sim2\%$时，$K=1$，即纵坡对事故率无影响。

（2）当$i=2\%\sim9\%$时，$K=-0.36+0.76i-0.04i^2$。

（3）当$i=9\%\sim11\%$时，$K=1.4+0.2i$。

（4）当$i=-11\%\sim-1\%$时，$K=0.16-0.88i-0.04i^2$。

式中　K——纵坡影响系数；

i——道路纵坡坡度，上坡取"+"，下坡取"-"。

纵坡 $i>2\%$ 或 $i<-1\%$，事故率明显增加。可见坡度越大，对交通安全的影响也越大。

2. 上坡与下坡影响的区别

车辆行驶过程中往往需要紧急制动。由于下坡行驶的制动距离要比上坡行驶的长，因此下坡事故数要比上坡事故数多；上下坡行车条件的差别，在较小纵坡条件下就有所反映。

3. 采取安全措施对坡度安全性的影响

采取的安全措施大体有设置醒目的交通标志、交通信号控制、增加车道等，主要目的是提醒驾驶人保持警惕，要求驾驶人控制车速，以及改善道路条件以分流交通量、减少冲突点。

美国 Elzer Mountain 地区有 7.2km 长的山区路段，在采取安全保障措施之前，下坡事故数要比上坡事故数大很多。在双向增加车道后，上下坡事故数均有所减少，尤其是下坡事故数下降显著；在设置限制车速的交通标志牌后，下坡事故数又有大幅度下降，上坡事故数也有所下降；后来又增设自动雷达车速控制系统后，总体交通事故数下降，下坡交通事故数相对稳定下来，并且在绝对数值和相对趋势上基本与上坡保持一致。由此案例可见，在纵坡路段采取增加车道、设置安全标志等交通改善措施对于促进道路交通安全非常有必要。

（三）纵坡设计

1. 最大纵坡

最大纵坡依汽车的动力特性、自然条件及工程运营经济的分析加以确定。

确定高速公路上的最大纵坡，就需要了解高速公路上的代表性车型及其动力特性。高速公路上往往小客车居多，靠近中央分隔带的车道原则上为小客车占有。小客车的行驶速度高，爬坡性能好，受纵坡的影响较小。调查表明，在计算行车速度为 120km/h 的高速公路上，当小客车在 3% 的坡道上行驶时，同在水平路段上比较，只是在保持自由速度方面有轻微的影响。因此，在平原微丘区如能按最大纵坡 3% 设置线形，就可以保持以较高的行驶速度匀速前进。

载重汽车随纵坡坡度的增加车速显著下降，这对于正常高速行驶的车流会造成影响，使快车受阻，直接影响高速公路的通行能力和行车安全。因此，在确定最大纵坡时，也应从实际出发，注意在高速公路上行驶的代表性载重汽车车型。

按照国外研究经验，提出在确定最大纵坡的标准值时，应使小客车能以相当于平坦路段上的平均行驶速度上坡，载重汽车则大致以计算行车速度的 50% 的速度上坡。

另外，在制定最大纵坡时不能只从设计车型的爬坡能力考虑，还应考虑汽车在纵坡上行驶的安全性和经济性等。

《公路路线设计规范》规定了公路最大纵坡值，见表 2-23。

表 2-23　公路最大纵坡值

设计速度/(km/h)	120	100	80	60	40	30	20
最大纵坡值(%)	3	4	5	6	7	8	9

设计速度为 120km/h、100km/h、80km/h 的高速公路受地形条件或其他特殊情况限制时，经技术经济论证，最大纵坡可增加 1%。

改扩建公路设计速度为 40km/h、30km/h、20km/h 的利用原有公路的路段，经技术经济论证，最大纵坡可增加 1%。

海拔 2000m 以上或积雪冰冻地区的四级公路，最大纵坡不应大于 8%。

设计速度小于或等于 80km/h，位于海拔 3000m 以上高原地区的公路的最大纵坡应按表 2-24 的规定予以折减。最大纵坡折减后若小于 4%，则仍采用 4%。

表 2-24 高原纵坡折减值

海拔/m	3000~4000	4000~5000	5000 以上
纵坡折减值（%）	1	2	3

2. 最小纵坡

为保证高速公路上行车快速、安全、通畅，希望尽可能采用小些的纵坡，但对长路堑路段、设置边沟的低填方路段以及其他横向排水不畅的路段，为满足排水要求，应采用不小于 0.3% 的最小纵坡。

当必须采用平坡或小于 0.3% 的纵坡时，其边沟应做纵向排水设计。

在干旱少雨地区，最小纵坡可不受上述限制。

3. 桥上及桥头路线的纵坡

小桥与涵洞处的纵坡应按路线规定进行设计。

桥梁及其引道的平、纵、横技术指标应与路线总体布设相协调。大、中桥上的纵坡不宜大于 4%，桥头引道纵坡不宜大于 5%，引道紧接桥头部分的线形应与桥上线形相配合，其长度不宜小于 3s 设计速度行程长度。

位于市镇附近非汽车交通较多的地段，桥上及桥头引道纵坡均不得大于 3%。

4. 隧道部分路线的纵坡

隧道内的纵坡应大于 0.3% 并小于 3%，但短于 100m 的隧道不受此限制。

高速公路、一级公路的中、短隧道，当条件受限制时，经技术经济论证后最大纵坡可适当加大，但不宜大于 4%。

隧道内的纵坡可设置成单向坡；地下水发育的隧道及特长、长隧道可采用人字坡。

隧道洞口内侧不小于 3s 设计速度行程长度与洞口外侧不小于 3s 设计速度行程长度范围内的平、纵线形应一致。洞口外与之相连接的路段应设置距洞口不小于 3s 设计速度行程长度，并且不小于 50m 的过渡段，以保持横断面过渡的顺适。

5. 平均纵坡

越岭路线连续上坡（或下坡）路段，相对高差为 200~500m 时平均纵坡不应大于 5.5%；相对高差大于 500m 时平均纵坡不应大于 5%，并且任意连续 3km 路段的平均纵坡不应大于 5.5%。

三、坡长

坡长是指纵断面每一坡段的长度，也即相应于纵坡两转折点间的水平直线距离。

纵坡变换频繁，尤其是纵坡短促起伏，驾驶人需频繁换档，易导致驾驶疲劳。换档引起能量、油料和时间的损失，加速齿轮、离合器和轮胎的磨耗。同时，在变坡的凹形、凸形竖曲线处，造成超重、失重，特别在车速较高时，使乘客很不舒适，而且易导致事故。为保证行车的安全与平顺，坡长不宜过短，最小坡长以不小于计算车速行驶 9s 的行程为宜，即 $v \times 9/3.6 = 2.5v$。公路采用的坡段最小坡长见表 2-25。

表 2-25 最小坡长

设计速度/(km/h)		120	100	80	60	40	30	20
最小坡长 /m	一般值	400	350	250	200	160	130	80
	最小值	300	250	200	150	120	100	60

注：表中所列"一般值"为正常情况下的采用值；"最小值"为条件受限制时可采用的值。

在平原地区设计高速公路，常需跨越很多河道和通道，在跨越处需要较高的设计标高和填土高度。如果采用过小的设计间距，使纵坡频繁起伏，则显得路线不够平顺，但也不宜强调采用过长的设计间距（即坡长），以致造成长距离的高路堤。此时应当根据纵断面设计的原则妥善处理。

在山岭和丘陵地区设计高速公路，就会遇到陡坡路段。陡坡路段因汽车发动机功率降低而可能影响行车安全，同时，过长过陡的下坡也危及行车的安全。为保证行车安全，应将坡长控制在汽车车速下降到不低于最低限速时所能行驶的距离内。不同纵坡的最大坡长见表2-26。

表2-26 不同纵坡的最大坡长 （单位：m）

设计速度/(km/h)		120	100	80	60	40	30	20
纵坡坡度(%)	3	900	1000	1100	1200	—	—	—
	4	700	800	900	1000	1100	1100	1200
	5	—	600	700	800	900	900	1000
	6	—	—	500	600	700	700	800
	7	—	—	—	—	500	500	600
	8	—	—	—	—	300	300	400
	9	—	—	—	—	—	200	300
	10	—	—	—	—	—	—	200

四、爬坡车道

爬坡车道是在纵坡大于4%的陡坡路段上，于正线行车道一侧增设的供载重汽车行驶的专用车道。

（一）爬坡车道的设置条件

高速公路、一级公路及二级公路中，在纵坡对载重汽车的上坡运行速度、路段通行能力、安全等产生严重影响的路段，应对载重汽车上坡运行速度的降低值和设计通行能力进行验算，符合下列情况之一者，宜在上坡方向行车道右侧设置爬坡车道：

（1）沿上坡方向载重汽车的运行速度降到表2-27中的容许最低速度以下时，宜设置爬坡车道。

（2）上坡路段的设计通行能力小于设计小时交通量时，宜设置爬坡车道。

表2-27 上坡方向容许最低速度

设计速度/(km/h)	120	100	80	60	40
容许最低速度/(km/h)	60	55	50	40	25

（二）爬坡车道的构造
1. 横断面构成

爬坡车道设置在正线行车道右侧，一般宽3.50m，其与正线车行道之间设以路缘带，如图2-13所示。当爬坡车道旁路肩较窄，不能提供紧急停车时，应在连续很长的爬坡车道路段，根据需要设置紧急停车带。

图2-13 爬坡车道

2. 超高与加宽

爬坡车道上的行车速度较小，为保证行车安全，在需要设置超高时，与正线相应的超高坡度规定值见表2-28，超高坡度的旋转轴为爬坡车道内侧边缘线。

表 2-28 爬坡车道的超高坡度

主线的超高坡度(%)	10	9	8	7	6	5	4	3	2
爬坡车道的超高坡度(%)	5	5	4	4	4	4	4	3	2

爬坡车道的曲线加宽值按行车道曲线加宽的有关规定。

3. 爬坡车道的平面布置与长度

爬坡车道的长度应与主线相应纵坡长度一致。

爬坡车道起点、终点处应按规定设置分流、合流渐变段，爬坡车道平面布置如图2-14所示，其总长由起点侧三角端渐变长 L_1、爬坡车道长 L 和终点侧的附加长度 L_2 三部分组成。

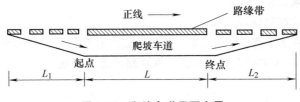

图 2-14 爬坡车道平面布置

爬坡车道起点侧三角端渐变长度 L_1 为45m。

终点侧的附加长度段是供车辆驶入正线前加速到容许最低车速所需的长度，其长短与正线的纵坡有关，可参考表2-29确定附加长度，该值包括终点三角端渐变长60m在内。

表 2-29 爬坡车道终点侧附加长度

附加段纵坡(%)	下坡	平坡	上坡			
			0.5	1.0	1.5	2.0
附加长度/m	100	150	200	250	300	350

五、合成坡度

汽车在有纵坡的小半径曲线上行驶时，除受坡度阻力外，还受曲线阻力的作用。由于曲线阻力的存在，当汽车上坡时，消耗的功率增加，行驶速度降低。当汽车下坡时，有沿合成坡度方向倾斜和滑移的倾向，增加了行车的危险性。当纵坡大而曲线半径小时，为防止车速降得过低，以及防止汽车沿纵坡与超高组合的斜向坡度方向滑移，应将其组合的坡度限定在适当的范围内（见图2-15），目的在于保证曲线段的汽车行驶状况与直线段相同。

合成坡度即在设有超高的平曲线上，由路线纵坡与曲线超高横坡所组成的斜向坡度。其计算公式为

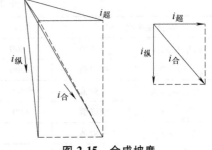

图 2-15 合成坡度

$$i_H = \sqrt{i_h^2 + i_Z^2}$$

(2-18)

式中　i_H——合成坡度(%);
　　　i_h——超高坡度或路面横坡(%);
　　　i_z——纵坡坡度(%)。

公路最大合成坡度值见表 2-30 的规定。

表 2-30　公路最大合成坡度值

公路等级	高速公路、一级公路				二、三、四级公路				
设计速度/(km/h)	120	100	80	60	80	60	40	30	20
最大合成坡度值(%)	10.0	10.0	10.5	10.5	9.0	9.5	10.0	10.0	10.0

当陡坡与小半径平曲线相重叠时，在条件许可的情况下，以采用较小的合成坡度为宜。特别是下述情况，其合成坡度必须小于 8%：

(1) 冬季路面有积雪、结冰的地区。
(2) 自然横坡较陡峻的傍山路段。
(3) 非汽车交通比率高的路段。

各级公路最小合成坡度不宜小于 0.5%。在超高过渡的变化处，合成坡度不应设计为 0%。当合成坡度小于 0.5% 时，应采取综合排水措施，保证路面排水畅通。

六、竖曲线

为减缓汽车行驶在纵坡变坡处所产生的冲击，以及保证行车视距，必须插入的纵向曲线称为竖曲线。它可改善线形，增加行车的安全感和舒适性，并有利于道路排水。

纵断面上两纵坡线交点称为变坡点，在变坡点设置的竖曲线可以分为凸形竖曲线和凹形竖曲线。

(1) 凸形竖曲线。指设于道路纵坡呈凸形转折处的曲线。用以保证汽车按计算行车速度行驶时有足够的行车视距。

(2) 凹形竖曲线。指设于道路纵坡呈凹形转折处的曲线。用以缓冲行车中因运动量变化而产生的冲击，保证夜间汽车前灯视线和汽车在立交桥下行驶时的视线。

各级公路在纵坡变更处均应设置竖曲线，竖曲线的形式可采用抛物线或圆曲线。

各级公路竖曲线半径及最小长度规定见表 2-31。

竖曲线半径及长度一般情况下应大于表 2-31 所列"一般值"；当不得已时，方可采用小于表 2-31 所列"一般值"以至"极限值"。

表 2-31　竖曲线半径及最小长度

设计速度/(km/h)		120	100	80	60	40	30	20
凸形竖曲线半径/m	一般值	17000	10000	4500	2000	700	400	200
	极限值	11000	6500	3000	1400	450	250	100
凹形竖曲线半径/m	一般值	6000	4500	3000	1500	700	400	200
	极限值	4000	3000	2000	1000	450	250	100
竖曲线长度/m	一般值	250	210	170	120	90	60	50
	极限值	100	85	70	50	35	25	20

注：表中所列"一般值"为正常情况下的采用值；"极限值"为条件受限制时，经技术经济论证后可采用的值。

满足超车视距路段的凸形竖曲线半径应不小于表 2-32 规定。

表 2-32 满足超车视距路段的凸形竖曲线半径

设计速度/(km/h)	80	60	40	30	20
凸形竖曲线半径/m	31500	12800	4200	2400	1100

七、道路线形的组合

（一）平、纵线形组合

道路线形由直线和各种曲线连接而成。在行车时，驾驶人需要观察了解前方路段的道路交通情况，以适应新的行车条件。由于驾驶人顺着直线或某种曲线扫视时，习惯于使视线平顺地向前，因此为保证行车安全，道路几何线形的组合应该自然流畅。如果道路几何线形组成部分的尺寸变化过大，驾驶人就会在驾驶汽车过程中缺乏足够的思想准备，容易造成交通事故。《公路路线设计规范》规定：设计速度大于或等于 60km/h 的公路线形设计，必须注重平、纵面的合理组合，及其驾驶人对视觉和心理方面的要求。

1. 平、纵线形组合的设计原则

（1）应使线形能自然地诱导驾驶人的视线，并保持视觉的连续性。

（2）平、纵面线形的技术指标应大小均衡。

（3）合成坡度应组合得当，以利于路面排水和行车安全。

2. 平、纵线形组合的基本要求

（1）平曲线与竖曲线组合宜相互对应，并且稍长于竖曲线。

（2）合成坡度的设计应与线形组合设计相结合。有条件时，最大合成坡度不宜大于 8%，最小合成坡度不小于 0.5%。

（3）平、纵面线形组合设计应使线形与自然环境和景观相配合、协调。

（4）平曲线缓而长，并且竖曲线坡差小于 1% 时，平曲线中可包含多个竖曲线。

（5）竖曲线半径宜为平曲线半径的 10~20 倍以上。随着平曲线半径的增大，竖曲线半径的增大倍数也宜增加。

3. 平、纵线形设计中应避免的组合

（1）小半径的平曲线起、讫点不得设在或接近凸形竖曲线的顶部和凹形竖曲线的底部。

（2）长平曲线内不得设置短的竖曲线；长竖曲线内也不得设置短的平曲线。

（3）凸形竖曲线的顶部和凹形竖曲线的底部，不得同反向平曲线的拐点重合。

（4）直线上的纵面线形应避免出现驼峰、暗凹、跳跃、断背等使驾驶人视觉中断的线形。

（5）直线段内不得插入短的竖曲线。

（6）小半径竖曲线不宜与回旋曲线相互重叠。

（7）避免在长直线上设置坡陡或曲线长度短、半径小的凹形竖曲线。

（8）应避免急弯与陡坡相重合。

（9）应避免短的平曲线与短的凸形竖曲线组合。

（10）应避免驾驶人能在行驶视野内看到两个或两个以上的平曲线或竖曲线。

（11）应避免平曲线与竖曲线错位的组合。

（二）直线与平曲线组合

直线线形一般难与地形相协调，若运用不当将破坏线形的连续性。过长的直线易使驾驶人产生僵直、呆板、单调的感觉，容易导致困倦、注意力不集中、反应迟钝、难以准确判断车距，长直线必须和平曲线组合使用。多例事实表明，长直线如果与平曲线组合不好，则该地段往往是交通事故率高的地段。

1. 长直线和小半径平曲线的组合

长直线和小半径平曲线的组合多处于平原重丘区或山岭区的交界地带。从技术和经济指标方面进行选线时，平原区有条件采用规范许可的小纵坡长直线；重丘区、山岭区因地形、地质和工程量的限制，有时不得不采用大纵坡的小半径曲线相连。

在此类高速公路线形组合中，行车的特征是载重车尤其是超限运输车辆从小纵坡直线驶入有较大纵坡的小半径曲线时，速度急减，而小汽车和空货车则减速缓慢，相邻车辆存在较大速度差，这是引发汽车追尾事故的客观因素。驾驶人在长直线行驶时，视野开阔，精神松弛，容易超速。进入弯道后，如未及时调整心态或操作不当或疲劳驾驶，此类线形组合很容易发生车毁人亡的追尾事故。

2. 陡坡长直线与小半径平曲线的组合

此类组合多处于重丘区和山岭区间的路段。当汽车从坡顶驶下时，由于本身的重力和动力作用，汽车行驶是一个加速过程。在我们的调查中发现，载重车尤其是超重、超高的运输车辆行驶在弯道外侧接近坡底，面对有较大纵坡和较大超高的小半径平曲线时，心理渐趋紧张，往往采取制动减速；而重心偏高的超重、超高车辆因速度太慢导致离心力不足，车辆在向心力的作用下往中央分隔带方向失衡倾覆，造成交通事故。

由于长直线尽头汽车一般是超速运行的，为确保安全，应对曲线半径、超高、视距等采用运行速度进行检验。德国设计规范规定：当直线长度大于 300m 时，平曲线半径 R 应大于 400m；当直线长度小于 300m 时，平曲线半径 R 应大于直线长度。

（三）桥隧与路线线形的配合

调查表明，因桥梁、隧道的设置导致线形不连续的路段事故多发。高速公路上，强调桥梁、隧道线形与路线线形保持一致，是减少在这些路段发生事故的重要措施。

（四）沿线设施与路线线形的配合

要求主线收费站、服务区、停车区及公共汽车停靠站区段前后的路线线形是连续流畅、无视觉不良的线形组合，因为这些路段的车流状态比较复杂，道路使用者需要得到的信息比一般路段上多。流畅的线形，良好的视觉是安全的基础。

主线收费站应选择在直线上或不设超高的曲线上，且不应设在凹形竖曲线的底部。主线收费站范围内主线的主要技术指标应大于表 2-33 的规定。

表 2-33 主线收费站范围内主线主要技术指标

设计速度/(km/h)			120	100	80	60	40
最小平曲线半径/m	一般值		2000	1500	1100	500	250
	最小值		1500	1000	700	350	200
最小竖曲线半径/m	凸形	一般值	45000	25000	12000	6000	2000
		极限值	23000	15000	6000	3000	1500
	凹形	一般值	16000	12000	8000	4000	3000
		极限值	12000	8000	4000	2000	1500
最大纵坡(%)			2	2	2	3	3

（五）线形与环境的协调

良好的线形和景观环境是保证公路安全性与舒适性的主要因素，同样的线形在不同的环境中给人的感觉不同。调查发现，线形与环境景观的不良配合，会给驾驶人造成精神压力或因错觉引发交通事故。公路特别是高速公路的景观应作为公路总体设计的对象。

线形与环境的协调应遵循以下原则：

（1）线形设计应利用地形，尽量少改变公路周围的地形、地貌、天然森林、建筑物等景观。横面设计应使边坡造型和绿化同原有景观相适宜，弥补挖方和填方对自然景观的破坏。

（2）当公路以挖方穿越山脊或通过宽阔林地时，路线应布设成曲线，以保持自然景观的连续。

（3）为减轻在长直线上行驶的单调感，应使驾驶人能看到前方显著的景物。

（4）应根据技术和景观要求合理选定构筑物的造型，使公路构筑物成为自然景观中的一部分。

第四节　横断面

一、公路横断面组成情况

公路横断面根据公路的使用功能及预测交通量和环境条件，由车道、路肩及中间带、紧急停车带、变速车道等设施组成，以寻求道路最佳的功能、安全性、环境影响、经济效益和道路美化效果。

高速公路和一级公路的横断面分为整体式和分离式两类。整体式断面（见图2-16）应由车道、中间带（中央分隔带、路缘带）、路肩（硬路肩、土路肩）等部分组成；分离式断面取消中央分隔带形成两个独立的横断面。二、三、四级公路的横断面包括车道、路肩及错车道等组成部分。

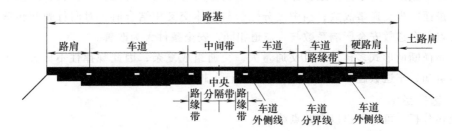

图2-16　高速公路和一级公路路基标准横断面（整体式）

二、车道与横断面形式

（一）基本概念

行车道是指供各种车辆纵向排列、安全顺适地行驶的公路带状部分。行车道由车道组成，车道就是供单一纵列车辆行驶的部分。行车道中的车道只包括行车车道和超车车道，而不包括其他起特殊作用的爬坡车道、变速车道等，由于它们的功能和作用不同，未计入行车道当中。

车道数一般根据预测规划的交通量及单车道设计通行能力等因素确定，但不同的车道数对安全行车的影响存在着差别。

（二）影响特点

总体来说，行车安全性随车道数的增加而提高，即车道数越多，行车越安全；但是对三车道的公路，只有当交通量相对很低时才是比较安全的。当交通量增加时，交通事故相对数也会随着交通量的增加而迅速提高，因为此时利用中间车道实现超车非常困难，而且非常危险。对于多车道公路，当交通量没有完全饱和时交通事故数很小。因此道路的车道数和横断面形式对行车安全非常重要。

（三）车道数安全影响系数

车道数安全影响系数是指道路上不同车道数对事故率的影响程度，它也是衡量道路交通安全的一个重要指标。横断面形式安全影响系数是指不同横断面形式对事故率的影响程度。无论是车道数安全影响系数还是横断面形式安全影响系数，系数越高，说明该系数对应的车道数或横断面形式对道路交通安全的影响越大。现取双车道影响系数为1，则公路不同车道数的安全影响系数见表2-34。

表2-34　公路不同车道数的安全影响系数

车道数类型	车道数安全影响系数
双车道	1.00
三车道	1.50
没有中央分隔带的四车道	0.80
有中央分隔带，但尚有平面交叉口的四车道	0.65
有中央分隔带，全部立体交叉的四车道	0.30
八车道	0.30

由表2-34可见，三车道公路对行车安全最不利，在道路设计中应尽量避免。随着车道数的增加，交通事故会减少。对于四车道公路，设立中央分隔带将减少对向行车冲突，降低车道数安全影响系数，进而减少交通事故数；当中央分隔带与立体交叉相结合时，对向行驶和转弯分向行驶都没有冲突点，车道数安全影响系数与八车道相同，安全条件大为改善。

城市道路横断面形式多样，并且交通量大，交通组成复杂，因此规律性不如公路上明显。但从宏观分析可知，车道数越多，通行能力越大，行车越畅通安全。

（四）重要结论

总结上述分析，可以得出以下几点结论：

（1）车道数越多，事故率越低，行车越安全。

（2）对所有车道数类型来说，有中央分隔带的两块板形式明显优于无中央分隔带的一块板形式，行车安全性高。

（3）有机非分隔带的三块板形式的事故率略高于有中央分隔带的两块板形式，这也说明城市道路对向交通很容易发生事故，而且这种事故比较严重。

（4）既有中央分隔带，又有机非分隔带的四块板形式道路的安全性明显优于其他三种横断面形式。

三、车道宽度

1. 基本概念

所谓车道宽度是为了交通上的安全和行车上的顺适，根据汽车大小、车速高低而确定的各种车辆以不同速度行驶时所需的宽度。

我国的车道总宽是指车道数乘以一个车道的宽度。

2. 车道宽度的规定

车道宽度应符合表2-35的规定，并应符合下列规定：

(1) 八车道及以上公路在内侧车道（内侧 1、2 车道）仅限小客车通行时，其车道宽度可采用 3.5m。
(2) 以通行中、小型客运车辆为主且设计速度为 80km/h 及以上的公路，经论证车道宽度可采用 3.5m。
(3) 四级公路采用单车道时，车道宽度应采用 3.5m。
(4) 设置慢车道的二级公路，慢车道宽度应采用 3.5m。
(5) 需要设置非机动车道和人行道的公路，非机动车道和人行道等的宽度，宜视实际情况确定。

表 2-35　车道宽度

设计速度/(km/h)	120	100	80	60	40	30	20
车道宽度/m	3.75	3.75	3.75	3.50	3.50	3.25	3.00

3. 车道数

高速公路和一级公路各路段车道数应根据设计交通量、设计通行能力确定，并且应不小于四车道。当车道数增加时，应按双数、两侧对称增加。

二级公路、三级公路应为双车道。四级公路一般路段应采用双车道，交通量小或工程特别艰巨的路段可采用单车道。

四、路肩的宽度与结构

（一）基本概念

路肩是位于车道外缘至路基边缘，具有一定宽度的带状部分（包括硬路肩与土路肩），以保持车道的功能和临时停车所需，并作为路面的横向支承。

（二）路肩的作用

(1) 保护车道等主要结构的稳定。
(2) 供发生故障的车辆临时停车。
(3) 提供侧向余宽，有利于安全，增加舒适感。
(4) 可供行人、自行车通行。
(5) 为设置路上设施提供位置。
(6) 作为养护操作的工作场地。
(7) 在不损坏公路构造的前提下，也可作为埋设地下设施的位置。
(8) 挖方路段，可增加弯道视距。
(9) 精心养护的路肩可增加公路的美观。
(10) 较宽的硬路肩，有的国家（地区）将其作为警察的临时专用道。

（三）路肩对道路交通安全的影响特点

当路肩较窄时，在路肩上停留的汽车会占去一部分路面，以较大速度行驶的汽车极易与其发生相互碰撞。而当路肩较宽时，可以给驾驶人以较大的操作空间，这不仅可以增加驾驶人的安全感，而且还可以给故障车辆提供临时停靠的地点，不致阻塞交通，有利于行车安全。紧急状态下，路肩还可以作为事故救援的备用道。

路肩的结构对车辆的行驶安全也极为重要。车辆一旦离开路面进入土质路肩区，由于路肩结构与路面结构差异较大，车辆很容易失去控制而发生危险。

因此设置一定宽度的路肩并进行加固，对行车安全具有良好的保障作用。

（四）宽度和结构
1. 右侧路肩
各级公路的右侧路肩宽度见表2-36。

表2-36 右侧路肩宽度

公路技术等级（功能）		高速公路			一级公路（干线功能）	
设计速度/(km/h)		120	100	80	100	80
硬路肩宽度/m	一般值	3.00(2.50)	3.00(2.50)	3.00(2.50)	3.00(2.50)	3.00(2.50)
	最小值	1.50	1.50	1.50	1.50	1.50
土路肩宽度/m	一般值	0.75	0.75	0.75	0.75	0.75
	最小值	0.75	0.75	0.75	0.75	0.75
公路技术等级（功能）		一级公路（集散功能）和二级公路		三、四级公路		
设计速度/(km/h)		80	60	40	30	20
硬路肩宽度/m	一般值	1.50	0.75	—	—	—
	最小值	0.75	0.25	—	—	—
土路肩宽度/m	一般值	0.75	0.75	0.75	0.50	0.25（双车道）0.50（单车道）
	最小值	0.50	0.50			

高速公路、一级公路应在右侧硬路肩宽度内设右侧路缘带，其宽度为0.50m。

二级公路的硬路肩可供非汽车交通使用。非汽车交通量较大的路段，可采用全铺的方式，以充分利用。

二、三、四级公路在路肩上设置的标志、防护设施等不得侵入公路建筑限界，必要时应加宽路肩。

2. 左侧路肩
八车道及其以上的高速公路为整体式断面时，让出现故障或耗尽燃料的车辆穿过几条车道停到右侧路肩既不安全，也不现实。根据经验，应在左侧设置至少不窄于2.5m的硬路肩供抛锚车辆停靠或等待拖走。

高速公路、一级公路采用分离式断面时，应设左侧硬路肩，其宽度见表2-37。还应在左、右侧硬路肩宽度内分别在靠车道边设路缘带，其宽度一般为0.5m。

表2-37 高速公路、一级公路采用分离式断面左侧路肩宽度

设计速度/(km/h)	120	100	80	60
左侧硬路肩宽度/m	1.25	1.00	0.75	0.75
左侧土路肩宽度/m	0.75	0.75	0.75	0.50

（五）紧急停车带
高速公路和一级公路，当右侧硬路肩的宽度小于2.50m时，应设紧急停车带。紧急停车带的设置间距不宜大于500m，紧急停车带的宽度包括硬路肩在内为3.5m，有效长度不小于40m，如图2-17所示。二级公路为避免急需停靠的车辆占道，根据需要可设置紧急停车带，其间距宜按实际情况确定。

高速公路和一级公路的特长桥梁、隧道，可根据需要设置紧急停车带，其间距不宜大于750m，

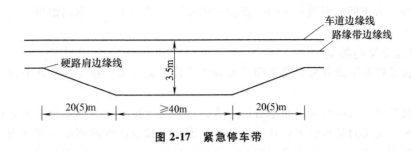

图 2-17　紧急停车带

过渡段长度一般采用 20m，工程特别艰巨时，最小可采用 5m。当采用最小值时，为使过渡段的外形不出现明显的折线，可用反向圆曲线连接，使之圆滑，如图 2-18 所示。

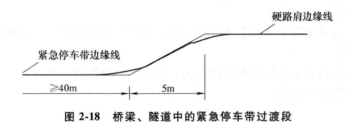

图 2-18　桥梁、隧道中的紧急停车带过渡段

五、路基的高度与坡度

高路基对于行车安全十分不利，一旦车辆发生意外，很容易造成严重的交通事故。尤其在高等级公路上，由于设计标准通常倾向于"高设计标准"——高路基，而道路上行驶车速又非常快，因此，一旦车辆失控，冲出路侧护栏，翻倒至高路基底部，就会造成车毁人亡的严重事故。

路基边坡过陡也是导致事故严重增加的另一因素。车辆在坡度大的陡路基上发生意外时，事故类型接近于坠车。如果减小坡度，使路肩边坡变缓，发生事故的车辆可以沿缓坡行驶一段距离，减小冲撞程度，从而减轻事故的严重性。如果采用矮路基或缓边坡，失去控制的车辆一般不会因驶出路外而翻车，事故的严重性将大大降低。

第五节　道路交叉口

一、平面交叉口

（一）平面交叉口的交通特点

（1）交通量大。在平面交叉口处，由于多个方向的交通流汇入，致使交通最大幅度增加。

（2）冲突点多。即各方向行驶的车辆存在许多可能导致事故发生的潜在冲突点。

（3）视线盲区大。通常，驶近交叉口时横向越过的道路的视距要比其他基本路段的视距小很多，而且在平面交叉口处，观察相交道路时视线因建筑物遮挡等原因而受到影响，形成视线盲区；同样相交道路上的车辆视线也受到阻碍，因此行车视距较低。

上述在平面交叉口的行车特点导致了道路交通事故的增加。

（二）事故形态

统计分析表明，不同规模的平面交叉口具有不同的事故形态。在较大的平面交叉口上，车辆间的事故占85%，人车间的事故占15%；而较小的平面交叉口上，车辆间的事故占73%，人车间的事故占27%。

（三）平面交叉的类型

平面交叉按其构造组成分为渠化平面交叉和非渠化平面交叉；按几何形状分为T形、十字形和环形交叉。

渠化是通过导流岛与路面标线相结合的方式，以分隔或控制冲突的车流，使之进入一定的路线，从而满足平面交叉的基本要求。其目的是通过渠化来减少冲突或明确分开冲突，以控制交通流，调整冲突角度，减少不必要的路面铺装。经过渠化设计的平面交叉在时间、空间上得到了充分的利用，提高了交叉口的通行能力并增进了其安全性。设计合理、适用的渠化交叉比同样面积的非渠化交叉在通行能力上有明显的差异性。

1. 非渠化平面交叉

设计速度较低、交通量较小的双车道公路相交，可采用非渠化交叉，如图2-19所示。

2. 渠化平面交叉

相交公路等级较高或交通量较大的平面交叉，应采用由分隔岛、导流岛来指定各向车流行径的渠化十字交叉，如图2-20所示。

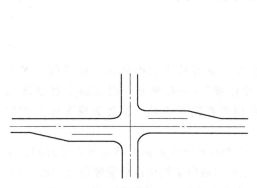

图2-19　加宽式非渠化平面交叉

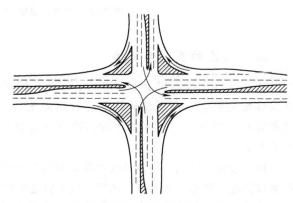

图2-20　渠化十字交叉

3. 环形交叉

环形交叉在国际上曾一度被淘汰，后因改变了行驶规则，大大改善其行驶性能而又被推广。在交通量小的情况下，环形交叉的环道上的交织取代了一般平面交叉中的穿越冲突，增进了安全和进入的自由度。但交通量增大到一定程度时，复杂的交织影响了环道上车辆的自由驶离，造成阻塞。这就是一度被淘汰的原因。对环形交叉试行"环流优先"或"入口让路"的行驶规则后，环形交叉的使用性能大为改善，于是又被广泛地使用。

环形交叉适用于交通量适中，经过验算后出、入口间的距离能满足交织长度的要求，或按"入口让路"规则（非交织原理）设计能满足交通量需要的3~5岔的交叉。环形交叉宜采用图2-21所示的适应"入口让路"的行驶规则的形式。

"入口让路"环形交叉适用于一条四车道公路和一条双车道公路相交的交叉，以及两条高峰小时不明显的四车道公路相交的交叉。

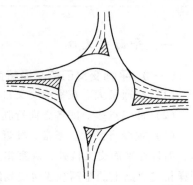

图2-21　"入口让路"环形交叉

(四) 平面交叉的一般规定

1. 平面交叉的设计原则

(1) 平面交叉位置的选择应综合考虑公路网现状和规划、地形和地物等因素。

(2) 平面交叉的形式应根据相交公路的功能、交通量、交通管理方式、地形、用地条件和工程造价等因素而确定。

(3) 平面交叉选型和设计中,应优先保证主要公路或主要交通流的畅通,尽量减少冲突点,缩小冲突区,并分散和分隔冲突区。

(4) 平面交叉的几何设计应结合交通管理方式及其有关设施一并考虑。

(5) 平面交叉及其引道上,应保证安全所需的各种视距。

(6) 相交公路在平面交叉范围内的路段宜采用直线。当采用曲线时,宜采用不设超高的曲线半径。纵面应力求平缓,并设置符合交叉处立面所需的纵坡。

(7) 平面交叉的间距的设计应尽量大。

(8) 平面交叉设计应以预测的交通量为基本依据。设计所采用的交通量应为设计小时交通量。当缺乏交通量预测资料(特别是与次要公路有关部分)时,其交通量可参考附近类似功能的交叉的交通量进行推算。

(9) 有平面交叉改建设计时,除应收集交通量以外,还应调查分析包括交通延误及交通事故的数量、程度和原因等的现有交叉的使用状况。

(10) 拟分期建设的互通式立交,当近期先建平面交叉时,应对首期平面交叉和最终的互通式立交两者做统筹构思,并对互通式立交进行足够深度的设计(简单情况下的方案设计至复杂情况下的初步设计),以保证分期建设方案在技术处理、占地和投资安排上的合理性。

2. 交通管理

平面交叉应根据相交公路的等级、相对功能地位、交通量等的不同而采用信号交叉、主路优先和无优先交叉三种不同方式的交通管理。

(1) 公路等级和交通量有明显差别的两条公路相交,或交通量较大的T形交叉,应采用主路优先交叉。次要公路上采用让行管理。

(2) 相交两条公路的等级均低且交通量较小时,应采用无优先交叉。能保证通视三角区的岔路上均实行"减速让行"管理;条件受限而只能保证安全交叉停车视距的岔路上,实行"停车让行"管理。

(3) 下述交叉应采用信号交叉:①两条交通量均大且等级或功能地位相同的公路相交的交叉,难以用"主路优先"的交通管理方式时,应设置信号;②两相交公路虽有主次之别,但交通量均大(如主要公路双向交通量为750辆/h,次要公路一向交通量为300辆/h)时,采用"主路优先"交通管理方式会出现较频繁的交通事故和过分的交通延误,则应设置信号;③主要公路交通量相当大(如900辆/h),而次要公路尽管交通量不大,但采用"主路优先"交通管理方式时,次要公路上的车辆由于难以遇到可供驶入的主流间隙而引起不可接受的交通延误,或出现冒险驶入长度不足的主流间隙而危及安全时,应设置信号;④两相交公路的交通量虽未达到上述程度,但由于有相当数量的行人和非机动车穿越交叉而引起交通延误,甚至阻塞及交通事故时,应设置信号;⑤环形交叉的某些入口因交通量大而出现过多的交通延误时,应设置信号;⑥位于城镇路段的平面交叉。

3. 平面交叉的间距

平面交叉间应有满足交织长度、视距、转弯车道长度等的最小距离。这一最小间距应不小于150m。

为保证公路的通行能力，减少交通延误和增进安全，平面交叉的间距的设计应尽可能大。一、二级公路平面交叉（包括出、入口在内）的间距应不小于表 2-38 的规定。

表 2-38　一、二级公路平面交叉的最小间距

公路等级	一级公路			二级公路	
公路功能	干线公路		集散公路	干线公路	集散公路
	一般值	最小值			
间距/m	2000	1000	500	500	300

为使平面交叉有足够的间距，规划和设计时应根据公路的等级和使用功能，必要地限制平面交叉和出、入口的数量，设置必要的互通立交、分离立交、通道和天桥。沿线开发程度高的路段，应将街道或小区用户道路布置在与公路相交的支路上，或平行于公路而与公路间只提供有限出、入口的辅道上。

4. 平面交叉的岔数及交角

（1）平面交叉岔路不得多于四条：①新建公路不得直接与已建的四岔或四岔以上的平面交叉相连接。②新建公路接入既有平面交叉时，应对交叉进行改建设计，即有交叉为四岔时，应将交通量最小的一条公路在至交叉一定距离处并入另一条交通量较小的公路，使原位置的交叉仍维持四岔交叉。③采用环形交叉时，岔路不宜多于五条。

（2）平面交叉的交角宜为直角。斜交时，其锐角应不小于 70°。当受地形条件及其他特殊情况限制时，应大于 45°。

（五）已建平面交叉口的改善措施

改善前应收集该交叉的交通管理方式、交通量及其预测资料、几何构造、设施现状，以及交通事故的频度、性质、严重程度及原因等使用情况，确定相应的改善措施。

为扩充通行能力、增进交通安全，可采取以下改善措施：

（1）增加岔路口的车道数（如增辟左转弯车道、右转弯车道和变速车道等）。

（2）完善渠化设施。

（3）斜交角较大的交叉中，对部分岔路（主要是较次要的公路）的平面线形做局部的改移，以改善交角。

（4）改善引道纵面线形，并做好立面处理。

（5）改善转弯曲线。

（6）改善交通管理方式，如次要公路上实行让行及设置必要的信号等。

（7）完善或重新设置标志、标线。

（8）指定行人和非机动车的越路场所，改善行人越路设施，如增辟越路避险岛、建设天桥或通道。

采取上述措施仍不能满足要求时，应考虑改为互通式立体交叉。平面交叉密度较高的路段，除按上述措施改善某些交叉以外，必要时通过局部路网中结点的调整，适当地取消部分平面交叉，即截断次要公路或建分离式立交。

（六）平面交叉口的其他设施

1. 行人越路设施

平面交叉处行人穿越岔路口的设施应根据行人流量、公路等级和交通管理方式等因素而确定。行人越路设施可采用人行横道或人行天桥或人行通道。设交通岛的交叉，人行横道的布置应结合

岛的布置，使行人安全地分阶段逐一穿越行车道，如图 2-22 所示。越路行人多的交叉上，应设置避险岛，或加宽一般分隔岛兼供行人越路避险。

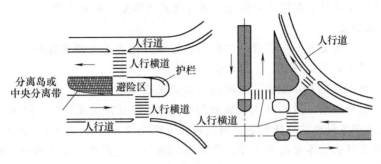

图 2-22　交通岛供越路避险时的布置

2. 标志、标线和信号

平面交叉的几何设计应与标志、标线和信号设施一并考虑，统筹构思。

平面交叉范围内应设置限速标志和指路标志。

（1）设有左、右转弯等多条附加车道时，或渠化复杂时，应根据具体情况设置必要的车道指示标志。

（2）主路优先交叉中的次要公路入口和入口让路环形交叉的入口，应设置"减速让行"标志。在只提供安全交叉停车视距的入口，应设置"停车让行"标志。

（3）引道线形不良而容易使驾驶人忽视"让行"标志的存在时，应在停车线前 150~200m 处设置"让行"预告标志。

（4）人行横道跨越多个车流方向不同的行车道时，应在行车道边设置给行人指示来车方向的标志。

平面交叉范围内，除应设置与一般路段相同的车道分界线、路缘线以外，还应设交通岛的界线、岛端导向线、隐形岛斑马线、左转或信号管理停车线、分汇流线、车道指向箭头、人行横道线等标线，以及必要时为提醒用路者注意的路面文字标记等。

信号交叉中，应根据具体情况配置信号系统的设施。在几何设计中，必须留有信号柱、信号架和线缆接口等设施的设置场所。

3. 栅栏、绿篱和护栏

交通量大和行人多的平面交叉，应设置栅栏或绿篱，以防止行人在人行横道以外穿越行车道。栅栏和绿篱的高度应不妨碍交叉范围内所需的各种视距。

人行横道贯穿交通岛时，应在岛边的适当位置设置防冲护栏，以保证岛上滞留行人的安全（见图 2-22）。

4. 反光镜

在特殊情况下，对视距不良的小型平面交叉，可根据具体情况设置反光镜。

二、立体交叉口

设置立体交叉能够消除平面交叉口的车流冲突点，大大提高各交通流的运行效率，对保证车辆安全畅通有重要意义。尽管如此，立交范围内出现的关于驾驶人、车辆、道路、交通和环境条件的任何突变都会造成交通安全隐患。使道路上原本未经干扰的交通流在立交范围内产生突变的原因有：驾驶人需要进行必要的决策、车辆组成发生变化、道路几何线形变化、车速变化及行驶条件和环境的变化(如冰雪路面)。

(一) 立体交叉的类型

公路与公路立体交叉分为互通式立体交叉和分离式立体交叉两大类型。

1. 互通式立体交叉

互通式立体交叉指的是上下各层道路之间用匝道或其他方式互相连接的立体交叉,其基本形式按交叉的岔路数目可分为T形、Y形和十字形三种。

(1) 互通式立体交叉的基本组成。互通式立体交叉通常由跨线桥(或地道)、主线、匝道、出入口及变速车道等部分组成。图2-23为比较典型的高速公路立体交叉的基本组成:①跨线桥(或地道)。立体交叉实现车流分离的立体构造。跨线桥有上跨式和下穿式(地道)。②主线。两条相交道路的直行车道,它是组成立体交叉的主体。③匝道。两条相交道路的连接通道,匝道主要供左转弯或右转弯进入相交道路的车辆使用,分为左转匝道和右转匝道。④出口和入口。由公路驶出进入匝道的路口称为公路出口;由匝道进入公路的路口称为入口。⑤变速车道。由于匝道有一定的坡度,并且与主线有一定的夹角,车辆在匝道上行驶速度应比主线上低。车辆从匝道进入公路,或者从公路进入匝道前均应改变车速,复杂易发生碰撞、翻车等事故,因此必须设置一定长度的变速车道,即在公路进出口附近、主线右侧增设的专用于车辆进出变速用的附加车道称为变速车道。入口端的变速车道称为加速车道,相反出口端的变速车道称为减速车道。

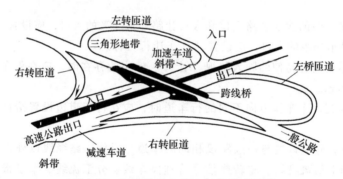

图 2-23 高速公路立体交叉的基本组成

(2) 互通式立体交叉的功能分类。互通式立体交叉分为枢纽互通式立体交叉和一般互通式立体交叉两类:①枢纽互通式立体交叉。高速公路间的互通式立体交叉为枢纽互通式立体交叉,其上的转弯运行应为自由流,匝道上不得设置收费站,匝道端部不得出现穿越冲突。②一般互通式立体交叉。高速公路、一级公路与其他公路相交或其他公路之间的互通式立体交叉为一般互通式立体交叉。这种交叉中允许在匝道上设置收费站,除高速公路上的出入口以外允许有平面交叉。当一级公路为主要公路时,除非在交通量不大(通行能力有富余)和允许其中极小一个左转弯出现穿越冲突的情况之外,在一级公路上也不应有平面交叉。

(3) 互通式立体交叉的间距。高速公路上互通式立体交叉的间距规定如下:①大城市、主要产业区附近宜为5~10km;其他地区为15~25km。②为避免交织运行影响车流平稳,相邻互通式立体交叉的间距不应小于4km。当路网结构或其他条件受限制时,经论证相邻互通式立体交叉的间距可适当减小,但加速车道渐变段终点至下一个立交的减速车道渐变段起点间的距离不得小于1000m,如图2-24所示。当间距小于规定的最小值,并且经论证而必须设置时,应将两者合并为复合式互通式立体交叉。③相邻互通式立体交叉的间距不宜大于30km。在人烟稀少地区,此间距可适当增大,但不应超过40km。超过这一最大间距时,应在合适位置设置与主线立体分离的U形转弯设施。

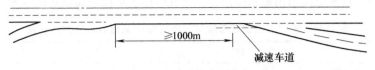

图 2-24 相邻互通式立体交叉间距

非高速公路上，互通式立体交叉的最小间距，一般也应遵循上述规定。当条件受限时，经对交织段的通行能力验算后可适当减小间距。

（4）主线线形的主要技术指标。互通式立体交叉范围内，主线线形的主要技术指标规定见表 2-39。

表 2-39 互通式立体交叉范围内主线的线形指标

设计速度/(km/h)		120	100	80	60
最小平曲线半径/m	一般值	2000	1500	1100	500
	最小值	1500	1000	700	350
最小竖曲线半径/m	凸形 一般值	45000	25000	12000	6000
	凸形 最小值	23000	15000	6000	3000
	凹形 一般值	16000	12000	8000	4000
	凹形 最小值	12000	8000	4000	2000
最大纵坡(%)	一般值	2	2	3	4.5(4)
	最大值	2	2	4(3.5)	5.5(4.5)

注：当主线以较大的下坡进入立交，并且所接的减速车道为下坡，同时，后随的匝道线形指标较低时，主线的纵坡不得大于括号内的值。

2. 分离式立体交叉

分离式立体交叉是指上下层道路之间互不连通的立体交叉。

分离式立体交叉的设置应结合公路网或已批准的公路网规划进行布设，其数量、间距等应根据当地经济发展、交通需求等因素，经技术论证后确定。

下列交叉应设置分离式立体交叉：

（1）高速公路同其他各级公路交叉，除因交通转换所需而设互通式立交外，均必须设置分离式立体交叉。

（2）具干线功能的一级公路同其他各级公路的交叉，除因转换交通的需要而设互通式立体交叉外，为减少平面交叉，并且相交的公路又不能截断时，应采用分离式立体交叉。

（3）二、三、四级公路间的交叉，直行交通量很大或地形条件适宜且可不考虑交通转换时，可采用分离式立体交叉。

（二）立体交叉的事故类型

立体交叉发生交通事故的可能性与匝道的交通量及其与主线交通量之比有密切关系。发生在匝道上的事故类型包括：追尾碰撞、擦边碰撞、碰撞固定物体、失控、倾斜和碰撞行人，其中82%的交通事故是追尾碰撞。

（三）立体交叉口事故的影响因素

1. 立体交叉口各部分的尺寸

表 2-40 列出了美国道路交通事故与公路立体交叉出入口匝道的关系，从表中可以看出，事故

率随着立体交叉出入口匝道间距的减小而增加，而且驶出匝道的交通事故明显多于驶入匝道。

表 2-40　美国道路交通事故与公路立体交叉出入口匝道的关系

出入口匝道间距 d/km	出　　口		入　　口	
	事故数（次）	事故率（次/百万车公里）	事故数（次）	事故率（次/百万车公里）
$d<0.2$	160	76	117	80
$0.2 \leqslant d<0.5$	459	75	482	82
$0.5 \leqslant d<1.0$	559	69	560	72
$1.0 \leqslant d<2.0$	479	69	435	64
$2.0 \leqslant d<4.0$	222	68	169	51
$4.0 \leqslant d<8.0$	46	62	52	40
$d \geqslant 8.0$	—	—	—	—

2. 出口匝道外形

对于立体交叉口事故影响最大的是行车从公路干线的行车道转入匝道时车速变化的平顺性。因为，高速公路干道上的行车速度一般高于收费站进口至驶入匝道的连接道路上的行车速度。对驶出匝道而言，事故多发的原因除个别为匝道构筑条件不当（如超高不足、摩擦系数过低）外，多数是由于在减速车道上没有充分减速，因车速高于匝道的限制车速而在离心力的作用下发生翻车事故。因此，汽车进入左转出口匝道及从这些匝道上加速或减速出去的最佳轨迹的协调性具有重要意义。

3. 驾驶人

有些驾驶人弄不清交叉口示意图，还有一些不守交通法规的驾驶人为了缩短行车路线或为了改正走错了的路线（如超过了应转弯的地点）而有意识地走不应走的路线。交叉口的设计应预先定出"消极调整"走错路线的措施，预防利用不正确的行车路线，使驾驶人不正确行驶的可能性减至最小。在交叉口上，应采取使用分隔带的措施，以阻止驾驶人驶到左边的行车道上去。另外，加强对驾驶人的培训教育，使他们成为"道路的内行"，让他们学习有关道路的基本知识，其中包括有关典型立交的设计知识，对于防止这种类型的事故可能会起到重要的作用。

4. 道路标志与方向指示牌

正确布置道路标志与方向指示牌，对于防止错误利用立交的出口而引起的交通事故具有重要意义。它们的尺寸应当与交叉道上的车速相适应，使得驾驶人能够清楚看见并了解。

在立交上，必须设置大量的路线标志与禁止驶入岔道的标志。

复习思考题

1. 道路等级如何划分？
2. 平面线形设计的一般原则是什么？
3. 直线线形的特性及直线长度要求是什么？
4. 《公路路线设计规范》中对平面圆曲线最小半径规定了几种标准，其设计要求是什么？
5. 缓和段曲线有哪些作用？
6. 平曲线长度对交通安全的影响特点及设计要求。
7. 视距的定义及设计要求是什么？
8. 纵断面线形由几个几何要素组成？

9. 在陡坡路段上发生的道路交通事故的主要形态有哪些?

10. 平面交叉的交通管理方式有哪几种?

11. 什么是爬坡车道?

12. 公路上的缓和曲线必须有足够的长度,以使驾驶人操纵从容,乘客感觉舒适。为此,可以考虑由离心加速度变化率控制。离心加速度变化率在缓和曲线上应控制在一定的范围内,它主要根据驾驶上的要求,使驾驶人能从容不迫地操纵汽车,使车比较准确地行驶在应占的车道内。实验研究表明,在高速公路上的离心加速度变化率宜控制在 $p=0.35\sim0.5\mathrm{m/s}^3$,如取用 $p=0.5\mathrm{m/s}^3$,试推导出缓和曲线最小长度 L_s 的公式。

13. 路肩有哪些作用?

14. 道路线形的组合有何要求?

15. 试述竖曲线的分类及设计要求。

16. 试述公路横断面的组成情况。

17. 试述平面交叉口的交通特点、事故形态、平面交叉的类型及设计要求。

18. 试述立体交叉的类型及设计要求。

第三章 人的因素与交通安全

人、车、道路是构成交通系统的基本要素,交通事故的发生是这些因素共同作用的结果,只有对这些影响因素进行深入分析,才有助于我们制定改善交通安全状况的措施。人是交通安全的主体,从事故致因理论模型角度出发,在道路交通系统中,人既是制造交通事故的行为人,又是交通事故的受害者。本章将着重分析人的因素和交通安全的关系。

从交通工程的角度来看,交通事故的影响因素包括人、车、道路及环境等多个方面。这里面的人指的是所有道路使用者,既包括驾驶人,也包括乘客、骑自行车者及行人,他们都是交通系统中的元素。但从引发事故的方式和受到伤害的程度看,驾驶人和非驾驶人之间还存在很大的区别。

第一节 驾驶人导致事故发生的主要原因

通过对大量交通事故统计资料的分析表明,驾驶人的责任是主要的影响因素。表 3-1 是 2016 年我国道路交通事故的成因分析。

表 3-1 2016 年我国道路交通事故的成因分析

起因数据	驾驶人			非机动车驾驶人、行人、乘车人及其他人员			因车辆、道路因素等引起的其他交通意外		
	事故起数(起)	死亡人数(人)	受伤人数(人)	事故起数(起)	死亡人数(人)	受伤人数(人)	事故起数(起)	死亡人数(人)	受伤人数(人)
绝对数	184325	56261	196129	18397	3941	19027	10124	2891	11274
占总数比	86.60%	89.17%	86.62%	8.64%	6.25%	8.40%	4.76%	4.58%	4.98%

由表 3-1 中可以看出,道路交通事故组成因素中,人的因素在事故起数、死亡人数及受伤人数中所占的比例远远大于其他因素之和,即作为交通参与者的人是交通事故发生原因中一个最主要的因素。从人的因素层面看,其中驾驶人的过错占了绝大部分,行人和非机动车驾驶人等的过错占了很小的部分。2016 年我国因驾驶人责任造成的事故起数、死亡人数、受伤人数占事故总数、总死亡人数及总受伤人数的比例分别为 86.60%、89.17% 和 86.62%,具体如图 3-1 所示。

一、直接原因

直接原因又被称为一次原因,它是直接导致事故的原因,或者说是在时间上最接近事故发生的原因。人的不安全行为(人)及设备的不安全状态(车)、环境的不安全条件(道路)都属于直接原

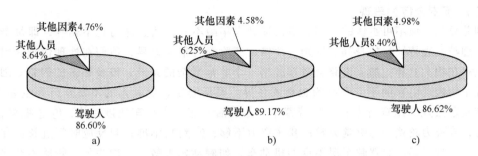

图 3-1 2016 年我国道路交通事故相关因素在事故总数、
总死亡人数、总受伤人数中所占比例
a）事故起数 b）死亡人数 c）受伤人数

因。一起事故的发生，多是由于人的不安全行为和事故地点存在的不安全因素同时作用的结果。

由于人与人之间在能力、性格、气质等个性心理特征上存在差异，因此，获得信息及处理信息的能力也各异。人的心理反应与客观实际相符合时，人的行为就安全可靠；相违时，行为就不安全。

在因驾驶人而发生的事故中，主要是由于其驾驶行为不符合交通安全法律法规的要求，最终导致交通事故的发生，造成人员伤亡或财产损失。因此事故的直接原因应当是其个人的不安全行为。

（一）不安全行为的分类

驾驶人的不安全行为可以分为有意的和无意的两类。

1. 有意的不安全行为

有意的不安全行为是指有目的、有意图，明知故犯的不安全行为，是故意的违章行为，如酒后驾车、无证驾驶、超速超载、违法超车等。例如，2016 年因未按规定让行造成 6882 人死亡，占死亡总数的 10.9%；因无证驾驶造成 5209 人死亡，占总数的 8.26%；因机动车驾驶人超速行驶造成 3332 人死亡，占总数的 5.28%。

这些不安全行为尽管表现形式各异，却有一个共同的特点，即"冒险"。而之所以要冒险，则是为了实现某种不适当的需要，为了获得"某种利益"而甘愿冒受到伤害的风险。例如，驾驶人为逗一时之快而开斗气车、营运车辆为获得利益频频超载。由于存在侥幸心理，不恰当地估计危险发生的可能性，在避免风险和获得利益之间做出了错误的选择。

2. 无意的不安全行为

无意的不安全行为是指无意识的或非故意的不安全行为。人们一旦认识到了，就会及时地加以纠正。造成这类错误的原因是复杂的。概括起来可以分为下列几方面：

1）人体的生理机能有缺陷，如视力、听觉差，辨色力失常等。

2）外界事物信息本身有误或人无法感知信息的刺激，如道路线形设计的缺陷引起人的判断失误。

3）因知识和经验缺乏而造成思维判断的失误。近年来由于机动车保有量迅速增加，有很多人加入了驾驶员的队伍，因此因驾驶知识和经验缺乏而造成的事故也屡屡发生。2016 年，因低驾龄（3 年以下）驾驶人所导致的交通肇事而死亡的人数占交通事故死亡总人数的比例达 23.2%。

4）因技能欠缺而造成行为反应失误。

5）大脑意识水平低下，如疲劳驾驶。

不安全行为，与驾驶人的个性特征、心理特征及驾驶适宜特性等都有很大的关系。

（二）不安全行为表现

个别差异是一项不可否认的事实。不仅驾驶人年龄不等，而且能力也不相等，即每个驾驶人之间的生理与心理特征，如身高、性别、性格、经验等有很大差异，他们在处理信息、判断和反应能力上存在很大差异。加上道路交通系统是一个非常复杂的系统，涉及很多的因素。因此，在驾驶过程中所表现出来的不安全行为也形式各异。概括起来，驾驶人的不安全行为主要表现为：①不遵守交通法规，违章行车；②疲劳驾车；③酒后开车；④行车速度过快；⑤忽视警告标志、警告信号；⑥视力较差；⑦听觉失常；⑧注意力不够；⑨判断不准；⑩反应时间过长；⑪操作不符合规定，出现错误；⑫驾驶车况不良的机动车，如制动器失效、方向失控、轮胎不合格、灯光不全等；⑬驾车技术不熟练；⑭心理素质较差。

二、间接原因

间接原因是指造成事故发生的直接原因事件的引发原因，它是造成事故的根本原因。促使人产生不安全行为并造成交通事故的间接原因是多方面的，主要有：

（1）身体方面的原因。例如，听力、视力障碍，休息不充分，过度疲劳，运动机能、年龄、性别差异等。

（2）精神方面的原因。例如，注意力不集中，产生错觉，个性不良，情绪不稳定，酗酒，存在报复心理，意志品质差、不坚定、不果断等。

（3）管理原因。例如，交通法律法规有待进一步完善，交通执法的效果和力度有待进一步加强等。

（4）教育原因。例如，交通安全宣传教育普及面不广，驾驶人培训和考核制度存在一定不完善的地方等。

（5）社会方面的原因。例如，生活条件、家庭情况、人际关系不佳等。

虽然是由驾驶人的不安全行为导致了事故的发生，但我们应该看到，引起驾驶人产生不安全行为的还有一些更深层次的原因。要想减少甚至消除驾驶人在交通安全中的负面影响，必须做到：

（1）研究驾驶人的生理和心理特性，研究疲劳、饮酒及药物等因素对行车安全的影响。

（2）严格培训与考核发证工作，加强驾驶人的甄选和管理工作。

（3）从法制上严格驾驶人培训制度，在提高驾驶人技能的同时，加强其交通道德意识、交通法制意识和交通安全意识，并遵循"贴近实际、贴近生活、贴近群众、创新内容、创新形式、创新手段"等原则，正确选择交通安全宣传教育的方法，完善驾驶人常规培训教育制度。

（4）加强交通执法的效果和力度，有效杜绝各类违章行为。

第二节 疲劳驾驶与行车安全

一、疲劳现象

驾驶是一种体力、脑力消耗都很大的劳动。它要求驾驶人集中精力，不断地处理各种与行车有关的信息，尤其是在交通环境复杂的情况下，驾驶人的神经处于高度紧张状态，而良好的精神状态和健康状况则是安全行车的重要保证，驾驶人在行车中一旦出现疲劳征兆，很容易导致交通事故的发生。

驾驶人的正确操作在很大程度上取决于他们的工作能力。所谓工作能力是指驾驶人的正确判断能力和操纵能力。当驾驶人疲劳时，工作能力就会大幅度下降。

在劳动过程中，人体各系统、器官或全身生理功能和作业能力出现明显下降的状态称为疲劳。它是人体的正常生理反应。疲劳的长期积蓄会造成过度疲劳，发展为病理状态。疲劳是人们熟悉但又十分复杂的一种现象，不论从事何种作业，随着劳动时间延长，均会出现疲劳，表现为作业能力下降，感觉疲倦，对任何用力都感到厌烦等。驾驶疲劳是驾驶人在行车中，由于驾驶作业引起生理功能和作业能力下降，从而使驾驶机能低落的现象。疲劳驾驶是指驾驶人在疲劳状况下运行，它是许多重大交通事故的根源。

疲劳不是一种病态，而是一种正常的生理现象。当工作持续一段时间后，人体必然会出现疲劳，如果经过充分的休息，又可以恢复到正常的工作状态中。当疲劳过甚或休息不充分，时间长了则会产生疲劳积累，形成过度疲劳。对驾驶过程中的过度疲劳，我国的相关法律曾做出过解释。公安部曾在《关于〈中华人民共和国道路交通管理条例〉若干条款的解释》的第九条第二款中做出正式解释：过度疲劳，是指驾驶员每天驾车超过八小时或者从事其他劳动体力消耗过大或者睡眠不足，以致行车中困倦瞌睡、四肢无力，不能及时发现和准确处理路面交通情况的现象。虽然在2004年5月1日施行《中华人民共和国道路交通安全法》的同时废止了《中华人民共和国道路交通管理条例》，但在《中华人民共和国道路交通安全法》施行后尚没有行政法规及公安行政规章对"过度疲劳驾驶"做出新的行政解释，从立法原理的延续性这一角度看，公安部关于"过度疲劳"的上述解释仍应有效。2004年7月1日新施行的《中华人民共和国道路运输条例》，在其第二十九条第二款中也对驾驶人"过度疲劳"做出了禁止性规定："驾驶人员连续驾驶时间不得超过四小时。"法律和行政法规之所以做出这样禁止性规定，乃是基于过度疲劳驾驶对人体生理的不良影响进而对道路交通安全构成了巨大危害。

二、疲劳驾驶的标准

到目前为止，在全世界还没有制定出一个明确的疲劳驾驶的定义，以及疲劳驾驶有些什么具体标准。各国比较通行的对疲劳驾驶的界定标准是时间规定，即每次连续驾驶限定的时间。但不少专家持不同看法，认为时间仅是衡量疲劳驾驶的一个重要标准，但不是唯一标准，因为人的体质、精神状态、生活饮食状况、睡眠多少、是否患病等都是疲劳驾驶的有关因素。所以，具体地定义疲劳驾驶，还需要专家们研究讨论，制定出一些具体法规并为大家所接受认可，共同来参照执行。一些交通安全专家预言，国际上对疲劳驾驶早晚会有一个统一的标准认定，称为国际标准。

目前，唯一能被认为可以参考的疲劳驾驶规定是国际劳动机构（ILO）提出的时间标准，即专业运输部门的专业驾驶员，每周的劳动时间提倡不要超过44h。但从实际情况看，各国因国情不同，每周工作日从5d、5.5d到6d不等，所以现在世界上，专业驾驶员每周每天的工作时间基本上是各行其是，也有相应的规章制度。

美国联邦政府没有制定这方面的国家统一法规。但它的绝大多数州都执行一个比较一致的规定，即无论是何种车辆，驾驶人每天的驾驶时间不得超过10h。监督检查执行情况是通过驾驶日记进行的。每辆车必须有驾驶日记，日记上记录的行驶时间除驾驶人签名外，还需要有行车路线上主管交通安全的管理部门的有关人员签字证明，以防止伪造作假。澳大利亚仅对大型车辆制定有具体时间规定，即大型车驾驶员每次上路不得连续行驶超过5h，全天的驾驶时间不得超过12h。它的检查办法也是采用与美国相类似的驾驶日记。巴西等南美洲几个国家的做法是，大型的专业运输公司与道路上的加油站建立合作关系，当运输公司的驾驶员感到劳累时，随时可以进入加油站专门为驾驶员准备的客房休息睡觉。日本规定专业驾驶员每次驾驶不得超过5.5h，第一天有出车任务，当晚夜生活不得超过零点。欧洲国家规定运输公司的专业驾驶员每周驾驶时间在44h以内，提倡在2:00—6:00不驾车，并在国家与国家之间执行相同的规定，因为在那里高速公路四通八达，长途跨越国境的汽车运输是"家常便饭"。运输公司与加油站之间有的签有协作关系，运输公司在加油站投入一定资金，为驾驶员修建休息客房，各运输公司之间可以互惠为对方驾驶员提供这样的休息客房，以避免驾驶员疲劳驾驶。

我国的《中华人民共和国道路交通安全法实施条例》第六十二条规定，驾驶机动车不得有下列行为：连续驾驶机动车超过4小时未停车休息，或者停车休息时间少于20分钟。

三、疲劳驾驶与交通事故

疲劳驾驶会引发事故，这既是科学的结论，也是血和泪的见证。驾车操作要求有充沛的精力、体力作后盾、作本钱，以适应紧张而又持久的驾驶活动。如果过于疲劳，反应迟钝，手足失灵，错漏增多，甚至瞌睡，使车辆失控，必然会导致事故（很可能是重大事故）的发生。

在全球范围内，驾驶人过度疲劳已成为导致交通安全事故的重要原因之一。根据美国国家公路交通安全署的统计，在美国的公路上，每年由于驾驶人在驾驶过程中进入睡眠状态而导致的交通事故大约有10万起。其中约有1500起直接导致死亡，7.1万起事故导致人身伤害。在欧洲的情况也大致相同。据德国保险公司协会估计，在德国境内的高速公路上，大约有25%的导致人员伤亡的交通事故都是因为疲劳驾驶而引发的。日本的事故统计揭示，因疲劳驾驶产生的事故占事故总数的1%～15%。法国国家警察总署事故统计报告表明，因疲劳瞌睡而产生的事故，占人身伤害事故的14.9%，占死亡事故的20.6%。

我国的疲劳驾驶情况也比较多。中华医学会等部门曾在北京一些高速公路和沪杭高速公路嘉兴段等地，对516名驾驶人进行了警觉度测试和问卷调查。调查发现，24%的被调查者自我感觉在疲劳驾驶；50%的被调查者回忆在驾车中曾打瞌睡。据调查有关专家介绍，睡眠不足、睡眠障碍、睡眠规律改变是引起疲劳的主要原因。

2016年全国道路交通事故统计报告中指出：因疲劳驾驶造成741人死亡，占总数的1.17%；营运车辆事故中，因疲劳驾驶造成372人死亡，占其总数的1.96%。由于统计口径原因，实际由于疲劳驾驶导致的事故远比统计数据要高。

四、产生疲劳的原因

导致驾驶人产生疲劳的原因非常复杂，既跟驾驶人本身身体条件、心理因素、自身生活习惯有关，又跟行车环境和行车时间有很大关系。

（一）睡眠

睡眠不足是产生疲劳驾驶的最主要原因。一般情况下要求驾驶人一昼夜的睡眠时间至少应在7h以上，在因疲劳驾驶肇事的驾驶人中，有60%的驾驶人睡眠时间不足5h；同时睡眠时间不当或睡眠质量不高也易引起疲劳驾驶。白天睡眠质量不如夜间，所以若选择白天睡眠，则应适当增加睡眠的时间。

（二）身心条件

身心条件包括驾驶人的身体状况、年龄大小、性别、经验多少、技术高低、性格等。一般说来，年轻人容易感到疲劳，也容易消除疲劳；年长者疲劳特征不很明显，但不易消除疲劳；体弱者易产生疲劳且不易消除；驾驶技术熟练者，不易产生疲劳。

（三）驾驶操作过程中的因素

1. 信息量

驾驶人的疲劳过程与驾驶人在行驶过程中所接受的信息量大小有关，当信息过多（交通状况复杂）时，会使驾驶人的心理活动过度紧张而导致疲劳过早出现；反之，若信息量不足，会使驾驶人的心理活动强度下降，因长时间单调操作，使驾驶人更快地感到疲乏，这样就会导致驾驶人在道路交通状况突然发生变化时，心理准备不足，来不及应付。

2. 心理紧张

医学证明，心理紧张极易导致身体疲劳。这种情况多见于新驾驶人和初学者，开车时大脑自始至终处于高度紧张状态，很容易导致头昏脑涨，很快进入疲劳状态而导致判断和操作的失误。

3. 行车时间点

开夜车时，受昼夜时差限制，人在灯光下总会有一种昏昏欲睡的感觉，再加上晚上车少路宽，或驾驶人白天没得到很好的休息，产生疲劳是很自然的事。

4. 运行时间

持续驾驶时间过长也是造成疲劳驾驶的原因。长时间行车，驾驶人的身心机能都会降低，一天连续驾驶时间超过 $9\sim12h$，眼睛就会感到疲劳，腰部血行不畅。驾驶工作虽然不是高强度的体力劳动，但大脑需保持高度的清醒状态，长时间的连续行车会造成驾驶人脑部供氧不足，易犯困、打瞌睡。

5. 生活环境等外在因素

生活环境等外在因素包括家庭关系、人际关系、工作业绩等，它们也可以间接造成驾驶人的驾驶疲劳。例如，不好的家庭关系、糟糕的人际关系及工作的不顺心都可以使驾驶人产生消极、不愉快、猜疑、悲观、忧郁等情绪，导致心理紧张，也容易产生心理疲劳。

五、疲劳驾驶时的症状

疲劳会引起人体机能上的一系列变化，如受疲劳影响，注意力、判断能力、视觉敏锐性和对速度感知的准确性下降，视野变窄，脉搏加快，血压上升，反应时间增加，动作配合失调等。所以，驾驶人疲劳就容易发生交通事故，因此一旦发现有疲劳现象时应停车休息或采取其他措施来恢复注意力。

疲劳的表现形式非常多，在生理上主要表现为：全身感到疲乏、头晕头痛、站立不稳、手脚不灵、两腿发软、行动呆板、头昏目眩、打哈欠、两眼皮"打架"、呼吸局促等疲倦感觉；而在精神上主要表现为感到思考有困难、注意力难以集中、对事物失去兴趣、健忘、缺乏自信心、失去耐心、遇事焦虑不安等。

在实际驾驶过程中，出现以下情况可视为身心疲劳的信号：①头重、频频点头，很难保持抬头姿势；②视觉模糊，眼睛发红发干；③频繁眨眼或眼睛时开时闭；④视野变窄，漏看错看信息增多；⑤哈欠连天、无法控制，表情变化少；⑥对交通变化的反应时间较长，延迟或减慢反应速度；⑦注意力无法集中，思维能力下降；⑧动作僵硬，节奏失调；⑨心情郁闷、急躁，容易激动；⑩分辨不清方位，车速盲目提高。

六、预防疲劳驾驶

疲劳驾驶危害极大，各方必须加强预防和控制。《中华人民共和国道路交通安全法》第二十二条规定："机动车驾驶人应当遵守道路交通安全法律、法规的规定，按照操作规范安全驾驶、文明驾驶。过度疲劳影响安全驾驶的，不得驾驶机动车"。

到目前为止，预防疲劳驾驶，各国比较通行的是时间规定，即限定一个连续驾驶时间。但很多专家们认为时间仅是衡量疲劳驾驶的一个重要标准，不是唯一标准。上面分析了引起驾驶疲劳的原因很多，如人的睡眠状况、精神状态、生活饮食状况等。要从根本上预防和控制疲劳驾驶，需要从多个方面入手。

（一）保证充足的睡眠

对驾驶者而言，若睡眠不足，其清醒程度和反应灵活性都会受到明显影响。因此，虽然对睡眠的需求存在个体差异，研究仍证实平均每天睡 8.16h 才能防止累计睡眠不足造成神经行为方面的损害，避免疲劳驾驶。据相关资料统计，一天驾驶超过 10h，睡眠不足 4h 或 5h，事故发生率最高。神经医学专家还特别指出，在有睡意时驾驶和酒后驾驶同样危险。睡眠不足所造成的危害程度很大，连续 24h 不睡觉相当于体内酒精浓度达到 0.1%。

因此，避免疲劳驾驶最简单易行的办法是尽量安排规律、充足的睡眠，尤其在长途行车前一晚要睡个好觉。

（二）控制连续驾驶时间

长时间的驾驶，姿势固定、精神高度集中，很容易造成大脑、视觉和肢体疲劳。尤其当路面封闭、两侧景观单一、缺少刺激时，更容易疲劳，还经常在不知不觉中加快车速。因此，有关专家建议：每持续驾驶 100km 或 2h 就应该停车休息 10~15min，让大脑皮层有恢复的时间；24h 内实际驾驶时间累计不要超过 8h；另外，为较好地保证行车安全，建议驾驶人每周驾驶时间不要超过 44h。

（三）适时进行心理、生理调节

行车中一旦出现打哈欠、手足无力等疲劳征兆时，应立即就近在休息站或其他安全的地方停车休息，或用冷水淋洗头面，活动四肢。非常疲劳的情况下，也可在车里打个盹，感觉恢复过来再上路。如果出现疲劳时恰好无法停车休息，可以采取一些应急措施消除疲劳，通过一些科学调节手段、方法，诸如运用"口诀""动作""代谢"等方法，调控人体保持良好的机能水平。

1. 改良车内环境

研究显示，离方向盘越近，驾驶人的情绪越紧张。因此，在不影响手脚操控的情况下，感觉疲劳时可调整驾驶座椅远离方向盘。不仅可减少紧张情绪、缓解因蜷着腿驾驶导致的疲劳，还可扩大视觉范围、增大方向盘缓冲余地。

车厢内过高的温度也常常是导致疲劳的原因，根据季节不同，可以选择开空调或开窗。但新车内的有害气体一般要 6 个月才能基本散尽，若只是开着空调，空气不流通，时间久了就会感到头晕、疲劳。因此，每隔一段时间至少要把车窗开启 5min，让新鲜空气流通。装饰车厢也尽量选择色调柔和的饰品。暗灰色调容易让人感到低落，太过刺激的色彩又容易使人烦躁不安，两者都会引起心理疲劳。

2. 间断听音乐

单一环境中驾车，注意力将很快下降。据试验，15~20min 内驾驶人若得不到新刺激，便会感到枯燥无味。因此，若身边没伴，适度听听喜欢的音乐是很好的选择。

医学专家强调不要连续听音乐超过 30min，否则更多地接受与处理外界信号会加重大脑疲劳；另一方面，听的时间太长，一旦机体适应了旋律，疲劳感也将重新出现。

3. 及时调整情绪

烦躁、郁闷、紧张等不良情绪都会导致驾驶时思绪紊乱、注意力不集中，只会机械地、无意识地驾驶或盲目超速，容易出现交通事故。心理学家发现，如果路上车辆太多，需要不断停车、减速、等候或被人意外超车的话，驾驶人往往出现血压升高、心情烦躁、精神紧张等心理疲劳症状。因此，在驾驶过程中要注意通过听音乐、聊天等方式及时调整不良情绪。

4. 正确选择饮食

首先，在感觉疲劳驾驶的情况下靠吸烟或喝咖啡来提神绝不可取。虽然烟草和咖啡能提高人的兴奋度，但对人的判断能力和分析能力有负面影响，而且提神作用是暂时的，不久就出现视力减退、应变能力下降等反应。其次，不要摄入太多高糖食品。因为，高糖食品进入人体会促使体内 5-羟色胺的合成与释放，抑制大脑皮层兴奋，引起疲劳。最后，在驾驶前最好多吃一些碱性食物，如水果、豆制品等，以使大脑保持清醒。因为酸性食物吃太多会影响大脑和神经功能，引起疲劳。

5. 慎服药物

解热镇痛药和某些抗过敏药含有使人昏睡的成分，服后难免注意力分散、困倦乏力、昏昏欲睡。一些止咳药物中含有可卡因，这种成分具轻度麻醉作用。因此，如果身体不适，又需要服用上述药物时，就应当避免驾车。

6. 警惕三个危险时段

统计数据证实以下三个"危险时段"，驾驶人最容易疲劳，应尽量避免在此时段行车。若不可避免，则需要提高警惕、注意防范：

（1）11：00—13：00。经过上午的工作，大脑神经已经疲劳、反应灵敏度降低。加上中午时间，若没吃饭，血糖不足，手脚疲软。而午餐后，大量血液又流向胃肠等消化器官，脑部供血相对减少，注意力不容易集中。因此，这个时段容易出现疲劳驾驶。

（2）17：00—19：00。这个时段，光线由明转暗，易导致视觉障碍；并且经过白天的工作，人的脑力、体力都消耗不少。据不完全统计，这个时间段发生的交通事故占全部事故的1/4，尤其需要提高警惕。

（3）1：00—3：00。这是人们的主要休息时间，医学资料表明，这也是迷走神经最兴奋的时刻，血压降低，人最嗜睡，也容易出现疲劳驾驶。2012年，交通运输部发文要求各地交通运输部门督促企业合理安排班次，创造条件积极推行长途客运车辆2：00—5：00停止运行或实行接驳运输，严格落实驾驶员停车换人、落地休息制度。

七、治理措施

由于缺乏鉴定"疲劳驾驶"的标准，我国目前没有较好地治理"疲劳驾驶"现象的技术措施。虽然有的地方设立了"驾驶员强制休息室"，对查处的疲劳驾驶员进行强制休息，但这个处罚方式显然并不能从根本上解决问题。我们不妨借鉴一下国外的一些治理技术和措施。

1. 德国治理疲劳驾驶的方式

德国是世界上交通事故发生率最少的国家之一。在给每一辆车挂牌上路的时候，交通管理部门都在车上安装了一种类似飞机黑匣子之类的车载记录系统，详细地记录行驶状况。驾驶人连续驾驶2小时之后，必须停车休息20min，在工作完一天（8h）后，车辆必须停止使用多达12h，这样来保证车辆及其驾驶人有足够的休息时间。一旦驾驶员及其车辆有违规现象发生，车载记录系统都会详细地记录下来，交通管理部门将处以高额罚款，款额甚至会超出该车的价钱。所以，驾驶人很少有人会去触犯疲劳驾驶这根高压线。

2. VOLVO 汽车公司的"驾驶人警示系统"

"驾驶人警示系统"是 VOLVO 汽车公司推出的一项新的设施，主要用来协助驾驶人提高行车安全。这项世界首创的发明可记录下驾驶人的驾驶行为，并在驾驶人进入睡眠状态之前及时给予警示。该项发明主要用来防止驾驶人在驾驶过程中由于进入睡眠状态而导致交通事故。举例来说，在平直的公路上行车，在"高速催眠"的作用下，不仅诱发驾驶人产生睡眠欲望，而且产生超速行驶的欲望。当行驶速度超过65km/h时，驾驶人警示系统就会被激活，并且一直保持工作状态，直至车速降至60km/h以下。驾驶人警示系统能够不断监测车辆的行驶过程，并且判断车辆是处于有效控制状态还是处于失控状态。

在驾驶人由于过度疲劳的原因而分散精力昏昏欲睡时，这套系统就会及时发出警报。因为该系统能够觉察到驾驶人没有把太多的注意力集中在查看导航系统上，并且在驾驶人失去对车辆的控制之前及时发出警告。

随着科技的不断发展，无人驾驶技术真正成熟并推广应用后，或可根除疲劳驾驶。

中国创造：无人驾驶

第三节　饮酒与行车安全

根据世界各国的统计资料可知，酒后驾驶车辆所引起的交通事故无论在数量上还是危害程度上都是令人震惊的。酒后驾车的危害触目惊心，已经成为交通事故的主要危害因素。

一、酒后驾驶事故统计

世界卫生组织的事故调查显示，50%~60%的交通事故与酒后驾驶有关，酒后驾驶已经被列为车祸致死的主要原因。在日本，因酒后开车发生的交通事故，约占交通事故总数的4%以上；死亡人数约占交通事故死亡总人数的10%。在美国，根据全国公路交通安全署的专家莫尔登的报告显示，1980年全国因酒后开车被拘留者竟达1200万人次。有人曾对美国因车祸死亡的尸体做过检查，发现有50%的驾驶人开车前喝过酒。在英国，曾进行连续24h的调查表明，有12.5%的交通事故是由酒精中毒所引起的。原联邦德国曾做过调查，70%的交通死亡事故与酒后驾驶有关。法国的该项统计数字为43%。在欧洲，1986年因酒后开车造成的交通事故占总事故数的42%，死伤竟达67.2万人。

我国近年来酒后驾车事故数及死伤人数上升较快，1993年以后的几年明显上升，1999—2001年几乎呈直线上升。这与我国机动车数量迅速增加、驾驶人对酒后驾车的危害认识不足有很大关系。2016年全国交通事故统计报告指出：因酒后驾车造成2621人死亡，占总数的4.15%。

二、饮酒对人的心理和驾驶行为的影响

喝酒时酒精的刺激使人兴奋，在不知不觉中就会喝多。据检测：酒精进入人体后，能被迅速吸收溶解于血液中，饮酒后5min即可在血液中发现酒精，2.5h后，所饮酒中的酒精被人体全部吸收，渗透到机体各组织内部。当酒精被人体吸收后，作用于人体中枢神经，使整个中枢神经系统处于麻醉和抑制状态，中枢神经系统随之迟钝，并延及脊髓神经。科学研究证明，当酒精在人体血液内达到一定浓度时，人对外界的反应能力及控制能力就会下降，处理紧急情况的能力也随之下降。对于酒后驾车者而言，其血液中酒精含量越高，发生撞车的概率越大。当驾驶人血液中酒精含量达80mg/100mL时，发生交通事故的概率是血液中不含酒精时的2.5倍；达到100mg/100mL时，发生交通事故的概率是血液中不含酒精时的4.7倍。即使在少量饮酒的状态下，交通事故的危险程度也可达到未饮酒状态的2倍左右。

1. 对心理的影响

饮酒后，驾驶人的中枢神经异常和麻醉，从而导致一系列心理变化，并影响驾驶机能，主要表现为：

（1）思维能力下降、判断准确性降低。当血液中酒精浓度增加到一定程度时，驾驶人对距离、速度、交通信号、交通标志与标线的判断能力大大下降。

（2）注意力下降，认识范围变窄。饮酒后，驾驶人的注意力容易分散，往往偏向某方信息而忽略了另一方与交通安全有密切关系的重要信息，即使驾驶人意识到这种情况，要迅速将注意力转移或分配过来也非常困难。由于注意力转换和支配能力下降，导致驾驶人睡眠紊乱，迅速疲劳。

（3）记忆障碍。记忆力发生障碍，认知能力也降低，对外界事物不容易留下深刻印象，在心理学上称作"不容易铭记"，选择驾驶行为时会出现失误。

（4）情绪不稳定、理性降低。饮酒后，驾驶人的情绪不稳定，往往不能控制自己的言语和行动，表现为感情冲动，胡言乱语，行为反常，在驾驶车辆时也会出现大胆行为，如超速行车、强行超车等，极易发生重大交通事故。

（5）处理信息的能力降低，动作不协调。饮酒后，对光、声刺激反应时间延长，本能反射动作的时间也相应延长，感觉器官和运动器官如眼、手、脚之间的配合功能发生障碍，因此，无法正确判断距离、速度，感知觉迟钝，反应速度缓慢，决策和运动协调能力降低，面对正常情况下可以处理的一些情况，常常不知所措。

2. 对驾驶机能的影响

饮酒后，酒精使人的感觉、知觉、判断、注意力、性格和情绪等生理与心理特性处在异常状态，所以，受心理支配的驾驶操纵特性被严重干扰和破坏，从而导致发生交通事故的概率大大上升。具体表现在以下几个方面：

（1）视觉机能受损。饮酒后眼底血管受损，视力下降，如果酒中含有甲醇时，还可导致失明；夜间会车时大灯灯光造成眩目的恢复时间加长；驾驶人的视野也会因饮酒而大大缩小，以至收缩到前方的目标上而形成隧道视，使周边视力范围缩小，空间知觉能力下降，甚至对许多危险信息也视而不见。

（2）触觉反应迟钝。驾驶人的触觉反应能力，也易受酒精的影响。触觉信息虽然比视觉信息少，但对行车安全却非常重要，如制动踏板的力度、方向盘的控制自如程度、汽车的振抖情况等，都需要靠驾驶人的触觉获取信息。触觉迟钝，则容易丧失良机，导致驾驶失控而酿成事故。

（3）中枢神经异常、麻痹。饮酒后，人的大脑细胞因酒精作用而受损，引起神经、精神改变。首先，酒精破坏了大脑皮层的抑制过程，使大脑对高级神经中枢的控制削弱，使低级神经中枢失去控制，故一时显得异常活跃，呈现兴奋状态。这时驾驶人有舒适感，情绪好，精神和体力倍增，但意志力降低，控制能力部分丧失，感情易冲动，常有冒险行为，肌肉运动也因失控而呈现冲动性和爆发性。将饮酒后这最初时期称为兴奋期。其次，随着血液中酒精含量的增加，大脑皮层下中枢和小脑受损，出现一系列运动和精神障碍，表现为反应迟钝、步态蹒跚、言行失调，基本失去判断和控制能力，难以支配自己的行为。将这一时期称为共济失调期。最后，随着血液中酒精含量的再增加，饮酒者会很快进入深睡，昏迷不醒，面色苍白，皮肤湿凉，呼吸缓慢，脉搏和体温低于正常值。此时，饮酒者已完全失去知觉，持续下去甚至会导致呼吸中枢麻痹而死亡，这最后的时期称为昏迷期。

3. 受到酒精影响的特征

受到酒精影响的驾驶人通常会有以下特征：①对信号灯反应慢，逆向行驶；②摇摆不定、突然转向或在道路中线驾驶；③乱踩制动，转弯幅度大；④蛇行；⑤没有原因就停车；⑥开车速度极慢；⑦突然转弯或违法转弯；⑧天黑时不开前照灯等。

三、酒后开车产生事故的特点

驾驶人喝酒后会影响中枢神经系统，导致感觉模糊、判断失误、反应不当，对安全行车有极大危害。酒后开车造成的事故特点有：

（1）多发生重大交通事故，死亡率高。

（2）碰撞事故较多。例如，撞人、撞车或撞隔离带、电线杆、大树、桥栏杆等物体。

（3）事故发生的时间多在午饭后和夜间。

（4）因为驾驶人感觉机能降低，反应迟钝，车辆易驶入侧沟，发生翻车事故；有的冲出路外，还有的在平地翻车。

（5）夜间会车时，看到迎面来车的灯光照射后眩目，视力恢复迟钝，容易与对向车发生正面冲撞。

四、酒后开车者的驾车心理

根据来自4538位新浪网友的调查显示，有81.29%的被调查者同意酒后驾驶属于违法行为，但在被问及是否有过酒后驾驶行为时，仅有20.63%的被调查者从未有过酒后驾车的行为。在被问及酒后驾驶人员存在何种心理时，有39.84%的被调查者认为酒后驾驶人员过高地相信自己的驾驶技术，27.35%的被调查者认为酒后驾驶人员的安全意识不强。另外，有18.97%的被调查者认为酒后驾驶人员存在侥幸心理。酒后驾车的各种心理比例如图3-2所示。

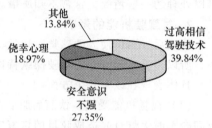

图3-2 酒后驾车各种心理的调查统计

（1）过高地相信自己的驾驶技术。这类驾驶人认为自己酒量大、开车技术过硬，总想酒后驾车来"炫耀"自己的技术，结果造成险象环生。

（2）安全意识不强。这类驾驶人并没有意识到酒后驾车能造成非常大的安全隐患，他们觉得喝酒少了不够朋友情谊，这样往往会造成追悔莫及的交通事故。

（3）侥幸心理。这类驾驶人认为自己以前饮酒驾车从来没有出过事，也没有被抓过，而且也经常看到其他人酒后驾车，于是便侥幸酒后驾车，造成惨剧。有了以上思想作怪，驾驶人往往把酒后开车不当回事，使酒后驾车屡禁不止。

[案例3-1] 2008年某日中午，孙某驾驶别克轿车前往成都市一酒楼为亲戚祝寿，17:00左右，孙某大量饮酒后驾车，与一辆比亚迪轿车发生追尾后，驾车继续高速前行，车行至成龙路卓锦城路段时，车辆越过黄色双实线，先后撞向对面相向正常行驶的四辆轿车，造成4人死亡、1人重伤的严重后果，经有关部门鉴定，孙某血液中的酒精浓度为135.8mg/100mL。最终孙某以危险方法危害公共安全罪被判处无期徒刑。

[案例3-2] 2011年5月1日，李某因醉酒驾车被北京交警查获。经鉴定，李某血液中酒精含量达到159.6mg/100mL。法院以危险驾驶罪判处李某拘役2个月，并处罚金1000元。他成为实施"醉驾入刑"后因醉酒驾车被查获的第一人。

要减少甚至根除酒后驾车事故，首先必须加强对驾驶人的培训教育，从根本上纠正这些错误思想，让驾驶人切实意识到酒后驾车的严重危害，树立良好的驾车风气和习惯。其次需要加大执法和处罚的力度，让"酒后驾车"成为所有驾驶人都敬畏的"高压线"。

五、酒后或醉酒驾车的标准

饮酒后或醉酒后驾驶机动车的行为，是指机动车驾驶人饮用白酒、啤酒、果酒、黄酒、汽酒等含有酒精的饮料后，于酒精作用期间（一般为8h以内）在道路上驾驶机动车辆的行为。根据血液中酒精含量的高低，分为饮酒驾驶机动车与醉酒驾驶机动车两种行为。饮酒驾车和醉酒驾车是根据驾驶人员血液、呼气中的酒精含量值来界定的。

（一）基本概念

（1）车辆驾驶人员（vehicle drivers）。指机动车驾驶人员和非机动车驾驶人员。

（2）酒精含量（alcohol concentration）。指车辆驾驶人员血液或呼气中的酒精浓度。

（3）饮酒驾车（drinking drive）。指车辆驾驶人员血液中的酒精含量大于或等于20mg/100mL，小于80mg/100mL的驾驶行为。

（4）醉酒驾车（drunk drive）。指车辆驾驶人员血液中的酒精含量大于或等于80mg/100mL的驾驶行为。

（二）酒精含量值

1. 血液酒精含量临界值

我国规定的血液酒精含量临界值见表3-2。根据计算，一般情况下饮用350mL啤酒后，血液酒精浓度就可达到20mg/100mL，即达到饮酒驾驶的处罚条件。

表3-2 血液酒精含量临界值

行为类别	对象	临界值/(mg/100mL)
饮酒驾驶	车辆驾驶人员	20
醉酒驾驶	车辆驾驶人员	80

部分国家、地区关于饮酒后血液酒精含量的法定标准见表3-3。

表3-3 部分国家、地区关于饮酒后血液酒精含量的法定标准

国家(地区)	法定标准/(mg/100mL)	国家(地区)	法定标准/(mg/100mL)
英国	80	瑞典	50
法国	80	捷克	30
德国	80	日本	50
奥地利	80	新加坡	80
挪威	50	香港	50

2. 血液与呼气酒精含量换算

车辆驾驶人员呼气酒精含量检验结果可按标准GA 307换算成血液酒精含量，具体换算关系见表3-4。

表3-4 呼出气体酒精浓度与血液酒精浓度对照表（GA 307—2001）

序号	呼出气体中酒精浓度/(mg/L)	呼出气体中酒精浓度/($\times 10^{-6}$)	血液中酒精浓度/(mg/100mL)
1	0.0227	11.85	5
2	0.0454	23.69	10
3	0.0681	35.53	15
4	0.0909	47.43	20
5	0.1136	59.28	25
6	0.1363	71.13	30
7	0.1591	83.02	35
8	0.1818	94.86	40
9	0.2045	106.71	45

(续)

序　号	呼出气体中酒精浓度/(mg/L)	呼出气体中酒精浓度($\times 10^{-6}$)	血液中酒精浓度/(mg/100mL)
10	0.2272	118.56	50
11	0.2500	130.45	55
12	0.2727	141.26	60
13	0.2954	154.15	65
14	0.3181	166.00	70
15	0.3409	177.89	75
16	0.3636	189.72	80
17	0.3863	201.15	85
18	0.4091	213.43	90
19	0.4318	225.33	95
20	0.4515	237.12	100
21	0.6618	355.68	150
22	0.9091	474.24	200

（三）检验方法

1. 呼气酒精含量检验

对饮酒后驾车的嫌疑人员可检验其呼气酒精含量。呼气酒精含量采用呼出气体酒精含量探测器进行检验。呼气酒精含量检验结果应记录并签字。

2. 血液酒精含量检验

根据《道路交通安全违法行为处理程序规定》第二十三条，车辆驾驶人对酒精呼吸测试的酒精含量有异议的、经呼吸测试超过醉酒临界值的，对其检验体内酒精含量。对需要检验血液中酒精含量的，应及时抽取血样。抽取血样应由专业人员按要求进行，不应采用酒精或者挥发性有机药品对皮肤进行消毒；抽出血样中应添加抗凝剂，防止血液凝固；装血样的容器应洁净、干燥，装入血样后不留空间并密封，低温保存，及时送检。

另外，根据《道路交通安全违法行为处理程序规定》第二十四条，检验违法行为人体内酒精应当按照下列程序实施：①由交通警察将违法行为人带到医疗机构进行抽血或者提取尿液；②对酒后行为失控的，可以使用约束带或者警绳等约束性警械；③公安机关交通管理部门应当将抽取的血液或者提取的尿液及时送交有检验资格的机构进行检测，并将检测结果书面告知违法行为人。

嫌疑饮酒后驾车的人员拒绝配合呼气酒精含量检验和血液酒精含量检验的，以呼出气体酒精含量探测器被动探测到的呼气酒精定性结果，作为醉酒驾车的依据。

另外，对未达到表3-4中规定饮酒驾车血液酒精含量值的车辆驾驶人员，或者不具备呼气、血液酒精含量检验条件的，应进行人体平衡的步行回转试验或者单腿直立试验，评价驾驶能力。

3. 人体平衡试验

（1）平衡试验的要求。步行回转试验和单腿直立试验应在结实、干燥、不滑、照明良好的环境下进行。对年龄超过60岁、身体有缺陷影响自身平衡的人不进行此项试验。被试人员鞋后跟不应高于5cm。在试验时，试验人员与被试人员应保持1m以上距离。

（2）步行回转试验。步行回转试验即被试人员沿着一条直线行走9步，边走边大声数步数（1,2,3,…,9），然后转身按原样返回。试验时，分讲解和行走两个阶段进行。讲解阶段，被试人员按照脚跟对脚尖的方式站立在直线的一端,两手在身体两侧自然下垂,听试验人员的试验过程讲解。行走阶段,被试人员在得到试验人员行走指令后,开始行走。

试验中,试验人员观察以下8个指标,符合2个以上的,视为暂时丧失驾驶能力:①在讲解过程中,被试人员失去平衡(失去原来的脚跟对脚尖的姿态);②讲解结束之前,开始行走;③为保持自身平衡,在行走时停下来;④行走时,脚跟与脚尖不能互相碰撞,至少间隔1.5cm;⑤行走时偏离直线;⑥用手臂进行平衡(手臂离开原位置15cm以上);⑦失去平衡或转弯不当;⑧走错步数。

(3) 单腿直立试验。单腿直立试验即被试人员一只脚站立,向前提起另一只脚距地面15cm以上,脚趾向前,脚底平行地面,并大声用千位数计数(1001,1002,1003,…),持续30s。试验时,分讲解和平衡与计数两个阶段。讲解阶段,被试人员双脚同时站立,两手在身体两侧自然下垂,听试验人员的试验过程讲解。平衡与计数阶段,被试人员一只脚站立并开始计数。

试验中,试验人员观察以下4个指标,符合2个以上的,视为暂时丧失驾驶能力:①在平衡时发生摇晃,前后、左右摇摆15cm以上;②用手臂进行平衡,手臂离开原位置15cm以上;③为保持平衡单脚跳;④放下提起的脚。

六、酒后驾驶的处罚

每个驾驶人都知道酒后不得开车,但还是有很多人明知故犯,屡教不改。在我国不少地区,酒后驾驶的现象比较多,严重影响了交通安全和运营秩序,严重危及了人们的生命安全。在现实国情下,应当借鉴国外的"严管重罚之下出文明"的交通管理理念,加大对酒后驾驶违法行为的处罚力度,最终目的就是以惩罚手段提醒驾驶人注意遵守交通法规,提高人们遵守交通法规的自觉性,自觉保证行车安全。

1. 国外对酒后驾驶处罚的规定

美国:驾驶人血液中酒精浓度超过0.06%时,无条件吊销执照,并将酒后开车的驾驶人送到医疗部门,专门看望交通事故受害者。美国的各个州还有不同的相关规定。

俄罗斯:《反酗酒法》规定,驾驶人酒后行车或行车过程中饮酒,如是初犯,取消1~3年驾驶资格;如是重犯,则给予3~5年不许开车的处罚。对于那些因酒后驾驶造成事故的驾驶人,分别给予判刑5年以内、罚款、吊销行车执照、剥夺终身驾驶权利等处罚。

日本:当驾驶人血液中的酒精浓度超过0.05%时,要判2年以下劳役,罚款5万日元,吊销驾驶执照,同时还追究向驾驶人提供酒者的责任。醉酒开车2次以上要处6个月的徒刑,违章者被关在特殊的监狱里,令其盘腿静坐反思。

马来西亚:把酒后驾车者和他的妻子一起拘留,并令其妻子彻底教育丈夫。

保加利亚:第一次发现后给予教育,一旦重犯,便可关进大牢。

土耳其:强行将驾驶人拉上警车,运到郊外20km的地方,令其徒步回城。

加拿大、瑞士、法国:驾驶人血液中酒精含量超过0.08%时,终身不准开车。

2. 我国对酒后驾驶的处罚

《中华人民共和国道路交通安全法》加大了对酒后开车违法行为的处罚力度。一旦饮酒或醉酒后开车,将会受到重罚。

饮酒后驾驶机动车的,处暂扣6个月机动车驾驶证,并处1000元以上2000元以下罚款。因饮酒后驾驶机动车被处罚,再次饮酒后驾驶机动车的,处10日以下拘留,并处1000元以上2000元以下罚款,吊销机动车驾驶证。醉酒驾驶机动车的,由公安机关交通管理部门约束至酒醒,吊销机动车驾驶证,依法追究刑事责任;5年内不得重新取得机动车驾驶证。

饮酒后驾驶营运机动车的，处 15 日拘留，并处 5000 元罚款，吊销机动车驾驶证，5 年内不得重新取得机动车驾驶证。醉酒驾驶营运机动车的，由公安机关交通管理部门约束至酒醒，吊销机动车驾驶证，依法追究刑事责任；10 年内不得重新取得机动车驾驶证，重新取得机动车驾驶证后，不得驾驶营运机动车。

饮酒后或者醉酒驾驶机动车发生重大交通事故，构成犯罪的，依法追究刑事责任，并由公安机关交通管理部门吊销机动车驾驶证，终生不得重新取得机动车驾驶证。

当然，要杜绝酒后驾车行为不仅要靠处罚手段，更要靠交通安全宣传的力度和广度，让广大的驾驶人形成良好的驾车意识，让远离酒后驾车成为每个社会成员的共同责任。

第四节 吸烟、药物与行车安全

一、吸烟与行车安全

吸烟对驾驶人的危害非常大，可以说是有百害而无一利。首先是烟草中的有害物质对驾驶人个体的伤害，其次吸烟对驾驶操作的影响同样不可忽视。

1. 吸烟对人体的危害

吸烟的危害很多，这已是公认的。世界卫生组织 192 个成员已在 2003 年 5 月 31 日一致签署了一个为全球减少烟草使用、降低烟草危害和死亡的世界性公约，我国从这个公约中获益匪浅。在我国，有 63% 的男性吸烟，人数占全球 10 亿烟民的 1/3，我国因此成为世界最大的卷烟市场。吸烟的害处很多，它不但吞噬吸烟者的健康和生命，还会污染空气，危害别人。因吸烟造成的疾病主要有：

（1）肺部疾病。香烟燃烧时释放 4000 多种化学物质，其中有害成分主要有焦油、一氧化碳、尼古丁和刺激性烟雾。焦油对口腔、喉部、气管、肺部均有损害。正常人肺中排列在气道上的绒毛通常会把外来物从肺组织上排除，这些绒毛会将微粒扫入痰和黏液中排出。烟草的烟雾中的焦油沉积在绒毛上，破坏了绒毛的功能，使痰增加，使支气管发生慢性病变，气管炎、肺气肿、肺心病、肺癌便会产生。据统计，吸烟的人 60 岁以后患肺部疾病的比例为 47%，而不吸烟的人 60 岁以后患肺部疾病的比例仅为 4%，这是一个触目惊心的数字。

（2）心血管疾病。香烟中的一氧化碳使血液中的氧气含量减少，造成相关的高血压等疾病。吸烟使冠状动脉血管收缩，使供血量减少或阻塞，造成心肌梗死。吸烟可使肾上腺素分泌增加，引起心跳加快，心脏负荷加重，影响血液循环而导致高血压、心脏病、中风等。

（3）吸烟致癌。吸烟可引起癌症，据统计，吸烟与口腔癌、鼻咽癌、肺癌、胃癌、肠癌、膀胱癌、乳腺癌等有关。了解吸烟致癌的机理对于帮助人们尽早戒烟大有好处。烟毒溶于水和食物中直接破坏 DNA，引起基因突变。烟草中含有较多的放射元素，这些放射元素随着烟雾流入体内，损伤组织细胞，假如每天吸 30 支烟，可产生的 X 射线毒素可相当于拍 100 次 X 光片所积累的剂量，这种射线会引起基因突变致癌。吸烟还损伤人的免疫功能，为什么吸烟的人容易感冒，是因为人体的淋巴细胞像卫兵一样保卫人体不受侵害，而吸烟会导致淋巴细胞活性降低。

（4）对智力的危害。吸烟使人的注意力受到影响，有的人认为吸烟可以提神、消除疲劳、触发灵感，这都是毫无科学道理的。实验证明，吸烟严重影响人的智力、记忆力，从而降低工作和学习的效率。心理学家还以 200 名大学生的学习成绩作为实验指标，结果发现吸烟的学生成绩比不吸烟的学生平均差 7 分。为什么会出现这种情况呢？因为香烟中的尼古丁进入体内刺激植物神经系统，引起血管痉挛，影响大脑皮层的神经活动，使人的智力减退。

2. 吸烟对驾驶操作的影响

（1）污染驾驶空间。汽车驾驶室（特别是小型汽车）空间有限，驾驶人吸烟时所散发的烟雾不易排出（尤其是冬、夏季节和在高速公路驾驶车窗紧闭时），打开车窗又影响空调效果。在高速公路上开窗，"风噪"很大，影响驾驶人的听力，不开车窗又会造成其他乘客被动吸烟。

（2）分散注意力。驾驶人在吸烟过程中，会出现一系列驾驶操作之外的动作，如取烟、点烟、弹烟灰等。每一个动作都会转移视线，而在驾驶时（特别是高速驾驶时），接收外界的信息非常重要。吸烟及其所带来的一系列附加动作往往需要占用 2~3s 的时间，而就在这盲目行车的一瞬间，很可能出现意外而造成事故的发生。

（3）单手操控。驾驶人吸烟时，一手夹烟，势必造成单手控制方向盘的状况，遇有山路、弯路、颠簸及冰雪、湿滑道路，需要快速转向或转弯换档时，往往会感到猝不及防，容易造成转向不足、换档不及时等操作失误，从而发生事故。

（4）影响观察力。有时不仅仅是驾驶人一个人在吸烟，其他乘员也可能都在吸烟，狭小的驾驶空间肯定会烟雾缭绕，这大大影响了驾驶人的观察力。另据有关医学资料介绍，烟雾中的氰化物滞留于人体内会造成视力减退、辨色力下降及视野范围缩小，对驾驶人行车极为不利。

（5）容易引发火灾。驾驶人及乘员在吸烟过程中，很可能不慎将部分燃着的烟头掉到毛衣、坐垫等易燃物品上而造成火灾。还有些驾驶人扔烟头被风刮回，烧坏衣物、坐垫套及在低头找烟头的过程中跑偏方向，造成事故等，给驾驶操作平添了许多不安全因素。

二、药物与行车安全

许多国家在交通法规中，对药物都不大明确，至于药物对驾驶行为和碰撞事故有何影响目前也不是很清楚，因为名目众多的药物对驾驶的影响与服药剂量、药物的联合使用情况，以及对于不同个体的影响都因人而异。但在医学界，一般都知道，所有药物对驾驶能力都有潜在的危险，常见的危险是刺激中枢神经系统和压抑中枢神经系统。不同的药物和剂量对驾驶人的生理状况甚至体重等都可能产生不同的影响。

1. 常见药物的负面影响

世界健康组织对药物的定义为：进入活着的有机体内以修正一种以上功能的物质。在我国的药物目录上，收录了一万多种药物，许多药物除了可以治疗疾病之外，还可能产生一些副作用，而这些副作用也可能影响驾驶操作。以下是一些常见药物种类及其副作用：

（1）催眠药：如巴比妥类药物、安定和水合氯醛等，晚上服用后能使人安睡，次日还会有头晕目眩、乏力嗜睡和反应迟钝等不良反应。这时驾车，车祸难免发生。

（2）安定药：如安定、氯丙嗪等，长期或大剂量用后，常产生眩晕、嗜睡、肌无力、体位性低血压和血压反应性下降等副作用；更严重的是视力模糊、眼球震颤，驾车时因看不准前方道路上突然变化的情况，极易导致车祸发生。

（3）抗组织胺药：如异丙嗪（非那根）、扑尔敏、赛庚啶和安其敏等，因其对中枢神经有明显的抑制作用，故常有嗜睡、眩晕、头痛乏力、颤抖、耳鸣和幻觉等副作用。故每一种抗过敏药的说明书上都醒目标有"服用后严禁驾驶舟车及高空作业"。

（4）抗感冒药：大多数感冒药中都含有抗组织胺类药物，服后产生如上所述的副作用。

（5）抗焦虑药：如丙咪嗪、多虑平和苯乙肼等，常伴有疲乏嗜睡、视野不清、肌肉震颤、反应迟钝和体位性低血压等。若出现此种种迹象，极易产生操作的失误而导致事故的发生，此时则应暂停驾车，就地休息，以策安全。

（6）降血压药：如利血平、可乐定、优降宁、硝普钠、哌唑嗪和甲基多巴等，主要作用于心血管系统，继而反射性地涉及脑神经。出现体位性低血压、头痛、眩晕、嗜睡、视力模糊、手指颤抖、疲乏无力等。

（7）抗生素：长期使用氨基糖苷类抗生素（如链霉素、庆大霉素、卡那霉素和新霉素等），因其毒害人体第八对脑神经，可出现头痛、耳鸣、耳聋、视物不清、颤抖和体位性低血压等不良反应。

2. 预防措施

从以上各类药物的副作用可知，药物对驾驶机能的影响是不可忽视的，但要明确药物对驾驶人的影响是很困难的。例如，对于患有某种疾病的驾驶人来说，服用药物后驾车可能比不服用这种药物更安全。各国的交通法规中也几乎没有对常见药物的控制规定。因此，预防药物对驾驶行为的不良影响主要从驾驶人自身角度出发。驾驶人服药，一般应注意以下几点：

（1）按医嘱服药。驾驶人生病就医时，必须向医生交代自己的职业和工作特点。首先，在可能情况下，若能找到等效的、不影响驾驶技能的药物时，应尽量首选这类药物；其次，选副作用较小的药物。若根据病情非要服用某些药物不可时，则晚上服催眠剂或镇静剂不要过晚，白天服兴奋剂不要过量。必要时应暂停驾车，并在停药休息48~72h恢复体力后再驾车。

（2）注意药物的分量。驾驶人服药时必须按照医嘱剂量服用，不能擅自增加分量，更不能将副作用较小的药物混合服用或服药期间同时饮酒，以防副作用进一步加剧，导致驾驶技能迅速衰退，威胁驾驶安全。德国一项研究显示，驾驶人把镇静剂混以酒精服用，发生意外的比例上升70%。

（3）注意禁服药物。世界医疗保健机构在20世纪80年代提出建议规定，有7种药物，驾驶人服用后不准驾驶车辆。这7种药物是：对神经系统有影响的药物；催眠药物；使人恶心的药物；使人产生变态反应的药物；兴奋剂；治疗癫痫的药物；治疗高血压的药物。认为服用这些药物会使驾驶人反应迟钝，降低注意集中的能力和驾驶能力，这将是发生交通事故的诱因。后来挪威、瑞士、芬兰、丹麦等国家相继确诊，并在交通法规中规定，服用这些药物后驾驶车辆，等同酒后驾驶车辆，也要受到制裁。

另外有证据表明，如今服用各类精神类药品的驾驶人正在不断增多，同时他们还伴有饮酒行为。21世纪初，在法国和英国的研究发现，如果同时服用大麻和酒精会降低驾驶工作能力，比一般的驾驶人有更高的车祸发生率。这个问题已引起世界卫生组织和各个国家的重视，我国《中华人民共和国道路交通安全法》第二十二条规定：机动车驾驶人应当遵守道路交通安全法律、法规的规定，按照操作规范安全驾驶、文明驾驶。饮酒、服用国家管制的精神药品或者麻醉药品，或者患有妨碍安全驾驶机动车的疾病，或者过度疲劳影响安全驾驶的，不得驾驶机动车。

第五节　行人、骑自行车者的交通特性

在引起交通事故的人的因素中，除了驾驶人外，行人、骑自行车者对交通安全的影响也比较大，在交通事故中也是不可忽视的因素。

一、行人的交通特性及其对策

（一）行人的心理特征

行人因性别、年龄及个体差异的不同，所表现出来的心理特征也有很大的不同。

1. 儿童的心理特征

少年儿童活泼好动，反应快，但由于生活经验少，认识能力有限，加之缺乏专门的教育，对

交通安全常识肯定认识不足，对交通信号、距离、车速、机动车的危险性几乎没有正确的概念。所以，儿童穿越道路时，不懂得观察和确认是否安全。在没有确认安全的情况下横穿马路是导致事故发生的重要原因。

贪玩、调皮、爱游戏是儿童的天性。儿童常在公路上打闹、追逐嬉戏，玩耍时乱跑，为抢玩具等东西时会突然冲向公路，甚至有些地方的儿童在车辆上坡时还爬车、吊车，令驾驶人措手不及，造成交通事故。据美国的统计数据，5~9岁因汽车而致命的儿童中，有8.6%是在道路上游戏造成的。

此外，儿童常常跑步穿越道路。在穿越道路时，儿童的心理负担比成人大，往往急于到达道路的另一侧而跑步穿越。其中，男孩跑步横穿道路的比例比女孩多，特别是5~8岁的男孩所占比例较大，每3人中约有1人跑着穿越道路。

另外，儿童身体矮小，眼睛距地面高度低，视野比成人狭窄，对交通状况的认识受到限制，这些儿童生理因素也是造成儿童交通事故的主要原因。

2. 青年人的心理特征

青年人生命力旺盛，感知敏锐，反应快，应变能力强，交通安全知识丰富，熟悉交通规则，对交通法规也比较熟悉，一般不易发生行人事故。但是青年人由于工作或走朋访友的缘故，出行机会多，行走距离远，这就增加了发生交通事故的客观因素。同时，好胜心强、不甘示弱是青年人的重要心理特征，在汽车临近时横穿马路或在马路上并排行走，对汽车鸣喇叭置之不理，或不顾一切紧挨汽车或吊在车上随车前进等，因此，这些人发生交通事故多在横穿道路和交通拥挤的时候，尤其在强行拦车、强行搭车、偷扒汽车中发生的事故最多。据统计，青年人在车祸中的死亡人数约占交通事故总死亡人数的30%以上。另外，青年人提或背较多且重的东西时及酒醉后在公路上行走或骑自行车时也容易造成交通事故。

3. 老年人的心理特征

老年人因视力和听力衰退，使其知觉延误、行动迟缓、反应迟钝，常常不能正确估计车速和自己横穿道路的速度。表现为准备横穿道路时往往犹豫不决，有时穿行中又突然返回；有时又不能及时发现来车而不知避让；有时虽已发现来车，但因步行速度过慢而躲闪不及。据统计，50岁以上的老人平均步行速度为1.5m/s，而20~49岁的成年人则为1.8m/s，13~19岁的青少年则为2.7m/s。

老年人一般都考虑周全，处世谨慎。所以，他们不轻易乱穿道路，遇见车辆也能主动提前避让或耐心等待，择机而过。由于老年人横穿道路等待时间较长，加之不能准确估计车速，有时反而会错过最有利时机而导致交通事故发生。老年人的另一个心理特征是喜欢穿暗色、朴素的衣服，这样老年人在驾驶人的视野中就容易成为一个不易被发现的目标，特别是在夜间和傍晚，对老年人更为不利。老年人的这一心理特征，造就了老年人的交通环境很差的被动局面。据英国的研究显示，65岁以上老年行人比成年人发生事故的可能性大8倍。

4. 女性行人的心理特征

女性行人一般较男性细心，观察周围交通环境比较仔细，规范行为的意识比较强烈，能自觉遵守交通规则，女性的这一心理特征比较有利于女性行人的自身安全。但是，女性行人的反应一般较男性慢，行动比较迟缓，女性的这一心理特点，造成她们穿行道路的时间较长，这样事故发生的机会增多，故对其步行安全很不利。女性行人情绪一般不如男性稳定，应变能力较差，属于非稳定型的交通参与者。女性行人在正常情况下，比较细心，也有耐心，能自觉遵守交通法规；但在危险和紧急的情况下，往往恐慌万状，手忙脚乱，有时中途停顿、进退两难，有时盲目乱跑、不知所措，女性行人的这一心理特征很容易导致自身伤害。女性行人喜欢穿比较艳丽的服饰，她们极易被驾驶人发现而避免不必要的行人交通事故,女性行人的这一心理特征,有利于自身保护。儿童、青年人和老年人在交通通行中均属于弱势群体,都容易在道路交通事故中受到伤害。

(二) 行人的交通基本特性

行人是构成道路交通的重要的要素之一,占交通参与者的多数。与机动车、非机动车相比,行人在交通参与者中是交通弱者。年龄、性别、天气、道路、情绪等诸多因素都会给行人的正常行走带来影响。因此,掌握行人的交通特征,采取相应的行驶对策,对提高城市道路交通安全,避免交通事故的发生是十分必要的。

行人是交通参与者中最为复杂的因素,由于性别、年龄的不同,反应速度、动作灵活性等表现差异大;一般情况下,行人行走无固定方向和位置,并且行走中变化大,表现为随意性和习惯性较强;同时行人的流量与时间、地点关联十分紧密,表现出很强的时间性和区域性。

1. 选择特性

行人行走时,对行走路线和路面的要求称为行人行走的选择特性。在一般情况下,行人总愿意在宽阔、平坦、笔直、视野良好的道路上行走,而不愿意在拥挤、弯曲、坑洼、障碍物较多的道路上行走。从季节变化的周期来看,夏季的行人爱在遮阳的道路一边行走或在挡雨的屋檐下行走;春秋两季则愿意在避风的一侧行走;冬季又爱在朝阳的道路或无冰雪边行走。

2. 视觉特性

行人行走时,由于视网膜的光照生理反应作用,引起视野和视敏的变化现象,称为行人行走的视觉特性。这种特性不仅与行人本身的生理机能有关,而且与行走速度、道路照明度、外界物体的能见度等因素有关。研究表明,人在静止状态的视野在120°~140°的圆锥面范围内,其颜色清晰;而约有25°圆锥面范围内,有些颜色的辨认性极差。在运动的状态下,视野范围将随着行走速度的提高而减小,视敏度也随之下降,形成反应时间的延误。延误的时间越长,交通事故发生的概率就越高。一些急穿马路的行人未能及时发现行驶车辆而造成交通事故,其原因之一就是人的视觉特性造成的。

3. 反应特性

行人行走时,受外界因素的刺激而产生的敏感,称为行人行走的反应特征。人体受刺激而产生的敏感时间称为反应时间。反应时间除与外界刺激源、刺激源性质等因素有关外,还与行人的年龄、性别、天气等因素有关。通常情况下,反应时间是交通事故发生的重要原因,尤其在人车交叉相会处。由于反应时间很短,机动车制动、停车所需的时间往往超出行人的反应时间,因此事故常常发生在行人还未反应的过程之中。

4. 生理特性

行人行走时,借助人体各部位器官(眼、鼻、耳)所得到的各种信息和感觉(视觉、嗅觉、听觉)的敏感程度,称行人行走的生理特性。人的生理特性是影响行人正常行走的主要因素,了解行人行走的生理特性,掌握各种人体部位功能不全或患有疾病行人的行走特点,对安全行车是十分必要的。例如,聋哑人听觉敏感程度为零,无法听见汽车喇叭和各种警告声;盲人视觉敏感程度为零,看不见物体,无法了解各种显示性指挥信号的变化和可见性警告信号及标志、标线等。

5. 心理特性

行人行走时,在不同的外界条件下,所产生的行为特征状态及其内在规律,称行人行走的心理特性。心理特性与生理特性、视觉特性都有着密切的联系,而且心理特性还明显受到年龄、性别和行人行走空间位置及道路上运动体的影响。行人不同的步行目的,可产生不同的步行心理。例如,上班、上学的行人担心迟到而急速行走,车前、车后急穿马路的现象较多;买菜购物的行人,行走时往往在考虑购物地点和钱物的平衡等,在行走过程中,容易因此而忽视来往车辆等。

(三) 行人事故的原因及对策

行人事故多数是因为行人进入行车道而造成的。在行人事故中，最常见的驾驶人错误是视觉探测不当或停在路旁的车辆引起驾驶人的知觉延误导致对行人发现的延误。

以上是引起行人事故的直接原因，而其间接原因与行人的条件和状态有关。例如，饮酒和年龄因素对行人事故的影响就是一个主要的间接原因。

防止行人交通事故的直接对策是把行人与车辆交通隔开，在时间上，通过交通信号产生允许行人通行和允许车辆通行的周期；在空间上，通过修建人行天桥或人行地道来完全分隔行人与车辆。由于这些方法不可能在所有道路上实施，防止行人交通事故的另一部分责任就落在行人身上。所以，加强对行人交通安全宣传教育活动，增加行人的安全常识，增强行人的安全意识，提高行人的遵守交通法规的自觉性就成为行人交通安全管理的主要内容。

二、骑自行车者的交通特性及其对策

自行车是我国城乡最普遍的交通工具。从自行车的拥有量来看，我国是世界上自行车最多的国家，所以，我国有"自行车王国"之称。在我国，研究骑自行车人的交通特性，探讨如何管理好自行车交通安全，有着十分重要的现实意义。

1. 骑自行车人的心理特征

自行车是靠人驾驭的，是人的一种代步工具。所以，骑自行车人的心理特征与行人心理特征基本相同，所不同的是：

（1）骑自行车比步行速度快，但自行车的结构简单，稳定性差，安全防护设施不健全。同时，以骑自行车代步受季节影响大，所以在遇到危险情况时，骑自行车的人比行人的心理更紧张，发生交通事故的可能性更大。

（2）由于城市公共交通的拥挤，加上居民生活水平的限制，多数居民从自己方便和节约交通费用的心理出发，常常违章骑自行车带人，这往往成为导致交通事故的直接原因。

（3）在一些城乡低等级的道路上，有部分骑自行车的人，为了省力攀扶机动车，当机动车紧急制动时，极易发生交通事故。

（4）有些年轻人，骑自行车时喜欢逞能和炫耀，做出危险动作从而引发交通事故。

（5）有些骑自行车的人，上下班高峰时，因急于回家，往往与机动车抢道或见缝插针、左右穿行，这也很容易造成交通事故。

2. 自行车的交通特性

（1）自行车结构简单、轻巧、灵活、方便，使用和维修容易、简便。

（2）自行车价格便宜，即可节约交通费用，又有利于锻炼身体，比较适合我国国情。

（3）自行车不污染环境，既无尾气排放，又无噪声污染，有利于城乡环境保护。

（4）自行车占用道路面积小，一般运行所占道路面积为 $9m^2$，而小汽车约占 $40m^2$，是自行车的 4.5 倍。自行车所需停车面积为 $1.6m^2$，而小汽车为 $22m^2$，是自行车的 14 倍。

（5）自行车受结构简单的限制，安全防护设施不健全。在转弯时，不易觉察后面车辆、行人动态，制动时，后面的追随者也难以发觉。由于自行车两轮滚动，其侧向稳定性极差，只有保持一定的行驶速度才能保持侧向平衡，在减速和停车时，往往就会倾倒或左右摇摆，容易引起交通事故。

（6）骑自行车人体重一般大于自行车自重，骑车人与自行车组成的人—车系统重心提高，加之自行车与地面接触面积小，因此自行车的运动轨迹呈蛇形，其运行宽度为 1m 左右。这种左右摇摆，占道 1m 宽的蛇形运动在混合交通中极易导致交通事故。

（7）骑自行车受气候影响较大，雨、雪天骑自行车易受雨具的干扰造成视觉与听觉障碍，泥泞、冰雪道路又极易滑倒，这些都对交通安全极为不利。

（8）自行车与机动车相比是交通弱者，但和行人相比又是交通强者，在自行车与机动车碰撞事故中，骑自行车者受害较大。

3. 自行车事故原因及对策

自行车事故的主要原因是骑自行车人违章行驶造成的，如骑车带人载货、双手撒把或单手撑伞骑车、扶肩并行、攀扶其他车辆、与机动车抢道等行为。也有因机动车驾驶人视觉探测不当引起驾驶人知觉延误造成自行车事故的。这些都是引起自行车事故的直接原因。近年来由于电动自行车的出现使得自行车事故的数量有所增加，主要因为电动自行车的体型较大、时速较高，尤其是有些电动自行车形状类似摩托车。目前很多地方都进行立法以加强对电动自行车的管理。

此外，气候、道路类型、交通流状况等客观因素的变化也是造成自行车事故的重要间接原因。

防止自行车事故的直接对策，首先是把自行车交通与行人和机动车交通从时间和空间上分隔开。时间分隔措施包括错开上下班时间，把高峰时的自行车流量均分到低峰时间内，或者采用不同车辆的交通信号灯指挥自行车与机动车分别行驶等。空间分隔措施有设置自行车专用道（包括自行车地下通道和高架桥），在混合交通的交叉路口划出自行车左转弯专用道或候车区和安全岛等。其次是加强自行车交通管理，制定自行车的"准行"和"禁行"规则，修订自行车的生产技术标准和规程、规范，完善自行车的安全防护设施。

三、电动自行车的交通特性及其对策

电动自行车（Electric Bicycle）是指以蓄电池作为辅助能源，具有两个车轮，能实行人力骑车、电动或电动功能的特种自行车。近几年来，电动自行车以其方便快捷、经济实惠和环保等特点深受广大工薪阶层和外来务工人员的青睐，逐步成为继公共交通、家庭汽车和自行车之外的又一大交通工具。可是，伴随其数量的激增，由电动自行车引发的交通事故数量逐年递增，成为道路交通安全面临的又一大严峻考验。

1. 电动自行车事故频发的原因分析

（1）行驶速度过快。按有关规定，电动自行车最高时速不得超过25km。但实际行驶的电动自行车的时速远超20km，有些时速甚至达到40km以上，"飞速"行驶的电动自行车随处可见。一旦出现险情，制动来不及，碰撞的冲击力较大，往往后果严重，损失较大。

（2）制动性能较差。电动自行车车轮接触地面面积小，稳定性较差，制动时摩擦系数小，制动距离长。另外，部分非正规厂家生产的电动自行车，还会出现制动不灵的情况。

（3）违章行驶。电动自行车行驶中，经常存在违反交通信号、占道行驶、逆行、不按规定让行、酒后驾驶等违章行为。

（4）交通安全意识淡薄。电动自行车骑车人对交通法规知识缺乏基本了解，自身交通安全意识普遍比较淡薄。在道路上行驶时，往往以骑自行车的习惯行驶，如突穿猛拐、争道抢行、闯信号灯、随意转弯变道等。另外，电动自行车除了载人外，有些电动自行车车主还用它来载货，超重、超宽载货的电动自行车在交通繁忙的路段穿行，险象环生。

（5）监管不到位，处罚力度偏低。对电动自行车超标销售问题，有关部门监管不到位，致使不合格的电动自行车大量上路。

2. 电动自行车事故预防对策

（1）加强对电动自行车生产销售源头的监督和管理。针对目前在道路上飞驰的电动自行车有很大一部分是超标产品的情况，建议市场监管、技监等部门积极沟通、进行联动，加大对电动自行车超标生产厂家的查处力度，严禁企业生产不符合国家标准的电动自行车。

（2）明确电动自行车的车辆定性。明确电动自行车的车辆定性、道路通行条件、车辆和驾驶人、道路通行、执法监督、法律责任等方面的规定，完善电动自行车准驾制度、非机动车保险制度、连带责任制度和牌照户籍制度，形成并出台电动自行车道路行驶暂行规定，真正将电动自行车纳入正常管理轨道，从根本上改变管理失控、无序行驶的现状。

（3）加大交通安全宣传教育力度。首先，政府主管部门应以通告形式对电动自行车使用及管理规定广而告之；其次，通过市场监管等部门和消费者协会发布有关电动自行车质量标准和消费信息，引导群众慎重选择购买电动自行车；再次，以社区、小区为宣传点，各种报纸、电视、网络等新闻媒体为宣传面，点面结合着重宣传电动自行车的自身特点、正确使用方法、安全行车、法律法规、自我保护等多方面技能知识，逐步提高电动自行车驾驶人和公众的道路交通安全意识。

（4）加大电动自行车的违法处罚力度。加大对电动自行车违法行为的打击力度是保证道路交通安全的重要手段。电动自行车的驾驶人作为道路交通的参与者，在享受出行便利的同时，理应遵守国家的交通法律法规；而对于不能自觉遵守交通规则的驾驶人，有关部门则应秉公办事，严惩不贷。

（5）加强路面及交通基础设施建设。由于近几年电动自行车数量的激增，原有的道路及交通设施的动态平衡被打破，电动自行车在混合交通的道路上经常出现占道和抢道等违法行为，针对此种情况，应当对有条件的道路进行机动车道与非机动车道的隔离，严格实施交通分离，从而确保电动自行车和其他车辆的交通安全；另外，应在非机动车道设置临时停车点，提高非机动车道的通行能力，从而有效减少电动自行车随意停车引发的交通事故。

复习思考题

1. 驾驶人的不安全行为种类及表现是什么？
2. 试述疲劳的概念、疲劳驾驶的标准、疲劳驾驶与交通事故的关系。
3. 试述产生疲劳的原因及预防措施。
4. 饮酒对人的心理和驾驶行为的影响有哪些？
5. 试述酒后或醉酒驾车的标准及酒后驾驶的处罚。
6. 试述吸烟、药物对行车安全的影响。
7. 试述行人的交通特性及其事故预防的对策。
8. 试述电动自行车的交通特性及其事故预防的对策。

第四章

车辆因素与交通安全

车辆是现代道路交通的主要运行工具，是道路交通系统的重要组成元素，与交通安全有密切的关系。虽然在交通事故原因的统计数据中，人（包括驾驶人、行人、乘车人员）的因素占有相当大的比例，而直接由车辆问题引起事故的比例并不高，但这并不意味着车辆因素对于交通安全的影响不大。实际上，道路交通系统中的"人—车—道路"三个因素之间是相互联系、相互影响、相互制约的动态关系，而统计数据有时并不能反映这一点。从某种程度上说，车辆的结构和性能完好、车辆的技术状况优越及安全化的设计，对于减少交通事故发生的概率、降低交通事故的伤害程度有着不可估量的作用。因此，车辆因素对交通安全有着十分重要的影响。

第一节 概述

一、机动车的基本概念

1. 基本术语和定义

（1）机动车（Power-driven Vehicle）。由动力装置驱动或牵引，上道路行驶的供人员乘用或用于运送物品及进行工程专项作业的轮式车辆，包括汽车及汽车列车、摩托车、拖拉机运输机组、轮式专用机械车、挂车。

（2）汽车（Motor Vehicle）。由动力驱动、具有四个或四个以上车轮的非轨道承载的车辆，包括与电力线相联的车辆（如无轨电车）；主要用于：①载运人员和（或）货物；②牵引载运货物的车辆或特殊用途的车辆；③专项作业。

（3）乘用车（Passenger Car）。设计和制造上主要用于载运乘客及其随身行李和/或临时物品的汽车，包括驾驶人座位在内最多不超过9个座位。它可以装置一定的专用设备或器具，也可以牵引一辆中置轴挂车。

（4）客车（Bus）。设计和制造上主要用于载运乘客及其随身行李的汽车，包括驾驶人座位在内座位数超过9个。根据是否设置有站立乘客区，分为未设置乘客站立区的客车和设有乘客站立区的客车。

（5）未设置乘客站立区的客车（Bus Without Standing Passenger Area）。设计和制造上无乘客站立区、不允许乘客站立、全体乘客均乘坐在座位上或卧睡的客车，包括公路客车、旅游客车、未设置乘客站立区的公共汽车、专用客车等。

（6）设有乘客站立区的客车（Bus With Standing Passenger Area）。最大设计车速小于70km/h、设有座椅及乘客站立区，并有足够的空间供频繁停站时乘客上下车走动，有固定的公交营运线路和车站，主要在城市建成区运营的客车。

（7）货车(Goods Vehicle)。设计和制造上主要用于载运货物或牵引挂车的汽车，也包括：①装置有专用设备或器具但以载运货物为主要目的的汽车；②由非封闭式货车改装的，虽装置有专用设备或器具，但不属于专项作业车的汽车。

（8）半挂牵引车(Semi-trailer Towing Vehicle)。装备有特殊装置用于牵引半挂车的汽车。

（9）三轮汽车(Tri-wheel Vehicle)。最大设计车速小于或等于50km/h的，具有三个车轮的载货汽车。

（10）低速货车(Low-speed Goods Vehicle)。最大设计车速小于70km/h的，具有四个车轮的载货汽车。

（11）专用作业车(Special Motor Vehicle)。装置有专用设备或器具，在设计和制造上用于工程专项（包括卫生医疗）作业的汽车，如汽车起重机、消防车、混凝土泵车、清障车、高空作业车、扫路车、吸污车、钻机车、仪器车、检测车、监测车、电源车、通信车、电视车、采血车、医疗车、体检医疗车等，但不包括装置有专用设备或器具而座位数（包括驾驶人座位）超过9个的汽车（消防车除外）。

（12）气体燃料汽车(Gaseous Fuel Vehicle)。装备以液化石油气、天然气或煤气等气体为燃料发动机的汽车。

（13）两用燃料汽车(Bi-Fuel Vehicle)。具有两套相互独立的燃料供给系统，并且两套燃料供给系统可分别但不可同时向燃烧室供给燃料的汽车，如汽油/压缩天然气两用燃料汽车、汽油/液化石油气两用燃料汽车等。

（14）双燃料汽车(Dual-fuel Vehicle)。具有两套燃料供给系统，并且两套燃料供给系统按预定的配比向燃烧室供给燃料，在缸内混合燃烧的汽车，如柴油—压缩天然气双燃料汽车，柴油—液化石油气双燃料汽车等。

（15）电动汽车(Electric Vehicle)。纯电动汽车、混合动力（电动）汽车和燃料电池电动汽车的总称。

（16）挂车(Trailer)。设计和制造上需由汽车或拖拉机牵引，才能在道路上正常使用的无动力道路车辆，包括牵引杆挂车、中置轴挂车和半挂车，主要用于载运货物和其他特殊用途。

（17）中置轴挂车(Centre Axle Trailer)。牵引装置不能垂直移动（相对于挂车），车轴位于紧靠挂车的重心（均匀载荷时）的挂车。这种挂车只有较小的垂直载荷（不超过相当于挂车最大设计总质量的10%或10000N，两者取较小者）作用于牵引车，其中一轴或多轴可由牵引车来驱动。

（18）半挂车(Semi-trailer)。均匀受载时挂车质心位于车轴前面，装有可将垂直力和/或水平力传递到牵引车的联结装置的挂车。

（19）旅居挂车(Caravan)。装备有睡具（可由桌椅转换而来）及其他必要的生活设施，用于旅行宿营的挂车，包括中置轴旅居挂车和旅居半挂车。

（20）汽车列车(Combination Vehicles)。由汽车（低速汽车除外）牵引挂车组成，包括乘用车列车、货车列车和铰接列车。

（21）乘用车列车(Passenger/Car Trailer Combination)。乘用车和中置轴挂车的组合。

（22）货车列车 (Goods Road Train)。货车和牵引杆挂车或中置轴挂车的组合。

（23）牵引杆挂车列车(Draw-bar Tractor Combination)。全挂拖斗车、货车和牵引杆挂车的组合。

（24）中置轴挂车列车(Centre Axle Trailer Combination)。货车和中置轴挂车的组合。

（25）危险货物运输车辆(Road Transportation Vehicle for Dangerous Goods)。设计和制造上用于运输危险货物的货车、挂车、汽车列车。

（26）摩托车(Motorcycle and Moped)。由动力装置驱动的，具有两个或三个车轮的道路车辆，但不包括：①整车整备质量超过400kg、不带驾驶室、用于载运货物的三轮车辆；②整车整备质量超过600kg、不带驾驶室、不具有载运货物结构或功能且设计和制造上最多乘坐2人（包括驾驶人）的三轮车辆；③整车整备质量超过600kg的带驾驶室的三轮车辆；④最大设计车速、整车整备质量、外廓尺寸等指标符合相关国家标准和规定的，专供残疾人驾驶的机动轮椅车；⑤符合电动自行车国家标准规定的车辆。

（27）拖拉机运输机组（Tractor Towing Trailer for Transportation）。由拖拉机牵引一辆挂车组成的用于载运货物的机动车，包括轮式拖拉机运输机组和手扶拖拉机运输机组。注：①这里所指的拖拉机是指最高设计车速小于或等于20km/h、牵引挂车方可从事道路货物运输作业的轮式拖拉机。②手扶拖拉机运输机组还包含手扶变形运输机，即发动机12h标定功率小于或等于14.7kW，采用手扶拖拉机底盘，将扶手把改成方向盘，与挂车连在一起组成的折腰转向式运输机组。

（28）轮式专用机械车（Roller Mobile Machinery Shop for Special Purpose）。有特殊结构和专门功能，装有橡胶车轮可以自行行驶，最大设计车速大于20km/h的轮式机械，如装载机、平地机、挖掘机、推土机等，但不包括叉车。

（29）特型机动车（Special-sized Vehicle）。质量参数和/或尺寸参数超出《汽车、挂车及汽车列车外廓尺寸、轴荷及质量限值》（GB 1589—2016）中规定的汽车、挂车、汽车列车。

2. 机动车轮廓尺寸

机动车的主要尺寸（总长、总宽和总高）应根据其用途、载容量参数、外形设计、结构布置、道路条件和公路限制等因素来确定。总体设计时要力求减少机动车的外廓尺寸，以减轻自重，提高动力性、经济性和机动性。为了使机动车外廓尺寸适合于本国公路、桥梁、涵洞和铁路运输标准及保证行驶的安全性，各国对公路运输车辆的极限尺寸都做出了相应的规定。我国《汽车、挂车及汽车列车外廓尺寸、轴荷及质量限值》（GB 1589—2016）对汽车、挂车及汽车列车的外廓尺寸规定了最大限值，见表4-1。

表4-1 汽车、挂车及汽车列车外廓尺寸的最大限值

车辆类型			长度	宽度	高度
汽车	三轮汽车①		4600	1600	2000
	低速货车		6000	2000	2500
	货车及半挂牵引车		12000②	2550③	4000
	乘用车及客车	乘用车及二轴客车	12000	2550	4000④
		三轴客车	13700		
		单铰接客车	18000		
挂车	半挂车		13750⑤	2550③	4000
	中置轴、牵引杆挂车		12000⑥		
汽车列车	乘用车列车		14500	2550③	4000
	铰接列车		17100⑦		
	货车列车		20000⑧		

① 当采用方向盘转向，由传动轴传递动力，具有驾驶室且驾驶员座椅后设计有物品放置空间时，长度、宽度、高度的限值分别为5200mm、1800mm、2200mm。
② 专用作业车车辆长度限值要求不适用，但应符合相关标准要求。
③ 冷藏车宽度最大限值为2600mm。
④ 定线行驶的双层城市客车高度最大限值为4200mm。
⑤ 运送45ft（1ft=0.3048m）集装箱的半挂车长度最大限值为13950mm。
⑥ 车厢长度限值为8000mm（中置轴车辆运输挂车除外）。
⑦ 长头半挂牵引车与半挂车组成的铰接列车长度限值为18100mm。
⑧ 中置轴车辆运输列车长度最大限值为22000mm。

二、车辆导致事故发生的原因分析

1. 直接原因

在各种形态的交通事故中,单车事故占有一定比例,这类事故的直接起因通常是肇事车辆的安全技术状况不良,这类不良的技术状况有:①车辆制动器失效或制动效果不佳;②转向系统失控;③机件失灵、灯光失效;④驾驶视野条件不清;⑤操纵机构各连接部位不牢靠;⑥轮胎爆胎;⑦车辆装载超高、超宽、超载及货物绑扎不牢固等。

另外,由于车辆在行驶过程中,各种机件承受的反复交变载荷,当超过一定数量也会突然发生疲劳而酿成交通事故。

2. 间接原因

(1) 设计上的原因。有些交通事故的直接原因虽不在车辆本身,但与车辆有关,在分析事故原因时常被忽视。例如,汽车驾驶视野不充分,容易引起驾驶人发生观察失误;操纵机构或仪器、仪表布置不合理,可能引起操作失误等。机动车的设计特点和使用状况严重影响了行车的安全性。

(2) 管理上的原因。对客货运输企业及相关单位而言,单位车辆安全管理制度缺乏或不完善、不落实,是影响行车安全的重要隐患。不合理地使用车辆、缺乏维修或修理质量较差,未能有效开展车辆的日常安全检查,车辆检验方法落后,致使一些车辆常常因带病行驶而肇事。从我国交通事故的统计资料中可知,现有运行车辆中有50%左右机构失调,属于带病运行,特别是个体车辆和挂靠车辆更为严重。

因此,认识和采取适当的防范措施是交通管理的重要组成部分。在我国,注意研究车辆结构、性能与交通安全的关系,改进车辆的安全设计,以及加强车辆监督管理对提高道路交通安全水平有非常重要的意义。

三、车辆运行安全技术条件

为了保证行车安全,车辆必须保持良好的技术状况,在用车的技术状况必须符合《机动车运行安全技术条件》等国家标准的要求。

国家标准《机动车运行安全技术条件》(GB 7258—2017)是我国机动车安全技术管理的最基本的技术性法规,是公安机关交通管理部门新车注册登记和在用车定期检验、事故车检验等安全技术检验的主要技术依据,同时也是我国机动车新车定型强制性检验、新车出厂检验及进口机动车检验的重要技术依据之一。

GB 7258—1997 自 1998 年 1 月 1 日起在全国范围内正式实施后,在加强机动车运行安全管理、提高机动车运行安全水平、保障道路交通安全等方面都起到了十分积极的作用。然而,随着国民经济的持续快速发展,我国机动车保有量迅猛增加(私人汽车增长尤为迅速),道路交通事故四项指标逐年上升,道路交通安全形势十分严峻。为此,根据我国机动车制造行业生产技术水平和道路等级不断提高的实际情况,及时修订了 GB 7258—1997,修订后的标准为 GB 7258—2004。该标准规定了机动车的整车及主要总成、发动机、转向系、制动系、照明信号和其他电气设备、行驶系、传动系、车身、安全防护装置等有关运行安全的基本技术要求及检验方法。根据汽车安全技术的发展,本标准又在 2012 年和 2017 年分别进行了修订。该标准适用于在我国道路上行驶的机动车(本章研究的车辆主要针对汽车)。

车辆安全性能可以通过车辆的主动安全性和被动安全性两个方面来改进和提高。

第二节　车辆的主动安全性

车辆的主动安全性，反映了车辆驾驶人在正常操纵状况下，车辆能够按照驾驶人的意志运行，有效地避免或减少事故发生可能性的能力。主动安全性通常取决于车辆的动力性、制动性，操纵稳定性，汽车的后备功率，关键总成部件的疲劳强度，汽车的照明效果，驾驶人工作区环境质量等因素。对于高速行驶的车辆来讲，车辆的空气动力稳定性也是不可忽视的影响因素。

一、动力性

汽车动力性是指在良好、平直的路面上行驶时，汽车由所受到的纵向外力决定的、所能达到的平均行驶速度。汽车动力性直接影响汽车平均技术速度，动力性越好，汽车就能以越快的运输速度完成运输，工作的能力越高。同时，动力性能的好坏不但直接影响着运输效率的高低，同时也影响着道路交通的畅通和安全。因此，动力性是汽车的重要使用性能之一。

（一）动力性评价指标

汽车的动力性指标主要由最高车速、加速能力和最大爬坡度来表示。动力性代表了汽车行驶可发挥的极限能力。在评价汽车动力性时，由于汽车用途和使用条件的不同，要求也不一样。例如，经常在公路干线上行驶的汽车，起主要作用的是汽车最大速度，对加速度的要求居于次位。而市内道路上行驶的汽车正好相反，由于城市内交通繁忙，汽车在行驶中需要经常制动、停车和起步，汽车加速性能便成为评价这类汽车的主要指标。

1. 最高车速

最高车速是指无风条件下，汽车在平直的良好道路（混凝土或沥青）上所能达到的最高行驶车速。通常，最高车速 v_{max} 的测定以 1.6km 长的试验路段的最后 500m 作为最高车速的测试区，共计往返 4 次，最后取平均值。

2. 加速能力

加速能力通常用汽车加速时间或加速距离表述，它对汽车平均行驶速度的影响很大。

（1）加速时间。加速时间分为原地起步加速时间和超车加速时间。

原地起步加速时间是指汽车由静止状态起步后，以最大加速强度，选择好恰当的换档时间，连续换档至最高档，加速到一定距离或车速所需要的时间，它是真实反映汽车动力性能最重要的参数。原地起步加速时间一般有两种表示方式：①从汽车静止加速行驶到 400m（或 1000m）距离需要的时间；②汽车从静止状态加速至 100km/h 速度所需的时间。所需时间表示汽车原地起步的加速能力，时间越短加速能力越好。

超车加速时间是指汽车以最高档或次高档由该档最低稳定车速或预定车速，以最大加速强度，加速到某规定车速所需的时间。超车加速能力强，表明汽车超车过程中并行时间短或距离短，与对向交通流发生碰撞事故的概率低。超车加速能力有的采用以最高档或次高档从 30km/h 或 40km/h 全力加速至某预定高速所需的时间表示。

图 4-1 为汽车加速过程曲线示意图。

（2）加速距离。加速距离也分为原地起步加速距离和超车加速距离。

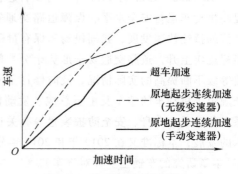

图 4-1　汽车加速过程曲线

原地起步加速距离是指汽车由静止状态起步，以最大的加速强度，选择恰当的换档时间，逐步换档至最高档位，达到预定车速所经过的路程。可用从汽车静止加速行驶至100km/h速度所经过的路程表示汽车原地起步的加速能力。

超车加速距离是指用最高档或次高档由该档最低稳定车速或预定的车速，以最大加速强度，加速到某规定车速所经过的路程。

为了使汽车安全地从有坡度的匝道驶入高速公路，也可用汽车在规定的坡道（6%）上达到规定车速所经过的加速时间来表示汽车加速性能。

3. 上坡能力

汽车上坡能力用最大爬坡度 i_{max} 表示。最大爬坡度是指汽车在良好路面上，满载状态下所能通过的极限坡道，采用坡道垂直高度与水平距离的百分比表述，它代表了汽车的极限爬坡能力。对越野汽车来说，爬坡能力是一个相当重要的指标，一般要求能够爬不小于60%（31°）的坡路；对载货汽车要求有30%（约16.7°）左右的爬坡能力；轿车的车速较高，并且经常在状况较好的道路上行驶，所以不强调轿车的爬坡能力，一般爬坡能力在20%（11.4°）左右。

也有用汽车在规定的坡道（例如6%）上必须达到的车速来表示汽车的爬坡能力。

（二）动力性的影响因素

汽车的动力性是由汽车纵向受力条件所决定的。汽车行驶时的纵向作用有各种外力，包括驱动力和其他行驶阻力。建立汽车行驶平衡方程式，就可利用受力关系，确定汽车的加速度、最高车速和最大爬坡度。

汽车行驶方程式为

$$F_t = F_f + F_i + F_w + F_j \tag{4-1}$$

式中　F_t——汽车的驱动力；

　　　F_f——地面滚动阻力；

　　　F_i——汽车的坡道阻力；

　　　F_w——空气阻力；

　　　F_j——汽车的加速阻力。

汽车在水平道路上等速行驶时，需要克服地面滚动阻力 F_f 和空气阻力 F_w。当汽车上坡行驶时，需要克服重力沿着坡道的分力，即坡道阻力 F_i。汽车加速行驶时，需要克服加速惯性阻力，即加速阻力 F_j。

只要汽车运动，滚动阻力和空气阻力就存在；而坡道阻力和加速阻力仅在一定的行驶条件下才存在。等速行驶时，就没有加速阻力 F_j；在平直道路上行驶时，坡道阻力 F_i 就不存在。减速行驶时，F_j 与汽车行驶方向相同，成为驱动汽车前进的力；下坡行驶时，F_i 也与汽车行驶方向相同，成为驱动汽车前进的力之一。

二、制动性

汽车是一种行驶速度较高的交通运输工具。在运行时道路和交通情况不断变化，就必须不断改变车速、减速或者停车，这样才能保证行车安全，避免事故发生，即汽车的制动性直接影响交通安全。而许多交通事故都与汽车制动性能不良或制动失效等情况有关。研究高可靠性的制动系统是世界各国汽车制造商最为关心的问题，也是保障行车质量和交通安全的关键。

（一）基本概念

汽车制动性能，是指汽车行驶时在短距离内能够强制地降低车速以至停车且维持行驶方向稳定和在下长坡时能维持一定车速的能力。通常也包括在一定坡道能长时间停放的能力。

汽车制动性能是汽车使用性能的重要参数之一,制动效能越好,高速行车就越安全。确保汽车保持良好的制动性能是汽车设计制造厂家和用户共同的重要任务。

(二) 制动性评价指标

通常认为,汽车制动效能的恒定性及制动时的方向稳定性是汽车制动性的三个重要评价指标。

1. 制动效能

制动效能是指汽车在制动时,迅速降低车速直至停车的能力。一般用制动距离和制动减速度表示,它是指汽车在良好的路面上以规定的初始车速和规定的踏板力制动到停车的制动距离或制动时汽车的减速度。它是制动性能的最基本指标。

2. 制动效能的恒定性

制动效能的恒定性是指抗热衰退性能和抗水衰退性能。其中,抗热衰退性能是指汽车高速行驶制动或下长坡时制动性能的保持程度;抗水衰退性能是指汽车涉水后对制动效能的保持能力。

汽车在繁重的工作条件下,如高速制动或下长坡制动时,制动器就要较长时间实施高强度制动,使得制动器温度迅速上升(常在300℃左右,山区道路甚至高达600~700℃)。此外,在高速制动下,大量的动能要转变为制动系内的摩擦热能,使制动器温度迅速增高,摩擦力矩显著下降,制动效能明显下降,这种现象通常称为热衰退现象。

制动器的结构和制动器摩擦副的材料是影响抗热衰退性能的主要因素。制动鼓或盘一般为铸铁材料,摩擦衬片(块)的主要成分为石棉。正常制动时摩擦副的工作温度约为200℃,摩擦系数为0.3~0.4,但在高温条件下摩擦系数会大幅度下降。

制动器抗热衰退性能一般用一系列连续制动的制动效能保持程度进行评价。根据国际标准草案(ISO/DIS 6597)推荐,制动效能的恒定性应满足以下要求:汽车以规定车速连续以规定的制动踏板力实施15次制动,每次的制动减速度为$3m/s^2$,最后制动效能不低于规定的冷试验效能($5.8m/s^2$)的60%。

热衰退现象是高速制动或山区行车不可避免的问题,有些国家规定大型货车必须装备辅助制动器。在我国一些山区进行运输的汽车甚至采用喷洒冷却水的措施来降低制动器温度,以保证汽车有足够的制动性能。

当汽车涉水后,因制动器被浸湿,短时间内制动效能也会降低,这一现象称为制动效能水衰退现象。为了保证行车安全,汽车在涉水后应踩几次制动踏板,利用制动蹄对制动鼓摩擦产生的热使制动器迅速干燥,有利于制动效能恢复正常。

3. 制动时的方向稳定性

制动过程中有时会出现制动跑偏、侧滑现象,使汽车离开原来的行驶方向,也使驾驶人失去了对汽车的控制,这种情况下,极易导致意外发生。这里就涉及制动时的方向稳定性问题。

汽车制动方向稳定性是指汽车在制动过程中维持直线行驶或按预定弯道行驶的能力。汽车制动方向不稳定现象主要表现为制动跑偏和制动侧滑。

制动跑偏是指汽车在制动过程中自动向左或向右偏驶的现象。跑偏现象多数是由于左右车轮制动器制动力不等造成的,经过维修调整是可以消除的。制动侧滑,是指制动时汽车的某一轴或多轴发生横向移动的现象。最危险的情况是高速制动时后轴发生侧滑,这时汽车发生不规则的急剧回转运动,使之部分或完全地失去操纵。严重的跑偏必然侧滑,易于侧滑的汽车也有跑偏的趋势。通常,跑偏时车轮印迹重合,侧滑前后印迹不重合。

制动方向不稳定是造成交通事故的主要原因。西方国家的一些统计资料表明,发生人身伤亡的交通事故中,在潮湿的路面上的有约1/3与侧滑有关,而在冰雪路面上发生的交通事故70%~80%与侧滑有关。而根据对侧滑事故的分析,其中有50%是由制动侧滑引发的。

由此可见，制动时方向稳定性是影响交通安全的一个重要因素。提高制动时方向的稳定性是汽车研究部门、设计单位、制造厂家及使用部门共同的重要任务。

（三）汽车制动系统

汽车的制动是通过制动装置来实现的。我国国标《机动车运行安全技术条件》（GB 7258—2017）规定，机动车应设置足以使其减速、停车和驻车的制动系统或装置。

1. 分类

汽车上用以使外界（主要是路面）在汽车某些部分（主要是车轮）施加一定的力，从而对其进行一定程度的强制制动的一系列专门装置统称为制动系统。其作用是：使行驶中的汽车按照驾驶人的要求进行强制减速甚至停车；使已停驶的汽车在各种道路条件下（包括在坡道上）稳定驻车；使下坡行驶的汽车速度保持稳定。

对汽车起制动作用的只能是作用在汽车上且方向与汽车行驶方向相反的外力，而这些外力的大小都是随机的、不可控制的，因此汽车上必须装设一系列专门装置以实现上述功能。

（1）按制动系统的作用。制动系统可分为行车制动系统、驻车制动系统、应急制动系统及辅助制动系统等。

1）行车制动系统。行车制动系统是指用以使行驶中的汽车降低速度甚至停车的制动系统。行车制动必须保证驾驶人在行车过程中能控制机动车安全并有效地减速和停车。行车制动必须是可控制的，并且必须保证驾驶人在其座位上双手无须离开方向盘（或方向把）就能实现制动。

2）驻车制动系统。驻车制动系统是指用以使已停止行驶的汽车驻留原地不动的制动系统。驻车制动应能使机动车即使在没有驾驶人的情况下，也能停在上、下坡道上。驾驶人必须在座位上就可以实现驻车制动。

3）应急制动系统。应急制动系统是指在行车制动系统失效的情况下，保证汽车仍能实现减速或停车的制动系统。应急制动应保证在行车制动只有一处管路失效的情况下，在规定的距离内将汽车停住。应急制动可以是行车制动系统具有应急特性或是与行车制动分开的系统，并且应该是可控制的，其布置应使驾驶人容易操作，使其在座位上至少用一只手握住方向盘的情况下，就可以实现制动。应急制动系统的控制装置可以与行车制动的控制装置结合，也可以与驻车制动的控制装置结合。

4）辅助制动系统。辅助制动系统是指在行车过程中，辅助行车制动系统降低车速或保持车速稳定，但不能将车辆紧急制停的制动系统。

（2）按制动能量的传输方式。制动系统可分为机械式、液压式、气压式、电磁式等。同时采用两种以上传能方式的制动系称为组合式制动系统。

2. 组成

制动系统一般由制动操纵机构和制动器两个主要部分组成。

（1）制动操纵机构。产生制动动作、控制制动效果并将制动能量传输到制动器的各个部件，如图4-2中所示的主缸活塞、制动主缸及制动轮缸和制动管路。

（2）制动器。产生阻碍车辆的运动或运动趋势的力（制动力）的部件。汽车上常用的

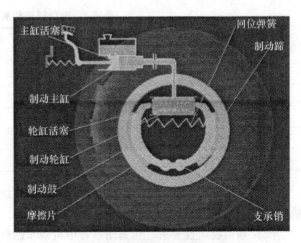

图4-2 制动系统工作原理图

制动器都是利用固定元件与旋转元件工作表面的摩擦而产生制动力矩,称为摩擦制动器。它有鼓式制动器和盘式制动器两种结构形式。

3. 基本要求

国家标准《机动车运行安全技术条件》(GB 7258—2017)规定制动系统的基本要求如下:

(1) 机动车应设置足以使其减速、停车和驻车的制动系统或装置,并且行车制动的控制装置与驻车制动的控制装置应相互独立。

(2) 制动系统的机构和装置应经久耐用,不会因振动或冲击而损坏。

(3) 制动踏板(包括教练车的副制动踏板)及其支架、制动主缸及其活塞、制动总阀、制动气室、轮缸及其活塞、制动臂及凸轮轴总成之间的连接杆件等零部件应易于维修。

(4) 制动系统的各种杆件不应与其他部件在相对位移中发生干涉、摩擦,以防杆件变形、损坏。

(5) 制动管路应为专用的耐腐蚀的高压管路,安装应保证具有良好的连续功能、足够的长度和柔性,以适应与之相连接的零件所需要的正常运动,而不致造成损坏;制动管路应有适当的安全防护,以避免擦伤、缠绕或其他机械损伤,同时应避免安装在可能与机动车排气管或任何高温源接触的地方。制动软管不应与其他部件干涉且不应有老化、开裂、被压扁、鼓包等现象。其他气动装置在出现故障时不应影响制动系统的正常工作。

(6) 汽车制动完全释放时间(从松开制动踏板到制动消除所需要的时间)对两轴汽车应小于或等于 0.80s,对三轴及三轴以上汽车应小于或等于 1.2s。

(7) 机动车在运行过程中不应有自行制动现象,但属于设计和制造上为保证车辆安全运行的除外。当挂车(由轮式拖拉机牵引的装载质量 3000kg 以下的挂车除外)与牵引车意外脱离后,挂车应能自行制动,牵引车的制动仍应有效。

(四) 制动性能检验

制动性能检验既可以采用路试也可以采用台(检验台)试。采用路试时,机动车行车制动性能和应急制动性能检验应在平坦、硬实、清洁、干燥且轮胎与地面间的附着系数不小于 0.7 的混凝土或沥青路面上进行。检验时发动机应脱开。

1. 行车制动性能检验

用制动距离检验行车制动性能时,机动车在规定的初速度下的制动距离和制动稳定性要求应符合表 4-2 的规定。对空载检验的制动距离有质疑时,可用表 4-2 规定的满载检验制动距离要求进行。

表 4-2 制动距离和制动稳定性要求

机动车类型	制动初速度/(km/h)	满载检验制动距离要求/m	空载检验制动距离要求/m	试验通道宽度/m
三轮汽车	20	≤5.0		2.5
乘用车	50	≤20.0	≤19.0	2.5
总质量不大于 3500kg 的低速货车	30	≤9.0	≤8.0	2.5
总质量不大于 3500kg 的汽车	50	≤22.0	≤21.0	2.5
其他汽车、汽车列车	30	≤10.0	≤9.0	3.0

(1) 制动距离。指机动车在规定的初速度下急踩制动时,从脚接触制动踏板(或手触动制动手柄)时起至机动车停住时止机动车驶过的距离。

(2) 制动稳定性要求。指制动过程中机动车的任何部位(不计入车宽的部位除外)不允许超出规定宽度的试验通道的边缘线。

2. 应急制动性能检验

汽车(三轮汽车除外)在空载和满载状态下,按表 4-3 所列初速度进行应急制动性能检验,应急制动性能应符合表 4-3 的要求。

表 4-3 应急制动性能要求

机动车类型	制动初速度/(km/h)	制动距离/m	充分发出的平均减速度/(m/s²)	允许操纵力不应大于/N	
				手操纵	脚操纵
乘用车	50	≤38.0	≥2.9	400	500
客车	30	≤18.0	≥2.5	600	700
其他汽车(三轮汽车除外)	30	≤20.0	≥2.2	600	700

3. 驻车制动性能检验

在空载状态下,驻车制动装置应能保证机动车在坡度为 20%(对总质量为整备质量的 1.2 倍以下的机动车为 15%)、轮胎与路面间的附着系数不小于 0.7 的坡道上正、反两个方向保持固定不动,其时间不应少于 5min。对于允许挂接挂车的汽车,其驻车制动装置必须能使汽车列车在满载状态下时能停在坡度为 12% 的坡道(坡道上轮胎与路面间的附着系数不应小于 0.7)上。

另外,在规定的测试状态下,机动车使用驻车制动装置能停在坡度值更大且附着力符合要求的试验坡道上时,应视为达到了驻车制动性能检验规定的要求。

三、操纵稳定性

由于车速的提高幅度较大,车辆的操纵稳定性就愈显重要。

1. 操纵稳定性的含义

汽车操纵稳定性是指在驾驶人不感觉过分紧张、疲劳的条件下,汽车能按照驾驶人通过转向系统及转向车轮给定的方向(直线或转弯)行驶,并且当受到外界干扰(路不平、侧风、货物或乘客偏载)时,汽车能抵抗干扰而保持稳定行驶的性能。汽车操纵稳定性不仅影响汽车驾驶操作的方便程度,而且也是决定汽车高速行驶安全的一个重要性能。

良好的操纵稳定性可以保证车辆在各种行驶状态下不会出现失稳现象,从而避免高速行驶时受到来自路面的干扰后突然方向失控,使高速行驶的汽车能够按照驾驶人的意图调整方向、转弯和躲避障碍物。

2. 影响操纵稳定性的因素

(1) 汽车本身结构参数,如汽车的轴距、重心位置、轮胎特性、悬架装置与转向装置的结构形式和参数。

(2) 使用因素的影响,驾驶人反应快、技术熟练、动作敏捷、体力好,就能及时准确地采取应急措施,从而使汽车的运动状态趋于稳定;反之,如果驾驶人反应迟钝、判断失误,就可能导致稳定性的破坏,失去对驾驶的操纵。

(3) 地面的不平度、坡度、车轮与地面的附着系数、风力、交通情况等外界条件。

另外,还应注意速度对汽车操纵稳定性的影响。低速时,汽车呈不足转向,但在高速时,汽车有可能变为过度转向。所以在高速行车时,一定要注意方向盘的操纵,避免产生过大的离心力,以保证高速行车安全。

四、轮胎

轮胎的性能直接影响车辆的运行状况,而爆胎事件发生的结果是使汽车失去安全性。据国外统计，在因车辆因素而死亡或重伤的事故中，由于车辆轮胎造成的占20%；而在国内高速公路上由爆胎引起的车毁人亡事故更是屡见不鲜。

（一）轮胎的功用

轮胎是车辆和路面接触的媒体，现代汽车几乎都采用充气轮胎。轮胎安装在轮辋上，直接与路面接触，其主要功用有：①支承整车的重力；②缓和由路面传来的冲击力；③通过轮胎同路面间存在的附着作用来产生驱动力和制动力；④汽车转弯行驶时产生平衡离心力的侧抗力，在保证汽车正常转向行驶的同时，通过车轮产生的自动回正力矩，使汽车保持直线行驶方向；⑤承担越障，提高通过性等。

因此，轮胎必须有适宜的弹性和承受载荷的能力。同时，在其与路面直接接触的胎面部分，应具有用以增强附着作用的花纹。

（二）轮胎的分类

汽车轮胎按用途可分为载货汽车轮胎和轿车轮胎；而载货汽车轮胎又分为重型、中型和轻型载货汽车轮胎。

汽车轮胎按胎体结构不同可分为充气轮胎和实心轮胎。现代汽车绝大多数采用充气轮胎。实心轮胎目前仅应用在沥青混凝土路面的干线道路上行驶的低速汽车或重型挂车上。

充气轮胎按组成结构不同，又分为有内胎轮胎和无内胎轮胎两种。有内胎轮胎由内胎、外胎和垫带组成（见图4-3）。内胎中充满着压缩空气；外胎是用以保护内胎使其不受外来损害的强度高而富有弹性的外壳；垫带放在内胎与轮辋之间，防止内胎被轮辋及外胎的胎圈擦伤和磨损。无内胎轮胎外观上与普通轮胎相似，但胎圈外侧上有若干道同心环形槽纹，在轮胎内空气压力作用下，槽纹能使胎圈紧贴在轮辋边缘上，使之与轮辋保证良好的气密性。

充气轮胎按胎体中帘线排列的方向不同，还可分为普通斜交胎、带束斜交胎和子午线胎。目前，普通斜交胎和子午线胎在汽车上得到广泛应用，特别是子午线胎的应用最为广泛。

1. 普通斜交胎

帘布层和缓冲层各相邻层帘线交叉与胎中心线呈小于90°角排列的充气轮胎，称为普通斜交胎。普通斜交胎构造如图4-4所示。

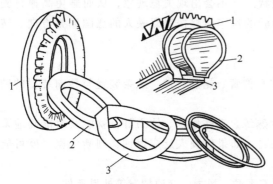

图4-3 有内胎轮胎组成示意图
1—外胎 2—内胎 3—垫带

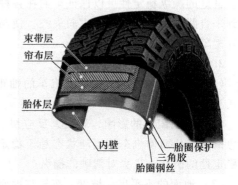

图4-4 普通斜交胎的构造

外胎的外表层为胎面，主要包括胎冠、胎侧和胎肩三个部分。胎冠用耐磨的橡胶制成，直接承受摩擦和全部载荷，保护帘布层和内胎免受机械损伤。同时胎面上有各种形状的凹凸花纹，可以使轮胎与地面有良好的附着性能，防止纵、横向滑移等。胎肩是较厚胎冠与较薄胎侧之间的过渡部分，其上一般也制有花纹，以利于防滑和散热。胎侧是帘布层侧壁较薄的一层橡胶层，可以承受扭曲变形,用以保护帘布层侧壁免受机械损伤和水分侵蚀。

外胎由胎面、帘布层、缓冲层及胎圈组成。

帘布层是外胎的骨架、胎体,主要作用是承受载荷,保持外胎的形状和尺寸,通常由成双数的多层挂胶布(帘布)用橡胶贴合而成。帘布的帘线与轮胎子午断面的交角(胎冠角)一般为52°~54°,相邻层帘线相交排列。帘布层数越多,强度越大,但弹性降低。在外胎表面上注有帘布层数。

帘布由纵向的强韧的经线和放在各经线之间的少数纬线织成。帘线可以是棉线、人造丝线、尼龙线和钢丝。采用人造丝可以使同样尺寸的轮胎增加其载荷容量,因为人造丝的强度和弹性大。尼龙丝又比人造丝好,耐用性高。因此,当采用人造丝、尼龙丝或钢丝帘线时,在轮胎的承载能力相同的情况下,帘布层数可以减少,此时在外胎表面上标注的是层级(相当于棉线帘布层数,而不是实际的帘布层数)。我国已大量采用人造丝和尼龙丝帘线,近来也开始采用钢丝帘线,但因价高和质脆而没有得到广泛应用。

缓冲层位于胎面与帘布层之间,是用胶片和两层或数层挂胶稀帘布制成,故弹性较大,能缓和汽车在行驶时所受到的不平路面的冲击,并防止汽车在紧急制动时胎面与帘布层脱离。

胎圈使外胎牢固地装在轮辋上,有很大的刚度和强度,由钢丝圈、帘布层包边和胎圈包布组成。

2. 子午线胎

子午线胎的帘线与胎面中心线呈90°或接近90°角排列,帘线分布如地球的子午线,因而称为子午线胎。

子午线胎的构造如图4-5所示,它由帘布层、束带层、胎冠、胎肩和胎圈组成,并以带束层箍紧胎体。其特点是:

(1) 帘布层帘线排列的方向与轮胎的子午断面一致。由于帘线如此排列,使其强度得到充分利用。子午线胎的帘布层数一般可比普通斜交胎减少40%~50%,胎体较柔软。

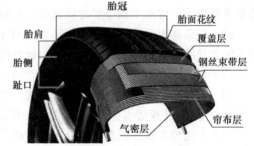

图4-5 子午线胎的构造

(2) 帘线在圆周方向上只靠橡胶来联系,因此,为了承受行驶时产生的较大切向力,子午线胎具有若干层帘线与子午断面呈大角度(交角为70°~75°)、高强度、不易拉伸的周向环形的类似缓冲层的带束层。带束层通常采用强度较高、拉伸变形很小的织物帘布(如玻璃纤维、聚酰胺纤维等高强度材料)或钢丝帘布制造。

子午线胎的优点是:①接地面积大,附着性能好,胎面滑移小,对地面单位压力也小,因而滚动阻力小,使用寿命长。②胎冠较厚且有坚硬的带束层,不易刺穿;行驶时变形小,可降低油耗3%~8%。③因为帘布层数少,胎侧薄,所以径向弹性大,缓冲性能好,负荷能力较大。

子午线胎的缺点是:因胎侧较薄,胎冠较厚,在胎冠与胎侧的过渡区易产生裂口。侧面变形大,导致汽车的侧向稳定性差,制造技术要求高,成本也较高。

由于子午线胎明显优越于普通斜交胎,因此在轿车上已普遍采用,在货车上也越来越多地采用了子午线胎。

(三) 轮胎故障的原因分析

汽车在高速公路行车中突然爆胎与轮胎的质量、行车速度、连续行车里程、车辆负荷、轮胎气压、轮胎损耗程度、环境温度、路面状况等因素有关。而其直接原因则是由于轮胎的温度升高和轮胎内气压上升到一定的量值,而轮胎的温升和压升又受行车的速度和车辆负荷的影响。车辆在行驶过程中,轮胎要连续不断地产生伸缩变形,轮胎中橡胶与帘线、帘线与帘线、外胎与内胎、轮胎与轮辋、胎面与路面之间均会产生摩擦,生成大量的热,而轮胎的材料主要是橡胶,它是热的不良导体,因此热量很难散发,这使得胎体内部的温度逐渐上升。胎温上升导致胎内气压升高,一旦超过轮胎的极限强度就会导致爆胎。

研究表明,当车速达到150~200km/h时,左、右轮胎轮廓不再是圆形,而呈波浪形,被称为轮胎的驻波。发生驻波时,轮胎的温度在短时间内很快上升,可达120℃以上。根据橡胶的特性,温度在100℃以内,橡胶相对正常,100~120℃进入临界温度,121℃以上进入危险状态,此时,对尼龙帘线的胎体而言,强度下降30%,人造丝强度下降16%,钢丝强度下降4%。当胎温升高到200℃时,尼龙帘线强度下降50%,钢丝强度下降15%。

通常爆胎的诱发条件包括:长时间超速行驶、轮胎磨损严重、违章超载、轮胎气压过高或过低、环境温度过高等。

轮胎爆破后如果驾驶人采取措施不及时或措施不当,就会使方向失控而发生事故,并且爆胎前车速越高,事故损伤越严重。

(四) 预防轮胎故障的措施

1. 轮胎的基本要求

我国国家标准《机动车运行安全技术条件》(GB 7258—2017)对行驶系的轮胎提出了要求:

(1) 机动车所装用轮胎的速度级别不应低于该车最大设计车速的要求,但装用雪地轮胎时除外。总质量大于3500kg的货车和挂车(封闭式货车、旅居挂车等特殊用途的挂车除外)装用轮胎的总承载能力,应小于或等于总质量的1.4倍。

(2) 公路客车、旅游客车和校车的所有车轮及其他机动车的转向轮不应装用翻新的轮胎;其他车轮若使用翻新的轮胎,应符合相关标准的规定。

(3) 同一轴上的轮胎规格和花纹应相同,轮胎规格应符合整车制造厂的规定。

(4) 乘用车用轮胎应有胎面磨耗标志。乘用车备胎规格与该车其他轮胎不同时,应在备胎附近明显位置(或其他适当位置)装置能永久保持的标识,以提醒驾驶人正确使用备胎。

(5) 专用校车和卧铺客车应装用无内胎子午线轮胎,危险货物运输车辆及车长大于9m的其他客车应装用子午线轮胎。发动机中置且宽高比小于或等于0.9的乘用车不应使用轮胎名义宽度小于或等于155mm规格的轮胎。

(6) 乘用车、挂车轮胎胎冠花纹上的花纹深度应大于或等于1.6mm,摩托车轮胎胎冠花纹上的花纹深度应大于或等于0.8mm;其他机动车转向轮的胎冠花纹深度应大于或等于3.2mm,其余轮胎胎冠花纹深度应大于或等于1.6mm。

(7) 轮胎胎面不应由于局部磨损而暴露出轮胎帘布层。轮胎不应有影响使用的缺损、异常磨损和变形。

(8) 轮胎的胎面和胎壁上不应有长度超过25mm或深度足以暴露出轮胎帘布层的破裂和割伤。

(9) 轮胎负荷不应大于该轮胎的额定负荷,轮胎气压应符合该轮胎承受负荷时规定的压力。具有轮胎气压自动充气装置的汽车,其自动充气装置应能确保轮胎气压符合出厂规定。

(10) 双式车轮的轮胎的安装应便于轮胎充气,双式车轮的轮胎之间应无夹杂的异物。

2. 合理使用

为了确保轮胎的安全性,除了上述规定外,还要注意正确的轮胎使用方法。掌握了正确的使用方法,可以大大降低轮胎发生故障的概率。轮胎一般的使用注意事项如下:

(1) 定时检查胎压,避免爆胎危险。轮胎日常使用要注意胎压问题。片面的观点认为爆胎是因打气太足而致，以为欠压问题不大。一般轿车的行驶速度很快，轮胎的形状处于一种高频交变状态，如果气压不足则变形就会加大，胎面两边的胎纹会过度磨损，胎体因无法抵御地面的压力而扭曲变形，产生高温而加速轮胎磨损，最终导致爆胎。所以应按厂家要求保持轮胎的标准气压，包括备胎气压。胎压的测量可自行用胎压计测量，不过必须在轮胎常温的状态下测量，热胎测量结果不准确。

（2）前、后轮胎互换位，防止不均匀磨损。一般汽车发动机放置在前面，前桥与后桥的分配负荷不同，汽车在制动过程中由于惯性作用，前轮的负荷通常占汽车全部负荷的70%~80%，4个胎上的载荷既然不均等，就必然造成前轮胎磨损较大，为减轻这一现象，最好的方法便是前、后轮胎互换位置。一般认为，轮胎每隔10000km就应互换位置。此外，如果车胎不是有方向性的轮胎（胎面上有标识），换胎时最好同时对换左右胎，使车胎内外侧磨损一致。

（3）尽量避免不必要的过急加速和过急制动。在汽车运行当中，应当尽量避免急加速、急制动和急转向，这不但对汽车本身机械性能有坏处，对轮胎的寿命也有坏处。如果反复进行急加速、急制动和急转向等不正常行驶，会引起轮胎急剧变形，胎冠不均衡磨损，纵向沟纹撕裂，轮胎内部温度上升，将处于容易爆裂的状态。

（4）轮胎应定期做平衡检查。轮胎平衡分为动态平衡与静态平衡两种。动态不平衡会使车轮摇摆，使其产生波浪形磨损；静态不平衡会产生颠簸和跳动现象，往往使轮胎产生平斑现象。所以定期做动、静平衡检查并调整可延长轮胎寿命，还能提高汽车行驶稳定性，避免在高速行驶时因轮胎摆动、跳动失去控制而造成交通事故。

（5）同车禁装异种轮胎。同一辆车不能混装两种不同规格的轮胎，如果将两种不同规格的轮胎装在同一轴上，就会造成转向过度或不足，或者容易造成侧滑。轻者影响汽车的操纵灵活性，重者会造成车祸。此外，也应该尽量避免混装不同品牌的车胎，因为不同品牌的车胎即使是参数相同，其胎纹、胎质也有很大的不同，使得轮胎在行车时不平衡。

（6）磨损轮胎应及时淘汰。至于轮胎淘汰，要看其磨损程度，当有磨损标志显露时就要更换了。一般而言，建议其使用寿命是4万~5万km。如果行驶里程较少，当使用时间超过两年时同样建议更换。因为轮胎用橡胶材料所制，受环境影响，使用时间长后会有变质老化的现象，容易产生龟裂，使用时不无发生意外之忧。

（7）意外发生后要首先检查轮胎。汽车行驶发生意外后，哪怕是很小的碰撞和蹭挂也要仔细检查车胎，避免安全隐患的存在。如果发生车胎有变形、裂痕、鼓包等异常现象，一定要马上开到维修站进行检查和维修。

第三节 车辆的被动安全性

车辆的被动安全性是指车辆在发生事故的过程和之后，如何保证乘员不受伤害或最大限度地减少伤害程度的能力。被动安全性包括车辆的耐撞性能、抗翻滚性能、乘员的约束系统、吸能结构，不同车辆碰撞相容性问题和碰撞后紧急撤离等。车辆主动安全性的提高，有助于减少事故的发生，但无法避免。当事故发生时，如何最大限度地降低事故带来的损失，减少乘员损伤，往往更加重要。因而，人们常考虑从汽车被动安全部件，如车身结构、安全带、气囊、吸能式转向柱、座椅、头枕及内饰件等方面考虑，以减轻乘员伤害的各个部件着手，从而得到最佳的乘员保护效果。

一、保护乘员空间

在各类道路交通事故中，机动车的碰撞事故占大多数。2016年全国共发生机动车碰撞事故

135127 起,造成 33288 人死亡、156159 人受伤,分别占各类交通事故总数的 63.5%、52.8% 和 69.0%。各种类型的碰撞事故数据统计见表 4-4。

表 4-4 2016 年碰撞事故指标统计

事故指标 碰撞类型	事故起数		死亡人数		受伤人数	
	数量（起）	占总数比例（%）	数量（人）	占总数比例（%）	数量（人）	占总数比例（%）
正面碰撞	16711	7.85	5315	8.42	22055	9.74
侧门碰撞	87961	41.33	18900	29.96	100132	44.22
追尾碰撞	16257	7.64	6108	9.68	17933	7.92
同向刮擦	2223	1.04	528	0.84	2280	1.01
对向刮擦	1398	0.66	300	0.47	1732	0.77
其他角度碰撞	10577	4.97	2137	3.39	12027	5.31

汽车在发生碰撞或翻车时,车身往往发生严重变形,使车内乘员受到挤压而遭到严重伤害。因此,在汽车设计中,应考虑在发生事故时,如何减少车身变形,以确保乘员的生存。乘员保护可以从两个方面考虑:一是要有合理的车体构造,以保证车体在事故中产生变形后仍能确保乘员的生存空间;二是要有性能良好的乘员约束装置,以减轻二次碰撞。

撞车现象是一种发生瞬间(几十至几百毫秒)的现象,根据力学知识可知,在这一过程中要产生很大的减速度,会对乘员产生非常大的伤害。碰撞前的车速越高,伤害的严重性就越大,这时仅靠乘员约束装置来确保乘员的安全是非常困难的,应考虑在车体构造方面增加强度,利用车体的变形来吸收乘员的能量。

在汽车设计时,应使车体的前、后部在变形时能有效地吸收冲击能量,而客舱结构设计得比较坚固,以确保乘员的生存空间。从汽车的总体构造看,像发动机、变速器和差速器等部分质量较大,不易产生变形的部分也很多,因此在车辆碰撞初期的变形状态中,应当能够承受冲撞、吸收必要的能量。另外,还要求对车体各部分的变形量予以控制,如前面撞车时转向器的移动量、风窗玻璃的侵入范围、安全带的固定装置、撞车时燃料系的防泄漏、侧面碰撞时侧门的强度及门锁和车门铰链等都有要求,这在各国的法规和标准中也都有相应的规定。

二、车体构造与耐冲击性能

为了在发生碰撞时更好地保护车内乘员的安全,汽车车身的前后均应设计变形区,或者称为吸能区。在发生碰撞时,汽车车身的变形应能够按照预先设计的方向逐渐变形直至停车,从而尽量减小传递到客舱和乘员身体的冲击,减小客舱的变形,保障车内乘员安全。

1. 车体前部构造

车体前部构造的耐碰撞性能与下列内容有关:
(1) 撞车时的能量和车体的撞车特性(产生负荷的大小和车体变形量)。
(2) 车体构造和能量吸收方式(承载式车体和非承载式车体)。
(3) 车体前部的变形形式(压溃形式、弯曲形式或变形位置)。
(4) 车辆驱动方式和悬架形式(前置发动机后桥驱动 FR 形式和前置发动机前桥驱动 FF 形式)。
(5) 与车室相关的变形量。

为了吸收冲击能量,对于承载式车体,可在车身前部加装杆件,依靠杆件的弯曲和压溃来吸收能量；对于非承载式车体，主要是在前部车架采用特殊结构，依靠骨架的变形来吸收能量。

FF车的车体前部构造比FR车还应多增加以下几项考虑：

（1）由于FF车没有传动轴，不能向车体后部分散负荷，所以要有比FR车效率更高的能量吸收特性。

（2）由于发动机室内布置很满，对不易破坏的零部件尽量布置在发动机室后部，以控制其顺序从前顺次向后。

（3）FF车多数是小型客车以下的车辆，需采用平均刚性较高的驾驶室构造。

总之，对于车体前部的构造，必须把车体的变形集中在车体的前部，而尽量减小驾驶室的变形量。车体前部和驾驶室的结合部也非常重要，对于车体前部产生的负荷应能高效地传送到包括驾驶室在内的车体后部，越是高速的情况结合部就越是要求坚固。

2. 车体后部构造

一般来说，追尾撞车时乘员的减速度是比较小的，乘员受到的冲击也比较小。车辆碰撞能量的吸收方法与正面撞车相同，但由于没有发动机、变速器等坚固的大型构件，碰撞时的能量几乎都由车体直接吸收。车身后部吸收冲击能量的结构方案与车身前部基本相同，对于承载式车身安装专门的吸能杆件，对于非承载式车身，可用车架后部的特殊结构来吸收能量。另外，在车身后部构造中，后地板、后翼子板、后柱内侧等车体板壳也应有较好的能量吸收特性。

三、防止火灾的措施

在汽车发生碰撞后如引发火灾，那么无疑加重了事故的严重程度，对车内的乘员生命构成了巨大的威胁。在实际事故中，因发生火灾而导致人员伤亡和车辆烧毁的现象也非常多见。因此，如何防止汽车碰撞后发生火灾也是汽车结构设计中应考虑的一个重要问题。

汽车碰撞事故引发的火灾一般都是因燃料箱或油管被撞破，燃料流出后受到电气系统损坏时发生的电火花或车辆撞击地面而发生的火花及其他不可预见的着火源点燃而起火。此外，易燃易爆化学危险品运输车发生事故后也会引发火灾，此类型不在本章讨论范围之内。因此，本章讨论的防治火灾的主要措施主要包括以下内容。

（一）保护好燃料和油管使其不致受到撞击

《机动车运行安全技术条件》（GB 7258—2017）规定：燃料箱及燃料管路应坚固并固定牢靠，不会因振动和冲击而发生损坏和漏油现象。燃料箱的加油口及通气口应保证在机动车晃动时不漏油。在小客车上，燃料箱最安全的位置是在后轴的上方，因为可以受到左右两车轮的保护。对于载重汽车，其刮擦事故主要是发生在会车时，而我国的行使规则是靠右行使，所以会车时的相撞多数是发生在左侧，因此，建议把汽车燃料箱位置设计在车体的右侧。

（二）保证人员的安全撤离

发生火灾后，为了保证乘员有足够撤离时间，车厢内部材料最好使用非易燃材料，以减缓火势蔓延速度。另外对于客车要设置专门的逃生应急出口。

《机动车运行安全技术条件》（GB 7258—2017）规定：车长小于6m的客车，在乘坐区的两侧应具有紧急时乘客易于逃生或救援的侧窗。车长不小于6m的客车，如车身右侧仅有一个供乘客上下的车门时，应设置应急门或应急窗。长途客车和旅游客车应设置车顶应急出口。卧铺客车的卧铺布置为上、下双层时，侧窗布置应为上下双排。使用应急门时应保证不用其他器具即可将其向外推开。应急出口的数量、位置应符合有关规定。

1. 应急门应满足的要求

（1）应急门的净高不应小于1250mm，净宽不应小于550mm。

（2）门铰链应在门前端，向外开启角度不应小于100°，并能在此角度下保持开启，同时还应设有开启报警装置。若在应急门打开时能提供不小于550mm的自由通道，则开度不小于100°的要求可不满足。

（3）通向应急门的通道宽度不应小于300mm，不足300mm时，允许采用迅速翻转座椅等方法加宽通道。

（4）应急门应有锁止机构且锁止可靠。应急门关闭时应能锁止，并且在车辆正常行驶情况下不会因车辆振动、颠簸、冲撞而自行开启。

（5）应急门不用工具应能从车内外很方便地打开车门，门外手柄应设保护套，并且离地面高度（空载时）不应大于1800mm。

2. 应急窗应满足的要求

（1）应急窗和安全顶窗的面积不应小于$(4×10^5)$ mm^2，并且能内接一个500mm×700mm（对车长不大于7m的客车为450mm×700mm）的矩形；若应急窗位于客车后端面，则能内接一个350mm×1550mm、四角曲率半径不大于250mm的矩形时也视为满足要求。

（2）应急窗应采用易于迅速从车内、外开启的装置；或采用安全玻璃，并在车内明显部位装备击碎玻璃的手锤。

（3）安全顶窗应易于从车内、外开启或移开。安全顶窗开启后，应保证从车内外进出的畅通。弹射式安全顶窗应能防止误操作。

3. 标志应满足的要求

（1）每个应急出口应在其附近设有"安全出口"字样。

（2）乘客门和应急出口的应急控制器应在其附近标有清晰的符号或字样，并注明其操作方法，字体高度不应小于10mm。

四、乘员约束装置

（一）乘员约束装置保护原理

加速度（或减速度）是造成人体伤害的主要原因。当车辆发生碰撞时，车速会发生急剧变化，这称为第一次碰撞。由于车速发生急剧改变，车内乘员在惯性力作用下，将与车内结构物发生剧烈碰撞，并因此而受伤，这称为第二次碰撞。汽车在第一次碰撞中的加（减）速度越大，车内乘员第二次碰撞的加（减）速度也越大，乘员的伤害也越严重。例如，以60km/h车速进行碰撞试验，一个体重75kg的人可产生3t的冲力。

乘员的伤害值可用乘员各部分产生的减速度来表示，乘员的减速度以车辆碰撞时刻为起点，随着碰撞后时间的延长而变大，通常在二次碰撞发生时达到峰值。乘员约束装置的作用就是为防止二次碰撞的发生，同时将减速度限制在乘员所能忍受的范围之内。

安全带作为基本的乘员保护装置，之所以能起到保护作用，是因为在高减速过程中，由于安全带的约束作用，将产生一种"乘员下沉现象"（即乘员沿座椅下滑），利用安全带吸收乘员的动能。

（二）安全带

在汽车紧急制动或碰撞发生时，安全带能有效地防止或减轻乘员所受伤害。根据美国高速公路交通安全局（NHTSA）的统计，安全带的使用减少了45%~65%的死亡和严重受伤的数量，在美国每年约有超过1万驾驶人因为安全带而保住性命。

1. 安全带的概念

安全带是一种将乘员柔性地固定在汽车座椅上的安全装置。

最初的汽车安全带是瑞典人发明的，20世纪40年代的别克轿车将安全带作为标准配置，1964年以后，在美国、日本等国就开始强制在轿车、轻型客车的驾驶座位装备二点式安全带，美国还将安装和使用安全带确定为强制性的联邦法规，由此开始了安全带的大规模普及。当时的安全带仅仅是简单的两点式腰部约束，其约束的松紧程度完全由驾驶人自己调节。

经过近80年的发展，安全带逐渐走向成熟，现在的安全带均由强度极大的合成纤维制成，带有自锁功能的卷收器，采用对驾、乘人员的肩部和腰部同时实现约束的三点式设计。系上安全带后，卷收器自动将其拉紧，当车辆万一出现紧急制动、正面碰撞或发生翻滚时，乘员会使安全带受到快速而猛烈的拉伸，此刻卷收器的自锁功能可在瞬间卡住安全带，使乘员紧贴座椅，避免摔出车外或碰撞受伤。

2. 安全带的作用

一旦发生了撞车事故，车辆往往在极短时间内由高速运动状态变为静止状态，巨大的惯性使得乘员无法自控，导致身体受到致命撞击。有时乘员甚至还会撞碎风窗玻璃飞出车外，与前方障碍物再次相撞。如果拥有安全带的保护，乘员将得到一个比较安全的减速度值，限制其向前移动的距离，防止乘员受到二次碰撞，对保护乘员的头部、面部、胸腹部都有明显作用。在车辆发生翻滚时，还可以保护乘员不致被甩出车外。

安全带装置结构简单、成本低，减轻乘员事故伤害的效果大，是现代汽车上广泛使用的安全装置。许多国家包括我国都以法律的形式规定安全带是汽车必备的安全装置，并规定车内前排乘员在行车中必须系好安全带。

我国《机动车运行安全技术条件》(GB 7258—2017)规定：乘用车、旅居车、未设置乘客站立区的客车、货车(三轮汽车除外)、专项作业车的所有座椅，设有乘客站立区的客车的驾驶人座椅和前排乘员座椅均应装备汽车安全带；除三轮汽车外，所有驾驶人座椅、乘用车的所有乘员座椅(设计和制造上具有行动不便乘客乘坐设施的乘用车设置的后向座椅除外)、总质量小于或等于3500kg的其他汽车的所有外侧座椅、其他汽车(设有乘客站立区的客车除外)的前排外侧乘员座椅，装备的汽车安全带均应为三点式(或全背带式)汽车安全带；专用校车和专门用于接送学生上下学的非专用校车的每个学生座位(椅)及卧铺客车的每个铺位均应装备两点式汽车安全带；汽车安全带应可靠有效，安装位置应合理，固定点应有足够的强度；汽车(三轮汽车除外)应装备驾驶人汽车安全带佩戴提醒装置，当驾驶人未按规定佩戴汽车安全带时，应能通过视觉和声觉信号报警。

公安部规定自1993年7月1日起，上路行驶的小型客车和前排乘坐车人必须使用安全带。这是因为小型车辆的行驶速度一般较高，自身质量较小，同时汽车的刚度、强度也较低，即使未发生撞车事故但采取了紧急制动，乘员也会由于惯性而发生二次碰撞。

根据交通运输部《关于印发汽车客运站营运客车安全例行检查及出站检查工作规范的通知》，目前我国道路运输客运站都遵循"三不进站、六不出站"规定，其中规定"车上人员未系安全带不出站"，对保障乘车人员安全有十分重要的作用。

（三）安全气囊

安全气囊是现代轿车上引人注目的高技术装置。安装了安全气囊装置的轿车方向盘，平常与普通方向盘没有什么区别，但一旦车前端发生了强烈的碰撞，安全气囊就会瞬间从方向盘内弹出，垫在方向盘与驾驶人之间，防止驾驶人的头部和胸部撞击到方向盘或仪表板等车内结构物上。安全气囊面世以来，已经挽救了许多人的性命。研究表明，有气囊装置的轿车发生正面撞车，驾驶人的死亡率，大型轿车降低了30%，中型轿车降低11%，小型轿车降低14%。据美国高速公路交通安全局(NHTSA)的统计，安全气囊的使用使轻型汽车交通死亡减少11%，历年来累计效果相当明显。汽车保护系统的效果见表4-5。

表 4-5　汽车保护系统的效果（挽救生命估计数）

时间	年度效果			累计效果		
	安全带	安全气囊	儿童乘员保护装置	安全带	安全气囊	儿童乘员保护装置
1989 年	—	—	—	31498	15	1607
1990 年	6592	37	222	38090	52	1829
1991 年	7011	68	247	45101	120	2076
1992 年	7390	100	268	52491	220	2344
1993 年	8347	169	286	60838	389	2630
1994 年	9206	276	308	70044	665	2938
1995 年	9790	470	279	79834	1135	3217
1996 年	10414	686	365	90248	1821	3582
1997 年	10750	842	312	100998	2663	3894

安全气囊主要由传感器、微处理器、气体发生器和气囊等部件组成。传感器和微处理器用以判断撞车程度，传递及发送信号；气体发生器根据信号指示产生点火动作，点燃固态燃料并产生气体向气囊充气，使气囊迅速膨胀，气囊容量为 50～90L。同时气囊设有安全阀，当充气过量或囊内压力超过一定值时会自动泄放部分气体，避免将乘客挤压受伤。安全气囊所用的气体多是氮气或一氧化碳。除了驾驶人侧有安全气囊外，有些轿车前排也安装了乘客用的安全气囊（即双安全气囊），乘客用的气囊与驾车人用的相似，只是体积要大些，所需的气体也多一些而已。另外，有些轿车还在座位侧面靠门一侧安装了侧面安全气囊。

五、其他构件安全设计

为减轻事故中乘员因二次碰撞所受到的伤害，除上述安全带及安全气囊装置外，还应在设计时注意以下各种结构措施：

1. 转向机构

发生正面碰撞事故时，由于车身前部的变形，方向盘连同转向管柱一起向驾驶人方向移动。与此同时，驾驶人在惯性力作用下向前冲出。这样，驾驶人胸部会撞在方向盘与转向管柱上受到严重伤害。

为减轻转向器产生的伤害，在撞车时要防止转向管柱向后突出，并能在二次碰撞时吸收能量。可在汽车的转向管柱上设置缓冲环节，如可使转向管柱的一部分在受到剧烈冲击时发生弯曲变形，从而吸收冲击能量，减轻对人体造成的伤害。

2. 乘员头颈保护系统

乘员头颈保护系统一般设置于前排座椅。当轿车受到后部的撞击时，头颈保护系统会迅速充气膨胀起来，其整个靠背都会随乘坐者一起后倾，乘坐者的整个背部和靠背安稳地贴近在一起，靠背则会后倾以最大限度降低头部向前甩的力量，座椅的椅背和头枕会向后水平移动，使身体的上部和头部得到轻柔、均衡地支撑与保护，以减轻脊椎及颈部所承受的冲击力，并防止头部向后甩所带来的伤害。

3. 安全玻璃

安全玻璃有钢化玻璃与夹层玻璃两种。钢化玻璃是在玻璃处于炽热状态下使之迅速冷却而产生预应力的强度较高的玻璃,钢化玻璃破碎时分裂成许多无锐边的小块,不易伤人。夹层玻璃共有 3 层,中间层韧性强并有黏合作用,被撞击破坏时内层和外层仍黏附在中间层上,不易伤人。汽车用的夹层玻璃,中间层加厚一倍,有较好的安全性而被广泛采用。

4. 仪表板

仪表板表面应以弹性材料覆盖,以便受到撞击后能产生一定的变形,吸收冲击能量,减轻对人体的伤害。

5. 减少车内突起物

车内的结构物,如门把手、遮阳板、搁板等表面不允许有尖棱和粗糙面,并以弹性材料覆盖。

复习思考题

1. 试分析因车辆因素导致事故发生的主要原因。
2. 什么是车辆的主动安全性?其包括哪些方面?
3. 试述动力性评价指标、制动性评价指标及影响操纵稳定性的因素是什么。
4. 谈谈如何合理使用轮胎以确保其安全性。
5. 什么是车辆的被动安全性?其包括哪些方面?
6. 什么是二次碰撞?乘员约束装置保护原理是什么?
7. 试述安全带、安全气囊及车辆其他各种结构措施的作用原理。

第五章 道路交通设施

道路交通三要素是人、车、道路。其中人和车是道路交通中的活动的因素,而道路是道路交通中比较固定的因素和条件。如果说交通规则属于交通安全管理的"软件",而关于道路交通设施的规定则是明确和规范道路交通安全的"硬件",它是道路交通安全、畅通的必要前提条件。

一般来说,道路交通设施可以分为交通信号和交通安全设施。其中交通信号包括交通信号灯、交通标志、交通标线和交通警察的指挥。交通信号是指挥车辆、行人前进、停止或者转弯的特定信号,包括以光色、手势表示的信号和标志、标线所表示出的指挥、引导意图。交通信号的作用是对道路上的车辆、行人科学地分配通行权,使之有秩序地顺利通行。道路交通安全设施主要包括安全护栏、隔离设施、防眩设施和诱导设施。作为道路的基础设施,道路交通安全设施是道路交通系统不可缺少的重要组成部分,是保证行车安全、防止交通事故、减轻交通事故后果的重要手段。

第一节 交通信号灯

交叉口是城市道路系统中的交通密集区,也是交通冲突最易发生的地区。交通信号灯是降低交叉口事故率的有效手段。交通信号灯是指用手动、电动或电子计算机操作,以信号灯光指挥交通,在道路交叉口分配车辆通行权的设施。交通信号灯规定了交叉口车辆的运行次序,减少或消除了交叉口的冲突点,可以大大降低交叉口的事故率。澳大利亚某道路交通研究机构对不同形式的平面交叉口做过对比调查研究,研究发现,无论是十字型交叉口还是T型交叉口,有信号控制的交叉口比无信号控制的交叉口的事故率低,具体研究结果见表5-1。因此,在平面交叉口设置信号可提高其交通安全状况。另外,交叉口设置信号灯,也有利于路段上车流按脉冲流行驶,降低了路段上车流的紊乱程度,从而也可以降低路段上的事故率。

表 5-1 信号交叉口与无信号交叉口的事故率对比

交叉口类型	调查数量(个)		平均事故率 [次/(进入交叉口车辆数×10^7)]
十字型交叉口	有信号控制	138	1.7
	无信号控制	31	2.4
T型交叉口	有信号控制	32	1.4
	无信号控制	58	1.5

一、交通信号灯的组成

交通信号灯由红灯、绿灯和黄灯组成。红灯表示禁止通行，绿灯表示准许通行，黄灯表示警示。警示的意思就是提醒驾驶人注意。

使用红色、绿色、黄色三种光色作为交通信号灯的信号是国际通用的标准。习惯上为了红绿色盲者容易辨认绿色光，给绿色光加了一定的蓝色。在"赤、橙、黄、绿、青、蓝、紫"七种颜色中，为什么选择这三种颜色呢？这主要依据的是光学原理。

红色——在七种颜色中，以红色的光波最长，穿透周围介质的能力最强。光度相同的条件下，红色显示最远。另外，从心理学的角度看："红色"容易使人产生火与血的联想，有危险感及兴奋与强烈刺激的感觉，所以选择红色灯光代表"禁止通行"的信号。

黄色——从光学角度看，黄色的光波仅次于红色，在七种颜色中居第二位，也会使人感到危险，但没有红色那么强烈，因此，被用作"缓冲信号"。有警告或停止之意。

绿色——在七种颜色中，除红色、橙色、黄色以外，绿色是光波较长的一种色光。由于它与红色区别很大，易辨认，也因为"绿色"能给人以和平、祥和、安全之感，因此，被用来作为允许通行的信号。

二、交通信号灯的分类及效力

交通信号灯分为：机动车信号灯、非机动车信号灯、人行横道信号灯、车道信号灯、方向指示信号灯、闪光警告信号灯、道路与铁路平面交叉道口信号灯。

1. 机动车信号灯和非机动车信号灯

（1）绿灯亮时，准许车辆通行，但转弯的车辆不得妨碍被放行的直行的车辆、行人通行。

（2）黄灯亮时，已越过停止线的车辆可以继续通行。

（3）红灯亮时，禁止车辆通行。

在未设置非机动车信号灯和人行横道信号灯的路口，非机动车和行人应当按照机动车信号灯的标示通行。红灯亮时，右转弯的车辆在不妨碍被放行的车辆、行人通行的情况下，可以通行。

2. 人行横道信号灯

（1）绿灯亮时，准许行人通过人行横道。

（2）红灯亮时，禁止行人进入人行横道，但是已经进入人行横道的，可以继续通过或者在道路中心线处停留等候。

3. 车道信号灯

（1）绿色箭头灯亮时，准许本车道车辆按指示方向通行。

（2）红色叉形灯或者箭头灯亮时，禁止本车道车辆通行。

4. 方向指示信号灯

方向指示信号灯的箭头方向向左、向上、向右分别表示左转、直行、右转。

5. 闪光警告信号灯

闪光警告信号灯为持续闪烁的黄灯，提示车辆、行人通行时注意瞭望，确认安全后通过。

6. 道路与铁路平面交叉道口信号灯

道路与铁路平面交叉道口有两个红灯交替闪烁或者一个红灯亮时，表示禁止车辆、行人通行；红灯熄灭时，表示允许车辆、行人通行。

三、交通信号灯的设置依据

设置交通信号灯的主要依据有：

（1）路口机动车高峰小时流量超过表 5-2 所列数值时，应设置信号灯；路口任意连续 8h 的机动车平均小时流量超过表 5-3 所列数值时，应设置信号灯。

表 5-2　路口机动车高峰小时流量

主要道路单向车道数（条）	次要道路单向车道数（条）	主要道路双向高峰小时流量（PCU/h）	流量较大次要道路单向高峰小时流量（PCU/h）
1	1	750	300
		900	230
		1200	140
1	≥2	750	400
		900	340
		1200	220
≥2	1	900	340
		1050	280
		1400	160
≥2	≥2	900	420
		1050	350
		1400	200

注：1. 主要道路是指两条相交道路中流量较大的道路。
　　2. 次要道路是指两条相交道路中流量较小的道路。
　　3. 车道数以路口 50m 以上的渠化段或路段数计。
　　4. 在无专用非机动车道的进口，应将该进口进入路口非机动车流量折算成当量小汽车流量并统一考虑。
　　5. 在统计次要道路单向流量时应取每一个流量统计时间段内两个进口的较大值累计。

表 5-3　路口任意连续 8h 的机动车平均小时流量

主要道路单向车道数（条）	次要道路单向车道数（条）	主要道路双向任意连续 8h 平均小时流量（PCU/h）	流量较大次要道路单向任意连续 8h 平均小时流量（PCU/h）
1	1	750	75
		500	150
1	≥2	750	100
		500	200
≥2	1	900	75
		600	150
≥2	≥2	900	100
		600	200

（2）以下情况应设置非机动车信号灯：对于机动车单行线上的交叉口，在与机动车交通流相对的进口；非机动车驾驶人在路口距停车线 25m 范围内不能清晰视认用于指导机动车通行的信号灯的显示状态时；其他特殊情况下，如通过交通组织仍不能解决机动车与非机动车冲突。

（3）在采用信号控制的路口，已施划人行横道标线的，应相应设置人行横道信号灯。

（4）在有专用转弯机动车道的路口，若采用多相位的相位设置方式，应设置方向指示信号灯。

（5）在可变车道入口和路段、隧道、收费站等地，应设置车道信号灯。在城市快速路进出口等地视实际情况可设置车道信号灯。

（6）在需要提示驾驶人和行人注意瞭望、确认安全后通过处，宜设置闪光警告信号灯。

四、信号的基本参数

无论单点控制、线控制、面控制，各交叉口的信号显示均应有下列基本控制参数。

1. 信号相位

信号相位简称为相，它是信号轮流给某些方向的车或人以通行权的次序。例如，我国十字路口常用的两相位信号，东西方向绿灯亮称为东西相或第一相；南北绿灯亮，则称为南北相或第二相。相位用向量表示，其方向与车辆行驶方向一致。相位超过两个的信号统称为多相位信号。

2. 周期

信号灯表示绿色、黄色、红色一个循环所需的时间称为一个周期，以秒为单位表示。一般说来，交叉口的饱和度越高则周期越长，饱和度越低则周期越短。

3. 绿信比

在一个周期中，绿灯时间占周期时间的比率称为绿信比，通常用百分数表示。绿信比选择不当会降低交叉口的通行能力。

上述的相位、周期、绿信比是单点控制的三个参数。在信号系统控制中，除三个参数外还有一个重要的参数，即相位差。一条干道上相邻交叉口交通信号的联动控制，简称为线控制，其关键参数是相位差。

以某一交叉口的起始绿灯信号为准，与相邻信号交叉口的绿灯启亮的时间之差称为相位差，也称为时差。

我国交通管理现代化已取得初步成绩，今后城市交叉路口应普及单点定周期或单点感应式信号控制。大、中城市应有计划地建立线控制或面控制，以利交通迅速、安全，节省能源及减少交通污染。

第二节　道路交通标志

道路交通标志是用图形符号、颜色和文字向交通参与者传递特定信息，用于管理交通的设施。

道路交通标志设置在路侧或道路上，是交通法规具体化、形象化的表现形式。它能为道路使用者提供确切的交通情报，保证车辆安全、顺畅、有序地运行。

一、道路交通标志的构成要素

要充分发挥交通标志的作用，必须使驾驶人在一定的距离内迅速而准确地辨认出标志形状和文字、字符图案，从而可以及时掌握交通信息和采取相应措施。因此，要求交通标志有良好的视认性。决定视认性好坏的主要因素是标志的颜色、形状和字符图案。标志的颜色、形状和字符图案通常被称为交通标志的三要素。

1. 颜色

我国安全色国家标准规定：红色、蓝色、黄色、绿色四种颜色为安全色，黑色、白色两种颜色为对比色。所谓安全色，是指表达安全信息含义的颜色，用以表示禁止、警告、指令、提示等意思，安全色的含义及用途见表5-4。对比色是使安全色更加醒目的反衬色，关于对比色的使用规定见表5-5。

表 5-4 安全色的含义及用途

颜色	含 义	用途举例
红色	禁止 停止	禁止标志 停止信号：机器、车辆上的紧急停止手柄或按钮，以及禁止人们触动的部位
	红色也表示防火	
蓝色	指令 必须遵守的规定	指令标志：如必须佩戴个人防护用具，道路上指引车辆和行人行驶方向的指令
黄色	警告 注意	警告标志 警戒标志：如厂内危险机器和坑池边周围的警戒线，行车道中线，机械上齿轮箱内部，安全帽
绿色	提示 安全状态 通行	提示标志：如车间内的安全通道，行人和车辆通行标志，消防设备和其他安全防护设备的位置

注：1. 蓝色只有与几何图形同时使用时，才表示指令。
2. 为了不与道路两旁绿色树木相混淆，交通上用的指示标志为蓝色。

表 5-5 对比色的使用规定

安 全 色	相应的对比色	安 全 色	相应的对比色
红色	白色	黄色	黑色
蓝色	白色	绿色	白色

在交通标志中，一般是以安全色为主，以对比色为辅按规定配合使用。其中，黑色用于安全标志的图案、文字和符号以及警告标志的几何图形；白色作为安全标志红、蓝、绿色的背景色，也可用于安全标志的文字和图形符号。

2. 形状

道路交通标志应选择简单、明快的形式，以易于辨认。根据研究，同等面积的几何体的视认性随着几何形状的变化而不同。在一般情况下，具有锐角的物体外形容易辨认。在同等面积、同样距离、同样照明条件下，容易识别的外形顺序是：三角形、菱形、长方形、圆形、正方形、五边形、六边形。

我国交通标志的基本形状有矩形、长方形、圆形、三角形等几种。指示、指路和辅助标志因要标以文字说明、图像符号等，故采用长方形或正方形。警告标志主要目的是为了引起驾驶人注意，应当比较醒目、容易辨认，因此选用视认性最好的三角形。虽然圆形易见性较低，但在同样条件下，圆形内的字符图案显得大一些，看起来更清楚，并且圆形和周围其他形状，如矩形、长方形和三角形等易于区别，故选用圆形带斜杠作为禁令标志，圆形为指示标志的形状。交通标志的形状要根据易见性和使用习惯来确定，不得随意更改、替换。交通标志的图形及其含义见表 5-6。

表 5-6 交通标志的图形及其含义

图 形	含 义	图 形	含 义
圆加斜线	禁止	圆	指令
三角形	警告	方形和矩形	提示

3. 字符图案

交通标志的颜色和形状表示标志的种类，字符和图案则直接表示标志的具体内容。

图案设计要简单明了，与客观事物尽可能相似。同时表示不同客观事物的图案要有明显区别，以便于驾驶人在车速快、辨认时间极短的情况下能迅速识别。投影图案具有简单、清晰、逼真的特点，从远处观察视认性好，所以交通标志图案一般使用投影图案。

交通标志所用的符号也必须具有简单、易认、意义明确和不受文化程度局限等特点。在规定符号所代表的意义时，要考虑其直观性和符号的单义性，要符合人们在日常生活中的思维习惯，使人们容易理解。

虽然图案和符号具有较强的视认性，但文字也是交通标志不可缺少的部分，因为有些内容不可能用图案和符号来表达清楚。文字表达力求简洁明了，《道路交通标志和标线 第2部分：道路交通标志》（GB 5768—2009）中规定："道路交通标志的字符应书写规范、正确、工整。根据需要，可并用汉字和其他文字。当标志上采用中英两种文字时，地名用汉语拼音，专用名词用英文"。

二、道路交通标志的分类及设置地点

交通标志分为主标志和辅助标志两大类。其中主标志包括警告标志、禁令标志、指示标志、指路标志、旅游区标志、作业区标志和告示标志。

1. 警告标志

警告标志是警告车辆驾驶人、行人前方有危险的标志，道路使用者需谨慎行动。

驾驶人在一条不熟悉的道路上行驶，不可能知道行驶前方存在有潜在危险。警告标志的作用就是及时提醒驾驶人前方道路线形和道路状况的变化，在到达危险点以前有充分时间采取必要行动，确保行车安全。

警告标志的颜色为黄底、黑边、黑图形。"注意信号灯"标志的图形由红色、黄色、绿色、黑色四色组成。"叉形符号""斜杠符号"为白底红色图形。其形状为等边三角形或矩形，三角形的顶角朝上。

警告标志可以分为以下几类：

（1）交叉路口标志：用以警告车辆驾驶人谨慎慢行，注意横向来车。设在平面交叉路口驶入路段的适当位置。

（2）急弯路标志：用以警告车辆驾驶人减速慢行。设计车速小于60 km/h的道路上，平曲线半径小于表5-7中规定且停车视距小于表5-7中规定时应设急弯路标志。设置位置为曲线起点的外面，但不应进入相邻的圆曲线内。

表5-7 平曲线半径和停车视距值

设计速度/(km/h)	20	30	40
平曲线半径/m	20	45	80
停车视距/m	20	30	40

（3）反向弯路标志：用以警告车辆驾驶人减速慢行。设计车速小于60km/h的道路上，两相邻反向平曲线半径均小于或其中一个半径小于表5-7规定，并且圆曲线间的距离小于或等于表5-8中规定时应设置反向弯路标志。设置位置为两反向圆曲线起点的外面，但不应进入相邻的圆曲线内。

表5-8 两反向圆曲线间距离值

设计速度/(km/h)	20	30	40
两反向圆曲线间距离/m	40	60	80

(4) 连续弯路标志:用以警告车辆驾驶人减速慢行。设计车速小于60km/h的道路上,连续有三个或三个以上反向平曲线,其平曲线半径均小于或有两个半径小于表5-7中规定,并且各圆曲线间的距离均小于或等于表5-8规定时设置连续弯路标志。设置位置为连续弯路起点的外面,当连续弯路总长度大于500m时,应重复设置。可在此标志下附加说明连续弯路长度的辅助标志。

(5) 陡坡标志:用以提醒车辆驾驶人小心驾驶。当纵坡坡度大于表5-9中规定时,在纵坡坡脚或坡顶以前适当位置设置。纵坡坡度小于表5-9中规定,经常发生制动失效事故的下坡路段也可以根据现场条件设置"下陡坡标志"。可用辅助标志说明陡坡的坡度和坡长,也可将坡度值标在警告标志图形上。

表5-9 纵坡坡度值

设计速度/(km/h)			20	30	40	60	80	100	120
纵坡坡度(%)	上坡	海拔3000m以下	7	7	7	6	5	4	4
		海拔3000~4000m	7	7	6	5	4		
		海拔4000~5000m	7	6	5	4	4		
		海拔5000m以上	6	5	4	4	4		
	下坡		7	7	7	6	5	4	4

(6) 连续下坡标志:用以提醒车辆驾驶人小心驾驶。设在连续两个及以上纵坡坡度大于表5-9中规定且连续下坡长度超过3km的坡顶以前适当位置。如果纵坡坡度小于表5-9中规定,但是经常发生制动失效事故的连续下坡路段也可以根据现场条件设置"连续下坡"标志。当连续下坡总长大于3km后,应重复设置。可以辅助标志表示连续下坡的坡长。

(7) 窄路标志:用以警告车辆驾驶人注意前方车行道或路面狭窄情况,遇有来车应予减速避让。设在双车道路面宽度缩减为6m以下的路段起点前方。

(8) 窄桥标志:用以警告车辆驾驶人注意前方桥面宽度变窄,应谨慎驾驶。设在桥面净宽较两端路面宽度变窄,并且桥的净宽小于6m的桥梁以前适当位置。

(9) 双向交通标志:用以提醒车辆驾驶人注意会车。设在由双向分离行驶,因某种原因出现临时性或永久性的不分离双向行驶的路段,或由单向行驶进入双向行驶的路段以前适当位置。

(10) 注意行人标志:用以警告车辆驾驶人减速慢行,注意行人。设在行人密集,或不易被驾驶人发现的人行横道线以前适当位置。城市中心区街道或设有信号灯处可不设。标志底色可采用荧光黄绿色。

(11) 注意儿童标志:用以促使车辆驾驶人减速慢行,注意儿童。设置在小学、幼儿园、少年宫等儿童经常出入地点前的适当位置。标志底色可采用荧光黄绿色。

(12) 注意牲畜:用以提醒车辆驾驶人注意慢行。设在经过放牧区、畜牧场等区域的公路上,经常有牲畜横穿、出入的地点前适当位置。

(13) 注意野生动物标志:用以提醒车辆驾驶人注意慢行。设在经过野生动物保护区的公路上,经常有野生动物横穿、出入的地点前适当位置。标志上的动物图形可根据该地区最常出现的野生动物种类适当调整。

（14）注意信号灯标志：用以警告车辆驾驶人注意前方路段设有信号灯，应依信号灯指示行车。设置在因受地形或其他因素影响，驾驶人不易发现前方为信号灯控制路口；或高速公路驶入一般道路的第一个信号灯控制路口；或因临时交通管制或其他特殊状况设置活动信号灯的路口。

（15）注意落石标志：用以提醒车辆驾驶人注意落石。设在有落石危险的傍山路段以前适当位置。使用时应根据落石的不同方向选择。

（16）注意横风标志：用以提醒车辆驾驶人小心驾驶。设在经常有很强的侧向风的路段以前适当位置。

（17）易滑标志：用以提醒车辆驾驶人注意慢行。设在路滑容易发生事故的路段以前适当位置。

（18）傍山险路标志：用以提醒车辆驾驶人小心驾驶。设在傍山险路路段以前适当位置。使用时应根据傍山险路的不同朝向选择。

（19）堤坝路标志：用以提醒车辆驾驶人小心驾驶。设在沿水库、湖泊、河流等堤坝道路以前适当位置。使用时应根据水库、湖泊等位于堤坝路的不同位置选择。

（20）村庄标志：用以提醒车辆驾驶人小心驾驶。设在紧靠村庄、集镇且视线不良的路段以前适当位置。

（21）隧道标志：用以提醒车辆驾驶人注意慢行。设在双向行驶且照明不好的隧道口前适当位置。

（22）渡口标志：用以提醒车辆驾驶人谨慎驾驶。设在车辆渡口以前适当位置。

（23）驼峰桥标志：用以提醒车辆驾驶人谨慎驾驶。设在拱度很大、影响视距的驼峰桥以前适当位置。

（24）路面不平标志：用以提醒车辆驾驶人减速慢行。设在路面颠簸路段或桥头跳车较严重的地点以前适当位置。该标志可作为临时标志使用。

（25）路面高突标志：用以提醒车辆驾驶人减速慢行。设在路面突然高突以前适当位置。减速丘前适当位置应设置此标志，必要时可附加辅助标志说明。

（26）路面低洼标志：用以提醒车辆驾驶人减速慢行。设在路面突然低洼以前适当位置。

（27）过水路面（或漫水桥）标志：用以提醒车辆驾驶人谨慎慢行。设在过水路面或漫水桥路段以前适当位置。

（28）铁路道口标志：用以警告车辆驾驶人注意慢行或及时停车。该标志有两种：有人看守铁路道口标志，设置在车辆驾驶人不易发现的道口以前的适当位置；无人看守铁路道口标志，设置在无人看守铁路道口以前的适当位置。

1）叉形符号：表示多股铁道与道路交叉。该符号颜色为白色底红色边。设置在铁路道口标志上端。叉形符号交叉点到警告标志三角形顶点的距离为40cm。

2）斜杠符号：表示距铁路道口的距离。在无人看守的铁路道口，凡路面上没有标划"近铁路平交道口标线"时，应在"无人看守铁路道口"标志下设斜杠符号。斜杠符号共有三块，一道斜杠的标志设置在距铁路道口50m的位置，二道、三道斜杠标志分别设置在铁路道口100m和150m的位置。

（29）注意非机动车标志：用以提醒车辆驾驶人注意慢行。设在经常有非机动车横穿、出入的地点前适当位置。

（30）注意残疾人标志：用以提醒车辆驾驶人减速慢行，注意残疾人。设在康复医院、残疾人学校等残疾人经常出入地点前适当位置。

（31）事故易发路段标志：用以告示前方道路为事故易发路段，谨慎驾驶。设在交通事故易发路段以前适当位置。

（32）慢行标志：用以提醒车辆驾驶人减速慢行。设在前方道路发生特殊情况，影响行车安全的路段以前适当位置。

（33）注意障碍物标志：用以告示前方道路有障碍物，车辆应按标志指示减速慢行。设置在道路障碍物以前的适当位置。

（34）注意危险标志：用以提醒车辆驾驶人谨慎驾驶。设在以上标志不能包括的其他危险路段以前适当位置。本标志一般不单独使用，其下应设辅助标志，说明危险原因。

（35）施工标志：用以告示前方道路施工，车辆应减速慢行或绕道行驶。该标志可以作为临时标志支设在施工路段以前适当位置。

（36）建议速度标志：用以提醒车辆驾驶人以建议的速度行驶，设在弯道、出口、匝道的适当位置。此标志一般不单独使用，宜与其他警告标志联合使用或附加辅助标志，以说明建议速度的原因或路段位置、长度。出口处设置的建议速度标志应设置在减速车道的适当位置；匝道建议速度标志设置在匝道的适当位置。

（37）隧道开车灯标志：用以警告车辆驾驶人进入隧道打开前照灯，注意行驶。设在无照明或照明不足的隧道洞口前适当位置。隧道标志和隧道开车灯标志只需设置一个。

（38）注意潮汐车道标志：用以警告车辆驾驶人注意前方为潮汐车道。设在潮汐车道路段起点前适当位置。

（39）注意保持车距标志：用以警告车辆驾驶人注意和前车保持安全距离。设在经常发生车辆追尾事故路段前适当位置。

（40）注意分离式道路标志：用以警告车辆驾驶人注意前方平面交叉的被交道路是分离式道路。设在被交道路是分离式路基且分离距离较宽、车辆驶入平面交叉易发生错向行驶的平面交叉前适当位置。

（41）注意合流标志：用以警告车辆驾驶人注意前方有车辆汇合进来。

（42）避险车道标志：设置了避险车道的道路上，在其前方适当位置应至少设置一块避险车道标志。用以提醒货车驾驶人注意是否使用避险车道。如果条件允许，宜在避险车道前2km、1km、500m左右及其他适宜位置分别设置预告标志，在避险车道的入口处设置指示的警告标志。

（43）注意路面结冰、注意雨（雪）天、注意雾天、注意不利气象条件标志：用以警告车辆驾驶人注意路面结冰、注意雨（雪）天、注意雾天、注意不利气象条件等谨慎驾驶。用于可变信息标志上。

（44）注意前方车辆排队标志：用以警告车辆驾驶人注意前方车辆排队。用于可变信息标志上。

2. 禁令标志

禁令标志表示禁止、限制及相应解除的含义，道路使用者应严格遵守。

禁令标志的颜色，除个别标志外，一般为白色底、红色圈、红色杠、黑色图形。禁令标志的图形压杠，其形状为圆形，"停车让行标志"为八角形，"减速让行标志"为顶角向下的倒等边三角形。

禁令标志可以分为以下各类：

（1）停车让行标志：表示车辆应在停止线前停车瞭望，确认安全后，方可通行。标志形状为八角形，颜色为红底白字。停车让行标志在下列情况下设置：①与交通量较大的干路平交的支路路口；②无人看守的铁路道口；③其他需要设置的地方。

（2）减速让行标志：表示车辆应减速让行，告示车辆驾驶人应慢行或停车，观察干道行车情况，在确保干道车辆优先，确保安全的前提下，方可进入路口。设于交叉口次要道路路口。标志的形状为倒三角形，颜色为白色底、红色边、黑色字。

（3）会车让行标志：表示车辆会车时，应停车让对方车先行。标志形状为圆形，颜色为白色底红色圈、红黑两种箭头。下列情况下应设置会车让行标志，有信号灯控制的可以不设：①会车有困难的狭窄路段的一端；②双向通行道路由于某种原因只能开放一条车道作双向通行，通行受限制的一端。

（4）禁止通行标志：表示禁止一切车辆和行人通行。设置在禁止通行的道路入口附近。

（5）禁止驶入标志：表示禁止一切车辆驶入。设在禁止驶入的路段入口明显之处。其颜色为红色底中间一道白色横杠。

（6）禁止机动车驶入标志：表示禁止各类机动车通行。设置在禁止机动车驶入路段的入口处。对时间或某一类机动车有禁止规定时，应用辅助标志说明。

（7）禁止载货汽车驶入标志：表示禁止载货汽车驶入。设在禁止载货汽车通行路段入口处。对驶入的载货汽车有载重量限制或其他限制时，应用辅助标志说明，如禁止小货车通行。

（8）禁止电动三轮机动车驶入标志：表示禁止电动三轮车驶入。设在禁止电动三轮车驶入路段的入口处。

（9）禁止大型（或小型）客车驶入标志：表示禁止大型（或小型）客车驶入。设在禁止大型（或小型）客车驶入路段的入口处。

（10）禁止挂车、半挂车驶入标志：表示禁止挂车、半挂车驶入。设在禁止挂车、半挂车驶入路段的入口处。

（11）禁止拖拉机驶入标志：表示前方禁止各类拖拉机驶入。设在禁止各类拖拉机驶入路段的入口处。

（12）禁止三轮汽车、低速货车驶入标志：表示禁止三轮汽车、低速货车驶入。设在禁止三轮汽车、低速货车驶入路段的入口处。

（13）禁止摩托车驶入标志：表示禁止摩托车驶入。设在禁止摩托车驶入路段的入口处。

（14）禁止某两种车辆驶入标志：表示禁止标志上所示的两种车辆驶入。设在禁止某两种车驶入路段的入口处。

（15）禁止非机动车驶入标志：表示禁止各类非机动车进入。设在禁止非机动车进入路段的入口处。

（16）禁止畜力车进入标志：表示禁止畜力车进入。设在禁止畜力车进入路段的入口处。

（17）禁止人力（客、货）三轮车进入标志：表示禁止人力（客、货）三轮车进入。设在禁止人力（客、货）三轮车进入路段的入口处。

（18）禁止人力车进入标志：表示禁止人力车进入。设在禁止人力车进入路段的入口处。

（19）禁止行人进入标志：表示禁止行人进入。设在禁止行人进入的地方。

（20）禁止向左（或向右）转弯标志：表示前方路口禁止一切车辆向左（或向右）转弯。设在禁止向左（或向右）转弯的路口以前适当位置。有时间、车种等特殊规定时，应用辅助标志说明或附加图形。附加图形时，保持箭头的位置不变。

（21）禁止直行标志：表示前方路口禁止一切车辆直行。设在禁止直行的路口以前适当位置。有时间、车种等特殊规定时，应用辅助标志说明或附加图形。附加图形时，保持箭头的位置不变。如果禁止两种以上（含两种）车辆时，宜用辅助标志说明。

（22）禁止向左向右转弯标志：表示前方路口禁止一切车辆向左向右转弯。设在禁止向左向右转弯的路口以前适当位置。有时间、车种等特殊规定时，应用辅助标志说明或附加图形。附加图形时，保持箭头的位置不变。如果禁止两种以上（含两种）车辆时，宜用辅助标志说明。

（23）禁止直行和向左转弯（或直行和向右转弯）标志：表示前方路口禁止一切车辆直行和向左转弯（或直行和向右转弯）。设在禁止直行和向左转弯（或直行和向右转弯）的路口以前适当位置。有时间、车种等特殊规定时，应用辅助标志说明或附加图形。附加图形时，保持箭头的位置不变。如果禁止两种以上（含两种）车辆时，宜用辅助标志说明。

（24）禁止掉头标志：表示禁止机动车掉头。设在禁止机动车掉头路段的起点和路口以前适当位置。

（25）禁止超车标志：表示标志至前方解除禁止超车标志的路段内，不允许机动车超车。设在禁止超车路段的起点。已设有道路中心实线和车道实线的可不设此标志。

（26）解除禁止超车标志：表示禁止超车路段结束。设在禁止超车路段的终点，标志颜色为白色底、黑色圈、黑色细斜杠、黑色图形。此标志应和禁止超车标志成对使用。

（27）禁止停车标志：表示在限定的范围内，禁止一切车辆停、放。设在禁止车辆停、放的地方。该标志为蓝色底红色圈红色斜杠。禁止车辆停放的时间、车种和范围可用辅助标志说明。

（28）禁止长时停车标志：表示在限定的范围内，禁止一切车辆长时停、放，临时停车不受限制。设在禁止车辆长时停、放的地方。该标志为蓝色底红色圈红色斜杠。临时停车指车辆停车上下客或装卸货等，并且驾驶人在车内或车旁守候。禁止车辆停、放的时间、车种和范围可用辅助标志说明。

（29）禁止鸣喇叭标志：表示禁止车辆鸣喇叭。设在需要禁止车辆鸣喇叭的地方。禁止鸣喇叭的时间和范围可用辅助标志说明。

（30）限制宽度标志：表示禁止装载宽度超过标志所示数值的车辆通行。设置在最大容许宽度受限制的地方。

（31）限制高度标志：表示禁止装载高度超过标志所示数值的车辆通行。设置在最大容许高度受限制的地方。

（32）限制质量标志：表示禁止总质量超过标志所示数值的车辆通行。设置在需要限制车辆质量的桥梁两端。

（33）限制轴重标志：表示禁止轴重超过标志所示数值的车辆通行。设置在需要限制车辆轴重的桥梁两端。

（34）限制速度标志：表示该标志至前方解除限制速度标志或另一块不同限速值的限制速度标志的路段内，机动车行驶速度（单位为 km/h）不准超过标志所示数值。限制速度标志设在需要限制车辆速度的路段的起点，其限速值不宜低于 20km/h。

（35）解除限制速度标志：表示限制速度路段结束。设置在限制车辆速度路段的终点。标志颜色为白色底、黑色圈、黑色细斜杠、黑色字。

（36）停车检查标志：表示机动车应停车接受检查。设在需要机动车停车接受检查的地点。有车种规定时，应用辅助标志说明。

（37）禁止运输危险物品车辆驶入标志：表示禁止运输危险物品车辆驶入。设在禁止运输危险物品车辆驶入路段的入口处。

（38）海关标志：表示道路前方是海关，所有机动车应停车后方可通过。设在道路上机动车需停车接受海关检查方可通过的地点。

（39）区域禁止及解除标志：表示区域内禁止车辆的某种行为。设在禁止区域的所有入口处（禁止）及出口处（禁止解除）。

3. 指示标志

指示标志具有指示车辆、行人行进的含义，道路使用者应遵循。

指示标志的颜色，除个别标志外，为蓝色底、白色图形。其形状分为圆形、长方形和正方形。

指示标志可以分为下列各类：

（1）直行标志：表示一切车辆只准直行。设在应直行的路口以前适当位置。有时间、车种等规定时，应用辅助标志说明或附加图形。

（2）向左（或向右）转弯标志：表示一切车辆只准向左（或向右）转弯。设置在车辆必须向左（或向右）转弯的路口以前的适当位置。有时间、车种等特殊规定时，应用辅助标志说明或附加图形。

（3）直行和向左转弯（或直行和向右转弯）标志：表示一切车辆只准直行和向左转弯（或直行和向右转弯）。设置在车辆必须直行和向左转弯（或直行和向右转弯）的路口以前的适当位置。有时间、车种等特殊规定时，应用辅助标志说明或附加图形。

（4）向左和向右转弯标志：表示一切车辆只准向左和向右转弯。设置在车辆必须向左和向右转弯的路口以前的适当位置。有时间、车种等特殊规定时，应用辅助标志说明或附加图形。

（5）靠右侧（或靠左侧）道路行驶标志：表示一切车辆只准靠右侧（或靠左侧）道路行驶。设置在车辆必须靠右侧（或靠左侧）道路行驶的地方。

（6）立体交叉行驶路线标志：表示一切车辆在立体交叉处可以直行和按图示路线左转弯（或直行和右转弯）行驶。设在立体交叉左转弯（或右转弯）出口处适当位置。

（7）环岛行驶标志：表示一切车辆只准靠右环行，设在环岛面向路口来车方向的适当位置。环内驶出车辆和环行车辆具有优先权，车辆进入环岛时应让环内车辆优先通行。

（8）单行路标志：表示该道路为单向行驶，已进入车辆应依标志指示方向行车。设在单行路入口起点处的适当位置。有时间、车种等规定时，应用辅助标志说明或附加图形。

（9）步行标志：表示该段道路只供步行，任何车辆不准进入。设在步行街的两端。有时间规定时，应用辅助标志说明。

（10）鸣喇叭标志：表示机动车行至该标志处应鸣喇叭，以提醒对向车辆驾驶人注意并减速慢行。

（11）最低限速标志：表示机动车驶入前方道路的最低时速限制。设在高速公路或其他道路限速路段的起点及各立交入口后的适当位置。本标志应与最高限速标志配合设置在同一标志杆上，而不单独设置。路侧安装时，最高限速标志居上，最低限速标志居下；门架式或悬臂式安装时，最高限速居左，最低限速标志居右。

（12）路口优先通行标志：表示交叉口主要道路上车辆享有优先通行权利。设在交叉口主要道路的路口以前适当位置。交叉口次要道路路口设停车让行或减速让行标志的，可在主要道路路口设路口优先通行标志；如果主要道路上设了路口优先通行标志，则次要道路上应设停车让行或减速让行的标志。

（13）会车先行标志：车辆在会车时享有优先通行权利。设在有会车让行标志路段的另一端。标志颜色为蓝色底，对向来车为红色箭头，优先行进方向为白色箭头。

（14）人行横道标志：表示该处为人行横道。标志颜色为蓝色底、白色三角形、黑色图形。设在人行横道两端适当位置，并面向来车方向。该标志应与人行横道线同时使用。

（15）车道行驶方向标志：表示车道的行驶方向。设在导向车道以前适当位置。

（16）专用道路和车道标志：用以告示前方道路或车道专供指定车辆通行，不准其他车辆及行人进入。

1) 公交线路专用车道标志：表示该车道专供本线路行驶的公交车辆行驶。设在进入该车道的起点及各交叉口入口前适当位置。

2) 机动车行驶标志：表示该道路只供机动车行驶。设在该道路的起点及各交叉口入口前适当位置。

3) 机动车车道标志：表示该车道只供机动车行驶。设在该车道的起点及各交叉口入口前适当位置。

4) 非机动车标志：表示该道路只供非机动车行驶。设在非机动车行驶道路的起点及各交叉口入口前适当位置。

5) 非机动车车道标志：表示该车道只供非机动车行驶。设在该车道的起点及各交叉口入口前适当位置。

6) 快速公交系统(BRT)专用车道标志：表示该车道专供BRT车辆行驶。设在进入该车道的起点及各交叉口入口前适当位置。有时间规定时，应以辅助标志表示。

7) 多乘员车辆(HOV)专用车道标志：表示该车道只供多乘员的车辆行驶。设在进入该车道的起点及各交叉口入口前适当位置。

8) 不同的专用车道标志并设：不同的专用车道标志可以并设在同一块标志上。

(17) 停车位标志：表示机动车允许停放的区域。需要和停车位线配合使用。有车种专用、时段或时长限制时，可用辅助标志表示。

(18) 允许掉头标志：表示该处允许机动车掉头。设在允许机动车掉头的地点。有时间、车种等特殊规定时，应用辅助标志说明。

4. 指路标志

指路标志表示道路信息的指引，为驾驶人提供去往目的地所经过的道路、沿途相关城镇、重要公共设施、服务设施、地点、距离和行车方向等信息。

指路标志的颜色，除特别说明外，一般道路指路标志为蓝色底、白色图形、白色边框、蓝色衬边；高速公路和城市快速路指路标志为绿色底、白色图形、白色边框、绿色衬边。

指路标志的形状，除个别标志外，为长方形和正方形。

指路标志可以分为下列各类：

(1) 一般道路指路标志。

1) 路径指引标志：

① 交叉路口预告标志：用以预告前方交叉路口形式、交叉公路的编号或交叉道路的名称、通往方向信息、地理方向信息及距前方交叉路口的距离。

② 交叉路口告知标志：用以告知前方交叉路口形式、交叉公路的编号或交叉道路的名称、通往方向信息、地理方向信息。设在距交叉路口前30~80m处。

③ 确认标志：用以确认当前所行驶的道路信息及前方通往方向信息。

2) 地点指引标志：

① 地名标志：设在道路沿线经过的市、县、镇、村的边缘处。用于一般道路时，为蓝色底、白色图形、白色边框、蓝色衬边；用于高速公路或城市快速路时，为绿色底、白色图形、白色边框、绿色衬边。

② 著名地点标志：设在道路沿线经过的著名桥梁、著名隧道和重要垭口等地点。用于一般道路时，为蓝色底、白色图形、白色边框、蓝色衬边；用于高速公路或城市快速路时，为绿色底、白色图形、白色边框、绿色衬边。

③ 分界标志：设在行政区划的分界处，板面面对行车方向；或设在道路养护段、道班管辖分

界处，板面与行车方向平行。用于一般道路时，为蓝色底、白色图形、白色边框、蓝色衬边；用于高速公路或城市快速路时，为绿色底、白色图形、白色边框、绿色衬边。

④ 地点识别标志：为道路使用者提供各种重要场所的识别和指向，设在所标识地点前适当位置。

3）道路沿线设施指引标志：

① 停车场（区）标志：设在停车场（区）入口附近。

② 错车道标志：用于指示前方设有避让来车的处所，宜设在双向错车困难路段上距错车道100~150m处。

③ 人行天桥标志和人行地下通道标志：用于指引行人通往天桥或地下通道入口的位置。设在天桥或地下通道入口附近，并可设辅助标志指示其入口方向或距离。

④ 残疾人专用设施标志：用以指示残疾人设施的位置。设在残疾人设施附近适当位置。

⑤ 观景台标志：设置在路侧可供驾驶人停车观景地带的两侧。

⑥ 应急避难设施（场所）标志：设置在应急避难场所、隧道等设施的疏散通道及其他应急避难设施附近，指示应急避难设施的位置。用于一般道路时，为蓝色底、白色图形、白色边框、蓝色衬边；用于高速公路或城市快速路时，为绿色底、白色图形、白色边框、绿色衬边。

⑦ 休息区标志：一般设置在路侧休息区的两侧。

4）其他道路信息指引标志：

① 绕行标志：用于指示前方路口车辆需绕行的路线，设于实施交通管制路口前适当位置。标志为蓝色底、白色街区，绕行路线为黑色。

② 此路不通标志：用以指示前方道路无出口，不能通行。该标志为蓝色底、白色街区、红色图形。

③ 车道数变少标志：用于表示前方车道数量变少，需提高警惕。设在变化点前适当位置。用于一般道路时，为蓝色底、白色图形、白色边框、蓝色衬边；用于高速公路或城市快速路时，为绿色底、白色图形、白色边框、绿色衬边。

④ 车道数增加标志：用以提示车辆驾驶人员车道数量增加，需要谨慎驾驶，设在车道数量增加断面前适当位置。该标志用于一般道路时为蓝色底、白色图形、白色边框、蓝色衬边；用于高速公路或城市快速路时为绿色底、白色图形、白色边框、绿色衬边。

⑤ 交通监控设备标志：设在设置了图像采集等交通监控设备的路段适当位置。该标志用于一般道路时为蓝底、白图形、白边框、蓝色衬边；用于高速公路或城市快速路时为绿底、白图形、白边框、绿色衬边。

⑥ 隧道出口距离预告标志：用于指示到前方隧道出口的距离。设在长度超过3000m的特长隧道内，从距离隧道出口2000m处开始每500m设置一块，直至隧道出口。该标志一般设置在隧道侧壁上，用于一般道路时为蓝色底、白色图形、白色边框、蓝色衬边；用于高速公路或城市快速路时为绿色底、白色图形、白色边框、绿色衬边。

⑦ 线形诱导标：用于引导行车方向，提示道路使用者前方线形变化，注意谨慎驾驶。

⑧ 里程碑、里程牌：用于指示公路的里程，设于公路桩号递增方向的右侧，每隔1km设一块，正、反面均应标识道路编号及里程。

⑨ 百米桩：设在公路右侧里程碑之间，每100m设一个。百米桩为方柱体，并根据需要在相应表面标识百米序号。柱体为白色，国道用红色字，省道用蓝色字，县道用黑色字，乡道用黑色字。

⑩ 公路界碑：设在公路两侧用地范围分界线上。公路界碑为方柱体，碑体为白色，正反两面标识"公路界"黑色文字。

（2）高速公路、城市快速路指路标志。

1）路径指引标志：

① 入口预告标志：用于指示进入高速公路或城市快速路的入口，设在进入高速公路或城市快速路前的被交道路上适当位置。

② 入口处地点、方向标志：用于指示高速公路或城市快速路两个行驶方向，设在驶入高速公路或城市快速路的匝道分岔点处。

③ 编号标志：用于指示高速公路的编号，作为指路标志的路线信息。

④ 命名编号标志：用于指示高速公路的名称与编号，设置在高速公路互通式立体交叉加速车道的渐变段终点后适当位置，也可在高速公路主线适当距离重复设置，分别作为高速公路的入口标志及行车确认标志。

⑤ 路名标志：用于指示高速公路或城市快速路的名称。

⑥ 地点距离标志：预告高速公路或城市快速路前方所要经过的重要的地点、道路的名称和距离，设置在互通式立体交叉加速车道的渐变段终点以后1km以上路段的合适位置处。

⑦ 下一出口预告标志：当互通式立体交叉间距大于或等于3km、小于5km时，应设置下一出口预告标志，预告下一出口的信息和距离。

⑧ 出口编号标志：用以标识出口编号。该标志不单独设置，通常设置在出口预告标志顶角处，并根据出口相对位置设置在左上角或右上角。

⑨ 出口预告标志：用于预告前方出口，在距离高速公路或城市快速路减速车道的渐变段起点2km、1km、500m和起点处，应分别设置2km、1km、500m出口预告标志和出口预告（行动点）标志，出口预告标志应同时附着出口编号标志。

⑩ 出口标志及出口地点、方向标志：用于指示高速公路或城市快速路出口，设置在高速公路或城市快速路驶出匝道的三角带端部，应同时附着出口编号标志。

2）沿线信息指引标志：

① 起点标志：设在高速公路或城市快速路的起点。

② 终点预告标志：用于预告高速公路或城市快速路终点，设在距离高速公路或城市快速路终点前2km、1km、500m处。

③ 终点提示标志：高速公路或城市快速路终点与普通公路相连接时，用以提示高速公路、城市快速路终点，设在距终点200m附近位置。标志为黄色底、黑色边框、黑色文字。

④ 终点标志：用于指示高速公路或城市快速路终点，设在高速公路或城市快速路终点处。

⑤ 著名地点标志：参见一般道路著名地点标志。

⑥ 分界标志：参见一般道路分界标志。

⑦ 交通信息标志：用以指示收听高速公路或城市快速路交通信息广播的频率，可在适当地点设置，根据需要可重复设置。

⑧ 里程牌和百米牌：里程牌用于指示高速公路或城市快速路的里程、公路编号或名称，为绿色底、白色字、白色边框、绿色衬边。

⑨ 停车领卡标志：用以提示停车领卡，设在进入高速公路或城市快速路收费站入口一侧的适当位置。

⑩ 车道数变少标志：参见一般道路车道数变少标志。

⑪ 车道数增加标志：参见一般道路车道数增加标志。

⑫ 交通监控设备标志：参见一般道路交通监控设备标志。

⑬ 车距确认标志：用以帮助驾驶人确认与前车的距离。

⑭ 特殊天气建议速度标志：用以提醒驾驶人在雨、雪、雾等特殊天气下，以建议速度行驶，和白色半圆状车距确认线配合使用。

⑮ 隧道出口距离预告标志：参见一般道路隧道出口距离预告标志。

3）沿线设施指引标志：

① 紧急电话标志：用于指示高速公路紧急电话的位置，可单独设置也可设在紧急电话的立柱上或箱体上。

② 救援电话标志：用于指示救援电话号码，没有设置紧急电话的高速公路上应设置救援电话标志。

③ 收费站预告及收费站标志：用以指示前方收费站。高速公路、城市快速路主线上距收费广场渐变段起点 2km、1km、500m 及渐变段起点处应对应设置收费站预告标志与收费站标志。

④ ETC 车道指示标志：用于指示电子不停车收费车道，设在收费广场渐变段起点前 300m 处。

⑤ 计重收费标志：设置于采用计重收费的收费站前适当位置。

⑥ 加油站标志：用于指示加油站的位置，设在通往加油站的入口附近。

⑦ 紧急停车带标志：用于指示紧急停车的位置，设在紧急停车带的前端。

⑧ 服务区预告标志：用于预告服务区的位置，分别设在距服务区 2km、1km、减速车道起点及服务区入口处。

⑨ 停车区预告标志：用于预告停车区的位置，分别设在距停车区 1km、减速车道起点及停车区入口附近。

⑩ 停车场预告及停车场标志：用于预告停车场的距离和位置。

⑪ 爬坡车道标志：用以指示前方最右侧车道是大型重载车辆爬坡专用的车道。

⑫ 超限检测站标志：用以预告超限检测站，设在高速公路上建有超限超载检测站的地点前适当位置。

（3）方向标志：与指路标志一起使用，用于指示道路地理方向，包括"东""南""西""北"四个方向，每个方向的角度范围为正向左右各 45°。设置在一般道路指路标志中时为白底、蓝色图形，设置在高速公路、城市快速路指路标志中时为白色底、绿色图形。

5. 旅游区标志

旅游区标志是为吸引和指引人们从高速公路或其他道路上前往邻近的旅游区，在通往旅游景点的路口设置的标志，使旅游者能方便地识别通往旅游区的方向和距离，了解旅游项目的类别。旅游区标志的颜色为棕色底、白色字（图形）、白色边框、棕色衬边，其形状为矩形。

旅游区标志分为指引标志和旅游符号标志两大类。

（1）指引标志：提供旅游区的名称、有代表性的图形及前往旅游区的方向和距离。高速公路沿线 4A 级及以上旅游景区可设置旅游区标志，一般公路沿线 3A 级及以上旅游景区可设置旅游区标志，更低级别景区不建议设置旅游区标志。

（2）旅游符号：提供旅游项目类别、具代表性的符号及前往各旅游景点的指引。设在高速公路或其他道路通往旅游景点的交叉口附近，或在大型服务区内通往各旅游景点的路口。也可在指路标志上附具代表性的旅游符号，让旅游者了解景点的旅游项目。旅游符号下可以附加辅助标志以指示前进方向或距离。

6. 其他标志

（1）作业区标志：作业区标志用以通告道路交通阻断、绕行等情况。设在道路施工、养护等路段前适当位置。用于作业区的标志为警告标志、禁令标志、指示标志及指路标志，其中警告标志为橙底黑图形，指路标志为在已有的指路标志上增加橙色绕行箭头或为橙底黑图形。

作业区标志应和其他作业区交通安全设施配合使用。

（2）辅助标志：凡主标志无法完整表达或指示其规定时，为维护行车安全与交通畅通的需求，应设置辅助标志。辅助标志的颜色为白色底、黑色字（图形）、黑色边框、白色衬边，其形状为矩形。

辅助标志可分为表示时间，表示车辆种类、属性，表示方向，表示区域或距离，表示警告、禁令理由等。辅助标志安装在主标志下面，紧靠主标志下缘。

（3）告示标志：告示标志用以解释、指引道路设施、路外设施，或者告示有关道路交通安全法和道路交通安全法实施条例的内容。告示标志的设置有助于道路设施、路外设施的使用和指引，取消其设置不影响现有标志的设置和使用。

告示标志一般为白色底、黑色字、黑色图形、黑色边框，其中的图形和标识如果需要可采用彩色图案。

三、标志设置方式

道路标志的设置方式分为柱式、悬臂式、门式和附着式四类。

1. 柱式

柱式标志不应侵入公路建筑限界以内，标志内边缘距路面或土路肩边缘不得小于25cm。标志牌下缘距路面的高度为150~250cm。

（1）单柱式。标志牌安装在一根立柱上，如图5-1所示。适用于中、小型尺寸的警告、禁令、指示等标志。

（2）多柱式。标志牌安装在两根及两根以上立柱上，如图5-2所示。适用于长方形的指示或指路标志。

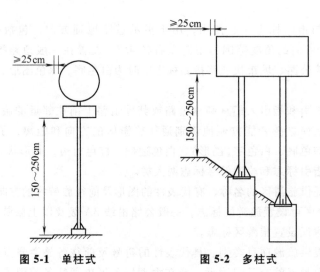

图 5-1　单柱式　　　　图 5-2　多柱式

2. 悬臂式

标志牌安装于悬臂上，如图5-3所示。标志下缘离地面的高度，至少按该道路规定的净空高度设置。适用于：①柱式安装有困难时；②道路较宽、交通量较大、外侧车道大型车辆阻挡内侧车道小型车道视线时；③视距受限制时；④景观上有要求时。

3. 门架式

标志安装在门架上，如图5-4所示。标志下缘距路面的高度，至少按该道路规定的净空高度

第五章 道路交通设施

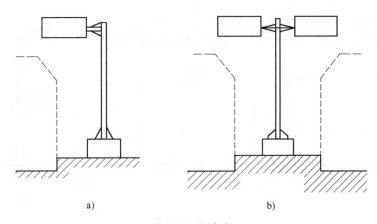

图 5-3 悬臂式
a) 单悬臂式 b) 双悬臂式

设置。

门架式标志适用于：①多车道道路（同向三车道以上）需要分别指示各车道去向时；②道路较宽、交通量较大、外侧车道大型车辆阻挡内侧车道小型车辆视线时；③互通式立体交叉间隔距离较近标志设置密集处；④受空间限制，柱式、悬臂式标志安装有困难时；⑤车道变换频繁，出口匝道为多车道者，或者出口匝道在行车方向的左侧；⑥景观上有要求时。

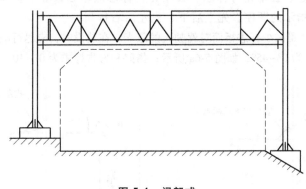

图 5-4 门架式

4. 附着式

标志安装在上跨桥和附近构造物上，如图 5-5 所示。

附着式标志的安装高度也应符合道路净空的规定。

四、标志设置原则

为确保交通畅通和行车安全，道路交通标志的设置应遵循下列原则：

（1）应结合道路线形、交通状况、沿线设施等情况，根据交通标志的不同种类来设置。以利向道路使用者提供正确的、及时的信息。通过交通标志的引导，顺利、快捷地抵达目的地，不允许发生错向行驶。

（2）交通标志的设置应进行总体布局，防止出现信息不足或过载的现象。对于重要的信息应给予重复显示的机会。

（3）交通标志的设置应充分考虑道路使用者的特性，即充分考虑在动态条件下发现、判读标

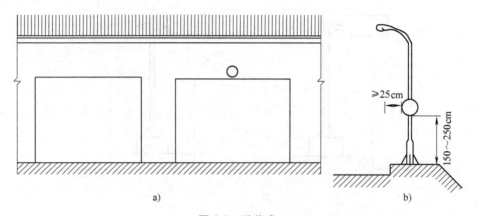

图 5-5 附着式
a）车行道上方附着式　b）路侧附着式

志及采取行动的时间和前置距离。

（4）交通标志应设置在车辆行进正面方向最容易看见的地方。可根据具体情况设置在道路右侧、中央分隔带，或者车行道上方。

（5）同一地点需要设置两种以上标志时，可以安装在一根标志柱上，但最多不应超过四种。应避免出现互相矛盾的标志内容。解除限制速度标志、解除禁止超车标志、干路先行标志、停车让行标志、减速让行标志、会车先行标志、会车让行标志应单独设置。标志牌在一根支柱上并设时，应按警告、禁令、指示的顺序，先上后下、先左后右排列。

（6）路侧式标志应尽量减少标志板面对驾驶人的眩光。在装设时，应尽可能与道路中线垂直或成一定角度：禁令和指示标志为0°~45°，如图5-6a所示；指路和警告标志为0°~10°，如图5-6b所示。

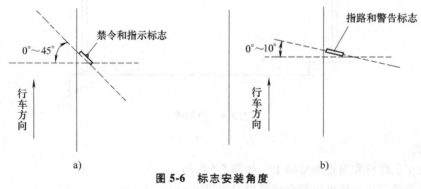

图 5-6 标志安装角度
a）禁令和指示标志为0°~45°　b）指路和警告标志为0°~10°

五、标志设置位置

指路标志及警告、限制行车方向及路线的标志应设置在距路口、危险点前一定距离的位置上，以便驾驶人按照标志内容减速、改变行驶车道或采取其他必要措施，具备足够的时间。

1. 指路标志

指路标志设置高度约为5.0m。驾驶人了解交叉路口前的指路标志后，应有减速时间。一般道路标志设于路口前30~50m处，预告重要地名等约300m以内。具体决定标志与交叉路口间的距离，即"前置距离"，应考虑路况、汽车行驶速度、认读距离等因素。

通过标志的认读过程(见图5-7),可以了解标志位置与其前后各点的相互关系图中,假设标志S为路侧安装,设置在高速公路出口匝道减速车道的起点附近。通常,行驶中的驾驶人在视认点A处已发现标志S,在B点开始读取标志的信息,到C点可以将标志内容完全读完,这段距离称为读标志距离l'。读完标志后,应做出采取行动的判断,这段距离称为判断距离j。然后,开始行动。这时,车辆已行驶到点D,从行动点D到行动完成F(该点一般在出口匝道的分岔部、交叉路口或危险点等)的距离称为行动距离L。驾驶人在这段距离内必须安全顺畅地完成必要动作,如变换车道、改变方向、减速或停车等。

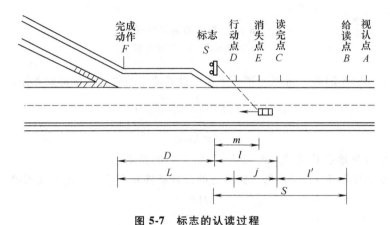

图 5-7 标志的认读过程

从B点到标志S的距离,称为视认距离S;从C点到标志S的距离称为读完后到标志的距离l。如果该距离l比消失距离m要短,就意味着不能从容读完标志,C点在消失距离范围内,驾驶人就不能准确判读标志内容。这一条件可用下式表示:

$$L = l + D - j \geq (n-1)L^* + \frac{1}{2a}(v_1^2 - v_2^2) \tag{5-1}$$

$$L \geq m = \frac{d}{\tan\theta} \tag{5-2}$$

式中 $(n-1)L^*$——变换车道所必需的距离;

$\frac{1}{2a}(v_1^2-v_2^2)$——减速(停车、改变方向)所必需的距离;

n——车道数;

v_1——接近速度(也可使用85%的运行速度,或禁令速度);

L^*——一次改变车道所需距离(对应于85%位车速值,约120m);

l——读完点到标志的距离;

a——减速度(为0.75~1.5m/s²,85%位车速值时为1.0m/s²);

v_2——出口匝道分岔部、交叉口、危险点等处的速度;

j——判断距离,$j = t'v_1$;

t'——判断时间(一般为2~2.5s);

d——驾驶人的视高(1.2m)到标志的侧距(路侧安装标志)或驾驶人的视高到标志上方的高度(头顶安装标志),如图5-8所示;

θ——在消失点与路侧标志或与头顶标志的夹角(一般路侧标志$\theta = 15°$,头顶标志$\theta = 7°$)。

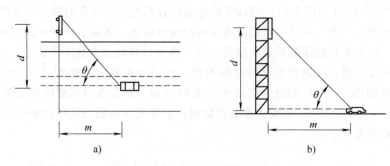

图 5-8 标志的消失距离
a) 路侧标志 b) 头顶标志

整理式(5-1)、式(5-2)后，可以得到关于标志设置地点的位置变量即前置距离 D：

$$D \geqslant (n-1)L^* + \frac{1}{2a}(v_1^2 - v_2^2) + t'v_1 - l \tag{5-3}$$

$$d \leqslant l\tan\theta \tag{5-4}$$

因此，标志的设置地点必须满足式(5-3)、式(5-4)的要求。

从读完点到标志的距离 l，可根据指路标志的设置条件和文字大小按下式求得

$$l = f(h^*) \tag{5-5}$$

$$h^* = K_1 K_2 K_3 h \tag{5-6}$$

式中　h^*——有效文字高度；

　　　h——实际文字高度，一般与道路计算行车速度有关，其大小见表5-10、表5-11；

　　　K_1——文种修正系数；对于汉字，$K_1 = 0.6$；对于拉丁字母，$K_1 = 1.2$；

　　　K_2——汉字复杂性修正系数(以标志板中最复杂的文字为对象)；汉字的笔画少于 10 时，$K_2 = 1$；10~15 划时，$K_2 = 0.9$；超过 15 划时，$K_2 = 0.85$；

　　　K_3——行车速度修正系数，按表 5-12 选取。

关于函数 $f(h^*)$，可用下式确定：

$$f(h^*) = 5.67h^* \tag{5-7}$$

式中　5.67——系数。

表 5-10　汉字高度与计算行车速度的关系

计算行车速度/(km/h)	100~120	71~99	40~70	<40
汉字高度/m	60~70	50~60	35~50	25~30

表 5-11　其他文字与汉字高度的关系

其他文字		与汉字高度 h 的关系
拼音字母、拉丁字母或少数民族文字	大小写	$\frac{1}{3}h \sim \frac{1}{2}h$
阿拉伯数字	字高	h
	字宽	$\frac{1}{2}h \sim \frac{4}{5}h$
	笔画粗	$\frac{1}{6}h \sim \frac{1}{5}h$

表 5-12　K_3 值

速度/(km/h)	徒步	20	30	40	50	60	70	80	90	100
系数 K_3	1	0.96	0.94	0.91	0.89	0.87	0.85	0.82	0.79	0.77

指路标志位置的确定，一般采用以下步骤：
(1) 根据运行速度和文字高度等求出读完后到标志的距离 l；
(2) 根据运行速度和判断时间求出判断距离 j；
(3) 求出用于改变车道、减速等所需的距离（行动距离）L；
(4) 根据 $D=j+L-l$ 求出前置距离 D；
(5) 读完后到标志的距离 l 与消失距离 m 比较，应满足 $l \geq m$ 的要求；
(6) 对计算确定的标志位置进行视认性检查，看有无遮挡标志的障碍物，最后决定标志设置位置。

2. 警告标志

警告标志应分别设置在进入平面交叉及环行交叉之前，急弯、陡坡、反向曲线起终点、傍山险路、窄桥、铁路道口、隧道、交通事故多发路段等危险地点前，同一路段不要连续设置几种警告标志，警告标志距危险点的距离 d 如图 5-9 所示。

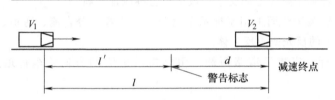

图 5-9　警告标志的设置位置

d 按下式计算：

$$d = l - l' = \frac{V_1}{3.6}t + \frac{V_1^2 - V_2^2}{25.92a} - l' \tag{5-8}$$

式中　l——减速距离（m）；
　　　l'——认读距离（m）；
　　　V_1——行驶车速（km/h）；
　　　V_2——安全车速（km/h）；
　　　t——判断时间（s）；
　　　a——减速度（m/s²）。

警告标志到危险点的距离可参考表 5-13。

表 5-13　警告标志到危险点的距离

计算行车速度/(km/h)	100~120	71~99	40~70	<40
标志到危险点的距离/m	200~250	100~200	50~100	20~50

第三节　道路交通标线

道路交通标线是由标划于路面上的各种线条、箭头、文字、立面标记、突起路标和轮廓标等所构成的交通安全设施。它的作用是管制和引导交通。道路交通标线可以与标志配合使用，也可单独使用。

驾驶人在道路上安全、高速行驶，有赖于道路路线走向的轮廓分明。在路面标线和视线诱导设施的指引下，可以建立行进方向的参照系，使驾驶人对其视野范围更远的道路走向树立信心。因此，路面标线是引导驾驶人视线、管制驾驶人驾驶行为的重要手段。它可以确保车流分道行驶，导流交通行驶方向，指引车辆在汇合和分流前进入合适的车道，加强车辆行驶纪律和秩序，促使更好地组织交通。正确设置交通标线能合理利用道路有效面积，改善车流行驶条件，增加道路通行能力，减少交通事故。

一、道路交通标线的分类

1. 按设置方式分类

（1）纵向标线：沿道路行车方向设置的标线。
（2）横向标线：与道路行车方向成角度设置的标线。
（3）其他标线：字符标记或其他形式标线。

2. 按形态分类

（1）线条：标划于路面、缘石或立面上的实线或虚线。
（2）字符标记：标划于路面上的文字、数字及各种图形、符号。
（3）突起路标：安装于路面上用于标示车道分界、边缘、分合流、弯道、危险路段、路宽变化、路面障碍物位置等的反光或不反光体。
（4）路边线轮廓标：安装于道路两侧，用以指示道路的方向、车行道边界轮廓的反光柱（或片）。

3. 按标划方式分类

（1）白色虚线：划于路段中时，用以分隔同向行驶的交通流或作为行车安全距离识别线；划于路口时，用以引导车辆行进。
（2）白色实线：划于路段中时，用以分隔同向行驶的机动车和非机动车，或指示车行道的边缘；设于路口时，可用作导向车道线或停止线。
（3）黄色虚线：划于路段中时，用以分隔对向行驶的交通流；划于路侧或缘石上时，用以禁止车辆长时在路边停放。
（4）黄色实线：划于路段中时，用以分隔对向行驶的交通流；划于路侧或缘石上时，用以禁止车辆长时或临时在路边停放。
（5）双白虚线：划于路口时，作为减速让行线；设于路段中时，作为行车方向随时间改变的可变车道线。
（6）双黄实线：划于路段中时，用以分隔对向行驶的交通流。
（7）黄色虚实线：划于路段中时，用以分隔对向行驶的交通流。黄色实线一侧禁止车辆超车、跨越或回转，黄色虚线一侧在保证安全的情况下准许车辆超车、跨越或回转。
（8）双白实线：划于路口时，作为停车让行线。

4. 按功能分类

（1）指示标线。指示标线是指示车行道、行车方向、路面边缘、人行道、停车位、停靠站及减速丘等的标线。指示标线的种类见表5-14。
（2）禁止标线。禁止标线是指告示道路交通的遵行、禁止、限制等特殊规定的标线。禁止标线的种类见表5-15。

表 5-14 指示标线的种类

设置方式	标线名称	标线形式	作用
纵向标线	可跨越对向车行道分界线	黄色虚线	用于分隔对向行驶的交通流。一般设在道路中线上，但不限于一定设在道路的几何中心线上。车辆在保证安全的情况下，可以越线超车或转弯
	可跨越同向车行道分界线	白色虚线	用来分隔同向行驶的交通流，设在同向行驶的车行道分界上。在保证安全的情况下，允许车辆短时越线行驶
	潮汐车道线	双黄虚线	车辆行驶方向可随交通管理需要进行变化的车道
	车行道边缘线	白色实线或虚线	用以指示机动车道的边缘或用以划分机动车道与非机动车道的分界
	左弯待转区线	白色虚线	指示左转弯车辆在直行时段进入待转区等待左转的位置
	路口导向线	白色或黄色虚线	在平面交叉口面积较大、形状不规则或交通组织复杂，车辆寻找出车道困难或交通流交织严重时，设置路口导向线，辅助车辆行驶和转向
	导向车道线	白色实线	指示车辆应按导向方向行驶的导向车道的位置
横向标线	人行横道线	白色平行粗实线	既标示一定条件下准许行人横穿道路的路径，又警示机动车驾驶人注意行人及非机动车过街
	车距确认线	白色折线或白色半圆状车距确认标线	提供车辆驾驶人保持行车安全距离的参考
其他标线	道路出入口标线	白色实线或折线	用于引导驶入或驶出车辆的运行轨迹，提供安全交汇，减少与突出缘石碰撞的可能，一般由出入口的纵向标线和三角地带标线组成
	停车位标线	白色（或蓝色、黄色）实线（或虚线）	标示车辆停放位置
	停靠站标线——港湾式	由渐变段引道白色虚线、正常段外边缘白色实线或白色填充线组成	标示车辆通向专门的分离引道的路径和停靠位置
	停靠站标线——路边式	外围为黄色实线，内部填充黄色实折线	指示公共汽车或校车停靠站的位置，并指示除公共汽车或校车外，其他车辆不得在此区域停留
	减速丘标线	反光标线	提前告知道路使用者，前方布置有减速丘的路段
	导向箭头	白色箭头	指示车辆的行驶方向，用于对交通的引导
	路面文字标记	黄色或白色文字	利用路面文字，指示或限制车辆行驶的标记
	路面图形标记	各种颜色图形	利用路面图形，指示或限制车辆行驶的标记

表 5-15 禁止标线的种类

设置方式	标线名称	标线形式	作 用
纵向标线	禁止跨越对向车行道分界线	黄色双实线	作为禁止跨越对向车行道分界线时，禁止双方向车辆越线或压线行驶
		黄色虚实线	作为禁止跨越对向车行道分界线时，实线一侧禁止车辆越线或压线行驶，虚线一侧准许车辆暂时越线或转弯
		黄色单实线	作为禁止跨越对向车行道分界线时，禁止双方向车辆越线或压线行驶
	禁止跨越同向车行道分界线	白色实线	禁止车辆跨越车行道分界线进行变换车道或借道超车
	禁止长时停车线	黄色虚线	禁止路边长时停、放车辆
	禁止停车线	黄色实线	禁止路边停、放车辆
横向标线	停止线	白色实线	表示车辆让行、等候放行等情况下的停车位置
	停车让行线	白色平行实线和白色"停"	表示车辆在此路口应停车让干道车辆先行
	减速让行线	白色平行虚线和一个倒三角形	表示车辆在此路口应减速让干道车辆先行
其他标线	非机动车禁驶区标线	黄色虚线	用以告示非机动车使用者在路口内禁止驶入的范围
	导流线	白色单实线、V形线、斜纹线	表示车辆需按规定的路线行驶，不得压线或越线行驶
	中心圈	白色实线	用以区分车辆大、小转弯或作为交叉口车辆左右转弯的指示，车辆不得压线行驶
	网状线	黄色网格线	标示禁止以任何原因停车的区域
	专用车道线	黄色虚线、文字	指示仅限于某车种行驶之专用车道，其他车种及行人不得进入
	禁止掉头（转弯）线	黄色导向箭头和黄色叉形标记左右组合而成	用于禁止车辆掉头（转弯）的路口或区间

（3）警告标线。警告标线是指促使道路使用者了解道路上的特殊情况，提高警觉准备应变防范措施的标线。警告标线的种类见表 5-16。

表 5-16 警告标线的种类

设置方式	标线名称	标线形式	作 用
纵向标线	路面（车行道）宽度渐变段标线	黄色实线	用以警告车辆驾驶人路宽或车道数变化，应谨慎行车，并禁止超车
	接近障碍物标线	颜色同车道线，外廓为实线，内部以填充线填充	用以指示路面有固定性障碍物，警告车辆驾驶人谨慎行车，引导交通流顺畅驶离障碍物区域
	铁路平交道口标线	白色反光交叉线、"铁路"标字、横向虚线、停止线、黄色反光禁止超车线	用以指示前方有铁路平交道口，警告车辆驾驶人应在停车线处停车，在确认安全情况下或信号灯放行时，才可通过

(续)

设置方式	标线名称	标线形式	作用
横向标线	减速标线	白色反光虚线	用于警告车辆驾驶人前方应减速慢行
其他标线	立面标记	黄黑相间倾斜线条	提醒驾驶人注意,在车行道或近旁有高出路面的构造物
	实体标记	黄黑相间倾斜线条	用以给出道路净空范围内实体构造物的轮廓,提醒驾驶人注意

除以上三种基本类型外,道路交通标线还包括用以指示道路方向、车行道边界的轮廓标和固定于路面上起标线作用的突起路标。

二、道路交通标线设置的基本要求

1. 道路交通标线的颜色

道路交通路面标线一般采用白色和黄色两种,以白色为主,因为白色比较醒目,尤其是在沥青道路的色度对比下,视认效果最好。黄色标线对光的反射性比白色标线低53%,在有雾的情况下,与白色标线相比,黄色标线可见性要减少1/5;黎明和黄昏时,也会明显地减少可见性,驾驶人不易区分允许超车和禁止超车区段的差别。但采用黄色标线可弥补白色标线的单调缺陷,白色的单一色调容易使长途行驶的驾驶人感觉疲劳,增加黄色标线可起到颜色鲜明、对比强烈的效果,能满足视觉的基本特性要求。总的来说,白色为指示、控制意义,黄色为禁止、警告意义,特殊需要也采用红色。缘石标线一般用黄色,也有用红色、白色的;立面标记采用黑白、黑黄或红黄相间的条纹。为提高夜间的视认性,标线可根据需要采用反光标线,立面标记可加设照明、闪光灯等设备。

2. 道路交通标线的宽度

道路交通标线的宽度有一个规定范围,一般说来,越宽的标线越能起到强调作用,但并不需要过分加宽,因为这样不但会增加费用,而且会增加打滑的危险。国家标准《道路交通标志和标线 第3部分:道路交通标线》(GB 5768.3—2009)规定纵向标线的宽度为10~15cm,高速公路边缘线宽度规定为15~20cm,一般采用下限值,在需要强调的地方可采用上限值。

驾驶人在行车中发现横向标线往往是由远至近,尤其在距横向标线较远的时候其视角范围很小,加上远小近大的原理,所以通常横向标线宽度设置要比纵向标线宽。一般横向标线宽度为20~40cm,斑马线为40~45cm。

3. 标线实线与间隔长度比例

虚线是道路交通标线中不可缺少的组成要素之一。虚线中的实线段和间隔段的比例与车辆的行驶速度有直接关系。实线段与间隔距离太近,会造成闪现率过高而使虚线出现连续感,对驾驶人产生过分的刺激;但实线段与间隔距离太远,闪现率太低,就使驾驶人在行驶中获得的信息量太少,起不到标线应有的作用。

选择标线比例的时候,既要考虑驾驶人的心理、生理指标,也要考虑尽量减小每公里标线面积的因素。在郊外公路上,闪现率不大于4次/s被认为是可以接受的,闪现率为2.5~3.0次/s时效果最佳;在城市道路上,闪现率在8次/s以下认为可以接受。

4. 导向箭头

车辆在行驶过程中,驾驶人因受视线高度的限制和自身运动状态的影响,所看到的导向箭头的形状有很大的不同,有时会增加行车的危险性。因此,正确设置导向箭头,对提高驾驶人的认读速度和认读正确率具有非常重要的意义。

为寻求导向箭头的最佳形式,需要对各种直行、转弯、直行和转弯组合箭头进行比较。根据认读速度和错误率试验结果的统计分析,最终的箭头形式是根据试验结果的平均值来选用的。最好的箭头形式可归纳如下:最好的直行箭头的宽约为箭杆宽的4倍,箭头长度要比箭杆短,后掠式箭头和锥式箭头都是不好的;最好的转弯箭头的特征在很大程度上是由不对称的形式来显示方向的,其特征是保持箭头的转弯部分清晰。

5. 道路平交路口标线的设置

道路与道路平交路口的标线包括人行横道线、停止线、车行道中心线、车道分界线、导向箭头等。上述标线在设置时,应考虑交叉路口的形式、交通量、车行道宽度、转弯车辆的比率、非机动车的混入率等因素,并遵循下列原则设置:

(1) 要积极开辟左转弯车道。可利用削去中央分隔带的方法,也可利用缩窄车道宽度和偏移车行道中心线的方法开辟左转弯附加车道。

(2) 路口导向车道线的长度 L 应根据路口的几何线形确定,其最短长度为30m。导向车道线应为白色单实线,表示不准车辆变更车道。

(3) 交叉路口驶入段的导向车道内应有导向箭头标明各车道的行驶方向。距路口最近的第一组导向箭头在距停止线3~5m处设置;第二组在导向车道的起始位置设置,箭头起始端部与导向车道线起始端部平齐;第三组及其他作为预告箭头,在距第二组箭头前30~50m间隔设置,预告箭头指示方向应与前方导向车道允许行驶方向保持一致。设置示例如图5-10所示,出入口导向箭头的设置次数见表5-17。

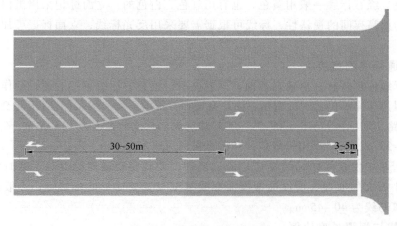

图 5-10 导向箭头布设示例

表 5-17 导向箭头的设置次数

道路设计速度/(km/h)	≥100	40~100	≤40
导向箭头设置次数(次)	≥3	3	≥2

第四节 安全护栏

护栏是防止车辆驶出路外或闯入对向车道而沿着道路路基边缘或中央隔离带设置的一种安全防护设施,在高等级公路和城市道路上有着广泛的应用,是一种重要的交通安全设施。

早期的道路设计主要针对道路本身，而对道路上附属的安全设施重视不够。然而在实际的驾驶行为中，驾驶人不仅要求有良好的路况及道路线形，同时还更需要一定的行车安全感。另外，随着汽车性能的日益改进，车速不断提高，越出路段外的事故越来越严重，使得道路设计者认识到需要分析路侧的潜在危险并改进其设计。于是，安全护栏得到了重视并获得了广泛的应用。

护栏的防撞机理是通过护栏和车辆的弹塑性变形、摩擦、车体变位来吸收车辆碰撞能量，从而达到保护车内人员生命安全的目的，因此从某种程度上说，护栏是一种"被动"的交通安全设施。同时护栏还具有诱导驾驶人视线、限制行人横穿等功能。

一、安全护栏的分类

（一）按护栏设置位置及保护对象分类

1. 路侧护栏

路侧护栏是指设置在公路路肩（或边坡）上的护栏，用于防止失控车辆越出路外，碰撞路边障碍物和其他设施。

2. 中央分隔带护栏

中央分隔带护栏是指设置于道路中间带内的护栏，用来防止失控车辆穿越中间带闯入对向车道，保护中间带内的构造物和其他设施。

3. 人行道护栏

人行道护栏是设置在危险路段，如城市道路上交通量大、人车需要严格分流、车辆驶出行车道将严重威胁行人安全、防止行人跌落等路段上用以保证行人安全的一种护栏形式。

4. 桥梁护栏

凡设置于桥梁上的护栏均称为桥梁护栏，即使是采用了与路段相同形式的护栏，仍称其为桥梁护栏。

桥梁护栏与桥梁栏杆是两种不同的结构物，前者的主要性能是可防止车辆突破、下穿或翻越桥梁，而后者则是一种可防止行人和非机动车掉入桥下的装饰性结构物。

（二）按护栏结构特点分类

按结构特点可分为轻型护栏和重型护栏两类。重型护栏的形式较多，一般分为刚性、半刚性及柔性三种。

1. 轻型护栏

轻型护栏一般由金属管栏杆和立柱组成的护栏结构，力学强度较低，不能阻止高速行驶车辆的冲撞，主要作用是限制行人通过。

2. 重型护栏

（1）刚性护栏。刚性护栏是一种基本不变形的刚性护栏结构。它通过车轮转动角的改变，车体变位、变形，以及车辆与护栏、车辆与地面的摩擦来吸收碰撞能量。刚性护栏主要设置在需严格阻止车辆越出路外，会引起二次事故的路段。它对保障乘员安全性的要求略低。

（2）半刚性护栏。半刚性护栏是一种连续的梁柱结构。它通过车辆与护栏间的摩擦，车辆与地面间的摩擦，以及车辆、土基和护栏本身产生一定量的弹、塑性变形吸收碰撞能量，延长碰撞过程的作用时间来减少减速度，迫使失控车辆改变行驶方向，回复到正确的行驶方向，以确保乘员安全和减少车辆损坏。半刚性护栏主要设置在需要着重保护乘员安全的路段。

（3）柔性护栏。柔性护栏是一种具有较大缓冲能力的韧性护栏结构。缆索护栏是柔性护栏的主要代表形式。它是一种以数根施加初张力的缆索固定于立柱上面组成的结构，主要依靠缆索的拉应力来抵抗车辆的碰撞，吸收碰撞能量。

（三）按护栏的构造形式分类

1. 型钢护栏

型钢护栏是较为常见的护栏。它由立柱及安置于其上的波形断面金属横梁组成，故又被称作波纹梁护栏。当车辆冲撞到波纹梁时，横梁产生变形，吸收冲撞能量，并且由于反力的作用，使车辆回复到正常的行驶方向。波纹梁受到车辆冲击后的变形虽然大，但对护栏而言，损坏是局部性的，更换非常方便。另外，型钢护栏在小半径路段（小于300m）也能设置，并且有诱导视线的作用。双面型钢护栏还可以设置在较窄的中央分隔带上。

2. 钢管护栏

钢管护栏是以数根钢管（一般2~3根）安置在立柱上。其功能与型钢护栏相似，但比型钢护栏的外形美观。钢管护栏可在城市街道上作为人行护栏，用于限制行人跨越或显示人行道边界。

3. 箱梁式护栏

箱梁式护栏由方形空心横梁及立柱组成。受到车辆冲撞时，强度低的立柱会发生弯曲，从而起到减缓冲击的作用；箱梁则不易变形，可起到阻挡车辆的作用。箱梁式护栏可用在分隔带较窄的道路上。其缺点是在小半径路段上不能设置。

4. 钢缆护栏

钢缆护栏采用的是一种将数根钢缆施加预张力固定在立柱上的方法，来起到强制隔离的作用。车辆冲撞时，钢缆在弹性变形范围内工作，将车辆拦住，并可回正车辆行驶方向。钢缆护栏特别适用于长直线路段，在风景区道路上设置最为美观。其缺点是不适合小半径曲线道路使用，施工复杂，视线诱导性较差。

5. 混凝土护栏

混凝土护栏主要设置在桥梁、高架道路及山区危险道路的边缘，以防止车辆冲出路外；也可设置在中央分隔带上，阻止车辆驶入对向车道。混凝土护栏一般为钢筋混凝土墙式结构，有较强的行驶压迫感，但分隔效果较好，并且维修费用很低。

6. 隔离栅栏

将钢筋加工成栅栏状，两端安装在立柱上，即可制成一片隔离栅栏。使用时，可将立柱直接埋设在路面上，也可将立柱安装在活动墩座上。隔离栅栏突出的特点是占用道路空间小，造型美观，故多用作城市街道的中央隔离带护栏和人行护栏。

7. 隔离墩

隔离墩用混凝土或其他材料预制成型，以铁链、钢筋或钢管等连接，作为机动车、非机动车分隔带或路侧停车场的隔离带。其特点是拆装方便，可按需要移动位置，但稳定性差，并且容易丢失。

除上述几种护栏外，还有网式护栏、链式护栏等。在运用上，各类护栏既可单独设置，也可多种形式并用。

二、安全护栏的功能

公路上的安全护栏，经正确设计应具备四大主要功能，即保护功能、隔离功能、缓冲功能和导向功能。

1. 保护功能

正确设置安全护栏，阻止车辆越出路外，保护路外建筑物的安全，确保行人免受重大伤害。

安全护栏的设计应能使车辆回到正常行驶方向，车辆碰撞护栏的运动轨迹应能圆滑过渡，以较小的驶离角和较小的回弹量停留在不影响车辆正常行驶的地方，不致发生二次事故。

2. 隔离功能

安全护栏与道路交通标线一样，都具有分隔同向或对向交通流的作用。可以有效阻止失控车辆穿越中央分隔带闯入对向车道，在城市道路的机动车道与非机动车道之间、机动车道与人行道之间采用护栏隔离，可有效地保护非机动车和行人的安全，同时又可避免它们对机动车行驶造成干扰。在郊区，安全护栏还可以防止牲畜进入道路的行驶区域。

3. 缓冲功能

安全护栏具有良好的吸收碰撞能量的功能。当汽车失控与安全护栏发生碰撞时，安全护栏可通过其自身的变形或破坏，减缓碰撞产生的冲击力，降低对驾驶人和乘员的伤害程度。

4. 导向功能

沿着道路线形连续设置的安全护栏，能够对驾驶人起到良好的视线诱导作用，它能预示有关道路的轮廓及前进方向的线形，增加行车的安全性，使道路更加美观。

由以上功能可以看出，若要防止车辆越出或冲断护栏，必然要求安全护栏具有相当的力学强度和刚度，从而能够抵挡车辆的冲撞。如果从保护车内人员免受伤害或减轻伤害程度的角度考虑，则希望安全护栏刚度不要太大，要具有良好的柔性。显然，这两种功能要求是相互矛盾的，在设计护栏时应找出两者间矛盾的调和点。

三、安全护栏的设置

安全护栏作为道路上的基本安全设施，对保证道路上的交通安全意义重大。但对于道路交通而言，安全护栏本身也是一种障碍物，它的设置是有条件的，如果设置不合理，那么对道路交通也会产生负面影响。例如，如果车辆以一定碰撞条件碰撞某一危险物的事故严重程度比相同条件下车辆碰撞安全护栏的事故严重程度低，那么就不能用安全护栏保护该危险物。

通常将设置安全护栏前后的相对危险性进行比较作为设置安全护栏的依据，失控车辆超出路外产生的后果与失控车辆碰撞安全护栏产生的后果进行比较，能减少事故严重程度的场所，被认为是需要设置安全护栏的场所。道路上是否设置安全护栏受许多因素的影响，包括适用性、安全性、经济性、环境条件及交通管理状况等，对所有这些因素均需进行全面比较分析。安全护栏的设置原则如下：

（一）路侧护栏的设置原则

1. 必须设置路侧护栏的路段

凡符合下列情况之一者，必须设置路侧护栏：

（1）道路边坡坡度 i 和路堤高度 h 在图 5-12 所示的阴影范围之内的路段。

（2）与铁路、公路相交，车辆有可能跌落到相交铁路或其他公路上的路段。

（3）高速公路或一级公路在距路基坡脚 1.0m 范围内，有江、河、湖、海、沼泽等水域，车辆掉入有极大危险的路段。

（4）高速公路互通式立体交叉进、出口匝道的三角地带，以及匝道的小半径弯道外侧。

2. 应设置路侧护栏的路段

凡符合下列情况之一者，应设置路侧护栏：

（1）道路边坡坡度 i 和路堤高度 h 在图 5-11 所示的虚线以上区域内的路段。

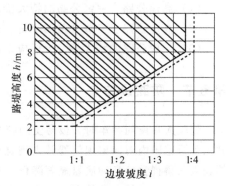

图 5-11 边坡、路堤高度与设置路侧护栏的关系

（2）高速公路或一级公路在距土路肩边缘 1.0m 范围内，有门架结构、紧急电话、上跨桥桥墩或桥台等构造物时。

（3）与铁路、公路平行，车辆有可能闯入相邻铁路或其他公路的路段。

（4）路基宽度发生变化的渐变段。

（5）曲线半径小于一般最小半径的路段。

（6）服务区、停车区或公共汽车路侧停车处的变速车道区段，交通分、合流的三角地带所在的区段。

（7）大、中、小桥两端或高架构造物两端与路基连接部分。

（8）导流岛、分隔岛处认为需要设置护栏的地方。

3. 可设置路侧护栏的路段

凡符合下列情况之一者，可设置路侧护栏：

（1）高速公路或一级公路在距土路肩边缘 1.0m 范围内存在下列危险或障碍物时：①粗糙的石方开挖断面；②大孤石；③重要标志柱、信号灯柱、可变标志柱和照明柱、路堑支撑壁、隔音墙等设施；④高山路面 30m 以上的混凝土基础、挡土墙。

（2）道路纵坡>4%的下坡路段。

（3）路面结冰、积雪严重的路段。

（4）多雾地区。

（5）隧道入口附近及隧道内需保障养护人员安全的路段。

4. 路侧护栏最小设置长度要求

路侧护栏最小设置长度为 70m，两段路侧护栏之间相距不到 100m 时，宜在该两个路段之间连续设置。

5. 两填方区段之间路侧护栏的设置要求

夹在两填方区段之间长度<100m 的挖方区段的路侧护栏，应与两端填方区段的护栏相连。

（二）中央分隔带护栏的设置原则

（1）高速公路、一级公路原则上均应设置中央分隔带护栏。当中央分隔带宽度大于 10m 时，可不设中央分隔带护栏。

（2）高速公路、一级公路采用分离式断面时，靠中央分隔带一侧按路侧护栏设置。上、下行路基高差>2m 时，可只在路基较高一侧设置。

（3）高速公路、一级公路的中央分隔带开口处，原则上应设置活动护栏。

（三）桥梁护栏的设置原则

（1）高速公路、一级公路的特大桥，大、中桥均应设置桥梁护栏。

（2）高速公路、一级公路的小桥、通道应设置与路基上相同形式的护栏。

（3）一般公路的特大桥、大桥应设置桥梁护栏。

第五节 防眩设施

驾驶人在夜间行车时，极易受到眩光的影响产生操作失误而导致事故的发生。眩光是指在驾驶人视野范围内对向出现使驾驶人视觉机能或视力降低，产生烦恼和不舒适的极高的强光。它使驾驶人获得视觉信息的质量显著降低，造成视觉机能的损伤和心理的不舒适感觉，易使驾驶人产生紧张和疲劳，使夜间行车环境不断恶化，是发生交通事故的潜在因素。而设置防眩设施可有效地消除对向车前照灯的眩光影响，保护驾驶人的视觉健康，对改善夜间行车条件、提高道路交通安全水平能发挥积极的作用。防眩设施是指防止夜间行车不受对向车辆前照灯眩目的构造物，它主要包括防眩板、防眩网等，设置于中央分隔带上。

一、防眩设施的形式

除植树(灌木)的形式外，在道路上设置的防眩设施形式可以说是多种多样的，总的来说有网络状的防眩网、扇面式的防眩板，以及《高速公路交通安全设施设计及施工技术规范》(JTJ 074—1994，以下简称《规范》)中推荐使用的板条式防眩板等形式，有金属材料制作的，也有塑料制作的。经过几十年的发展和淘汰，目前在世界各国使用最广泛的主要是防眩板及防眩网这两种防眩设施。

针对防眩板和防眩网，交通部公路科研所曾在"七五"国家科技攻关项目中就防眩设施的形式选择，通过大量的资料分析和调查研究，就下述八个方面对防眩设施的性能进行了综合比较：

(1) 有效地减小对向车前照灯的眩目。
(2) 对驾驶人的心理影响小(行车质量的影响、单调感等)。
(3) 经济性。
(4) 良好的景观(美观)。
(5) 施工简单、养护方便。
(6) 对风阻挡小，积雪少。
(7) 有效地阻止人为破坏和车辆损坏。
(8) 通视效果好。

研究结论认为：防眩板是一种经济、美观、对风阻挡小、积雪小、对驾驶人心理影响小的防眩措施，尤其是适当板宽的防眩板与混凝土护栏配合使用效果更佳，从而确定防眩板是最佳的结构形式，其特点见表5-18。这一成果已通过国家级鉴定验收，故在《规范》中只推荐防眩板和植树两种形式作为我国道路上防眩设施的基本形式。

表 5-18 不同防眩设施的综合性能比较

特　点	植树(灌木)		防眩板	防眩网
	密集型	间距型		
美观	好	好	好	较差
对驾驶人的心理影响	小	大	小	较小
对风阻挡	大	大	小	大
积雪	严重	严重	好	严重
自然景观配合	好	好	好	不好
防眩效果	较好	较好	好	较差
经济性	差	好	好	较差
施工难易	较难	较难	易	难
养护工作量	大	大	小	小
横向通视	差	较好	好	好
阻止行人穿越	较好	差	较好	好
景观效果	好	好	好	差

1. 防眩板

防眩板是以方形型钢作为纵向骨架，把一定厚度、宽度的板条按一定间隔固定在方形型钢上而形成的一种防眩结构。防眩板这种形式之所以备受国内外公路界的欢迎，其主要优点是对风阻挡小、不易积雪、美观经济和对驾驶人的心理影响小等。防眩板的设置主要有三种情况：①防眩板单独设置；②防眩板设置在波形梁护栏的横梁上；③防眩板设置在混凝土护栏上。

2. 植树防眩

在中央分隔带上植树是最先采用的防眩措施，它具有防眩、美化路容、降低噪声和诱导交通等多重功能。植树防眩特别适用于较宽的中央分隔带，作为道路总体景观的一部分，与自然环境相协调，给驾驶人提供了绿茵连绵、幽美舒适的行车环境。道路绿化是视野所及范围内行车的重要参照物。

植树方法通常有密集型和间距型两种形式。防眩高度一般为1.7m左右，树冠尺寸与树间距相对应，满足防眩的要求。而近年来国外比较推崇一种新的栽种形式，即所谓的自由栽种方式。其基本依据和做法是：由于交通量一定时，在道路上行驶车辆的车头时距是连续型随机变量，并符合一定的统计分布，故由此联想到树木的栽种间距也可有大有小，但控制其平均值在5~6m，并且使每一栽植的间距，从理论上讲也是随机变量。这样虽说是自由栽种，但疏密有序，从数理分析上也是有规律的。这种栽种方式比较接近于自然的随便栽植，符合人的心理和视觉特性要求，因而在日本和欧洲许多国家的高速公路上已流行开来。

就防眩板和植树（灌木）两种形式的具体布设而言，显然在中央分隔带较窄时，应以防眩板为主进行防眩；而在中央分隔带较宽，地形富有变化，需要十分尊重自然景观及气候条件也较适宜植树时，可采用植树（灌木）防眩。但无论如何，防眩板和植树（灌木）相结合是比较理想的形式，这是针对经济、景观、养护和克服单调性等方面而言的。在《规范》中提出了三种防眩设施与中央分隔带护栏相结合的形式，也主要是基于上述几个方面的考虑。尤其是中央分隔带设置缆索护栏的情况，因缆索护栏与防眩板结合设置，给人以"头重脚轻"之感，景观效果不好；加之缆索护栏是柔性结构，不能很好地对防眩板起保护作用；车辆侧撞或侧擦对缆索护栏可能没什么损伤，而防眩板却可能遭到破坏，或产生变位。在多数情况下，这些侧撞或侧擦可能只使防眩板倾斜或产生一定的变形，既不影响防眩效果，更换似乎也没必要，但修复却较困难，如果不修，则歪歪斜斜埋设在路中有碍景观，也给养护部门增添不少的麻烦。而植树与缆索护栏结合设置，既能起到防眩的作用，又能弥补缆索护栏诱导效果不理想的一面，景观效果极佳。故在设置缆索护栏的路段，最好是采用植树防眩。需强调的是，这些规定都不是绝对的，在什么条件下需设置防眩板或植树（灌木），应从上述八个方面进行比较后，结合具体情况而定。

二、防眩设施的设置原则

1. 设置原则

防眩设施的设置决定于很多条件，根据《公路交通安全设施设计规范》（JTG D81—2017），高速公路、一级公路中央分隔带宽度小于9m且符合下列条件之一者，宜设置防眩设施：

（1）夜间交通量较大，并且涉及交通量中，大型货车和大型客车自然交通量之和所占比例大于或等于15%的路段。

（2）设置超高的圆曲线路段。

（3）凹形竖曲线半径等于或接近于现行《公路工程技术标准》（JTG B01）规定的最小半径值的路段。

（4）公路路基横断面为分离式断面，上下车行道高差小于或等于2m时。

（5）与相邻公路、铁路或交叉公路、铁路有严重眩光影响的路段。

（6）连拱隧道进出口附近。

2. 一般要求

从我国防眩设施和中央分隔带护栏的设置原则可看出，两者设置条件考虑的基本因素多数是一致的。一般在需设置防眩设施的路段，也基本上是需设置中央分隔带护栏的，因而防眩设施宜与护栏配合设置。而且，防眩设施与护栏配合设置具有一定的优越性：首先，可大大降低防眩设施的投资，防眩设施与护栏配合设置就可利用护栏作为支撑结构，护栏本身可作为防眩的一个组成部分，从而节省投资降低造价；其次，护栏对防眩设施可起到保护的作用，由于防眩设施本身并不具备防撞功能，因而与护栏配合使用时，护栏就起了保护的作用，使防眩设施受冲撞破坏的概率降低，从而可节省大量的维修养护费用。实际应用表明，防眩设施与护栏还具有互为补充，增强道路景观的作用。

在中央分隔带上设置防眩设施，可以说在一定程度上影响了驾驶人的横向通视，使其视野变窄，并且防眩设施的高度一般都与人的高度相当（1.70m左右），在无封闭设施的路段上设置防眩设施，如有人翻越防眩设施或从中跳出，往往使驾驶人猝不及防。尤其在夜间，以一定间距栽植的树木在灯光的照射下就像人站立在路旁一样，使驾驶人感到紧张而更加谨慎地行车，即使道路条件好，驾驶人也不敢将车速提高，而且本能地使车辆轨迹偏离车道，即离中央分隔带远些。许多统计资料都表明，在无封闭设施的路段设置防眩设施后，反而使该路段的事故率增加，尤其是恶性事故率上升，这与侧向通视不好致使驾驶人对前方的突发事件反应不及有关。因此，在无封闭设施的路段是否设置防眩设施、选择什么类型的防眩设施需要慎重考虑。如确需设置，则应选择好防眩设施的形式和高度，既尽量不给人畜随意横穿的可能，又要有利于驾驶人横向通视。一般情况下，可优先考虑高度在1.70m左右的防眩网或防眩板。

防眩设施的设置应考虑连续性，避免在两段防眩设施之间留有短距离的间隙，因为这种情况会给毫无思想准备的驾驶人造成很大的潜在眩目危险，易诱发交通事故，而且从人的视觉感受和景观上来说这种设置也是不好的。

在中央分隔带设置防眩设施后会影响横向通视，使驾驶人视野变窄，并将其注意力引诱到防眩设施上。如果防眩设施过于单调，长时间在这种环境行驶就会使驾驶人产生单调感，使其视觉变得迟钝，感到乏味，容易疲倦打瞌睡，而酿成交通事故。因而，长距离设置防眩设施时，其形式颜色应适当变化，可把植树和防眩板交替设置，避免单调性。单调是安全和美学的大敌。另一方面，防眩设施结构形式或颜色的变化也不宜过于频繁，以避免过多分散驾驶人的注意力，影响行车质量。结构上的变化一般在5km以上为宜。而颜色的变化则宜与具体的道路线形及景观相适应，并在设计中有明确规定。

良好的防眩设计可以给驾驶人提供多样化的"车行景异"的动态景观，克服行驶的单调感，给驾驶人以安全、舒适的享受，提高行车质量。

防眩设施的设置高度原则上应全线统一。不同防眩结构的连接应注意高度的平滑过渡，不要出现突然的高低变化。设置在凹形竖曲线路段的防眩设施，其设置高度应根据竖曲线半径及纵坡情况计算确定，并在一定长度范围（渐变段）内逐步过渡，以符合人的视觉特性。该渐变段的长度与人的视觉特性、防眩设施的结构尺寸和变化幅度及车辆的行驶速度（道路等级）等有关，该渐变段的长度一般宜大于50m。但在设计中，应根据具体情况确定合适的渐变段长度。另外，防眩板板条宽度的变化幅度一般都不大，故其渐变段的长度还可小一些。

三、防眩设施的遮光角和高度

防眩设施既要有效地遮挡对向车辆前照灯的眩光，又要满足横向通视好、能看到斜前方，并对驾驶人心理影响小的要求，如采用完全遮光反而缩小了驾驶人的视野，影响巡逻管理车辆对对向车道的通视,并且对驾驶行车有压迫感。同时,无论白天或黑夜,对向车道的交通情况是行车的重要参照系,其中很重要的一点是驾驶人在夜间能通过对向车前照灯的光线判断两车的纵线距离,使其注意调整行车状态。从国外试验结果可知,相会两车非常接近(小于50m)时,光线不会影响视距,但当达到某一距离时,眩光会对视距产生较大的影响。防眩设施不一定要将对向车灯的光线全部遮挡,而应利用部分遮光的原理,允许部分车灯光穿过防眩设施,当然透光量不应使驾驶人感到不舒适。

由上可知,要获得良好的防眩效果,只需某一合适的遮光角和高度即可。但最佳的遮光角是多大,却是难以确定的。因其受到人的视觉特性、驾驶人的个体因素、对眩光的允许程度和道路线形等多方面不确定因素的影响。

为此,交通部公路科研所曾在国家"七五"攻关项目中,对防眩设施的合适遮光角进行了专门研究。从人的视觉遮光要求、车辆前照灯几何可见角和根据两车相会时眩光影响最大的横向位置和距离等方面出发,初步选定了理论上合适的遮光角,并通过野外试验,确定了防眩设施的最小遮光角为7°。最后根据遮光的效果,结合经济和横向通视等方面的要求,通过大量的实际调查,并考虑到国内外的使用经验,确定平直路段上防眩设施的遮光角以8°为宜;由于植树树枝稀疏漏光,其遮光角则以10°为宜;平、竖曲线路段遮光角为8°~15°。这一结果已在国内几条高等级公路上得到验证。

防眩设施的高度同样与车辆的前照灯高度、驾驶人的视线高度、前照灯的最小几何可见角、前照灯配光性能、安装瞄准状况、道路状况和车型组合等不确定因素有关。而且,现阶段货车驾驶人的视线高度还在不断增加,小车驾驶人的视线高度有逐渐降低的趋向。所以,防眩设施的高度一般只要使组合频率较高的小车与小车、小车与大车相遇时有良好的效果就可以了。交通部公路科研所经过研究、分析、试验、调查和验证等工作,提出了平直路段适宜的防眩设施高度为1.60~1.70m,并给出了供计算用的驾驶人视线高度和前照灯高度值。

表5-19列出了不同车辆组合时平直路段防眩设施最小高度的理论值,供实际工作时参考。

表5-19 不同车辆组合时的防眩设施最小高度

超 车 道	主 车 道	防眩设施高度/m	超 车 道	主 车 道	防眩设施高度/m
小型车、小型车		1.09	大型车、大型车		1.50
小型车	大型车	1.27	大型车	小型车	1.62
大型车、大型车		1.50	小型车	小型车	1.16
小型车、大型车		1.40	大型车	大型车	1.68

在弯道路段,车辆前照灯的光线沿切线方向射出,曲线外侧车道上车辆的前照灯灯光射向路外,不会影响内侧车道的交通。而弯道内侧车辆的前照灯射向外侧车道,外侧车道上车辆驾驶人的眼睛暴露在眩光区内,弯道上驾驶人的眼睛受到瞬间眩光的照射,需经过一段暗适应的过程,轻者心理上感觉不舒适,严重的会导致短期失能,看不清前方路况,使车辆沿切线方向越出路外造成交通事故。因而,弯道上相对来说更需要设置防眩设施。

在曲线半径较小且中央分隔带较窄的弯道上,设置防眩设施可能会影响曲线外侧车道的视距。因此,在设置防眩设施之前应进行停车视距分析,保证设置防眩设施后不会减小停车视距。对停车视距的影响随中央分隔带宽度和曲线半径的减小而趋于严重,故对在弯道上设置防眩设施可能引起的视距问题应予以足够的重视。

一般地,照射到外侧车道上驾驶人眼睛的光量与平曲线的曲度成正比。为了在弯道上获得和直线路段一样的遮光效果，应增大弯道上防眩设施的遮光角。而当曲线半径值大于不设超高最小半径的规定值时，可不考虑平曲线半径的变化对遮光角的影响。

另外，在需增大遮光角的弯道上设置防眩板时，最好通过增加防眩板的板条宽度来增大遮光角，而不宜采取减小设置间距的方法，从而最大限度地保证横向通视，减小风的阻力，降低积雪的程度，方便加工制作和施工。

弯道上设置的防眩设施如果经检验影响了视距，则可考虑降低防眩设施的高度。降低高度后的防眩设施可阻挡对向车前照灯的大部分眩光，并且驾驶人能看见本车道前方车流中最后一辆车的顶部，这个高度值一般在1.2m左右。另外，也可以考虑将防眩设施的设置位置偏向曲线内侧，但此方法对于半径较小的弯道来说，效果并不明显，景观效果也不好，因而主要在较大半径的曲线路段采用。

如采用上述方法仍不能得到较好的防眩效果和景观效果，则不宜在中央分隔带上设置防眩设施。如确需设置，则可采取加宽中央分隔带的方法，使车道边缘至防眩设施之间有足够的余宽，以保证停车视距。日本东名高速公路就采取了加宽中央分隔带的方法，取得了明显的成效，使东名高速公路成为绿茵连续的优美舒适公路。这是日本东名与名神高速公路的区别之一。

在凸形曲线路段，驾驶人可在一定范围从较低的角度看到对向车前照灯的眩光，随着两车驶近，视线上移，眩光才被防眩设施遮挡。故在凸形竖曲线路段，防眩设施的下缘应接近或接触路面，以消除这种眩光的影响。其设置的范围至少为凸形竖曲线顶部两侧各120m，因为平直路段感觉不到眩光的两车最小纵距即为120m左右，汽车远射灯光的照距一般也在120m左右。

在凹形竖曲线路段，驾驶人显然可从较高的角度看到对向车前照灯的眩光。因而，宜根据凹形峰曲线的半径和前后纵坡度的大小，适当增加凹形竖曲线路段防眩设施的高度。一般可通过计算法或计算机绘图求出凹形竖曲线内各典型路段相应的防眩设施高度值，最后取一平均数值作为整个凹形竖曲线的设置高度。具体步骤如下：

（1）根据凹形竖曲线的半径及长度，将整个凹曲线部分的长度划分为4~12个路段作为典型路段。

（2）在各典型路段内选一点计算其相应的防眩高度，作为该典型路段的设置高度。如图5-12所示，计算时取$L=120m$，而H为平直路段的防眩高度，h_3根据具体的凹形竖曲线半径及前后纵坡度大小计算，则$H'=H+h_3$。

（3）为方便加工制作及今后的维护，可取各典型路段计算的H'的平均值或稍大一点的数值，作为整个凹形竖曲线路段的设置高度。

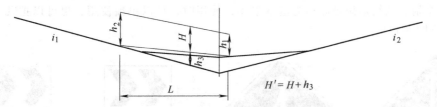

图5-12 凹形竖曲线路段防眩高度计算图例

为使防眩设施的高度能与道路的横断面比例协调，不使防眩设施受冲撞后倒伏到车行道上，以减少行驶的压迫感，防眩设施的高度一般不宜超过2m。

显然，在凹形竖曲线路段种植足够高的树木防眩目是比较理想的形式，可为驾驶人提供优美的视觉环境。

第六节 视线诱导设施

视线诱导设施是一种沿车道两侧设置，用以指示道路方向、车行道边界及危险路段位置等的设施的总称。视线诱导设施可在白天、黑夜诱导驾驶人的视线，表明道路轮廓，保证行车安全。

一、视线诱导设施的分类

视线诱导设施按功能可分为：轮廓标，分流、合流诱导标，指示性或警告性线形诱导标三类。轮廓标以指示道路线形轮廓为主要目标；分流、合流诱导标以指示交通流分合为主要目标；而线形诱导标以指示或警告改变行驶方向为主要目标。三者以不同的侧重点来诱导驾驶人的视线。使行车更趋安全、舒适。

1. 轮廓标

轮廓标是设置于行车道边缘，用以指示道路线形轮廓的设施。其构造与路边构造物有关。当路边无构造物时，轮廓标为柱体，独立设置于土路肩中；当路边有护栏、桥梁栏杆、侧墙等构造物时，轮廓标就附着于这些构造物的适当位置上。

当道路处在经常有雾、阴雨、风沙、下雪和暴雨的地区，会给视认带来困难时，可尽量提高轮廓标的反射性能，如采用面积较大的反射器，并将轮廓标安装于波形梁护栏的立柱上。

2. 分流或合流诱导标

分流或合流诱导标是指设置于交通分流或合流区段的设施。它可以引起驾驶人对高速公路或城市快速路进、出口匝道附近的交织运行的注意。

分流、合流诱导标是以反射器制作符号粘贴在底板上的标志，其图案如图 5-13 所示，高速公路诱导标的底色为绿色，其他公路为蓝色，诱导标的符号均为白色。汽车在高速公路上行驶，在分、合流标的诱导下，无论在白天还是黑夜，驾驶人可以非常清楚地辨认交通流的分、合流情况。

3. 线形诱导标

线形诱导标是指设置于急弯或视距不良路段，用来指示道路改变方向，或者设置于施工、维修作业路段，用来警告驾驶人注意，改变行驶方向的设施。

线形诱导标又分为指示性线形诱导标和警告性线形诱导标两种。

线形诱导标的颜色规定为：指示性线形诱导标一般道路为蓝色底白色图案，高速公路为绿底白图案，用以提供一般性行驶指示；警告性线形诱导标为红色底白色图案，可使车辆驾驶人提高警觉，并准备防范应变的措施。

只有一个箭头的线形诱导标称为基本单元，使用时，可以单独使用，也可以把几个基本单元组合使用（见图 5-14）。

a)   b)

图 5-13 分流、合流诱导标图案   图 5-14 线形诱导标组合

a) 分流诱导标图案   b) 合流诱导标图案

二、视线诱导设施形式的选择

视线诱导设施形式的选择,应根据道路的线形情况、照明的配置及交通流向情况,充分考虑各种视线诱导设施的效果、经济性、美观及与道路环境协调等因素后确定。

(1) 路边轮廓标的形式选择,主要根据路侧的设施情况,采用附着式或立柱式的轮廓标。在一些气候恶劣地区,如经常有雾、风沙、阴雨、下雪、暴雨,为了使轮廓标更加显眼,可以采用较大尺寸的反射器。

(2) 分流或合流诱导标,应根据交通流情况选择。

(3) 对于线形诱导标,在急弯或视距不良路段可采用指示性线形诱导标;在道路施工或维修作业等需临时改变行车方向的路段可采用警告性线形诱导标。

三、视线诱导设施的设置

1. 轮廓标的设置

高速公路、汽车专用一级公路的干道及互通式立交、服务区、停车场等的进出匝道或连接通道,原则上规定在全线连续设置轮廓标,但有道路照明设施的路线上可以省略。照明设施要花高额的设置及维修管理费,一般只在特定路段才设置。而视线诱导设施不但节省费用,而且效果非常好。

高速公路、汽车专用一级公路上的车辆行驶速度很快,为了提高行车的安全性和舒适性,指示道路前方线形非常重要,连续设置轮廓标就是诱导驾驶人视线,标明道路几何线形的有效办法。驾驶人能明了前方道路情况,从而能快速、舒适地行驶,增加行车安全,避免交通事故。

白天,汽车驾驶人一般以路面标线及护栏作为行车指导,快速顺利地行驶。但到了晚上,上述设施的视线诱导机能显著下降,路面标线只能在汽车前照灯照射的有限范围内才能看清,护栏由于设置在道路两侧,夜间的可视距离更小。随着汽车行驶速度的增加,驾驶人极需明了道路前方的路线走向。据日本运输省对道路运输车辆的保安标准规定,汽车前照灯同时打开能确认前方 100m 的障碍物。如果使用近光灯,则应能确认道路前方 40m 处的障碍物。在行驶速度为 40km/h 的情况下,其制动距离为 40m,刚好能满足近光灯照射下确认前方 40m 处的障碍物。如果速度超过 40km/h 时,需要的制动距离已超过了近光灯可能看清的范围,这时,恐怕就难以弄清前方道路的状况,也就很难保证行驶的安全。因此,在日本的视线诱导标设置标准中明确规定,设计车速在 50km/h 以上的路段必须设置视线诱导设施。

车道数及车道宽度或路肩宽度发生变化的路段,是造成交通流不稳定的重要原因,在夜间往往会引起交通安全方面的问题。如果在该路段设置轮廓标和突起路钮等视线诱导设施,使驾驶人了解车道数或车道宽度的变化,这对顺利通过瓶颈路段,防止事故发生将会十分有效。

汽车从直线段过渡到曲线段,尤其向小半径曲线行驶时,驾驶人的视线很难随道路线形急剧变化。在夜间,情况会更糟,驾驶人难以看清道路的线形。如果在急弯及与急弯连接的区间连续设置视线诱导标,可以使驾驶人了解道路线形的急剧变化,非常清晰地显示出道路轮廓,能有效地预防事故发生,确保交通安全。

高速公路、汽车专用一级公路上的车辆行驶速度快,如果只在右侧设置轮廓标,在多车道情况下,对行驶于超车道的车辆,视线诱导效果就很差。因此,左侧也设置连续的轮廓标是必要的。

在高速公路互通立交枢纽范围内,以及服务设施、停车场等进出口匝道连接线上,特别是在小半径曲线上,应在道路两侧连续设置轮廓标。

轮廓标的设置间隔应根据道路线形而定,高速公路、汽车专用一级公路的直线段,其设置最大间隔不超过50m。主线曲线段或匝道上的设置间隔可按表5-20规定选用。轮廓标一般设置在紧靠建筑限界外侧。于公路右侧及中央分隔带连续设置。分离式断面（无中央分隔带）时，则在右侧路肩上连续设置。

表 5-20　轮廓标曲线段的设置间距

曲线半径/m	≤89①	90~179	180~274	275~374	375~999	1000~1999	≥2000
设置间距/m	8	12	16	24	32	40	48

① 一般指互通式立交匝道曲线半径。

在轮廓标布设设计时，应特别注意从直线段过渡到曲线段的区段，或者由曲线段过渡到直线段的区段，要处理好轮廓标视线诱导的连续性，使其能平顺圆滑地过渡。

高速公路的竖曲线与平曲线相比，对轮廓标设置间距的影响要小得多。

2. 分流或合流诱导标的设置

分流或合流诱导标是指示交通流分流或合流的标志，原则上应在有分流或合流的互通式立交进、出口匝道附近设置。

分流诱导标设置在减速车道起点和分流端部。合流诱导标设置在加速车道终点和合流端部。

3. 线形诱导标

线形诱导标是一种指示改变行车方向的设施。指示性线形诱导标一般在改变行车方向的曲线路段设置，如曲线半径在一般最小半径以下、曲线路段通视较差、在曲线路段有下坡等对行车安全不利的地点。警告性线形诱导标是一种前方有危险必须改变行车方向的警戒设施。警告性线形诱导标一般在局部地段有道路施工或维修作业、需要行驶车辆改变方向及提请注意前方作业的路段的前方设置。

线形诱导标（指示性）一般在曲线外侧或中央分隔带上设置，最好以驾驶人视野范围内总能保持两块以上诱导标为原则考虑间距，以利于对线形的诱导。

复习思考题

1. 试述交通信号灯的分类及效力。
2. 设置交通信号灯的主要依据有哪些？
3. 道路交通标志的构成要素有哪些？各有什么作用？
4. 试述道路交通标志的分类、设置方式。如何设置交通标志的位置？
5. 试述道路交通标线的分类及设置的基本要求。
6. 试述安全护栏的分类及功能。
7. 试述防眩设施的分类及设置原则。
8. 试述视线诱导设施的分类及设置要求。

第六章 道路交通安全系统分析

交通安全系统是指由相互联系、相互作用的人、车、道路等因素组成的,能够实现人和物的位移并达到一定安全水平的有机整体。它是社会大系统的一个子系统,其内部结构复杂,涉及因素众多,包括道路使用者、车辆、道路条件、交通管理条件,这些因素相互依赖、相互作用,影响着道路交通安全系统的安全水平,系统中任何一个因素的行为或性质对道路交通整体都将产生影响,而这种影响又都依赖于其他因素的行为和性质。

交通安全系统工程是运用系统工程的原理和方法,对道路交通系统中的安全问题进行定量和定性的分析、评价和预测,并采用综合安全措施予以控制,使道路交通系统产生交通事故的可能性降到最低限度,从而达到系统最佳安全状态的技术和方法。

交通安全系统工程的主要任务包括:
(1) 发现交通事故隐患;预测、分析由于交通事故隐患和人的失误可能引起的危险。
(2) 制订和选择交通安全措施、方案,进行交通安全决策。
(3) 组织并实施交通安全措施、方案。
(4) 对交通安全措施的实施效果进行评价。
(5) 改进交通安全措施,以求得最佳的效果。

交通安全系统工程的内容包括安全系统分析、安全系统评价和安全系统管理。

安全系统分析是交通安全系统工程的核心,通过对交通事故的发生原因、概率及各种隐患表现的定性或定量分析,可以充分识别系统的安全性和危险性。其目的在于:找出引发事故的因素及其不同的组合形式,把握道路交通系统的安全薄弱环节所在,寻求预防事故发生的各种途径,并为安全评价和安全控制提供依据。

第一节 交通事故分析指标

由于道路交通事故的复杂性,需要用一系列的事故指标来反映事故总体各方面的数量特征,揭示事故总体的内在规律。

道路交通事故分析指标主要有绝对指标、相对指标、平均指标和动态指标等几种。

一、绝对指标

绝对指标是用来反映事故总体规模和水平的绝对数量。根据所反映的时间状况不同,绝对指标可分为时点指标和时期指标。前者反映某一时刻上的规模和水平,如某一年的汽车拥有量、人口总数等;后者反映某一时间间隔的累积数量,如某一年内或某一月份内的事故次数、事故伤亡人数等。

绝对指标是认识事故总体的起点,又是计算其他相对指标的基础,在事故统计分析中具有重要意义。我国目前在交通安全管理上常采用的绝对指标有交通事故次数、受伤人数、死亡人数和直接经济损失,即交通安全四项指标。

二、相对指标

绝对指标虽然可以反映事故总体的概貌,但不能揭示总体内部的规律性。而且有些绝对指标由于没有共同基础而难以直接进行对比,为此就需要建立相对指标。

相对指标是通过对事故总体中的有关指标进行对比而得到的。利用相对指标可深入地认识交通事故的发展变化程度、内部构成、对比情况、事故强度等。此外,还可把一些不能直接进行对比的绝对指标放在共同基础上来分析比较。

相对指标可分为结构相对数、比较相对数、强度相对数及动态相对数(在"四、动态指标"中讲述)。

1. 结构相对数

事故结构即事故总体的组成状况,为部分数与总数的比。为了从结构方面认识事故总体,就需要建立结构相对指标。通常在事故类别分组中,用以表明各类构成占总数量的比值,说明各构成的比例。结构相对数的计算如下:

$$结构相对数(\%) = \frac{总体中某部分的数值}{总体全部数值} \times 100\% \tag{6-1}$$

例如,交通事故的总数为 208 起,其中机动车事故 131 起、非机动车事故 52 起、行人事故 25 起,那么它们的结构相对数分别为 63%、25% 和 12%。

2. 比较相对数

比较相对数有两种类型:一种是将同一总体中有联系的两个指标相对比,如 1995 年美国交通事故负伤人数与死亡人数的相对比(比较相对数,常用来反映事故的严重程度)为 81∶1,英国为 82∶1,法国为 21∶1,德国为 59∶1,我国为 2∶1(因为我国的统计方法与国外不同,有些轻微事故只做处理不做统计,所以这一指标与国外差别较大)。

另一种是同类现象在同一时期内的指标数在不同地区间进行对比,如通过两地区在同一时期内汽车正面相撞事故数的对比,可以比较两地此类事故的发生程度。其计算方法为

$$比较相对数(\%) = \frac{乙地某种指标值}{甲地同种指标值} \times 100\% \tag{6-2}$$

例如,2016 年我国交通事故的死亡人数为 63093 人、美国为 37461 人,两者的比较相对数是:我国是美国的 1.68 倍。

3. 强度相对数

强度相对数是两个性质不同但有密切联系的绝对指标相互对比,用以表现事故总体中某一方面的严重程度。例如,事故死亡人数与机动车保有量之比、事故死亡人数与车辆总运行里程之比等。事故统计分析中所用的事故率(次/万车)、伤人率(人/万车)、死亡率(人/万车)、经济损失率(千元/万车)即为强度相对数指标。强度相对数的计算方法为

$$强度相对数(\%) = \frac{某一绝对指标值}{另一有联系而性质不同的绝对指标值} \times 100\% \tag{6-3}$$

三、平均指标

平均指标是事故总体的一般水平的统计指标,其数值表现为平均数。平均数可以使总体各单

位之间的同类指标数的差异抽象化,将共同性因素显现出来,以便于观察总体的一般水平。

平均数可分为算术平均数、调和平均数、中位数、几何平均数等。算术平均数又可分为简单算术平均数和加权算术平均数。

1. 简单算术平均数

$$\bar{x}_{简} = \frac{\sum_{i=1}^{n} x_i}{n} \tag{6-4}$$

式中 $\bar{x}_{简}$ ——简单算术平均数;
x_i ——总体中第 i 个单位的某种指标数;
n ——总体中单位总数。

2. 加权算术平均数

$$\bar{x}_{加} = \frac{\sum_{i=1}^{n} x_i f_i}{\sum_{i=1}^{n} f_i} \tag{6-5}$$

式中 $\bar{x}_{加}$ ——加权算术平均数;
f_i ——总体中第 i 个单位的权数;
x_i ——总体中第 i 个单位的某种指标数。

3. 几何平均数

$$\bar{x}_{几} = \sqrt[n]{\prod_{i=1}^{n} x_i} \tag{6-6}$$

式中 $\bar{x}_{几}$ ——几何平均数;
x_i ——总体中第 i 个单位的某种指标数。

四、动态指标

为进一步认识事故现象在时间上的发展变化规律,需要一些动态分析指标。在交通事故统计分析中,常采用的动态分析指标有动态绝对数、动态相对数和动态平均数。

(一) 动态绝对数

动态绝对数包括动态绝对数列和增减量。

1. 动态绝对数列

动态绝对数列就是将反映事故现象的某一绝对指标在不同时间上的不同数值,按时间先后顺序排列起来形成的数列。例如,表 6-1 中第 2 行和第 9 行中的数值。

2. 增减量

增减量是指事故指标在一定时期内增加或减少的绝对数量。由于使用的基准期不同,增减量可分为定基增减量和环比增减量。前者在每次计算时,都以计算期前的某一特定时期为固定的基准期(一般取动态绝对数列的最初时期作为固定基准期),用以表明一段时间内累积增减的数量;后者在计算时,都以计算期的前一期为基准期,用以表明单位时间内的增减量。

(二) 动态相对数

动态相对数是同一事故现象在不同时期的两个数值之比,动态相对数指标主要有事故发展率和事故增长率。

1. 事故发展率

事故发展率是本期数值与基期数值的比值,用以表明同类型事故统计数在不同时期发展变化的程度。事故发展率又可分为定基发展率和环比发展率两种。

（1）定基发展率。定基发展率即本期的统计数与基期统计数的比率，计算公式为

$$K_g = \frac{F_e}{F_E} \times 100\% \tag{6-7}$$

式中　K_g——定基发展率；
　　　F_e——本期统计数；
　　　F_E——基期统计数。

表 6-1　2006—2015 年我国道路交通事故动态统计表

年份	2006年	2007年	2008年	2009年	2010年	2011年	2012年	2013年	2014年	2015年
事故次数（起）	378781	327209	265204	238351	219521	210812	204196	198394	196812	187781
定基增减量	—	-51572	-113577	-140430	-159260	-167969	-174585	-180387	-181969	-191000
环比增减量	—	-51572	-62005	-26853	-18830	-8709	-6616	-5802	-1582	-9031
定基发展率(%)	100	86.4	70.0	62.9	58.0	55.7	53.9	52.4	52.0	49.6
环比发展率(%)	—	86.4	81.1	89.9	92.1	96.0	96.9	97.2	99.2	95.4
定基增长率(%)	—	-13.6	-30.0	-37.1	-42.0	-44.3	-46.1	-47.6	-48.0	-50.4
环比增长率(%)	—	-13.6	-18.9	-10.1	-7.9	-4.0	-3.1	-2.8	-0.8	-4.6
死亡人数（人）	89455	81649	73484	67759	65225	62387	59997	58539	58523	58022
定基增减量	—	-7806	-15971	-21696	-24230	-27068	-29458	-30916	-30932	-31433
环比增减量	—	-7806	-8165	-5725	-2534	-2838	-2390	-1458	-16	-501
定基发展率(%)	100	91.3	82.1	75.7	72.9	69.7	67.1	65.4	65.4	64.9
环比发展率(%)	—	91.3	90.0	92.2	96.3	95.6	96.2	97.6	100.0	99.1
定基增长率(%)	—	-8.7	-17.9	-24.3	-27.1	-30.3	-32.9	-34.6	-34.6	-35.1
环比增长率(%)	—	-8.7	-10.0	-7.8	-3.7	-4.4	-3.8	-2.4	0.0	-0.9

（2）环比发展率。环比发展率即本期统计数与前期统计数的比率，即

$$K_b = \frac{F_C}{F_B} \times 100\% \quad (6-8)$$

式中 K_b——环比发展率；

F_B——前期统计数。

2. 事故增长率

事故增长率是表明事故统计数以基期或前期为基础净增长的比率。增长率分为定基增长率和环比增长率。

（1）定基增长率。定基增长率即定基增减量与基期统计数的比率，即

$$j_g = \frac{F_C - F_E}{F_E} \times 100\% \quad (6-9)$$

（2）环比增长率。环比增长率即环比增减量与前期统计数的比率，即

$$j_b = \frac{F_C - F_B}{F_B} \times 100\% \quad (6-10)$$

表 6-1 为我国 2006—2015 年全国道路交通事故次数与死亡人数的绝对动态数列、增减量、发展率及增长率等动态指标计算结果。由表中数字可以看出，近年来事故次数、死亡人数总体呈下降趋势，交通安全状况总体趋于好转。但绝对数量却仍较大，说明交通安全形势依然严峻。

（三）动态平均数

动态平均数包括平均增减量、平均发展率和平均增长率。

（1）平均增减量是环比增减量时间序列的序时平均数，可用简单算术平均数计算。

（2）平均发展率是环比发展率时间序列的序时平均数，采用几何平均算法。

（3）平均增长率可视作环比增长率的序时平均数，但它是根据平均发展率计算的，而不是直接根据环比增长率计算。

上述各项事故分析指标中，绝对指标是基础，相对指标、平均指标和动态指标都要通过绝对指标来确定；反过来，相对指标、平均指标和动态指标更确切地反映了通过绝对指标难以反映的事故规律。通过采用事故指标，研究事故分布的特征和规律，达到减少事故次数、降低事故严重程度的目的。

第二节 系统安全分析方法

系统安全分析的方法也就是对事故进行预测和分析的方法，它是基于事故致因理论基础之上的分析技术，主要有以下三种形式：

（1）从已知的中间事件（或工艺参数的变动），推测可能导致的后果，并找出其原因。

（2）对既定的灾害事故，按系统的构成逐项分解展开，以探明发生灾害事故的原因。

（3）从基本的故障类型或各种失误（原因）中推测可能导致的灾害事故（结果）。

为了充分认识系统中所存在的危险，必须对系统进行深入细致的分析，只有分析得当，才能在安全评价中得到正确的答案。近年来，随着系统工程学科的发展，出现了很多种系统分析方法（见表 6-2）。这些系统分析方法都各有特点，有相似的地方，也有不同之处，很难说哪一种方法最好，它们之间通常是相互补充的，仅用一种方法不一定能查明所有的危险性，增加另一种方法有可能分析出某些危险性的所在。这个特点也是交通安全系统工程的一个特点，在分析交通事故时，应根据具体情况，选用合适的方法，才能实现透彻、全面的分析。下面就一些常见交通安全分析方法做一介绍。

表 6-2 常用交通安全分析方法

序号	分析方法	特点
1	统计分析法	能够直观、全面地反映交通事故原始状态,据此做出科学推理、判断,从而揭示交通事故总体的内在规律
2	分类法	经过分类,把性质不同的数据、资料及错综复杂的交通事故原因弄清楚,理出头绪,给人一种明确直观、规律性的概念
3	统计表格法	将统计分析的结果列成各种表格,直观性好
4	直方图法	形象直观,用直方图进行交通事故统计分析,不仅可以反映出交通事故的变化和趋势,还可以比较出各种因素对交通事故的影响程度
5	坐标图法	有很强的直观性,一般用来表示交通事故中某一特征指标的发展变化过程趋势
6	圆图法	可以直观地看出各个分析项目所占比例的大小
7	事故分析图	用来分析交通事故在道路上的分布情况和事故多发点
8	因果分析图	对分析交通事故的原因是适用的,它直观逻辑性强,因果关系明确,因此便于采取措施,它既可以对总的方面进行分析,也可以对单项原因进行分析,还可以对具体案例进行分析
9	排列图法	是找出影响交通事故主要原因的一种有效方法
10	交通冲突技术	非事故统计方法,以大样本生成,快速、定量评价小区域地点交通安全的现状与改善措施的效果为特点

一、统计分析法

统计分析法是依据能够客观反映事实的数据资料(如交通事故次数、死亡人数、受伤人数、损失、原因、地点、时间、道路、车辆、驾驶人、行人等数据资料),进行科学的推理、判断,从而将包含在数据中的规律揭示出来的一种分析方法。

从研究方法来看,国外对交通事故发生模型的研究多采用统计分析方法。例如,Smeed 模型、Navin 模型等,这些模型缺乏对交通事故安全系统结构和事故发生机理的描述,不同自变量的回归模型掩盖了交通系统与社会经济发展等社会环境的关系。统计分析方法用于交通安全分析存在的主要不足之处表现在如下几点:①要求大样本量;②要求样本有很好的分布规律;③计划工作量大;④可能出现量化结果与分析结果不符的情况。

而我国积累交通安全管理数据的时间不长,安全类数据及管理数据比较缺乏,并且交通事故量是交通管理及执法部门的一个重要的考核指标,因而掺杂了一些人为因素,故关于交通安全的统计数据不够准确,因此统计回归方法在实际工作中难以操作。

1. 斯密德(Smeed R. J.)公式

1949 年,英国伦敦大学斯密德教授根据他对欧洲 20 个国家的 10 余年交通事故调查结果,用回归分析的方法得出交通死亡人数的非线性回归公式。

$$D = 0.0003(NP^2)^{1/3} \tag{6-11}$$

式中　D——当年交通事故死亡人数;

　　　N——当年汽车拥有量;

　　　P——当年人口数。

该预测模型以一个国家的汽车保有量、人口数作为影响因素。Andreassen 认为斯密德公式仅仅分析了 20 个国家一年的数据,不能用来对任何国家、任何年份的交通事故死亡人数进行预测。该模型现在已经为客观事实所否定,因为该模型未能预测人类对维护交通安全、防止事故而采取的措施。

2. 伊·阿拉加尔公式

美国伊·阿拉加尔通过对美国 48 个州的道路交通死亡人数的 30 多个相关因素的分析,选出影响较大的 6 个因素,然后用回归方程预测"百万辆汽车的事故死亡率 Y(死亡数/百万辆汽车)"。经实践检验,预测值与实际值基本相符。

$$Y = 0.5215X_1 + 0.8542X_2 - 0.2831X_3 - 0.2597X_4 + 0.1447X_5 - 0.1396X_6 \tag{6-12}$$

式中　X_1——公路通车里程/总里程;

　　　X_2——汽车经检验的数量;

　　　X_3——道路面积/地区面积;

　　　X_4——年平均温度;

　　　X_5——地区内人均收入;

　　　X_6——其他因素。

3. 北京模型

20 世纪 80 年代以来,随着交通工程学科在我国的开展,面对我国交通安全日趋严重的现状,我国的交通安全专家们提出了一些具有代表性的交通事故生成规律的统计模型,其中包括北京市交通事故发生量 y 模型。

$$y = 3577.79 + 93.3028\lg X_1 + 824.921\lg X_3 + 326.777\lg X_4 + 800.454\lg X_5 - \\ 1149.05\lg X_6 - 224.902\lg X_8 - 45.0499\lg X_9 - 152.608\lg X_{10} - 287.191\lg X_{11} \tag{6-13}$$

式中　X_1——临时人口数;

　　　X_3——机动车辆数;

　　　X_4——自行车数;

　　　X_5——道路长度;

　　　X_6——道路面积;

　　　X_8——交通标志;

　　　X_9——交通标线;

　　　X_{10}——繁忙而失控的部位;

　　　X_{11}——交警人数。

4. Oppe 的"学习心理学"模型

"学习心理学"模型可以表达为

$$R_t = e^{at+b} \tag{6-14}$$

式中　R_t——第 t 年的车公里死亡率;

　　　t——时间;

　　　a、b——常数。

此模型采用了一种纵向比较法,用时间分析法得出的结果与所选取的基准年份和时间长度密切相关。随着所选取的基准年份与时间长度的不同,所得到的安全程度在纵向比较时会产生一定的歧义,因此模型中基准年份与时间长度的选择是一个很难回答的问题。

5. 丹麦模型

丹麦模型是一个微观模型,它建立了事故与交通量和路段长度的关系。

$$E(U_j) = aN_j^p L_j \tag{6-15}$$

式中 $E(U_j)$——路段 j 的事故预测值；
　　　N_j——路段 j 的交通量；
　　　L_j——路段 j 的长度；
　　　a, p——回归常数。

6. 英国微观模型

英国根据调查曾提出非线性回归模型：

$$Y = \alpha X^\beta \tag{6-16}$$

式中 Y——每公里一年间的事故次数；
　　　X——路段平均日交通量或车公里数；
　　　α, β——回归参数。

瑞典、日本等国根据上式和国内的事故资料也曾得到相应的回归预测模型。

7. 定量研究成果

美国联邦公路局经过多年研究，于1992年提出了大量关于道路几何结构与交通安全之间的定量研究成果，涉及出、入口控制，线形，横断面，互通式立交，交叉口，行人与自行车等。如在统计基础上对弯道交通事故发生量的定量描述，根据研究，可定量掌握各种曲线几何特性对交通事故地的影响。为了分析弯道的交通事故，对华盛顿州10900处弯道建立了交通量、事故数量、几何构造等特性的数据库，并得出在弯道处预测事故发生的模型。

$$A = (1.552LV + 0.014DV - 0.12SV)0.978W - 30 \tag{6-17}$$

式中 A——5年间该弯道发生的事故总数；
　　　L——曲线长(mile)；
　　　V——5年间弯道的交通量(百万辆)；
　　　D——曲率；
　　　S——有无缓和曲线，无缓和曲线，$S=0$，有缓和曲线，$S=1$；
　　　W——弯道处路宽，$W=$车道+路肩宽(ft)。

上式表明，弯道交通事故数量与弯道曲率和曲线长有关，还与路宽、有无缓和曲线和交通量有关。在弯道处设缓和曲线可以大幅度降低汽车的横向滑动。1991年美国联邦公路局的研究证实了在曲线上设置缓和曲线的安全效果。根据曲线的曲率和中心角的不同，可减少交通事故 2%~9%，在弯道两端都设置缓和曲线可减少事故 5%。

二、因果分析图法

1. 基本概念

把系统中产生事故的原因及造成的结果所构成错综复杂的因果关系，采用简明文字和线条加以全面表示的方法称为因果分析图法，所以，用于表述事故发生的原因与结果关系的图形称为因果分析图，因其形状如鱼刺，故也叫鱼刺图。

2. 鱼刺图的绘制

鱼刺图是由原因和结果两部分组成。一般情况下，可从人的不安全行为和物质条件构成的不安全状态、环境所构成的不安全条件及安全管理缺陷等方面，从大到小、从粗到细、由标及里进行深入的分析。

在绘制图形时，一般可按下列步骤进行：

（1）确定要分析的某个特定问题或事故，写在图的右边，画出主干，箭头指向右端。

（2）确定造成事故的因素分类项目，如安全管理、操作者、材料、方法、环境等，画大枝。

（3）将上述项目深入发展，中枝表示对应的项目造成事故的原因，一个原因画出一个枝，文字记在中枝线的上下。

（4）将上述原因层层展开，一直到不能再分为止。

（5）确定因果鱼刺图中的主要原因，并标上符号，作为重点控制对象。

（6）注明鱼刺图的名称。

可归纳为：针对结果、分析原因；先主后次、层层深入。

3. 应用举例

道路交通事故的形态中，最常见的为碰撞和翻车事故。根据公安部交通管理局相关统计，在我国发生的各类交通事故中，碰撞事故所占的比例可达60%左右，碰撞事故造成的人员伤亡占70%左右，包括正面碰撞、追尾碰撞、侧面碰撞在内的车对车碰撞的交通事故已成为现代道路交通事故的主要形态。所以减少碰撞事故的发生，对于减少道路交通事故具有重要意义。另外，翻车也是常见的事故之一。汽车翻车后不但造成经济损失，而且造成人员伤亡。翻车是指部分或全部车轮悬空、车身着地的现象，通常指车辆没有发生其他事态而造成的翻车。

将碰撞和翻车事故绘制成鱼刺图，如图6-1和图6-2所示。

三、事故树分析法

事故树分析法也称为故障树分析、缺陷树分析法。其英文为"Fault Tree Analysis"（FTA）。它是系统安全分析的一个常用的分析方法。

1. FTA 的定义

对某一特定的不希望事件（事故）进行演绎分析，寻找所有导致事故发生的原因事件及其相互间的逻辑关系，进而找出可能导致顶上事件发生的各基本事件的组合，为事故预测预防提供依据的方法称为FTA。

2. FTA 的功用

FTA是安全系统工程中最常用的一种分析方法。事故树是一种表示灾害事故的各种因素之间的因果及逻辑关系的图。它是在设计过程中或现有生产系统和作业中，通过对可能造成系统事故或导致灾害后果的各种因素（包括硬件、软件、人、环境等）进行分析，根据工艺流程、先后次序和因果关系绘制出逻辑图（即事故树），从而确定系统故障原因的各种可能组合方式，即判明灾害或功能故障的发生途径及导致灾害、功能故障的各因素之间的关系，以及其发生的概率，进而计算系统的故障概率，并据此采取相应的措施，以提高系统的安全性和可靠性。

3. FTA 的特点

FTA具有以下特点：

（1）FTA是一种图形演绎方法，是故障事件在一定条件下的逻辑推理方法。它可以就某些特定的事故状态做逐层次深入的分析，分析各层次之间各因素的相互联系和相互制约关系，即输入（原因）和输出（结果）的逻辑关系，并且用专门的符号标示出来。

（2）FTA能对导致灾害或功能故障的各种因素及其逻辑关系做出全面、简洁和形象的描述，为改进设计、制定安全技术措施提供依据。

（3）FTA可以分析某些元件、部件的故障对系统的影响，还可以对导致这些元件、部件故障的特殊原因（人的因素、环境的因素）进行分析。

（4）FTA可以作为定性评价，也可以定量计算系统的故障概率及其可靠性参数，为改善和评价系统的安全性和可靠性提供定量分析的数据。

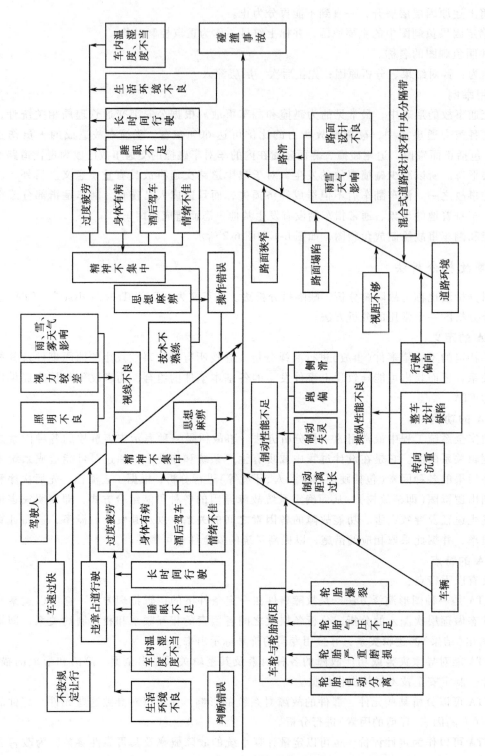

图 6-1 碰撞事故因果分析图

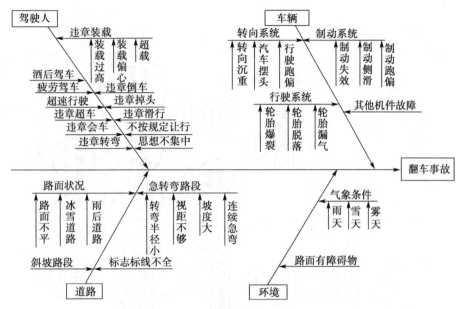

图 6-2 翻车事故因果分析图

（5）事故树是图形化的技术资料，具有直观性，通过它可以很容易地了解和掌握各项防灾控制要点。

FTA 的一般程序如图 6-3 所示。

4. 应用举例

将碰撞和翻车事故绘制成事故树如图 6-4 和图 6-5 所示。

四、预先危险性分析法

1. 基本概念

预先危险性分析法是指对系统存在的危险性类别、出现条件及可能导致事故的后果做一概略分析，并尽可能评价出系统潜在的危险性的方法。因此，该方法也是一份实现系统安全危害分析的初步或初始的计划，是在方案开发初期阶段或设计阶段之初完成的。

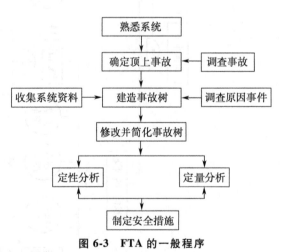

图 6-3 FTA 的一般程序

因其特点是把分析工作做在行动以前，故称为"预先"分析。

预先危险分析的主要目的为：①识别危险，确定安全性关键部位；②评价各种危险的程度；③确定安全性设计准则，提出消除或控制危险的措施。

2. 在交通安全系统中的应用

为分析道路交通事故中碰撞事故的主要潜在危险，识别碰撞事故与驾驶人、车辆、道路和环境因素的关系，在对碰撞事故进行事故树分析的基础上，通过对碰撞事故的各因素分析，识别危险因素及其转变为事故状态的触发条件，形成事故的原因事件和导致事故的后果。碰撞事故预先危险性分析法的分析结果见表 6-3。

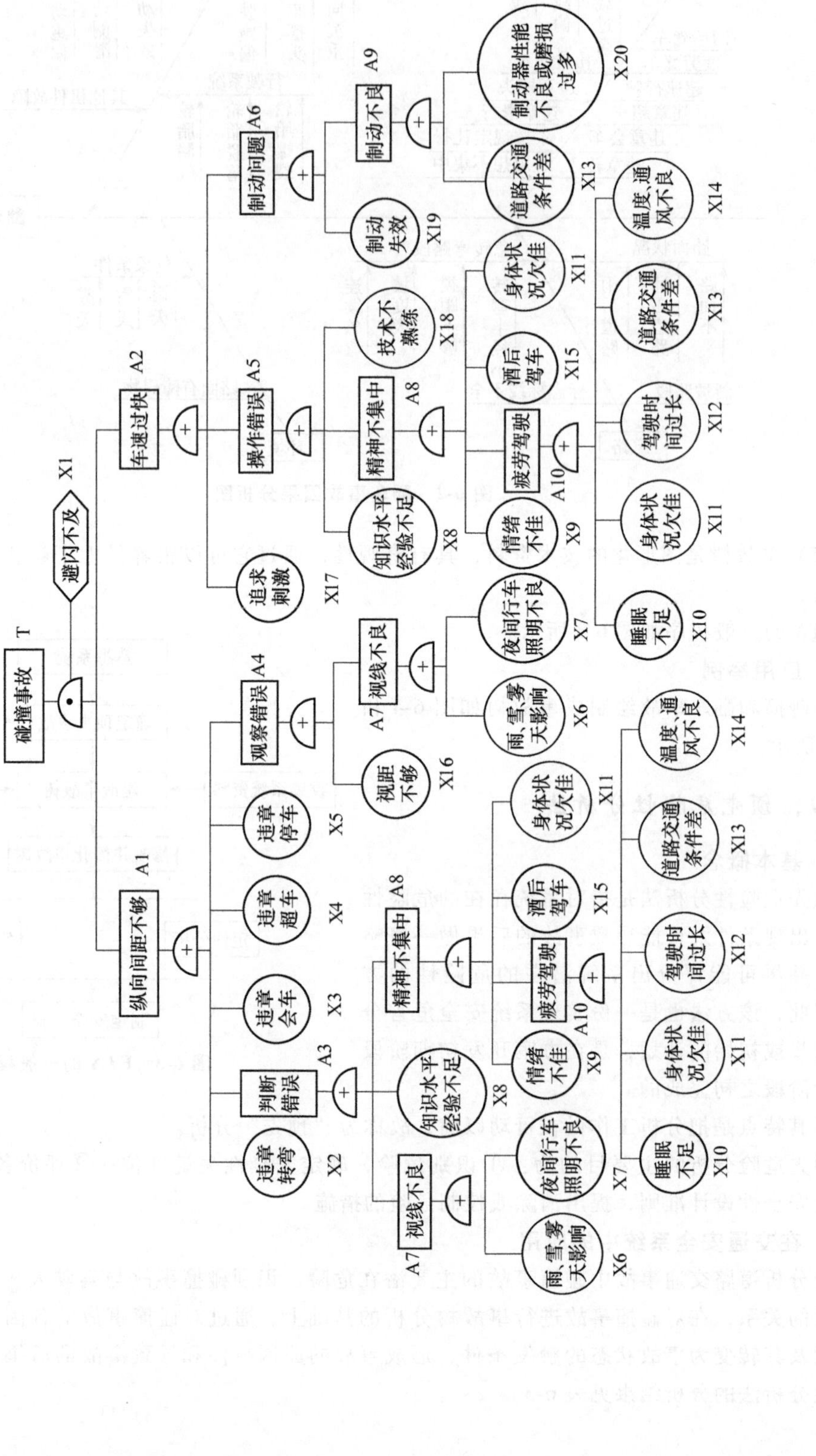

图 6-4 碰撞事故树

第六章 道路交通安全系统分析

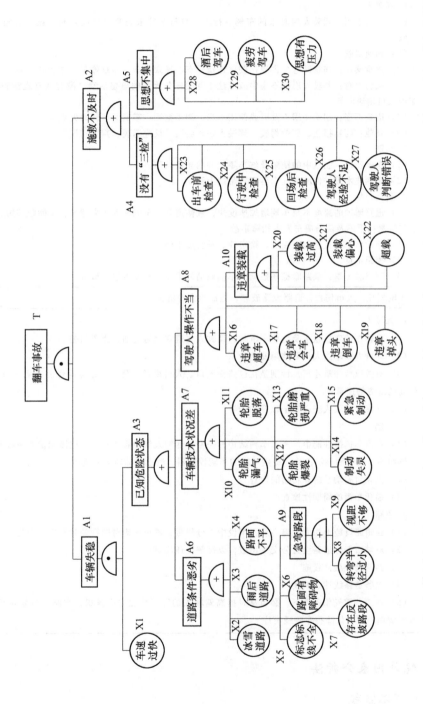

图 6-5 翻车事故树

表 6-3 碰撞事故预先危险性分析

危险因素	车辆性能不佳，道路环境状况不良
触发事件	未谨慎驾驶
事故原因	1. 驾驶人 （1）观察不周：驾驶人对驶来的车辆、行人、自行车等未观察清楚或判断失误、措施不力、抢道行驶而导致 （2）超速驾驶 （3）违章操作：违章转弯、占道行驶、违章会车、违章超车、违章停车、酒后开车等 （4）疏忽大意：驾驶人思想不集中或专注于驾驶任务无关的思想活动，没有认真观察和判断外界事物，与车内人员闲谈说笑 （5）措施不当：制动使用不及时或使用不当，制动抱死，车辆滑移转向失效 （6）其他：药物损伤、疲劳驾驶、驾驶人缺乏经验、反应迟缓、判断错误等 2. 车辆 （1）车辆设计、制造中的缺陷及汽车零配件的质量缺陷 （2）车辆技术维护保养制度未落实，带病上路 3. 道路环境 （1）道路增加的速度不及车辆增加速度快，致使道路上车流密度越来越大，车间距缩短，当前车突然减速，后车容易措手不及而与前车发生相撞事故 （2）路面状态不良，路面强度、稳定性、平整度不够 （3）视距不良 （4）雨季和冬季，道路摩擦系数低，车辆制动效果差，易发生追尾事故
事故后果	车辆损坏，人员伤亡，道路设施破坏，造成重大经济损失
防范措施	1. 驾驶人 （1）车辆在转弯、超车及变更车道时，驾驶人要遵守交通规则，遵章驾驶 （2）驾驶人和车内人员要使用安全带 （3）有效取缔违章停车，特别是在道路交叉口、人行横道、公交车站点等性质恶劣、危险性大，并且迷惑性高的地方的违章停车 （4）开展对驾驶人交通安全教育和指导 2. 车辆 （1）在汽车抗撞性能中，考虑车辆结构的完整，驾驶人保护系统和汽车抗撞能量的吸收装置，改进后视镜、车辆照明、信号和显示设计，提供可靠的车辆控制器，改进制动转向系统等 （2）强化对制动系统和轮胎的检查 （3）强化车辆的周期性检查 3. 道路 （1）在道路设施上加大改善力度，增设中央分隔带，避免车辆对向行驶时发生正面相撞 （2）对城市部分道路设置公交专用道，以缓解交通流量 （3）路侧增设缓冲设施 （4）改善道路线性、坡度 （5）在雨、雪气象条件下，必须及时提高驾驶人的警惕性和安全意识，在路旁设置预警标志和限速标志，及时清理路面，保障行车畅通有序

五、统计图表分析法

（一）基本概念

把统计调查所得的数字资料，汇总整理，按一定的顺序填列在一定的表格内，这种表格就叫统计表。统计图是指用点的位置、线的转向、面积的大小等来表达统计结果的图形，它可以形象、直观地研究事故现象的规模、速度、结构和相互关系。

统计图表分析法就是利用过去的、现在的资料和数据进行统计，推断未来，并用图表表示的一种分析方法。

（二）统计图表的种类

在安全管理中，常用到的有比重图、趋势图、控制图、主次图和分布图等。

1. 比重图

事故比重图是一种表示事故构成情况的平面图形，在平面上可以形象地反映各种事故要素（或原因）构成所占的百分比。

例如，我国 2016 年各种公路类型的事故死亡人数构成情况如图 6-6 所示。

2. 趋势图

趋势图是按一定的时间间隔统计数据，利用曲线的连续变化来反映事物动态变化的图形。趋势图借助于连续曲线的升降变化，来反映事物的动态变化过程，可以帮助我们掌握事物发生的历史过程，预测其未来的变化趋势。

趋势图通常用直角坐标系表示。横坐标表示时间间隔，纵坐标表示事物数量尺度，根据事物动态数列资料，在直角坐标系上确定各图示点，然后将各点连接起来，即为趋势图。

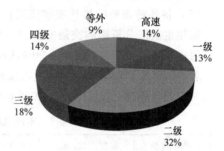

图 6-6 我国 2016 年各种公路类型的事故死亡人数构成情况

例如，2011—2015 年，某省 5 年共发生一般以上交通事故 45280 起，死亡人数 11306 人，受伤人数 51300 人，直接经济损失达 18218 万元。具体指标变化情况见表 6-4，据此可以做出交通事故四项指标变化趋势图，如图 6-7 所示。

表 6-4 2011—2015 年某省交通事故四项指标一览表

年 度	事故次数（起）	与去年同比（+/-）	死亡人数（人）	与去年同比（+/-）	受伤人数（人）	与去年同比（+/-）	直损数（万元）	与去年同比（+/-）
2011 年	11521	—	2680	—	13709	—	4692	—
2012 年	9937	-13.75%	2473	-7.72%	11403	-16.82%	3939	-16.05%
2013 年	8521	-14.25%	2138	-13.55%	9501	-16.68%	3408	-13.48%
2014 年	7860	-7.76%	2060	-3.65%	8816	-7.21%	3280	-3.76%
2015 年	7441	-5.33%	1955	-5.10%	7871	-10.72%	2899	-11.62%

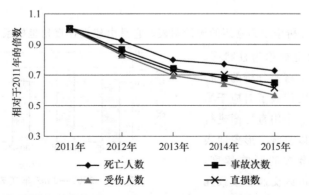

图 6-7 2011—2015 年某省交通事故四项指标变化趋势

3. 主次图

主次图是主次因素排列图的简称,也称巴雷特图,是找出影响交通安全的主要原因的一种分析方法。主次图是直方图和折线图的结合。直方图表示各分类的频数,折线点则表示各分类的相对频率。主次图可以帮助管理人员直观地看出主次因素,便于抓住主要问题,有步骤地采取措施,加以解决。

主次图的制作方法如下:

(1) 将影响交通安全的各种原因进行分组,计算各自的频数和频率。

(2) 绘制坐标图,用左纵坐标表示频数,右纵坐标表示某因素出现的次数占总次数的比重(频率),在横坐标上按各种因素出现频数的多少自左向右地排列。

(3) 将各种需要的累计频率值用直线连接起来,即可绘出巴雷特曲线。

运用主次图分析影响交通安全的主要原因时,应将累计频率在0~80%区间所对应的因素列为关键因素,将累计频率在80%~90%区间所对应的因素列为次要因素,并予以重点控制。

表6-5列出了某年因车辆各种机械故障所造成的交通事故次数,据此可绘出反映当年不同机械故障所引起事故情况的主次图,如图6-8所示。

表6-5 不同机械故障造成交通事故次数及其比重表

机械故障类型	事故次数(起)	比重/频率(%)	机械故障类型	事故次数(起)	比重/频率(%)
制动不良	5442	40.3	灯光失效	688	5.1
制动失效	3545	26.3	其他	2520	18.7
转向失效	1299	9.6	合计	13494	100

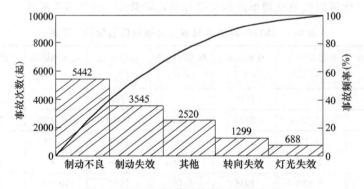

图6-8 不同机械故障事故分析主次图

4. 直方图

直方图是交通安全分析中较为常用的统计图表。它是由建立在直角坐标系上的一系列高度不等的柱状图形组成的,因而也被称为柱状图。直角坐标系的横坐标表示需要分析的各种因素,柱状图形的高度则代表了对应于横坐标的某一指标的数值。采用直方图进行交通事故统计分析,可以直观、形象地表示出各种因素对交通事故的影响程度。2001—2005年江苏省某市市区交通事故致死率变化趋势如图6-9所示。

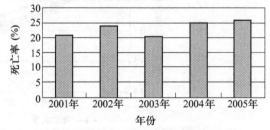

图6-9 2001—2005年江苏省某市市区
交通事故致死率变化趋势

第三节　交通事故致因分析的突变模型

交通事故是一种不正常的或不希望的能量释放，是人、车、道路、环境等因素耦合失调而导致的人受到伤害或人、物同时遭受损失的过程。用来解释道路交通伤亡事故发生的理论——事故致因理论已多种多样，从最早的"事故频发倾向者"海因里希（H·W·Heinrich）事故因果连锁理论，到 Wilde and Taloy 的人为失误论，乃至 Treat 的将交通事故原因分为人、车和道路环境3个因素，人们都在试图找出导致交通事故发生的基本原因和基本过程。从上述基本理论出发，已经发现了导致事故发生的原因是人的不安全行为和物（包括环境）的不安全状态，以及物质信息的不正常流动，而不是某些非物质的东西或某些具有发生事故倾向的人的作用。至于导致事故的诸原因之间，究竟是通过什么作用引起事故的，各个理论有其不同的注释，但都存在着不足。其中最显著的问题是，每个理论都不能解释为什么事故发生前后，系统某些参数的连续变化引起系统状态的突然变化，系统存在的两个状态（事故、安全）的转换过程，以及在相同条件下的两个系统为何发生事故的情况不一样等问题。为此，本节将利用非线性科学领域的突变理论构建交通事故的突变模型，弥补传统事故模型的不足，并对其做出合理的解释，为事故预测和控制提供一个新的有效途径。

一、突变理论简介

突变理论是法国数学家 Thom 于1972年建立起来的以奇点理论、微分方程稳定性理论等数学理论为基础的用于研究连续发展过程中出现的突然变化的现象，以及突然变化与连续变化因素之间关系的理论。在突变理论中，Thom 研究了初等函数的分类问题，通过建立微分方程与函数之间的联系，对梯度系统中的奇点进行了分类。突变理论的应用不仅局限在数学、力学和物理等自然科学领域中，而且还推广到生物学和社会科学、工程科学等领域中。

二、突变理论定性分析及模型描述

一般地说，突变现象具有以下基本特征：系统演化的状态空间中必然具有多个稳定定态，因而在改变参数时，系统才可能出现从一个稳态向另一个稳态的跃迁，即发生突变；在不同稳定定态中存在着不稳定的定态，系统从一个稳态向另一个稳态跃迁的过程中直接跨过了这个态，不稳定的定态在实际中不可能达到；控制参数的不同取值使系统发生变化，而从一个稳态向另一个稳态的转变是突然完成的（突跳现象表明，在临界点附近，控制参数的微小变化就引起系统的剧烈变化，从控制论的思想来分析，这种控制实际可以看成是组织控制）；突变的发生与控制变量变化的方向有关，控制变量从一个方向变化和控制变量从另外一个方向变化发生的突变的状态是不相同的，有滞后现象；在分岔曲线附近，控制参量变化路径的微小不同能够引起系统产生完全不相同的状态。

通常当观察到的系统中出现了上述两个以上特征时，我们就可以考虑用突变模型进行分析，通过选取的状态变量和控制变量，建立合适的突变模型进行问题的求解。一般地说，可以按照表6-6选择合适的模型，更复杂的系统一般不适合用初等突变理论解决。

三、交通事故致因突变模型的构建

大量的统计数据表明，交通事故的发生是由于人的因素（道路交通参与者的安全意识、管理水平、应变能力等）和物的因素（车辆状况、环境影响等）共同作用的结果。在此把人的因素 H 和物的

因素 M 作为两个控制参数，把 F（正常行使或事故发生）称为状态参数，则依据上述的原则可以建立交通事故致因的尖点突变模型。

表6-6　7类初等突变函数

状态变量数目	控制变量数目	势函数形式	平面曲线形式	突变名称
1	1	$V(x) = x^3 + ux$	$3x^2 + u = 0$	折迭
1	2	$V(x) = x^4 + ux^2 + vx$	$4x^3 + 2ux + v = 0$	尖点
1	3	$V(x) = x^5 + ux^3 + vx^2 + wx$	$5x^4 + 3ux^2 + 2vx + w = 0$	燕尾
1	4	$V(x) = x^6 + tx^4 + ux^3 + vx^2 + wx$	$6x^5 + 4tx^3 + 3ux^2 + 2vx + w = 0$	蝴蝶
2	3	$V(x,y) = (1/3)x^3 - xy^2 + w(x^2+y^2) - ux + vy$	$\begin{cases} x^2 - y^2 + 2wx - u = 0 \\ -2xy + 2wy + v = 0 \end{cases}$	椭圆脐
2	3	$V(x,y) = x^3 + y^3 + wxy - ux - vy$	$\begin{cases} 3x^2 + wy - u = 0 \\ 3y^2 + wx - v = 0 \end{cases}$	双曲脐
2	4	$V(x,y) = y^4 + x^2y + wx^2 + ty^2 - ux - vy$	$\begin{cases} 2xy + 2wx - u = 0 \\ x^2 + 4y^3 + 2ty - v = 0 \end{cases}$	抛物脐

其势函数形式可表达为

$$V(F) = F^4 + MF^2 + HF \tag{6-18}$$

平面曲线形式为

$$4F^3 + 2MF + H = 0 \tag{6-19}$$

尖点突变的突变流形分成上、中、下三叶，上下两叶是稳定结构，中叶不稳定。图6-10为尖点突变的几何图形。从上叶到下叶，或从下叶到上叶的转换中，如果跨越了折叠线，则发生突跳。交通事故致因的突变形式都存在如下的突变特性：

（1）多模态性。系统中出现两个不同的状态（事故和安全状态），也就是说，系统的位势对于控制参数的某些范围可能有两个极小值，尖点突变有双模态。

（2）突跳性。系统由一个消失的极小值跳至全局极小或另一个局部极小，其位势的数值有一个不连续的变化，并且其导数不连续。突跳也总是意味着位势值将在很短的时间内有一个很大的变化，在道路交通系统中其对应安全运行状态和事故状态之间的转变。

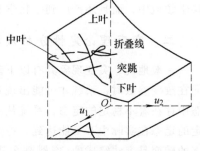

图6-10　尖点突变的流形与折叠线

（3）不可达性。这一性质意味着道路交通系统有一个不稳定的平衡位置——Morsel 鞍点（鞍点总是不稳定的）。若位势 V 的局部极小点多于一个，则它至少有一个不稳定的 Morsel 鞍点。

（4）发散特征。控制参数数值的有限变化会导致状态变量平衡位置数值的有限变化。通常，对于控制参数值的一个小扰动只引起状态变量的初值和终值的微小变化。但在退化临界点附近，控制参数初值的微小变化却可能导致状态变量终值的很大变化。

四、交通事故突变模型的分析

图6-11为交通事故致因尖点突变模型的突变流形和分叉集。曲面的上叶表示系统功能好，指

车辆处于安全运行的状态。下叶表示系统功能差，指交通事故发生，人受到伤害、物质受到损坏的状态。从上叶到下叶系统功能的突跳就是事故发生。

利用这样的尖点突变理论，可以对事故过程做出合理的解释。车辆在运行的过程中，当人的因素 H 与物的因素 M 同时恶化时，就有可能使系统功能 F 急剧恶化，图 6-11 中曲线 $abcd$，其中 $b \to c$ 是系统功能 F 的突跳，变化值 $\Delta F = F(H_b, M_b) - F(H_c, M_c)$，是由 b 到 c 时系统发生事故。相应的在分叉集上就是一条经过分叉集两个边缘的曲线。进一步分析，当 H、M 恶化程度不一样时，F 产生的突跳程度也不一样。见曲线 $a_1 b_1 c_1 d_1$ 和 $a_2 b_2 c_2 d_2$，则 $b_1 \to c_1$ 的突跳 $\Delta F_1 = F(H_{b1}, M_{b1}) - F(H_{c1}, M_{c1})$，而 $b_2 \to c_2$ 的突跳 $\Delta F_2 = F(H_{b2}, M_{b2}) - F(H_{c2}, M_{c2})$，明显 $\Delta F_1 < \Delta F_2$，即前者是小型事故，后者为重大事故。反映到分叉集上是两条跨越分叉集程度不一样的曲线。当突变流形上的曲线从上叶向下叶发展时，如果不经过折叠线，其会导致系统安全功能的降低或恶化，但不会有事故的发生，如图 6-11 所示曲线 $a_3 b_3$。

在交通事故致因尖点突变模型的突变流形上选择不同的点，通过分析不同点之间的转换，将得到许多重要的结论。如图 6-12 所示，选 $A \sim J$ 共 8 个点形成的几何图形进行讨论。

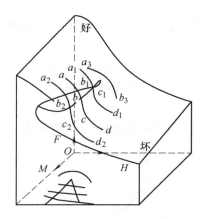

图 6-11 事故致因尖点突变模型

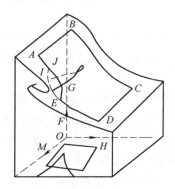

图 6-12 事故模型分析图

当只有一个控制变量恶化，即仅有物的因素 M 恶化或人的因素 H 恶化，而另一控制变量处于极佳状态时，系统的安全功能 F 不会发生突跳，即不会发生事故，但系统功能将逐渐降低。正如在山区崎岖的道路上行使的过程中，此时物的因素（主要是道路因素）状况是差的，但如果驾驶人精力集中、正确意识程度高（对应人为因素状态好），那么是很不容易导致事故的发生。其对应图 6-12 中曲线 $B \to A$。应该注意的是这种情况在现实中一般是不存在的，因为人和物的状态总是存在缺陷的，绝对的安全状态是不存在的，也是不现实的。

当两个控制变量同时恶化时，即人的不安全行为和物的不安全状态同时存在，此时就增加了交通事故的发生概率。当两者状态事故恶化到临界点时，事故就不可避免地发生。正如在拥挤繁忙的路段行驶过程中，如果驾驶人的驾驶失误多且持续一定的时间就有可能导致交通事故的发生。其对应图 6-12 中曲线 $A \to G \to E$。大量的事故统计数据也证明如此。

当一个控制变量状态良好时，提高另一控制变量的状态，就能提高状态变量值。正如在交通运输系统中车辆的安全条件完善、道路的设计合理，此时如果提高驾驶人和所有用路者的安全素质，加强道路安全管理、提高管理人员的管理水平和决策水平就能提高系统的安全功能，减少人员和财产的损失，反之亦然。其对应图 6-12 中曲线 $C \to B$ 和 $A \to B$。

五、交通事故控制的突变解释

设 p 为人为因素（道路交通参与者、安全意识、管理水平、应变能力等），Q 为物的因素（车辆状况、环境影响等），x 为状态变量（事故或安全）。p、Q 可利用多元统计分析的方法，根据其影响因素拟合出相关关系式。根据尖点突变模型，其位势函数可以表示为

$$V(x) = x^4 + Qx^2 + px \tag{6-20}$$

当系统处于平衡状态时，有

$$\frac{dV(x)}{dx} = 0 \tag{6-21}$$

即

$$4x^3 + 2Qx + p = 0 \tag{6-22}$$

式（6-22）是三次方程，其实根为一个或三个，它的判别式为

$$\Delta = 8Q^3 + 27p^2$$

（1）当 $\Delta<0$ 时，对满足该条件的一对 p、Q 值有三个不相等的 x 值与其对应，这时的 p、Q 处在尖点区域内。

（2）当 $\Delta>0$ 时，对满足该条件的一组 p、Q 值仅有一个 x 值与之对应，这里 p、Q 值在尖点区域外。

（3）当 $\Delta=0$ 时，三个实根中有两个相同（p、Q 均不为 0）或三个均相同（$p=Q=0$）。

把 $V'(x) = 4x^3 + 2Qx + p$ 与 $V''(x) = 12x^2 + 2Q$ 联立，消去 x 可得参平面中的方程：

$$\Delta = 8Q^3 + 27p^2 = 0 \tag{6-23}$$

上式所确定的曲线 Δ 称为分叉集（见图 6-13），它是一条半立方抛物线，在 (0,0) 点处有一尖点。当 $\Delta>0$ 时，系统是稳定的（图 6-13 中的突变区和稳定区），当 $\Delta<0$ 时，系统处于不稳定区（图 6-13 中的潜在突变区）。

从图 6-13 可以得出以下结论：

（1）研究和应用突变模型的关键不在稳定区域（安全或事故状态），而是不稳定区域（相当于事故孕育阶段），因为在这里系统才有可能表现出突变特性。为此，要想控制交通事故的发生就必须使控制变量 p、Q 的组合落在稳定区域以内，防止系统的状态越过潜在突变区。

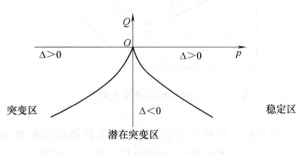

图 6-13 尖点突变分叉集

（2）根据事故致因的突变模型分析可知，交通事故的发生是人（道路交通参与者、交通安全管理人员等）和物（车辆、道路环境等）两大系列运动发展达到临界点时系统的状态发生突跳的结果。因此，防止事故发生的基本原理就是使人和物的运动轨迹控制在临界点以外。因此，在日常的交通事故管理与预防的工作中要重视人因和物因的相互作用与发展运动轨迹。既要做好对交通参与者的安全教育和安全技能教育，又要提高车辆的安全性能并密切注视环境的变化对行车安全的影响作用，防止系统的状态跨过潜在突变区。

第四节 事故多发点鉴别分析

道路上发生的事故按其空间分布特性可分为分散型分布和密集型分布两类。据统计，分散型分布的事故，其成因多与驾驶人的不安全行为，如超速行驶、强行超车、跟车过近、酒后驾车、

疲劳驾驶等有关。而密集型分布的事故则多与道路线形、交通设施和交通环境等因素，如急弯陡坡、视距不良、傍山险道、交通设施欠缺的路段和交叉口等有关。事故密集型分布的路段和交叉口通常称为事故多发点，国外一般称为事故黑点（Black-spot）。显然，事故多发点与公路设计有着非常密切的关系。但对于分散分布型事故，其中有许多也受到公路设计的影响。由于公路设计提供给驾驶人的信息量不足或不符合驾驶人的视觉心理反应或者违反驾驶人的期望，导致反应时间增长，来不及处理突发信息或判断失误，最终操作失误而发生事故也是常有的。

鉴别出事故多发地点，分析事故多发的原因，从而提出相应的切实可行的对策是改善道路交通安全状况的经济的和十分有效的办法。

一、事故多发点的概念

国内外对道路事故多发点的定义有多种不同的表述，国外多称为事故黑点，而国内更多的是使用"事故多发点（段）"一词。尽管"事故多发点（段）"从字面上不难理解，但是也正是由于它的通俗，以往在判断和处理事故多发位置时往往凭一时的事故水平甚至主观感觉，以至于产生较大的随意性。因此，对事故多发点进行定义，对客观、统一地判断和分析事故多发点是很重要的。

以下是国内外对事故多发点的几种定义：

澳大利亚的莫纳什大学的 K.W.OGDEN 在《道路安全工程指南》一书中将事故多发点定义为：道路系统中事故具有无法接受的高事故发生率的位置。

北京工业大学任福田、刘小明教授则认为：在计量周期内，某个路段的事故次数明显多于其他路段，或超过某一规定的数值时，则该路段即为危险路段。

湖南大学冯桂炎教授从事故的分布特征角度指出：事故密集分布的路段和交叉口称为事故多发点或路段。

归纳起来，对事故多发点的定义虽略有差别，但基本概念还是比较一致的。事故多发点通常是指：在较长的统计周期内（1~3年），发生的道路交通事故数量或特征与其他正常位置相比明显突出的道路位置（路段、区域或点），国外称为 Accident-prone Locations，Hazardous Locations 或称 Black-spots。

事故多发点的定义有几个重要的内涵：

首先，严格地讲，这里的"点"可以是一个点、一个路段、整个一条道路或一个区域。其中"路段"和"点"是最常研究的，因此，以往的资料一般称为"事故多发路段（点）"。"区域"仅在特殊条件下才使用。因此，在不讨论"区域"问题的时候，仍可采用"事故多发路段"一词，它应包括点和路段。在对路网安全状况进行评价时，要判别某一条路为事故多发道路，可采用"事故多发道路"一词。

其次，事故多发点对评价的时间段有要求，即"较长一段时间"。这主要是为了避免事故统计的偶然性，这个"时段"的长度应根据所研究道路的运营状况分析确定，通常为1~3年。时间段不宜过短，如果过短，事故的偶发性过大，不能说明一般规律，容易将某些偶然集中发生的交通事故误认为是事故多发点；但也不宜过长，如果过长，则易受道路运营状况和环境变化的影响，难以反映出事故分布的真实情况。通常在选择的时间段内，项目级应无重大的改扩建工程，否则应分段分析研究。另外，所研究位置的交通量及交通组成等也应作为重要因素加以考虑；在评价的时段内，交通量和组成不应有重大的变化。

再次，定义中的道路交通事故数量是一个广义的概念，它不仅可以指事故的绝对次数，也可以指死亡人数、受伤人数、各种事故率、死亡率、事故损失等不同指标。除了上述表征事故严重程度的指标外，某些事故特征的发生量和比例（如超速引起的事故比例、追尾或对向碰撞事故的比例等)也可以作为分析事故多发点的指标。

最后,定义中的"正常"和"突出"是事故多发点分析的关键点,也是安全评价的主要内容之一。"正常"与"突出"是相辅相成的,没有"正常"就无所谓"突出";相反,不是为了寻找"突出"点,"正常"的判定也毫无意义。"正常"值的取得通常都来自于事故的历史资料,可以是研究对象本身的历史资料,也可以是相似道路的历史资料。

二、事故多发点鉴别的目的和意义

从道路安全工程研究的角度看,事故多发点鉴别的目的是"通过对事故多发段点的道路交通环境、人文、特征等与事故(类型、特征、原因)的关系的研究,发现影响道路安全的因素和规律,用于指导今后的道路与交通设计"。

完善道路条件,提高公路等级、改造并拓宽道路、实现管理的现代化的措施固然会在提高效率的同时降低事故发生率,但是因其投资巨大且旷日持久,因而可行性不高。研究事故多发点的事故成因,确定出事故主导因素,从而提出切实可行的交通治理措施以改善公路上的交通安全状况是必须的。其意义在于:

(1) 事故多发点集中了较大比例的交通事故数量,具有较大的危害性。

(2) 交通事故的发生是一个小概率事件,而集中在某一事故多发点发生的事故类型常有一定的特征。这些事故的发生与道路线形设计、交叉口布置、横断面形式、道路养护状况及特定的天气气候和地理条件有较强的相关性。这与公路的规划、设计、建设、养护有着密切联系,也是从事上述工作的各部门所关注的问题之一。

(3) 由于事故多发点的交通事故一般具有比较明显的类型特征,比较可能寻找出有针对性的措施对道路加以改善,在技术上有可行性。

(4) 占公路总长较少的事故多发点集中了较大比例的交通事故,具有较大的危害性。因此针对性的改善措施,可以较明显地改善道路的安全状况,以较小的投入获得较大的经济和社会效益。

(5) 通过在确定的事故多发点上采取必要的治理措施,并分析其改善效果,可以为今后的道路安全建设提供更多的理论参考。

所以,事故多发点的研究受到各国道路交通安全研究工作者的重视,并开展了相应的研究工作。

另外,通过对事故多发点上发生的典型事故案例进行分析,更重要的是通过事故多发点研究可以获得事故与道路交通条件之间的联系,找出道路交通设计中的缺陷,而从各单项指标看,这些缺陷往往并不违反现有的设计规范的规定,其研究结果可为道路安全评价提供技术支持,通过道路安全评价,将一些安全隐患消灭在规划、设计阶段。显然,这方面的意义要大于事故后的道路环境整治。

三、事故多发点的鉴别内容

事故多发点的鉴别不能仅仅理解为找出事故多发段点,它是道路安全改善的一个完整的分支技术。事故多发点的研究包括以下几部分的内容:资料收集、鉴别、原因分析、改善措施和后评估。

1. 资料收集与数据库

交通事故资料的收集具有一定的特殊性,研究人员几乎不可能出现在事故的第一现场,事故资料主要来自于交警部门的事故报告。在实际工作中,事故的处理办法有几种:上报事故、非上报事故(简化处理事故)和未报案事故。由于管理和法律方面的原因,研究人员最终获得的事故资料往往是不全面的。因此，如何获得所需的信息，以及对所获得的资料的质量进行评估，并进行适当的专项调查是重要的工作内容。

完善事故数据库是事故资料收集后进行的一项重要工作，全国交警部门基本上统一使用公安部指定的交通事故数据库，这一事故数据库的目的主要是作为事故处理的档案和年度的统计，对事故的深入分析所需的资料，特别是有关道路交通条件的资料记录很不详细，而另外一些信息，如驾驶人姓名、车辆牌照号等，却是我们分析事故不需要的。另外，由于使用目的的不同，现有数据库的检索方式也不能完全满足分析事故多发点或事故与道路条件关系的要求。因此，有必要建立道路部门的专用数据库，为此，应对数据库的内容、结构、检索方法等问题进行研究。

道路交通事故数据涉及许多方面。从记录对象划分，完整的道路交通事故数据可分为事故本身数据和交通环境数据两个方面。其中，事故本身方面的数据包括事故地点、事故对象、事故形态、事故类型、事故结果和事故原因等，是对所发生事故的描述；交通环境方面的数据包括人、车、车载物体，除此之外还有交通外部环境因素数据，这些外部因素涉及道路设施、交通设施与管理、天气气候条件、照明条件、路侧环境、交通环境等多个方面。如果认为事故方面的数据大多与事故有着直接和显性的关系，则交通环境方面的数据往往只是间接的和隐性的。虽然统计数据显示与道路环境因素直接有关的交通事故比例约为30%，但许多安全专家指出道路交通的环境因素对事故的影响远不止这么多。在很多情况下，道路、交通环境影响并诱导了人的行为，莫斯科公路学院的 O.A. 季沃奇金在对前苏联各地区公路上约 13000 个事故数据分析后，得出的结论是：70%的道路交通事故是由不良道路条件直接或间接造成的。因此，道路及其周边环境对事故的影响应引起足够的重视。

2. 事故多发点的鉴别方法

事故多发点鉴别与采用的评价指标和鉴别方法有关。由于不同的指标在反映事故特征方面的差异，在实际应用中，评价的目的不同，往往用不同的评价指标，对事故多发点鉴别中的不同阶段，也应采用不同的指标。

各国的交通事故的状况存在很大的差异。即使在我国，不同等级公路的事故状况和特征也有很大不同，必须选择合适的鉴别方法，才能真实地反映实际的事故情况，并找出事故多发点。否则，就有可能遗漏事故多发点或者找出的事故多发点比例过高，"黑点"连成了"黑线"，给整治带来困难，也失去了鉴别事故多发点的真正意义。

3. 事故原因分析

鉴别是为了整治，整治必须"对症下药"，因此对已经鉴别出的事故多发点应分析事故的主要原因。在一个事故多发点中，事故形态不是唯一的，即使是某一相同形态的事故，其原因也是多方面的，必须结合事故记录、有关人员询问、现场调查等工作，最后确定最主要的一个或几个原因。除了人、车方面的因素外，道路方面的原因可从路内和路侧两方面考虑。

4. 改善措施

事故多发点的鉴别目的是为了改善道路交通条件，找出事故原因后，要有的放矢地采取一些改善措施。制定具体的改善措施时，要充分考虑可行性和预计效果，实施时也应考虑一定的优先次序。

5. 后评估

后评估是前面所有工作的正确性、有效性的直接判断，也是给这些工作提供一个改进的依据。目前，我国的道路安全研究工作尚处在起步阶段，后评估就显得更为重要。同时，后评估也是动态评价中很重要的一部分。

四、交通事故多发点的鉴别方法

国内外鉴别事故多发点的方法有许多，常见的方法有事故频数法、事故率法、矩阵法、质量控制法、当量总事故次数法、临界率法、速度比判断法、累计频率曲线法等。鉴别方法是由最初的绝对指标法（如事故频数法）逐步发展到相对指标法，逐步向更全面、更综合的方法发展，除了利用原始数据外，还利用更为全面的信息资料，如道路设计资料、交通统计资料等，逐步建立更为科学的事故多发点鉴定和安全改善措施。

（一）事故频数法

事故频数法选取一临界的事故次数作为鉴别标准，如果某路段的事故次数大于临界值，则被认为是事故多发点。由于最初的事故数据记录都包括了时间与地点，实践中很自然地提出在一定时间一定路段上的交通事故的统计绝对数据，即事故频数来鉴定危险路段。例如，英国对事故多发点的定义是：长100m路段内3年发生12起以上含人员伤亡交通事故的事故多发点，称为道路事故多发点；在国内，北京交通工程研究所定义：5年内发生50起以上含人员伤亡交通事故的事故多发点称为道路事故多发点。

该方法的优点是计算与选择方便、一目了然；缺点是当若干地点事故次数相差不多时，难以做出客观判断，即该方法没有考虑不同地点的道路环境条件及交通条件差异，可能导致将非事故多发点当作事故多发点进行改善。因而该方法只适用于鉴别小型的交叉口或道路系统。

（二）事故率法

20世纪中叶，一些发达国家相继开始进行了交通调查工作。在鉴别事故多发点时，开始引入交通量的数据，因此，在道路交通安全评价中提出了事故率法，即按事故率的大小进行评定。当事故率大于某个设定的临界值时，即认为该段属于危险路段。对于道路路段，常以每年亿车公里或百万车公里的事故次数作为评价标准；对于交叉口，常以百万辆车的事故次数作为评价标准。

由于同时考虑了交通量与路段长度，这种方法优于事故频率法。但是，该方法也容易导致以下四种情况出现：具有较低交通量的短路段拥有高事故率，而具有高事故次数、高交通量的路段拥有低事故率；具有低交通量、低事故次数的交叉口拥有高事故率，而具有高交通量、高事故次数的交叉口拥有低事故率。因此，当以它作为唯一标准进行危险路段或交叉口鉴别时，同样也可能导致将非危险路段当作危险路段进行改善，或者滤掉了更为严重的危险路段，导致鉴别上的失误。

（三）矩阵法

矩阵法也称事故频数和事故率综合法，即把事故次数和事故率结合起来作为鉴别事故多发点的标准。如图6-14所示，以事故次数作为横坐标，以事故率作为纵坐标，按事故次数和事故率的一定值，将图中划出不同的危险度区域（矩阵单元），如危险级别Ⅰ的区域比危险级别Ⅱ的区域内的评价对象更危险。每一路段在矩阵中用一矩阵单元表示，矩阵单元的位置则表达了路段的危险程度，图中右上角的矩阵单元是最危险区域，也是交通事故次数和事故率均很高的事故多发地点。

该方法的优点在于矩阵的大小可以根据使用者的需要来确定，同时兼顾了事故频数法和事故率法；缺点是只表示了路段的危险程度，而不能对低事故次数、高事故率的路段或高事故次数、低事故率的路段做出本质的区别，只是简单地将其看成是非事故多发点，同时也没有考虑临界

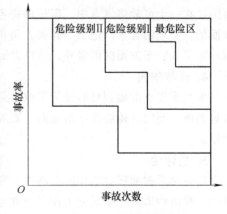

图6-14　矩阵法示意图

值与严重程度的决定性作用。

[例 6-1] 某国道 20km 的路段 1996 年的交通事故 A 值与桩号 K、K_1 对应情况见表 6-7。全年，该路段共发生了 241 起交通事故，从表中可以看出，位于 $K_1$264 和 $K_1$272 处形成两个事故多发点。该路段 $K_1$264 位建有立交桥，该桥形成向左倾斜的纵向"S"形弯道。该路段日均交通流量达 1.3 万~1.8 万辆，高峰流量达 1075~1078 辆/h。

表 6-7 某路段事故量与路段关系

K/km	0~4	4~8	8~12	12~16	16~20	合计：20
A	5	19	16	6	13	合计：59
K_1/km	255~259	259~263	263~267	267~271	271~275	合计：20
A	19	11	53	13	86	合计：182

对路段的交通事故发生量的计算表明，在上述路段事故次数的平均值为 36.4 起（K_1 方向）和 11.8 起（K 方向），而相对应的亿车公里平均运行事故率分别为 53.9 和 166.3。表 6-8 为按事故次数—事故率法得到的筛选结果报告。可以看出，路段 263~267 和 271~275 明显落在图 6-14 所示的最危险区域里，属事故多发路段。

表 6-8 筛选结果报告

路段里程标/km	事故次数（起）	平均小时交通量（辆/h）	运行事故率（次/亿车公里）
263~267	53	625	242.0
271~275	86	625	392.7

（四）当量总事故次数法

当量事故次数有时也称当量死亡人数。它考虑到在交通事故中，事故次数对事故严重性的描述不够，同样的事故次数，严重程度不同，其损失对社会的危害程度也不同，不能将不同严重性的事故次数简单地累加，如果将严重程度不同的事故统一对待，往往造成判断的失误。例如，拥有同样事故次数的两条路段，其中一条路段的事故死亡人数比另一条路段的事故死亡人数高，很显然，具有高死亡人数的路段的危险性也要高。如果不考虑事故的严重性，将判断为两者具有同样的危险性。为了更准确地判断事故多发点，鉴别时应考虑事故的严重性，因此，根据死亡、受伤等对社会危害性的大小赋予不同的权值，提出当量事故次数。其计算方法为

$$A_{EQ} = A + k_1 D + k_2 W \tag{6-24}$$

式中 A_{EQ}——当量事故次数（起）；
A——实际事故次数（起）；
D——死亡人数（人）；
W——受伤人数（人）；
k_1、k_2——与死亡人数、受伤人数相关的权值。

由于该方法没有考虑交通量和路段长度，也存在与事故频数法同样的缺点，同时权值的确定对结果的影响也非常大。

（五）质量控制法

上述各种鉴别道路交通事故多发点的方法都有各自的优点，虽然也存在一定的缺陷，往往受

适用条件的限制，但可以根据道路的实际情况选取合适的鉴别方法。质量控制法可以用来鉴别道路条件及交通条件大致相同的道路上的事故多发点。

1956 年，Norden 等人提出了质量控制法，其是一种基于假设的理论性方法。假设路网或某类道路的平均事故率为 P_0（车辆事故率），某道路（或路段）上作用的交通量是 m 辆车。假定道路上各处的运行条件不存在特别缺陷，则对于具有平均事故率 P_0 的道路上作用 m 的交通量时，它发生事故次数的概率符合二项分布，即

$$P(x=k) = C_m^k P_0^k (1-P_0)^{(m-k)} \tag{6-25}$$

式中　k——发生的事故次数（起）；

　　　m——鉴别路段上累计车辆数（交叉口以百万辆车计，路段以亿辆车计）；

　　　P_0——路网或某类道路的平均事故率（次/亿辆或次/百万辆）。

通常由于 m 值很大，P_0 值又很小，其分布与泊松分布极为接近，故可用以下公式计算：

$$P(x=k) = \frac{\lambda^k}{k!} e^{-\lambda} \tag{6-26}$$

式中　λ——鉴别路段理论平均事故频率（次），$\lambda = P_0 m$。

对于泊松分布，其期望与方差均为 λ。

根据显著性水平可以得到评价危险路段事故率的上限和下限，其计算公式如下：

$$R^- = P_0 - K\sqrt{\frac{P_0}{m}} - \frac{1}{2m} \tag{6-27}$$

$$R^+ = P_0 + K\sqrt{\frac{P_0}{m}} + \frac{1}{2m} \tag{6-28}$$

式中　R——临界事故率，R^+ 为上限值，R^- 下限值；

　　　K——统计常数，一般取 1.96（95% 置信度）。

当该路段的实际事故率大于 R^+ 时，该路段或该道路为危险路段，应采取措施改善；小于 R^- 时，为相对安全的路段或道路；介于两者之间的应跟踪观测，酌情采取措施。按照事故率的大小排序，便可确定改善道路事故多发点的优先顺序。

实际应用表明，该方法要比传统的统计方法好，我国的沈大高速公路事故多发点的鉴别就运用了事故率法和质量控制法，鉴别出了 35 个事故多发点，并加以治理改善，取得了良好的效果。

[例 6-2]　某条道路的多数路段，年平均事故率为 38 次/亿辆，其中某一路段每年有 30 次事故，交通量为 50000 辆/日，试评定该路段的安全状况。

解：由题意可知　$P_0 = 38$ 次/亿辆，$K = 1.96$（取 95% 置信度）

$$m = \frac{50000 \times 365}{10^8} \text{亿辆} = 0.18 \text{亿辆}$$

$$R_T = \frac{30}{0.18} \text{次/亿辆} = 166.7 \text{次/亿辆}$$

$$R^- = P_0 - K\sqrt{\frac{P_0}{m}} - \frac{1}{2m} = \left(38 - 1.96\sqrt{\frac{38}{0.18}} - \frac{1}{2 \times 0.18}\right) \text{次/亿辆} = 6.74 \text{次/亿辆}$$

$$R^+ = P_0 + K\sqrt{\frac{P_0}{m}} + \frac{1}{2m} = \left(38 + 1.96\sqrt{\frac{38}{0.18}} + \frac{1}{2 \times 0.18}\right) \text{次/亿辆} = 69.26 \text{次/亿辆}$$

该路段事故率 $R_T > R^+$，可以确定该路段交通安全状况很差，属危险路段。

（六）临界率法

1997年，学者J.S.CHEN和S.C.WANG总结了以上各方法的优缺点，提出了鉴别危险路段的临界率法。该方法首先选取道路使用者能够忍受的最高事故率作为临界率，对于不同的临界率，根据显著性水平，对任一给定路段给出相应事故多发点最低的事故率。当某一路段的事故率超过临界的事故率时，即被认为是事故多发点。由于统一考虑了事故多发点的重要特征（包括事故的严重程度、交通量和路段长度），该方法要优于以上各种方法。同时，通过选取不同的危险率，该方法能够确定事故多发点改善的优先次序。但是，随着经济的发展和人民生活水平的提高，临界率也是变化的。为此，有关部门应该及时更新数据库，以便根据交通事故及道路改善资金的情况选取合适的临界率。

（七）速度比判断法

交通心理研究表明，驾驶人在行车过程中会产生一种心理惯性。在高速行驶状态下，驶入危险路段时，仍不减速或减速幅度不够。当驾驶人由行车条件好的路段进入条件差的路段，由于心理惯性，使得实际车速大于道路条件允许的车速，这就有可能导致交通事故。因此可从相邻路段的行车条件来确定危险路段。车辆从路段L_1驶入路段L_2，L_1能保证的车速为V_1，L_2能保证的车速为V_2，则有

$$R=\frac{V_2}{V_1} \tag{6-29}$$

式中　R——相邻两路段的车速比。

当$R \geq 0.8$时，路段L_2为安全路段；当$R=0.5 \sim 0.8$时，L_2为稍有危险路段；当$R<0.5$时，L_2为危险路段。

车速可通过实测，或者根据道路交通条件来推测，通常危险路段有以下几种情况：道路上有坑洼或阻挡物，连接不良，视距不够，线形急转弯，坡度突变，超高不足或反超高，行人、非机动车设施不足或质量差；交通工程设施等不足或设置不当。

对于交叉口，可用通过交叉口的机动车行驶速度与相应路段上的区间速度之比来判定，即

$$R=\frac{V_J}{V_H} \tag{6-30}$$

式中　V_J——交叉口车速（km/h）；

　　　V_H——交叉口间路段的区间车速（km/h）。

速度比是一项综合性指标，当它与事故率结合使用时，使事故多发点的评定更加可靠。

（八）累计频率曲线法

累计频率曲线法是针对我国道路的实际情况而提出的，主要依据以下两方面：首先，我国公路交通事故研究尚未能提出成熟的安全指标的"标准值"，因此无法使用简单的绝对值进行事故多发点的鉴别；其次，我国不同地区技术经济发展相差较大，各地区用于公路养护、管理和安全性改善的资金有很大差异，制定统一的指标难以照顾到不同发展水平。因此，经过对各种道路事故多发点鉴别方法的比较及其在我国应用的可行性分析，提出累计频率曲线法。

累计频率曲线法多用于微观事故多发点的分析。它基于这样一个认识：在一条道路上，如果道路条件处处一样（不一定是无缺陷），则可认为事故发生的位置与道路无关，在统计量足够大时，事故沿道路分布理论上是均匀的。但实际上道路条件不可能处处一样，道路条件的不同，使实际的事故发生分布沿路是不均匀的，虽然其中有一定的偶然性，但有一点是不争的事实，即发生少量事故或不发生事故的路段占大部分，集中发生较多事故的路段是少部分，并且事故次数越高的路段占的比例越小，如果将事故数（率）发生的频率排序，计算其累计频率，则能分离出累计频率

很小但事故数(率)很高的位置，作为事故多发路段的可能位置。

累计频率曲线法是基于统计学原理的一种方法，该方法以每一单位长度发生的事故次数为横坐标，以发生大于某一事故次数的累计频率为纵坐标，绘制累计频率曲线。简要介绍其步骤如下。

1. 分段单元划分

将整条公路划分成等长的小单元(通常以 1km 为单位)，计算每一单元上的事故次数。当沿线交通量变化不大或缺乏交通量资料时，某一条道路的事故多发路段(点)的评价指标可用公里事故数；当沿线交通量变化较大时，也可采用车公里事故率。

2. 计算发生 n 起事故的频率和累计频率

根据统计学计算发生 n 起事故的频率，并计算累计频率，绘制累计频率曲线。

3. 初步选定事故多发点

首先根据累计频率曲线上的突变点，初步选定累计频率小于突变点的路段为事故多发点。图 6-15 是反映某公路的事故累计频率曲线(A 曲线和 B 曲线)和高次多项式拟合公式(C 曲线)的示意图。

根据对我国多条道路进行交通事故分析的结果来看，上述曲线在累计频率 5%~20% 部分有一个突变点，在突变点下面，即累计频率≤5%~20% 的部分为事故率最高的部分，并且事故随累计频率的微小变化而急剧增减，在突变点上面，事故率较小且曲线很平缓。累计频率的较大变化也不会引起事故率的急剧变化，因此，可以将事故累计频率小于 5%~20% 的地点作为可能的"事故多发点"。这部分地点长度比例较少，却占有很高的比例。

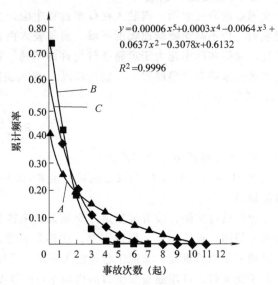

图 6-15 某公路的事故累计频率曲线

其次，针对事故集中在某分段单元，可对其前一单元或后一单元的事故做进一步分析，以避免由于等间距分割单元而遗漏事故多发点。

4. 现场勘察

对初步选出的路段进行必要的现场勘察和分析。现场勘察的内容包括：现场道路状况调查；车辆行驶状况调查；车辆环境调查。

5. 确定事故多发点

综合书面资料和现场勘察资料分析，对照事故特征、事故原因和事故处的道路线形，排除由于人为因素、车辆因素及其他特殊原因引起的事故，最后确定事故多发点。

6. 分析事故原因并提出改进措施

对每一个鉴别出来的事故多发点，结合事故和道路资料，分析主要事故原因，并提出改进措施。

对于不同的公路，累计频率的突变会在一定范围内变化，根据事故多发点所占的比例的多少，累计频率的突变点会有所不同，事故多发点少，则突变点越靠近原点，其累计频率值就小，反之突变点处的累计频率值就大。

由于统计的需要，道路被分为等长的单元，这会造成"削峰"的可能性，因此在实际应用中，应选择累计频率突变点偏小一些，作为初步结果。另外，对初步选出的事故多发点前后的单元也应该注意。

最后，采用此方法的时候，选择多大的"突出值"还要考虑区域经济状况，当有较多资金可用于道路安全改善时，可采取较高的累计频率值，反之可小一些，以便集中资金解决事故多发点。

上述各种鉴别方法虽然都能从不同的角度出发来鉴别事故多发点，但在实际应用时容易将一些条件（如交通量、道路条件或事故严重性等）忽略，使鉴别结果的准确性下降。因此，各种鉴别方法都有一定的适用条件。即使是对符合适用条件的道路事故多发点进行鉴别时，也应该结合具体情况对鉴别方法进行研究，以提高鉴别结果的准确性。

复习思考题

1. 试述交通事故分析指标及计算方法。
2. 系统安全分析的方法有哪些？其原理是什么？
3. 如何理解交通事故致因分析的突变模型？
4. 如何理解事故多发点的概念及其内涵？
5. 试述事故多发点鉴别的目的、意义及内容。
6. 交通事故多发点鉴别方法有哪些？各有什么优缺点？
7. 某条道路的多数路段，年平均事故率为 36 次/亿辆，其中某一路段每年有 28 次事故，交通量为 50000 辆/日，试根据质量控制法评定该路段的安全状况。

第七章

道路交通安全系统评价

安全系统评价是在安全系统分析的基础上,通过事故指标、隐患指标及风险指标等,对道路交通系统的整体安全性、交通安全管理的薄弱环节等进行的比较和评价。根据评价结果可选择并确定保证系统安全的技术路线和投资方向,拟定安全工作对策。

道路安全问题既是一个技术问题也是一个社会问题。评价一个国家或一个地区的道路安全状态,必须从该地区的交通基础设施状况出发,综合分析经济发展及区域文化教育等各种与道路安全有关的社会因素和技术经济因素。

第一节 道路交通安全系统评价的基本概念

道路交通安全系统评价是指以一个地区或一条道路为研究对象,通过收集资料、事故调查、现场测量等手段获得与研究对象范围内相关的信息,通过事故指标、隐患指标及风险指标等,应用适合的评价方法对研究范围进行安全程度的评价。

一、道路交通安全系统评价的分类

1. 按研究对象分类

道路交通安全不仅涉及交通基础设施等技术经济因素,还与机动化水平等社会经济因素有关,因此,道路交通安全系统评价可分为交通系统安全水平评价(即宏观评价)与道路安全评价(即微观评价)。

(1)宏观评价。宏观评价的主要目的在于分析随着区域的社会变革、经济和技术的发展,道路安全状况的变化,研究区域经济、车辆保有量、人口及其构成与道路安全(道路事故率)的相互关系,并在此基础上制定宏观的技术和政策方面的道路安全性改善对策。不少国家将宏观层面上的道路安全问题列入国民健康范畴进行研究。

(2)微观评价。微观评价是从不同的角度分析影响道路安全、产生道路交通事故的各种具体因素,以改善道路安全状况,制定技术与政策措施。对于道路与交通工程领域的工程技术人员,则着重研究道路、交通环境因素与道路事故的关系,以指导道路安全设计。但由于影响道路安全的因素很多,并且相互有交叉,因而还必须从其他角度考虑安全问题。

2. 按评价时间范围分类

对于道路安全评价,按照评价时间范围,可分为"事前评价"和"事后评价"。事前评价采用的是道路开通前的信息;事后评价采用的是道路营运后的信息。

二、道路交通安全系统评价应遵循的原则

要进行道路交通安全系统评价，首先要确定评价方法所要遵循的原则，这样可以使评价指标的建立更有目的性，更容易得到认同。

一般认为评价应遵循以下四个原则：

1. 科学性原则

所谓"科学性"，是指评价方法能够真实地反映事物的本质，体现道路交通的安全性，要科学合理、客观公正。只有坚持科学性的原则，评价才具有可靠性与客观性，评价结果才具有可信性。

2. 可行性原则

所谓"可行性"，是指评价方法要切实可行。这就包括对基础数据的要求要切实可行，即应选择尽可能少并易于得到的数据进行评价。也包括评价过程的切实可行，即评价过程应清晰明了、易于操作。只有坚持可行性原则，评价的方法才容易为基层服务，被使用部门接受。

3. 实际性原则

所谓"实际性"，是指评价方法应紧密联系实际，脱离我国目前实际情况建立的道路评价方法是不能体现我国目前的道路现状的，是毫无意义的。只有坚持实际性原则，才能通过评价得出准确的安全结论，为整改措施的实施提供可靠的依据。

4. 可比性原则

所谓"可比性"，是指评价方法可以对道路交通安全性做出公正合理的比较，进而做出评判。可比性是建立评价方法和评价体系的重要标准。进行评价的目的就是分出优劣，因而只有坚持可比性才能实现评价的目标，从而揭示事物的本质。

只有遵循了以上四个原则的评价方法才是合适的评价方法。

三、道路交通安全系统评价的制约因素

所谓"综合评价"，指的是对被评价对象从不同的角度去考察，在考察中要顾及尽可能多的影响因素。应用这个评价模型能对被评价对象的交通安全状况做出一般性的全面的评价结论。如果被评价对象只有一个，则评价结果应当以"好""较好"或"不好"等形式表达；如果被评价对象不只一个，则评价结果应当是一个交通安全水平的排序。然而，建立一个这样的评价模型并非易事，存在许多困难和障碍。

道路交通安全系统评价的困难和障碍表现在以下几个方面：

1. 影响因素众多

交通事故的发生受许多因素的影响，至少可以罗列出如下一些：人口密度、人口的年龄构成、居住区的结构、车辆保有量及组成、交通流量、公共交通设施、路网长度及质量、地理及气候条件等。这些因素之间又互相关联、互相影响，而要确定其相关关系又几乎是不可能的。

由于每一个因素只能反映问题的一个侧面，若要全面评价道路交通安全水平，则应当在评价模型中引进尽可能多的变量。

2. 定义不一致

各国对于交通事故的统计方法不尽相同，并且在统计标准和事故定义方面也有很大差别。例如，交通事故死亡人数的统计与事故次数、受伤人数及经济损失这三个统计指标相比，应当是争议最少的，然而各国对事故后存活期限的规定却大相径庭。目前，国际上推荐的方法是将事故后30天之内死亡者均作为交通事故死亡人数加以统计，但有的国家则规定为7天，如我国、意大利；有的国家规定为6天，如法国；有的国家规定为3天，如奥地利；有的国家规定为1天，如西班

牙、日本；甚至有的国家规定大于30天，如瑞士。

即便是相对事故率中的参照指标，如万车死亡率中车辆保有量的统计，也存在同样的问题，即各国对于机动车的分类和统计范围也不一致。

由于定义和统计标准的不同，为保证可比性，在构造评价模型时又不得不放弃许多指标。这样，可供选择的评价指标的数目将大大受到限制。

3. 事故统计不完善

事故统计中的大量遗漏和资料的不完整使指标的可比性受到了进一步的影响。这种遗漏在涉及行人、自行车、摩托车等的交通事故中尤为突出。根据阿波尔(Apel)等人的调查，有时遗漏的数目竟然高达1/3以上。在涉及人员受伤的事故统计中，受伤的程度越轻，被遗漏的数目越大。

综上所述，一方面，由于影响交通安全的因素众多，为了避免评价的片面性，要求在评价模型中尽可能多地引进评价指标；而另一方面，由于定义和统计标准的不一致及统计数据的不完整，为了保证可比性，只能引进少量的评价指标。这两方面互相矛盾，使得建立交通安全宏观评价模型的工作存在一定困难。

第二节 道路安全评价概述

一、道路安全评价的定义

有关道路安全评价的定义，国内外有许多解释，以下是有关的一些对安全评价的定义。

英国运输部对安全评价的定义为："道路安全评价是对直接影响道路用户安全的道路组成元素和其相互作用或施工当中的其他因素的评价，通过评价在道路开放交通之前预测可见的潜在的道路安全问题，发现潜在的危险。"

澳大利亚对道路安全评价的定义是："道路安全评价是由一个独立的合适的检查者(机构)对与道路建设有关的工作的审查以保证提供高水平的道路安全。"

美国ITE技术委员会对道路安全评价的定义为："对现有或将建道路或交通项目或其他与道路用户有关的项目所做的正式审查，由合格的、独立的检查者检查项目的现在事故可能性和道路交通的安全性能。"

各国对于道路安全评价的定义虽各有不同，但却具有共同点，都将道路安全评价定义为：道路安全评价是对现有或将建的道路工程项目或交通工程项目、任何与道路用户有关的其他项目的正式审查，并给出项目存在的或潜在的安全问题和安全性能方面的审查报告。

道路安全评价的目的是检查道路或道路建设是否存在潜在的事故风险和安全性能问题。

道路安全评价是在人类与道路交通事故做斗争的几十年乃至上百年的过程中，经过不断完善，综合道路安全研究成果而逐步成形的。从20世纪80年代中后期起，英国较早开始研究并逐步推广应用道路交通安全评价技术，期望在道路的规划、设计、施工、运营的每个阶段，从各种道路用户类型的安全角度去检查道路的不安全因素和事故隐患，从而降低事故率。

作为各种运输系统的载体，道路系统只是交通大系统中的一个子系统，它的运行质量固然与它的自身状况(功能结构与空间尺度)有决定性的关系，但又受到其他各子系统(如客运子系统、货运子系统、交通组织管理子系统等)的制约，甚至还受到交通系统之外的其他功能系统的影响(如土地开发与使用方式、布局、道路综合管理模式等)。道路事故的发生是由于事件的连续发生所致，人、车、道路是这一事件链的主要因素。由于道路系统中，人、车、道路三者是有机地结合在一起的，所以单独从一个方面割裂地分析道路交通安全问题是难以奏效的，因此应当建立起系统的研究方法以求有效改善道路交通安全状况。

世界道路协会（PIARC）道路安全委员会在1995年会议上为1999年的会议制定了几个改善道路安全状况的论题，但事实上只有道路安全评价引起了与会专家的兴趣。PIARC道路安全委员会对道路安全评价的定义为："道路安全评价是应用系统方法，将道路交通安全的知识应用到道路的规划和设计等各个阶段，以预防交通事故。"道路安全评价可用于现有道路、新建道路及现有道路的改善，适用于公路项目，也适用于城市道路项目的安全评价。事实上，有些国家（如澳大利亚）则将道路安全评价的适用范围扩展到所有与道路安全有关的土地开发项目中，包括一些大型的商场、娱乐设施、停车场等。这些土地开发项目对原有交通的影响及干扰作用是显而易见的，故将其列入评价范围也是必要的。

二、道路安全评价的内涵

深入地理解道路安全评价，要先了解道路安全评价的内涵，主要可从以下三个方面阐述：

（一）道路安全的评价主体

道路安全评价是一项为道路用户服务的技术工作，需要系统的道路安全工程和相关科学知识，参与道路安全评价工作的人员需具备为道路用户服务的科学知识。这就要解决两个问题：对道路安全评价人员的要求、道路安全评价涉及的各方的相互关系、权利和责任。其中对道路安全评价人员的要求包括以下三个方面：

1. 技术要求

道路安全状况和事故的发生是人—车—道路系统内部和某些外部因素综合作用的结果，道路安全评价要求评价人员对道路设计、交通工程要有丰富的评价经验。

2. 公正性要求

尽管许多国家都规定评价工程师并不对自己评价过的道路在开放交通后的交通事故负有法律责任，但评价工程师的公正性是非常重要的。评价者应利用自己的专业知识及道路安全工程经验等从道路维护安全的角度考虑问题，公正地指出道路设计中存在的安全问题，不得因对设计存有偏见而无端挑剔设计中的问题，也不能仅利用个人的专业特长而忽视其他工程师的经验。

3. 独立性要求

独立性的根本含义在于道路安全评价人员必须从道路用户的角度审查道路与交通工程项目存在的安全问题，其评价工作过程、评价结论不应受业主和设计人员的限制。

（二）道路安全评价的客体

对于公路项目，一般有以下几种情况需要进行道路安全评价：

1. 新建公路

新建公路从规划到施工的各个阶段都可以进行安全评价，而且不仅要评价其本身的安全，因其建设将改变现有路网的交通分配，还要评价新建公路对现有路网安全性能的影响。

2. 旧路改造

旧路改造除改造技术措施本身能带来不安全因素外，还会改变驾驶人熟悉的路况，应采取一定技术措施来减小不利影响。

3. 道路沿线附近的产业开发

道路沿线附近产业的开发改变了原来道路沿线的用户群，并有可能增加道路出入口，带来新的交通问题。在福建省许多一级和二级公路在过境段已城镇化，沿线人口居住密集，出入口逐渐增加，已成为道路安全恶化的主要原因。

4. 现有公路的道路安全评价

现有公路的道路安全评价，应定期对现有公路的安全状况进行调查、沿线勘察，并通过事故资料分析发现道路已存在的事故多发点和可能的不安全路段。

然而，目前要对所有公路项目进行道路安全评价还有一定难度，也较难通过道路安全评价提出非常合理的改进技术措施与建议。因此可在三个方面进行道路安全评价试应用：①新建高等级公路；②大型互通式立体交叉；③现有公路。

（三）道路安全评价的实施时间

我国高速公路和一级公路建设项目的实施一般有以下几个阶段：预可行性研究、工程可行性研究、初步设计、施工图设计、施工、开放交通前、运营与养护，但进行安全评价一般在五个不同的阶段实施，即工程可行性研究阶段、初步设计阶段、施工图设计阶段、开放交通之前、开放交通之后运营一段时间。

1. 阶段一：工程可行性研究阶段

对工程可行性研究阶段进行道路安全评价，对于高等级公路在选择路线走向、建设标准和主要规范、考虑对现有路网的影响、出入口控制、确定交叉口数量与类型等时，应在工程可行性研究后初步设计之前进行道路安全评价。

2. 阶段二：初步设计阶段

在完成初步设计之后，应对平纵横线形、交叉口进行道路安全评价。初步设计后，道路方案基本定型，有些建设单位在初步设计之后就着手征用土地，设计进一步的变更将受到限制。因此这一阶段的道路安全评价是很重要的。

3. 阶段三：施工图设计阶段

在施工图设计之后、施工之前，对道路线形、交叉口、标志标线、信号、照明等进行道路安全评价。

4. 阶段四：开放交通之前

开放道路交通之前，对竣工道路及各类附属设施进行全面的安全检查，发现在设计施工图上难以发现的安全问题和危险路况，提出必要的整改措施。

5. 阶段五：开放交通之后运营一段时间

开放交通之后，道路安全评价的工作主要是现有道路的安全状况的调查与评价，进行道路事故多发点的鉴别与改造设计。这种评价称为"事后评价"，而前四阶段的评价都称为"事前评价"。从减少事故、提高道路运营效率的角度考虑，事前评价比事后评价更重要。

三、道路安全评价的意义

实施道路安全评价的意义在于：
（1）通过事故防治和减缓事故严重程度提高道路的安全性。
（2）降低道路网事故率。
（3）减少广大人民群众因事故、伤残及死亡所造成的损失。
（4）提高道路设计者的道路安全意识。

第三节 道路交通安全系统评价的基本方法及应用

一、安全度评价指标

交通安全可用交通安全度来表征。交通安全度即交通安全的程度，是使用各种统计指标，通过一定的运算方式来评价的客观的交通安全情况。道路安全度是改进道路交通安全、考察交通管理部门水平的一个重要评价依据。

(一) 绝对指标

交通安全度评价绝对指标有四项，即事故次数、死亡人数、受伤人数、直接经济损失。

这四项指标是安全评价的基础资料，它们可用于同一地区或同一城市交通安全状况的考核与分析，也可用于同一地区或同一城市不同时期交通安全状况的比较。2015年，全国共发生道路交通事故187781起，比2014年减少9031起，下降4.6%；造成58022人死亡，同比减少501人，下降0.9%；造成199880人受伤，同比减少12002人，下降5.7%；直接财产损失10.4亿元，同比减少0.4亿元，下降3.6%。通过前后两年或更长时间的比较，可以看出我国交通安全状况的发展趋势。

但由于经济发展状况、机动车保有量水平等条件的不同，因而无法对不同地区或不同城市的交通安全状况进行横向比较，更无法与国外交通安全状况进行对比，即缺乏可比性；此外，这四项指标也不能对事故量、事故后果和发生事故的可能性做出全面评价，也缺乏系统性。

(二) 相对指标

除这四项绝对指标外，根据交通安全度评价方法的不同，也可采用适当的相对指标来评价道路交通安全状况。

1. 万车交通事故死亡率

$$R_V = \frac{D}{V} \times 10^4 \tag{7-1}$$

式中　R_V——每1万辆机动车的事故死亡率；
　　　D——全年或一定时期内的事故死亡人数；
　　　V——机动车保有量。

这是一定时期内交通事故死亡人数与机动车保有量的比值，是反映交通事故死亡人数的相对指标，侧重于评价机动车数量对交通事故死亡人数的影响。

[例7-1]　2015年，全国公安机关交通管理部门共受理交通事故187781起，造成58022人死亡，2015年我国机动车保有量约为258548700辆，试求万车交通事故死亡率。

解：根据式(7-1)，2015年我国万车交通事故死亡率为

$$R_V = \left(\frac{58022}{258548700} \times 10^4\right) \text{人/万车} = 2.2 \text{人/万车}$$

2. 万人交通事故死亡率

$$R_P = \frac{D}{P} \times 10^4 \tag{7-2}$$

式中　R_P——每1万人的事故死亡率；
　　　D——全年或一定时期内的事故死亡人数；
　　　P——统计区域人口数。

这是一定时期内交通事故死亡人数与人口数量的比值，也是反映交通事故死亡人数的相对指标，侧重于评价人口数量对交通事故死亡人数的影响。但若用于不同的地区或国家，因交通环境相差较大，其可比性较差，像我国这样人口多、机动车少、路网密度低的国家，如果从万人交通事故死亡率来看，似乎我国的道路交通安全状况要"好于"发达国家，但从现实情况看，其实不然。

另外，根据评价区域的不同，统计单位也可调整，若应用于某一较大城市，则多采用10万人口为单位，即每10万人交通事故死亡率。若用于国家或国际地区级的统计区域，则多采用100万人口为单位，即每100万人交通事故死亡率。

3. 交通事故致死率

$$R_Z = \frac{D}{D+S} \times 100\% \tag{7-3}$$

式中　R_Z——交通事故致死率；
　　　D——全年或一定时期内的事故死亡人数；
　　　S——全年或一定时期内的事故受伤人数。

这是一定时期内交通事故死亡人数与交通事故伤亡总人数的比值，它可以综合反映车辆性能、安全防护设施、道路状况、救护水平等因素的影响，是衡量交通管理现代化及交通工具先进性的一个重要指标。降低交通事故致死率，从很大程度上反映了交通管理对于减少交通事故带来的生命和财产损失所起到的巨大作用。2011—2015年某省交通事故死亡、受伤人数见表7-1，根据式(7-3)，可以计算出该省交通事故致死率(见表7-1)。

表7-1　2011—2015年某省交通事故致死率一览表

年　　份	2011年	2012年	2013年	2014年	2015年
死亡人数（人）	2680	2473	2138	2060	1955
受伤人数（人）	13709	11403	9501	8816	7871
交通事故致死率（%）	16.4	17.8	18.4	18.9	19.9

4. 亿车公里事故指标

$$R_N = \frac{D}{N} \times 10^8 \tag{7-4}$$

式中　R_N——1年间亿车公里事故次数或伤亡人数；
　　　D——全年交通事故次数或伤亡人数；
　　　N——全年总计运行车公里数。

亿车公里事故指标包括亿车公里事故率、亿车公里受伤率、亿车公里死亡率，侧重于评价交通量对交通事故的影响。这是一组评价指标，可综合反映交通工具的先进性、道路状况及交通管理的现代化，也是国外评价交通安全的常用指标之一。其指标值越小，说明交通安全状况越好。据1995年的统计结果，美国全国道路交通事故的亿车公里事故率为58起/亿车公里，英国为55起/亿车公里，法国为27起/亿车公里，德国为64起/亿车公里，我国为41起/亿车公里。同年度，上述国家的亿车公里死亡率分别为美国1.1人/亿车公里、英国0.9人/亿车公里、法国1.7人/亿车公里、德国1.6人/亿车公里、我国10.7人/亿车公里。

关于车公里数，可采用以下几种计算方法：

(1) 以每辆车的年平均运行公里数乘以运行车辆数。
(2) 用道路长度乘以道路上的年交通量(或由年平均日交通量推算出年交通量)。
(3) 以所辖区全年总的燃料消耗量(升)除以单车每公里平均燃料消耗量(升/车公里)。

[例7-2] 某高速公路一年间共发生交通事故86起、伤115人、死亡23人，其长度为60km，全程年平均日交通量为15000辆/日，试计算其事故率。

解：根据式(7-4)，该高速公路的事故率(R_{N1})、受伤率(R_{N2})和死亡率(R_{N3})分别为

$$R_{N1} = \left(\frac{86}{60 \times 15000 \times 365} \times 10^8\right) 起/亿车公里 = 26.2 起/亿车公里$$

$$R_{N2} = \left(\frac{115}{60 \times 15000 \times 365} \times 10^8\right) 人/亿车公里 = 35.0 人/亿车公里$$

$$R_{N3} = \left(\frac{23}{60 \times 15000 \times 365} \times 10^8\right) 人/亿车公里 = 7.0 人/亿车公里$$

5. 综合事故率

$$R = \frac{D}{\sqrt{VP}} \times 10^4 \tag{7-5}$$

式中　R——综合事故率，也称死亡系数，即1年间或一定时期内道路交通事故死亡率；

　　　D——全年或一定时期内事故死亡人数；

　　　V——机动车拥有量；

　　　P——统计区域人口数。

综合事故率是万车事故率与万人事故率的几何平均值，考虑了人与车两个方面的因素，但未考虑车辆行驶里程。

交通事故死亡率是交通安全评价的重要指标。但是，仅根据死亡人数确定的事故死亡率还不能全面地表明事故的伤害程度。因此，有时还必须采用事故当量死亡率这一指标。在当量死亡率中，事故死亡数除包括实际死亡人数外，还应再加上按轻伤、重伤折算的当量死亡人数。当量死亡人数按下式计算：

$$D_s = D + K_1 D_1 + K_2 D_2 \tag{7-6}$$

式中　D_s、D、D_1、D_2——分别为当量死亡、死亡、轻伤和重伤人数；

　　　K_1、K_2——分别为轻伤和重伤换算为死亡的换算系数。

系数K_1和K_2应遵循统一的折算原则制定，这样，这一指标就能比较全面地对交通管理的安全度做出评估。

（三）交通安全综合评价指标体系

国外在应用绝对指标的基础上，广泛采用相对指标，这些指标从不同的侧面评价不同因素对交通安全的影响。因此可用于对不同地区或国家的交通安全状况进行纵向和横向比较。

开展道路交通安全评价问题的研究，建立符合我国国情的科学的评价体系，借以正确评价我国交通安全的总体水平和各地区的交通安全水平，以期制定合理的、科学的安全对策，是具有重要理论价值和现实意义的课题。

在对我国公路交通安全状况进行评价时，仅使用绝对指标表示是不够的，必须在应用绝对指标的基础上应用相对指标；仅使用单项指标也是不够的，必须选择一系列的评价指标组成一个评价指标体系，综合考虑人、车、道路和环境诸方面因素的作用和影响，对我国公路交通安全状况做出全面和准确的评价，为安全决策和事故控制提供可靠的依据，以利于我国公路交通安全水平的提高，进而达到为国民经济建设服务的目标。

道路交通安全评价指标体系应具有两种功能：

（1）认识功能：即该指标体系应能使管理部门认识辖区内交通事故的总体规模和危害程度，以引起重视。

（2）激励功能：即管理部门可以根据指标判断辖区内交通事故的发展趋势，明确本辖区与相关区域之间在管理水平上的差距，激励管理部门寻求改善管理水平的途径。

二、道路交通安全评价常用方法

目前，在我国进行的道路安全评价研究主要是事后评价研究，而事前评价研究与国外相比较少。国内外关于道路交通安全度的评价方法较多，其中宏观评价主要是研究较大范围的问题，往往是以国家或省、市为对象；微观评价法主要是研究局部的具体问题，如一条或一段道路、一个交叉口等。目前常见的评价方法如图7-1所示。

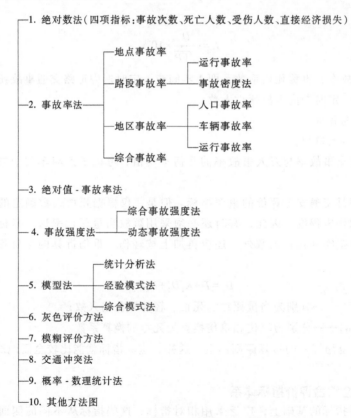

图7-1 目前常见的道路交通安全评价方法

三、宏观评价方法

（一）绝对数法

用事故次数、死亡人数、受伤人数及直接经济损失四项绝对指标评价安全度，是目前我国应用的最普遍的方法。这种方法比较简单直观，但由于不涉及影响交通事故发生的主要因素的差异，因而不能揭示交通安全的实质。

（二）事故率法

交通安全度的宏观评价方法，常用的有人口事故率、车辆事故率和运行事故率等方法，其中，人口事故率法和车辆事故率法能够反映交通安全的不同侧面，运行事故率法较为科学，但目前交通运营量难以及时掌握，一般采用估算值。

总的来说，事故率法的优点是应用简便；缺点是单独从人口、车辆和交通运营量对交通事故的影响来分析、评价道路交通安全状况，带有一定的片面性。

（三）模型法

现行模型法有两类，一类是统计分析模型，利用多元回归法建模；另一类是经验法模型，利用经验法建模。前者国外用得多，后者国内用得多。

1. 统计分析模型

（1）斯密德（R. J. Smeed）模型。公式如下：

$$D = 0.0003\sqrt[3]{NP^2} \tag{7-7}$$

式中　D——当年交通事故死亡人数；

　　　N——当年机动车登记数（辆）；

　　　P——当年人口数（人）。

1953年，斯密德利用推导公式之初所选的20个国家中的18个国家在1930年和1950年的数据对上述公式进行了验算；1970年，他又用68个国家1960和1967年的数据对其进行了第二次验算。两次验算的结果都表明，在公式形式和参数取值都不变的情况下，计算值和实际值吻合得非常好。斯密德的研究成果也引起了广泛的重视，并且得到了国际社会的认可。然而，自20世纪80年代之后，斯密德公式受到了新的挑战。由于世界范围交通事故有了大幅度的下降，这一公式的适用性已经动摇。

（2）意大利特里波罗斯多元回归模型。公式如下：

$$y = 58.770 + 30.322x_1 + 4.278x_2 - 0.107x_3 - 0.776x_4 - 2.87x_5 + 0.147x_6 \tag{7-8}$$

式中　y——人口事故率（死亡人数/10万人）；

　　　x_1——交通工具机动化程度（km/km²）；

　　　x_2——平均每平方公里道路长度；

　　　x_3——居住在大城市中的人口比例（%）；

　　　x_4——19岁以下的青少年所占人口比例（%）；

　　　x_5——65岁以下的老年人口比例（%）；

　　　x_6——小客车与出租汽车在车辆中所占的比例（%）。

2. 经验法模型

经验法模型是由我国的研究者于20世纪80年代中期提出来的，经验法采用以下公式计算出被评价对象的"当量交通事故损失" R，根据其数值的大小，确定它们的排序。

$$R = \frac{D_1 r_1 + D_2 r_2 + D_3 r_3 + D_4}{365K} \times 10^{-3} \tag{7-9}$$

式中　R——当量交通事故损失[万元/(1000车公里·年)]；

　　　D_1——交通事故次数（起）；

　　　D_2——交通事故死亡人数（人）；

　　　D_3——交通事故受伤人数（人）；

　　　D_4——交通事故直接经济损失（万元）；

　　　r_1——一次事故的平均损失（万元/起）；

　　　r_2——死亡一人的平均损失（万元/人）；

r_3——受伤一人的平均损失(万元/人);

K——日公里交通量(车公里/日)。可由下式计算:

$$K = \alpha \frac{\sum_{i=1}^{n} L_i Q_i b_i \zeta_i}{B} \tag{7-10}$$

式中　　L_i——道路 i 的长度(m);

Q_i——道路 i 的交通量(辆/天);

b_i——道路 i 的宽度(m);

B——路面标准宽度(m);

n——道路数(条);

ζ_i——与路面状况有关的参数,$\zeta = 0.5 \sim 1.0$;

α——与几何特征和天气条件有关的参数,$\alpha = 0.55 \sim 1.0$。

(四) 事故强度法

1. 综合事故强度分析法

综合事故强度分析法是采用以下公式计算出被评价对象的"当量交通事故死亡率" K_d,根据其数值的大小,确定它们的排序。

$$K_d = 10^3 \times \frac{D_d}{\sqrt[3]{PN_d L}} \tag{7-11}$$

其中,

$$D_d = D_1 + D_2 a_2 + D_3 a_3 + D_4 a_4 \tag{7-12}$$

式中　　　K_d——当量综合死亡率;

D_d——当量死亡人数(人);

D_1——交通事故死亡人数(人);

D_2——交通事故轻伤人数(人);

D_3——交通事故重伤人数(人);

D_4——交通事故直接经济损失(万元);

a_2、a_3、a_4——轻伤人数、重伤人数、直接经济损失与死亡的当量系数;

N_d——当量汽车数(辆);

L——辖区道路总里程(km);

P——辖区人口总数(人)。

该方法综合地考虑了人、车、道路与交通事故的关系,但对人、车、道路在交通事故产生过程中所起作用的程度不同这一问题却并未表示出来,所以会使评价结果可比性降低。此外,该方法选用的指标之一是公路里程,而当量综合死亡率则是对全部路网的统计结果,指标的取值范围不对应;当量综合死亡率综合考虑了死亡人数、受伤人数、直接经济损失,但统计时,各国对受伤人数和经济损失的估计差异很大,会使评价结果的客观性降低。

2. 动态事故强度分析法

(1) 动态事故强度法模型。道路交通运输系统由人、车、道路三部分组成,在进行道路交通安全评价时,应把人、车、道路三者实际参与到道路交通事故中的因素及对道路交通事故的影响程度考虑进去,该方法就是依此原则得出的。该方法综合考虑了人、车、道路对道路交通事故的影响,避免了事故率评价方法的片面性;方法中提出了公路事故系数的概念,即公路当量总事故次数占全部路网当量总事故次数的比例,是用来解决原综合事故强度法中出现的指标取值范围不对应的问题;交通事故死亡人数与死亡人数换算系数的乘积替代当量综合死亡率,使得评价目标可比性增强；道路交通事故是人、车、道路组成的系统不能相互协调而产生的一种不良结果，在发生事故的过程中，为了描述人、车、道路分别起多大的作用，方法中定义了道路交通事故影响程度这一概念，即人、车、道路在交通事故产生过程中所起的作用程度，通过定义道路交通事故影响程度，可以把原事故强度法中人、车、道路的相关指标数量的积换算成人、车、道路对道路交通事故在相同影响程度下的指标数量的积，从而使评价的目标具有可比性，评价结果要较事故率法和综合事故强度法客观。

该方法在计算道路交通事故影响程度的过程中，首先要对影响程度所具有的一些特点进行说明，下面的内容阐述了道路交道事故影响程度的特点及计算过程。

道路交通事故影响程度的特点如下：

1）道路交通事故影响程度是一个数值，反映了人、车、道路与交通事故的作用关系，其大小只与人、车、道路在实际交通运行过程中的参与程度有关，不同国家和地区的交通事故影响程度不同，而与每一年的交通事故有关，在数值上是动态的。

2）交通事故影响程度的概念对于某一具体的道路交通事故而言不具有意义，但对于全国或地区的交通事故而言具有实际意义。因为在具体的事故中无法判定人、车、道路对道路交通事故作用程度的大小，但在事故总体中可以表现出人、车、道路对道路交通事故作用程度的大小。

3）道路交通事故影响程度的数值分别与在交通事故中由人、车、道路引起的交通事故数有直接的线性关系，因为交通事故主要是由人、车、道路三方造成的，交通事故影响程度大的，其造成的交通事故必然多。

在计算道路交通事故影响程度时，采用了统计方法，即以道路交通事故原因统计的数据为依据来推测当量交通参与者、当量机动车和等级道路里程对道路交通事故的影响程度。

道路交通事故原因一般分为主要原因和次要原因，在计算道路交通事故影响程度时，主要原因引起的一起事故数按值1进行计算，次要原因引起的一起事故数按值0.5计算。最后计算出人的原因引起事故数值（R）、车的原因引起事故数值（J）和道路的原因引起事故数值（D）。由于R、J、D都是统计得来的，表示了道路交通事故影响程度，并且这些道路交通事故影响程度一般以一年为一个时期，随时间实时变动，因此称其为动态交通事故影响程度。计算过程见表7-2所示。

表7-2 动态交通事故影响程度计算

事故原因 \ 计算结果	主要原因累计	次要原因累计	动态交通事故影响程度
当量人口（行人、驾驶人、乘客）	$1 \times r_1$	$0.5 \times r_2$	$R = 1 \times r_1 + 0.5 \times r_2$
机动车	$1 \times j_1$	$0.5 \times j_2$	$J = 1 \times j_1 + 0.5 \times j_2$
道路	$1 \times d_1$	$0.5 \times d_2$	$D = 1 \times d_1 + 0.5 \times d_2$

在统计样本中，下列符号表示的意义为：

r_1、r_2——主要原因为人的原因、次要原因为人的原因引起的事故数；

j_1、j_2——主要原因为车的原因、次要原因为车的原因引起的事故数；

d_1、d_2——主要原因为路的原因、次要原因为路的原因引起的事故数；

R、J、D——人、机动车、道路的动态道路交通事故影响程度。

动态事故强度法表示形式如下：

$$P_{ow} = \frac{\beta F}{\sqrt[3]{(EP/R)(EV/J)(M/k)/D}} \tag{7-13}$$

式中 P_{ow}——事故强度，P_{ow} 值越小，表明道路交通安全状况越好；

β——各国死亡人数换算系数，如德国、英国取 1.00，意大利、我国取 1.08，法国取 1.09 等；

F——道路交通事故死亡人数(人)；

M——等级公路里程(km)；

k——公路事故系数，即公路当量总事故次数占全部路网当量总事故次数的比例，通过统计分析，我国取 0.72，其中黑龙江省取 0.41，广州市取 0.60，哈尔滨市取 0.26，大庆市取 0.48，其他国家或城市可根据各地事故特点参照取值；

EP——当量交通参与者；

EV——当量机动车数。

$$EP = \mu_1 P_1 + \mu_2 P_2 \tag{7-14}$$

式中 μ_1、μ_2——城市、乡村人口中的交通参与者比例。据抽样调查显示，我国城市人口中的交通参与者比例约占 69%，乡村人口中的交通参与者比例占 31%；对发达国家无调查数据，μ_1、μ_2 暂取 1.0；

P_1、P_2——城市、乡村人口数量。

$$EV = V_1 + 0.15 V_2 \tag{7-15}$$

式中 V_1、V_2——机动车(包括汽车、摩托车、拖拉机)数、自行车数(辆)。

这里特别提出当量交通参与者的概念。所谓当量交通参与者是指实际参与(包括驾车、乘车、骑车及步行等)到道路交通中的人员，它可以反映出人对交通系统的实际影响，较之采用全部人口的做法具有明显的合理性。

(2) 动态事故强度法模型的应用。根据交通事故统计资料，应用上述评价方法，对我国近年道路交通安全情况及部分国家的道路交通安全情况进行了评价，其结果见表 7-3、表 7-4。

表 7-3 部分国家道路交通安全评价结果

国　　家	人口事故率（人/10 万人口）	车辆事故率（人/万车）	运行事故率（人/亿车公里）	事　故　强　度
美国	15.68	2.10	0.53	5.39
日本	7.30	1.37	—	3.86
英国	6.34	1.42	0.23	4.03
法国	14.30	2.59	0.53	6.88
德国	10.43	1.92	0.54	12.34
加拿大	9.70	1.62	—	3.34
意大利	11.00	1.86	1.34	5.64
葡萄牙	18.65	4.24	—	—
中国	6.25	17.32	5.33	24.59

表 7-4 我国 1994—1998 年道路交通安全评价结果

年　　份	人口事故率（人/10 万人口）	车辆事故率（人/万车）	运行事故率（人/亿车公里）	事　故　强　度
1994 年	5.54	24.26	11.02	26.30
1995 年	5.90	22.50	9.06	26.50

（续）

年 份	人口事故率 （人/10万人口）	车辆事故率 （人/万车）	运行事故率 （人/亿车公里）	事故强度
1996 年	6.02	20.41	7.56	25.83
1997 年	5.97	17.50	5.88	24.22
1998 年	6.25	17.32	5.33	24.59

人口事故率、车辆事故率、运行事故率三种常规事故率的评价方法只能从某个侧面分析道路交通安全水平，而不能做出全面评价。为了全面、综合地比较世界主要国家及我国历年的交通安全状况，按照本文定义的动态事故强度法对各个国家及我国 1994—1998 年的道路交通安全状况进行了重新评价。其中，国内外事故强度对比采用的是 1998 年各国的数据。由于缺乏各个国家的公路事故数据，故公路事故系数值均取用 0.72。

图 7-2 和图 7-3 分别是我国 1994—1998 年和部分国家事故强度对比图。从图中可见，1997 年和 1998 年我国的事故强度与前几年相比有所降低，但与发达国家相比，我国的事故强度值仍远远高于其他国家。交通安全水平由高到低依次为加拿大、日本、英国、美国、意大利、法国、德国和我国。由此可见，采用动态事故强度法能均衡各项指标，客观地评价各区域的交通安全状况。

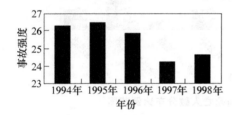

图 7-2 我国 1994—1998 年事故强度对比

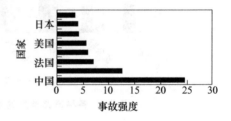

图 7-3 部分国家事故强度对比

（五）四项指标相对数法

1. 四项指标相对数法模型

四项指标相对数法是把不同类型道路交通事故的四项指标的绝对数占总数的百分比作为一个相对指标，利用此相对指标可深入地认识各种道路类型交通事故的对比情况，判断各种道路类型交通事故发生的比例，计算公式为

$$\eta = (A_i / \sum A_i) \times 100\% \tag{7-16}$$

式中　η——指标的相对数；

　　　A_i——不同道路类型的交通事故各项指标的绝对数；

　　　$\sum A_i$——各种道路类型的交通事故各项指标总数。

2. 四项指标相对数法应用

应用四项指标相对数法可以从总体上对各种类型道路的交通事故情况进行分析，确定不同类型道路的交通事故比例分布。根据相关统计资料，对全国 2016 年不同类型公路和城市道路的事故情况进行统计分析，确定了各种道路类型的事故次数和死亡人数分布比例范围（见表 7-5 及图 7-4）。

表 7-5 各种道路类型的事故次数和死亡人数分布比例范围

道路类型	各种道路类型的事故分布比例范围(%)	
	事故百分比 A	死亡人数百分比 B
高速公路	4.20	9.43
一级公路	6.58	8.67
二级公路	16.08	21.88
三级公路	11.21	12.45
四级公路	9.20	9.44
等外公路	6.93	6.44
城市快速路	3.22	2.60
一般城市道路	35.40	22.58
其他道路	7.18	6.51

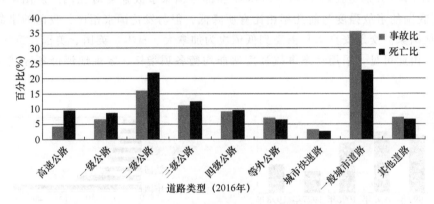

图 7-4 各种道路类型的事故次数和死亡人数分布比例范围

从图 7-4 中可以看出：

（1）从总体来看，二、三级公路和一般城市道路上四项指标的相对数较大，事故次数和事故的严重程度较高。

（2）从公路的事故情况来看，二级公路上发生的事故在公路中的事故比例最大，其次是三级公路和高速公路。

（3）在城市道路中，一般城市道路交通事故所占百分比最大。

四、微观评价方法

交通安全微观评价分为路段评价与交叉口评价。

（一）路段评价

1. 交通事故率法

（1）交通事故率法简介。路段交通事故率指标，以每亿车公里交通事故次数表示。即

$$R_N = \frac{D}{QL} \times 10^8 \tag{7-17}$$

式中　R_N——1 年间亿车公里事故次数(起/亿车公里)；

　　　D——全年交通事故次数(起)；

Q——路段年交通量;$Q = 365 \times AADT$(年平均日交通量);

L——路段长度(km)。

交通事故率表征了某一路段发生交通事故的危险程度,它与交通参与者违章行驶的状态有关,与交通流量紧密相连,故而是值得推荐的较为科学的路段安全评价指标。

(2)交通事故率法的应用。公路亿车公里事故率的计算方法与城市道路相同,全国不同类型公路事故率1998年的分布情况见表7-6。

表7-6 全国不同类型公路事故率分布(1998年)

道路类型	高速公路	一级公路	二级公路	三级公路	四级公路
事故率(起/亿车公里)	8.29~13.27	23.72~59.29	12.71~44.49	15.96~31.91	21.84~43.68

从表7-6中可以看出:①一级公路、二级公路和四级公路的亿车公里事故率最高,一级公路总体水平略高于其他公路,应加强事故预防措施;②高速公路整体安全水平最高。

2. 绝对数—事故率法

绝对数—事故率法是将绝对数法和事故率法结合起来评价交通安全度的方法。这种方法以事故绝对数为横坐标,以每公里事故率为纵坐标,按事故绝对数和事故率的一定值,将绝对数—事故率分析图划出不同的危险级别区,以Ⅰ区、Ⅱ区、Ⅲ区分别代表不同的危险级别(见图7-5)。Ⅰ区为最危险区,即道路交通事故数和事故率均为最高的事故多发道路类型,据此,可以直观地判断不同路段的安全度。

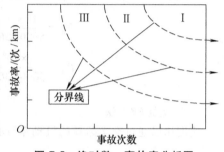

图7-5 绝对数—事故率分析图

依据东北甲市和东北乙市2000年的事故统计数据、交通量调查数据和道路里程的统计数据,按照式(7-17)计算亿车公里事故率。表7-7为不同类型道路事故率分布。从表中可以看出,在城市道路中,亿车公里事故率最高的是主干路和次干路,支路由于日平均交通量较低,也具有较高的事故率。因此,改善城市交通安全应考虑加强对主干路和次干路的管理,在主干路和次干路的道路设计和道路设施的设置上,应加强安全保护和注重预防工作。

表7-7 不同类型城市道路的事故率分布

道路类型	事故率(次/亿车公里)		道路类型	事故率(次/亿车公里)	
	东北甲市	东北乙市		东北甲市	东北乙市
城市快速路	6.51	—	次干路	32.74	50.32
一般城市道路	37.88	51.51	支路	26.89	46.57

图7-6是东北甲市和东北乙市事故绝对数—事故率分析图,从图中可以看出,城市道路中最危险的道路类型为主干路。

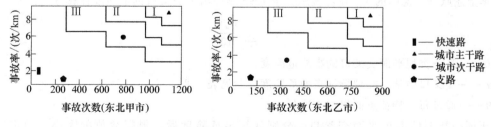

图7-6 城市道路事故绝对数—事故率分析图

（二）交叉口评价

1. 交通事故率法

交叉口事故率是评价路口安全的综合指标，一般以求得的数据和安全目标值相对照，确定交叉口的危险等级。交叉口事故率用每百万台车发生交通事故的次数表示，即

$$R_M = \frac{D}{V} \times 10^6 \tag{7-18}$$

式中　R_M——交叉口事故率（起/100万台车）；
　　　D——交叉口范围内发生的事故次数；
　　　V——通过交叉口的车辆数。

[例 7-3] 某交叉口一年间共发生交通事故 12 起，伤亡 7 人，每天进入该交叉口的平均日交通量为 5000 辆，试计算其事故率。

解：根据式(7-18)，该交叉路口的事故率(R_{M1})和伤亡率(R_{M2})分别为

$$R_{M1} = \frac{12 \times 10^6}{5000 \times 365} \text{起/百万辆车} = 6.6 \text{起/百万辆车}$$

$$R_{M2} = \frac{7 \times 10^6}{5000 \times 365} \text{人/百万辆车} = 3.8 \text{人/百万辆车}$$

2. 速度比辅助法

速度比以通过交叉路口的机动车行驶速度与相应路段上的区间车速的比值表示，即

$$R_I = \frac{V_I}{V_H} \tag{7-19}$$

式中　R_I——速度比；
　　　V_I——路口速度（km/h）；
　　　V_H——区间车速（km/h）。

一般在交叉路口冲突点多，行车干扰大，车速低，甚至往往造成行车阻滞。因此，速度比能够表征交叉口的行车秩序和交通管理状况。由于其是一项综合指标，并且是一个无量纲值，它与交通事故率法结合使用，使之更具有可比性。

3. 危险度判定

平面交叉口的交通安全状况取决于交叉口中冲突点、分流点、合流点等交通特征点（见图7-7）的数目及通过这些特征点的交通流量大小、交通流线相交角度等因素，其中冲突点至关重要。另外，交通特征点的分布（如密集或分散程度等）对交叉口交通事故的发生也起到十分重要的影响。

根据上述原理，德国的 T·拉波波尔特于 1995 年提出了交叉口的危险度计算方法：

$$G = \sum_{i=1}^{n} \frac{\alpha_i \beta_i}{10} \tag{7-20}$$

式中　G——某一类型平面交叉口的事故危险度；
　　　α_i——交叉口中某一类型特征点的危险度，参见表 7-8；
　　　β_i——通过每一特征点的累计交通量。

对于同一类型的多个平面交叉口，分别计算出危险度后，根据数值的大小，确定它们的排序。

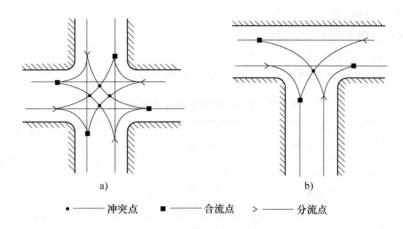

● —— 冲突点　■ —— 合流点　> —— 分流点

图 7-7　平面交叉口与交叉道口上的交通特征点
a) 四路平面交叉口　b) 三路平面交叉口

表 7-8　交叉口不同相交角度车流的 α 值

交叉口的交通特征点	交通特征点分布状况		交叉口的交通特征点	交通特征点分布状况	
	分散的	密集的		分散的	密集的
分流点	2	1	合流点	4	2
交角为锐角 30°的车流交叉点	6	3	钝角 120°	14	7
交角为锐角 60°的车流交叉点	8	4	钝角 150°	18	9
交角为直角 90°的车流交叉点	12	6	在一车道上相遇的行车	20	10

4. 洛巴诺夫模型

前苏联道路专家 E.M.洛巴诺夫在分析本国平面交叉口道路交通事故统计资料的基础上，考虑到不同的车流方向、转弯半径及车流之间的交角，提出了确定交叉口上交错点处可能发生事故数的计算公式。即

$$g_i = K_i M_i N_i \frac{25}{K_r} \times 10^{-7} \tag{7-21}$$

式中　g_i ——某交错点上通过 1000 万辆汽车时可能发生的交通事故数量；
　　　K_i ——该交错点的相对事故率；
　　　M_i ——该交错点上交叉的次要道路上行驶车流的交通量（辆/天）；
　　　N_i ——该交错点上交叉的主要道路上行驶车流的交通量（辆/天）；
　　　K_r ——年交通量月不均匀系数。

上式中的系数 25 是为了考虑一个月平均的工作天数，在这些天中道路的负荷要大大超过非工作天的负荷。对于新设计的道路，$25/K_r$ 的比值可等于 365。

对于最有代表性的情况，K_i 系数值见表 7-9。

同时提出使用 1000 万辆汽车通过交叉口所发生的道路交通事故数量来评价交叉口危险度的模型：

$$K_a = \frac{\sum_{i=1}^{n} 10^7 g_i K_r}{25(M+N)} = \frac{\sum_{i=1}^{n} K_i M_i N_i}{M+N} \tag{7-22}$$

式中 K_a——交叉口危险度；
　　　M——次要道路上的车流量(辆/天)；
　　　N——主要道路上的车流量(辆/天)。

根据 K_a 值，把交叉口按照危险度划分为一定的等级，见表7-10。

表7-9 不同道路交通条件下的 K_i 值

交通条件	行车方向	交叉口特点	交叉口的 K_i 系数值	
			无设施	有渠化交通设施
车流合流	右转弯	$R<15m$	0.0250	0.0200
		$R\geq15m$	0.0040	0.0020
	左转弯	$R<10m$	0.0320	0.0200
		$10m<R<25m$	0.0025	0.0017
车流交叉	交叉	$\alpha\leq30°$	0.0080	0.0040
		$50°\leq\alpha\leq75°$	0.0936	0.0018
		$90°\leq\alpha\leq120°$	0.0120	0.0060
		$150°<\alpha<180°$	0.0350	0.0175
车流分流	右转弯	$R<15m$	0.0200	0.0200
		$R\geq15m$	0.0069	0.0060
	左转弯	$R<10m$	0.0300	0.0300
		$10m<R<25m$	0.0040	0.0025
两种转弯的车流	车流向两个方向分流	—	0.0015	0.0010
	左转弯车流的交叉口	—	0.0020	0.0005
	转弯车流的合流点	—	0.0025	0.0012

表7-10 交叉口按照危险度划分的等级

交叉口危险度	不危险的	稍有危险的	危险的	很危险的
K_a 值	<3	3.1~8	8.1~12	>12

一般认为在新设计的交叉口上危险度不应超过8。

（三）澳大利亚道路安全评价清单法

澳大利亚道路安全评价清单法是利用道路安全评价指南对实际的路段进行安全评价，是一种遵循"道路安全以人为本"原则的评价方法。该指南认为任何一条现有道路或任何一个建议方案，当其可能会改变道路用户之间或用户与设施环境之间的相互关系时，都可以进行道路安全评价。该指南认为道路安全评价的宗旨是为道路用户和其他受道路影响的人发现潜在的安全问题，采取措施消除或减少安全问题。

该指南一般将实施道路安全评价的项目分为以下几类：①新建高速公路；②主要分支道路；③改建或改线；④交叉口项目；⑤人行或自行车路线；⑥地方区域性交通控制系统及其组成部分；⑦信号系统改进；⑧降低事故率项目。

同时，澳大利亚道路安全评价指南，将道路安全评价提高到道路质量保证的高度，认为道路安全评价是质量保证的一个方面，是道路项目质量保证的一种工具。

该方法还认为安全的道路环境应该是：①提醒驾驶人所有的、非标准的和非常规的道路特征；②通知驾驶人所遇到的状况；③指引驾驶人通过非正常路段；④宽恕驾驶人错误或不当的驾驶行为。

因此，安全的道路条件应该满足以下条件：①在道路设计或交通控制方面不产生"惊奇"，即符合人们的习惯思维；②提供有控制、轻松的、适当的信息；③在需要强调危险路段时，提供重复的信息。

澳大利亚道路安全评价指南是较早提出的，不少国家（如新西兰、马来西亚）吸纳采用了澳大利亚的评价指南建议的格式与方法。

五、灰色聚类评价方法

1. 灰色聚类评价模型

在评价道路交通安全水平时，有时不可能也没有必要在获得全部指标的统计信息后再进行评价。针对交通安全信息不完全的特点，可通过对少量已知信息的筛选、加工、延伸和扩展，运用灰色理论的聚类评价方法来评价道路交通安全水平。

令评价对象个数为 n，评价指标项数为 m，其中，评价指标 $j \in \{1,2,\cdots,m\}$，评价对象 $i \in \{1,2,\cdots,n\}$。记 d_{ij} 为被评估样本矩阵，则

$$d_{ij} = \begin{pmatrix} d_{11} & d_{12} & \cdots & d_{1m} \\ d_{21} & d_{22} & \cdots & d_{2m} \\ \vdots & \vdots & & \vdots \\ d_{n1} & d_{n2} & \cdots & d_{nm} \end{pmatrix} \tag{7-23}$$

2. 灰类及白化值的确定

采用概率统计方法确定评价标准，将评价指标的实际数据，经无量纲化处理，分析数据的累积百分频率，绘制累积百分频率曲线，在曲线上确定不同特定累积百分频率所对应的数值，作为各灰类的白化值，如图 7-8 所示。将交叉口的交通安全状况划分为四个级别的灰类：即优（A级）、良（B级）、中（C级）、差（D级）。选取 15% 和 85% 累积百分频率对应的点来确定优和差值，选取 40% 和 60% 累积百分频率对应的点来确定良和中值。四个累积百分频率点所对应的 λ_1、λ_2、λ_3、λ_4 分别为指标优、良、中、差的白化值，确定后的各灰类白化值可在一定时间（如一年或几年）内保持稳定。

3. 灰类的白化权函数

交通安全评价四个灰类相应的白化权函数可用式（7-24）~式（7-27）及图 7-9 表示。

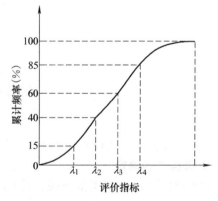

图 7-8 评价指标的累积百分频率曲线

$$f_A(x) = \begin{cases} 1 & x < \lambda_1 \\ \dfrac{\lambda_2 - x}{\lambda_2 - \lambda_1} & \lambda_1 \leq x \leq \lambda_2 \\ 0 & x > \lambda_2 \end{cases} \tag{7-24}$$

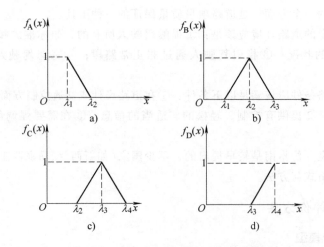

图 7-9 交通安全评价灰类的白化权函数
a) 交通安全状况优灰类　b) 交通安全状况良灰类　c) 交通安全状况中灰类　d) 交通安全状况差灰类

$$f_B(x) = \begin{cases} 0 & x < \lambda_1 \\ \dfrac{x-\lambda_1}{\lambda_2-\lambda_1} & \lambda_1 \leq x \leq \lambda_2 \\ \dfrac{\lambda_3-x}{\lambda_3-\lambda_2} & \lambda_2 \leq x \leq \lambda_3 \\ 0 & x > \lambda_3 \end{cases} \quad (7\text{-}25)$$

$$f_C(x) = \begin{cases} 0 & x < \lambda_2 \\ \dfrac{x-\lambda_2}{\lambda_3-\lambda_2} & \lambda_2 \leq x \leq \lambda_3 \\ \dfrac{\lambda_4-x}{\lambda_4-\lambda_3} & \lambda_3 \leq x \leq \lambda_4 \\ 0 & x > \lambda_4 \end{cases} \quad (7\text{-}26)$$

$$f_D(x) = \begin{cases} 0 & x < \lambda_3 \\ \dfrac{x-\lambda_3}{\lambda_4-\lambda_3} & \lambda_3 \leq x \leq \lambda_4 \\ 1 & x > \lambda_4 \end{cases} \quad (7\text{-}27)$$

式中　$f_A(x)$、$f_B(x)$、$f_C(x)$、$f_D(x)$——交通安全评价指标 A 级、B 级、C 级、D 级的白化权函数。

4. 聚类权的确定

记聚类权为 η_{jt}，t 为评价灰类，且 $t \in \{1,2,\cdots,k\}$，k 为评价灰类种数。η_{jt} 按下式确定：

$$\eta_{jt} = \dfrac{\lambda_{jt}}{\sum\limits_{j=1}^{m}\lambda_{jt}} \quad (7\text{-}28)$$

式中　η_{jt}——第 j 项评价指标归入 t 种灰类的聚类权；
　　　λ_{jt}——第 j 项评价指标属于第 t 种灰类的白化值。

5. 灰聚类分析

按下式求出第 i 个评价对象对于第 t 个灰类的聚类评估值 σ_{jt}：

$$\sigma_{jt} = \sum_{j=1}^{m} f_{it}(d_{ij}) \eta_{jt} \tag{7-29}$$

评价对象 i 的灰聚类评估序列 $\sigma_i = (\sigma_{i1}, \sigma_{i2}, \cdots, \sigma_{ik})$，评价对象所属灰类为 k^*，满足 $\sigma_{ik}^* = \max\{\sigma_{i1}, \sigma_{i2}, \cdots, \sigma_{ik}\}$，从而确定聚类对象的安全状况等级。本书中 k 取 4，安全状况等级为优(A)、良(B)、中(C)和差(D)。

6. 应用示例

应用灰色聚类评价模型，可以进行交通安全状况的宏观和微观评价。微观评价的计算方法与宏观评价相同，以我国 31 个省、自治区、直辖市为评价对象，以万车死亡率、十万人口死亡率、万车当量总事故率和事故严重性指数为评价指标，以 1998 年的统计数据确定评价标准。计算过程如下：

(1) 确定 31 个省、自治区及直辖市道路交通事故各评价指标四个灰类的白化值 λ_{jt} 为

$$\lambda_{jt} = \begin{pmatrix} 0.2812 & 0.4191 & 0.5686 & 0.6968 \\ 0.3052 & 0.3805 & 0.4989 & 0.8605 \\ 0.0666 & 0.1410 & 0.2246 & 0.3949 \\ 0.2367 & 0.3334 & 0.4513 & 0.6790 \end{pmatrix}$$

其中，灰类 $t = \{$优(A), 良(B), 中(C), 差(D)$\}$。

(2) 按照式 (7-28) 计算聚类权 η_{jt}：

$$\eta_{jt} = \begin{pmatrix} 0.3161 & 0.3290 & 0.3261 & 0.2648 \\ 0.3430 & 0.2987 & 0.2862 & 0.3270 \\ 0.0749 & 0.1107 & 0.1288 & 0.1501 \\ 0.2660 & 0.2617 & 0.2589 & 0.2581 \end{pmatrix}$$

(3) 按照式 (7-24)~式 (7-27) 及式 (7-29) 计算聚类评估值，最大聚类评估值见表 7-11。

表 7-11 最大聚类评估值

序号	地点	σ_{ik}^*	序号	地点	σ_{ik}^*	序号	地点	σ_{ik}^*
1	北京	$\sigma_{11}^* = 0.5799$	12	安徽	$\sigma_{(12)4}^* = 0.4038$	23	四川	$\sigma_{(23)1}^* = 0.5815$
2	天津	$\sigma_{21}^* = 0.4304$	13	福建	$\sigma_{(13)4}^* = 0.4304$	24	贵州	$\sigma_{(24)4}^* = 0.5229$
3	河北	$\sigma_{31}^* = 0.3767$	14	江西	$\sigma_{(14)4}^* = 0.3297$	25	云南	$\sigma_{(25)2}^* = 0.5657$
4	山西	$\sigma_{42}^* = 0.4967$	15	山东	$\sigma_{(15)3}^* = 0.4854$	26	西藏	$\sigma_{(26)4}^* = 0.7334$
5	内蒙古	$\sigma_{52}^* = 0.4369$	16	河南	$\sigma_{(16)2}^* = 0.5523$	27	陕西	$\sigma_{(27)3}^* = 0.4738$
6	辽宁	$\sigma_{63}^* = 0.5677$	17	湖北	$\sigma_{(17)3}^* = 0.5288$	28	甘肃	$\sigma_{(28)2}^* = 0.5033$
7	吉林	$\sigma_{74}^* = 0.4658$	18	湖南	$\sigma_{(18)2}^* = 0.5482$	29	青海	$\sigma_{(29)3}^* = 0.4045$
8	黑龙江	$\sigma_{81}^* = 0.3753$	19	广东	$\sigma_{(19)1}^* = 0.5582$	30	宁夏	$\sigma_{(30)3}^* = 0.5024$
9	上海	$\sigma_{92}^* = 0.4493$	20	广西	$\sigma_{(20)2}^* = 0.4941$	31	新疆	$\sigma_{(31)4}^* = 0.5717$
10	江苏	$\sigma_{(10)3}^* = 0.4365$	21	海南	$\sigma_{(21)1}^* = 0.7015$			
11	浙江	$\sigma_{(11)4}^* = 0.7419$	22	重庆	$\sigma_{(22)1}^* = 0.5118$			

(4) 聚类评价结果：全国 31 个省、自治区及直辖市的安全状况聚类评价结果见表 7-12。

表 7-12　全国 31 个省、自治区、直辖市的安全状况聚类评价结果

优		良		中		差	
海南	重庆	云南	山西	辽宁	陕西	浙江	贵州
四川	天津	河南	广西	湖北	江苏	西藏	吉林
北京	河北	湖南	上海	宁夏	青海	新疆	安徽
广东	黑龙江	甘肃	内蒙古	山东		福建	江西

第四节　交通冲突评价方法

长期以来，我国及世界上大多数国家均采用以交通事故统计为基础的交通安全评价体系，但是，在交通事故统计的管理过程中，可能存在事故发生却没有立案、立案却未能进入统计、统计后又未必对外正式公布的各种情况，使事故统计数据不可避免地出现误统漏报现象及不真实、不准确的数据统计分析。这些都将对管理决策产生误导作用。近年来，一种利用交通冲突技术非事故统计的间接评价法，已成为国际交通安全评价的热点之一。

一、交通冲突技术简介

交通冲突技术 TCT（Traffic Conflict Technique）自 20 世纪 50 年代在美国开始应用，1967 年 Perkins 和 Harris 最早进行了系统开发与应用，它的最初目的是为了调查通用汽车公司的车辆在驾驶时是否与其他车辆一样。该法很快被一些交通安全组织应用于预测评价交叉口潜在事故数和鉴别系统缺陷中。1970 年以后，该法被加拿大和一些欧洲国家使用。1977 年在挪威的奥斯陆举行了第一届国际交通冲突技术会议，1979 年在法国巴黎举办了第 2 届国际交通冲突技术会议，以后瑞典、德国、比利时等国家也相继举办了多届国际会议，并出版了国际交通冲突会议论文集。目前，交通冲突技术在世界许多国家得到了广泛的应用，成为国际上用于定量研究多种交通安全（特别是地点安全）问题及其对策的重要方法。

交通冲突技术 TCT 是依据一定的标准，对冲突发生过程及严重性程度进行定量测量与判别，并应用于交通评价的技术方法。它是一种非事故统计评价方法。该技术以大样本生成，快速、定量评价小区域地点交通安全的现状与改善措施的效果为特点，完全不同于传统的事故统计评价方法。

二、交通冲突的概念

1. 定义

交通冲突有很多不同的定义。一种以美国为代表，其定义为交通冲突是驾驶人的躲避行动或交通违章。躲避行动是由制动灯显示表明的车辆制动和由车道改变表明的原定行驶方向的改变。另一种以欧洲国家为代表，其定义为：交通冲突是交通行为者发生相会、超越、追尾等交通遭遇时，有可能导致发生交通损害危险的交通现象。我国学者则将其定义为：两个或两个以上的道路使用者，其中一方采取非正常行为，如转换方向、改变车速、突然停车、交通违章等，除非另一方也相应采取避让行为，否则会处于危险境地。

2. 分类

根据不同的分类方法，交通冲突具有以下种类。

（1）按测量对象的运动方向可分为：左转弯冲突、直行冲突、右转弯冲突。

(2) 按发生冲突的状态可分为：正向冲突、侧向冲突、超车冲突、追尾冲突、转弯冲突。
(3) 按冲突的严重程度可分为：严重冲突、非严重冲突。
研究表明，交通冲突的产生及数量、严重程度与相关交通流有密切的关系，同时，交通冲突也与事故数量有密切的关系。

三、交通冲突技术在评价中的具体应用

（一）危险度方法

$$危险度 = 实际危险量/危险量 \tag{7-30}$$

$$危险量 = [冲突机会数 \times (事故数/冲突机会) \times 冲突动能]_{追尾} +$$
$$[冲突机会数 \times (事故数/冲突机会) \times 冲突动能]_{左转} \tag{7-31}$$

$$实际危险量 = (事故数 \times 冲突动能)_{追尾} + (事故数 \times 冲突动能)_{左转} \tag{7-32}$$

这里只考虑了最常见的左转冲突和追尾冲突。根据信号灯配时、流量和车头时距的分布规律，可以计算出各自的冲突机会数；根据车辆组成和车速可以确定各自的冲突动能。

当交叉口的几何尺寸、信号配时、信号相发生改变时，危险度也会有所改变。

（二）概率方法

概率方法的主要步骤如下：

(1) 选择研究的交叉口，对交叉口交通流量、交通冲突进行观测。

(2) 对交叉口每天冲突观测值进行分组（根据冲突值的离散程度确定分组间距），计算每组冲突值的 Gamma 概率分布和累计概率分布值。

(3) 一般来说，90%以上的可信度足以满足精度要求，因此，根据当地政策、经济能力和工程分析需求等因素取概率分布函数的 90%分位值 C_{90} 或 95%分位值 C_{95} 作为冲突值异常与否的判断标准。

(4) 评价同形式交叉口安全度时，如果某交叉口冲突观测值小于 C_{90} 或 C_{95}，则认为该交叉口安全；否则，认为该交叉口交通安全状况发生了显著的变化，需要加以治理改造。根据冲突观测值大小，还可以估计出每一交叉口的安全程度。

此方法实际上是冲突技术与质量控制法的结合。

（三）交通冲突灰色评价法

1. 交通安全评价因子的确定

交通冲突是两个交通行为者在空间运动时相互作用的结果。应用交通冲突技术，引入交通冲突与混合当量交通量的比值（$TC/MPCU$），定义其为交通安全评价因子，指标评价标准见表 7-13。其中，交通冲突（TC）包括轻微冲突和严重冲突，混合当量交通量（$MPCU$）是在常规的小汽车当量交通量中融入了自行车和行人流量。混合交通量的当量换算值见表 7-14。

表 7-13　评价标准

分　级	交通安全城市	$TC/MPCU$
1	特别安全	<0.01
2	安全	0.01～0.02
3	安全边缘	0.02～0.03
4	不安全	>0.03

表 7-14　混合交通量的当量换算值

道路使用者	大货	大客	中客	小货	小客	摩托车	自行车	行人
MPCU	1.5	1.5	1.5	1.0	1.0	0.3	0.2	0.1

2. 交叉口的灰色聚类评价

基于交通冲突技术的交叉口安全状况灰色聚类评价过程如下：

（1）以城市交叉口为评价对象，以分时段的 $TC/MPCU$ 为评价指标。选取研究地区不同交叉口交通安全指标的均值数据，通过分析数据的累积百分频率，绘制累积百分频率曲线，确定各灰类的白化值。以 33 个地区或城市 295 个交叉口的 $TC/MPCU$ 值为例（见表 7-15），确定的灰类白化值为 $\lambda_1 = 0.015$，$\lambda_2 = 0.025$，$\lambda_3 = 0.029$，$\lambda_4 = 0.036$。

（2）由于只有 $TC/MPCU$ 一个评价指标，故聚类权 $\eta_{jt} = 1$。

（3）根据白化权函数求出对应灰类的白化权函数值。

表 7-15　33 个地区或城市交通安全指标（$TC/MPCU$）统计

地区或城市	交通安全指标	地区或城市	交通安全指标	地区或城市	交通安全指标
香港	0.006	成都	0.03	扬州	0.029
新加坡	0.016	昆明	0.041	金华	0.041
KANGAR 市	0.024	贵阳	0.051	镇江	0.022
曼谷	0.009	重庆	0.035	宁波	0.023
澳门	0.016	长春	0.033	常州	0.023
北京	0.026	广州	0.036	韶关	0.029
南京	0.028	南宁	0.022	蛇口	0.026
合肥	0.013	深圳	0.006	南山	0.025
长沙	0.036	珠海	0.029	玉溪	0.024
杭州	0.023	厦门	0.031	汕头	0.03
西安	0.029	中山	0.027	苏州	0.024

（4）聚类评估值按下式计算，即可求出第 i 个聚类对象对于第 t 个灰类的聚类评估值 σ_{it}。

$$\sigma_{it} = \sum_{j=1^{\#}}^{m^{\#}} f_{it}(d_{ij}) \tag{7-33}$$

式中　$j \in \{1^{\#}, 2^{\#}, \cdots, m^{\#}\}$，$m^{\#}$ 为交通冲突和交通量记录的时段总数。

（5）评价对象所属灰类为 $k^{\#}$，满足 $\sigma_{ik}^{*} = \max\{\sigma_{i1}, \sigma_{i2}, \cdots, \sigma_{ik}\}$，从而确定聚类评价交叉口的安全状况等级。

第五节　道路安全检查表评价法

一、概述

安全检查表评价法是一种简便易行的评价方法，它根据经验或系统分析的结果，把评价项目自身及周围环境的潜在危险集中起来，列成检查项目的清单，评价时依照清单，逐项检查和评定。该方法虽然简单，效果却很好，各国都颇为重视，如美国保险公司的安全检查表，美国杜邦公司的过程危险检查表,美国道化学公司的过程安全指南,日本劳动省的安全检查表,以及我国机械工厂安全性评价表等。这种方法存在的问题是检查表不够深化,一般检查表都是由经验丰富的人编制的,带有一定的局限性,有时难以适应工业技术日新月异发展的需要。

(一) 安全检查表(Safety Check List,简称 SCL)的概念

1. 安全检查表的定义

用于查明某一特定作业活动过程或设备的安全状况,而预先以表格的形式拟定好的"问题清单",作为实施时的蓝本,这样的表格就称为安全检查表。安全检查表可以系统地对一个生产系统或设备进行科学的分析,从中找出各种不安全因素,依据检查项目,把找出的不安全因素以问题清单的形式列制成表,以便进行检查和避免漏检。

2. 安全检查表的形式

安全检查表的形式可分为提问式和对照式两种,其中,提问式检查表中检查项目的内容采用提问方式进行;对照式检查表中在检查项目的内容后面附上合格标准,检查时对比合格标准进行作答。

3. 安全检查表的内容和要求

安全检查表的内容决定其应用的针对性和效果,必须包括系统的全部主要检查部位,不能忽略主要的、潜在的不安全因素,应从检查部位中引申和发掘与之有关的其他、潜在的危险因素,每项检查要点都要定义明确,便于操作。

安全检查表应按专门的作业活动过程或某一特定的范畴进行编制,一般应全部列出可能造成系统故障的危险因素,通常从人、机、环境、管理四方面考虑,另外,内容文字要简单、明了、确切。

4. 安全检查表的种类

在实际使用中,由于使用的目的与对象不同,安全检查表的着眼点也不同,因而类型也就不同。

安全检查表的种类:依据不同的目的和不同对象,可编制多种类型的安全检查表。例如:

(1) 根据检查周期的不同,可分为定期安全检查表和不定期安全检查表。

(2) 根据检查的作用不同,可分为提示(提醒)安全检查表和规范型安全检查表。

(3) 根据检查的对象不同,可分为项目设计审查、竣工验收、专业检查、厂级安全检查、车间安全检查、工段或岗位安全等安全检查表。

一般而言,常用类型有以下几种:①交通设备、机械装置、设施定期安全检查表;②交通运输生产用安全检查表;③消防用安全检查表;④专业性安全检查表;⑤设计审查用安全检查表。

(二) 道路安全检查表

安全检查是最基本和应用最广泛的安全评价方法之一。将安全检查表应用于道路交通安全评价可以有效地查找出各种不安全项目,意义重大。

道路交通安全是人们所追求的目标,为实现这一目标,对可能引起交通事故的所有原因应事先清楚地了解和掌握,以便对不安全因素实施控制和预防。因此,了解道路交通中的不安全因素成为实现交通整体安全的重要任务。使用道路安全检查表对道路状况进行全面细致的检查和诊断,可以做到提早发现道路中潜在的危险因素,并将危险因素及时排除,确保交通安全畅通。

本节将以城市的道路交通为例,讲述城市道路交通安全检查表的有关内容。我们提出的城市道路安全检查表主要采用的是对照式和提问式两种形式。对照式主要是在检查项目内容后面附上《城市道路设计规范》(CJJ 37—2012)中所规定的城市道路各方面的限定值,检查时对照表中所列的标准作答。提问式将其余的影响道路安全的因素作为检查内容,预先列出可能产生的不安全情

况,采用提问的方式进行检查。

(三) 道路安全检查表的优点

城市道路安全检查表可以成为城市道路安全检查的实施依据,而且还可以通过安全评价方法找出道路安全欠佳的路段后对该路段进行系统、细致的安全隐患排查。由于它的针对性强,所以对有计划地全面考查道路系统的安全性有明显的作用。

综合而言,道路安全检查表的优点有以下五点:

(1) 道路安全检查表可以事先编制,有利于周密分析,避免或减少遗漏重要的道路不安全信息。

(2) 整改责任明确。使用道路安全检查表,可以明确道路系统中的不安全问题,有利于各项整改项目的落实。

(3) 由于表中内容直观简单,易于掌握,易于管理。

(4) 检查方法具体实用,可避免流于形式走过场,有利于提高安全检查效果。

(5) 可随着科学技术的发展和标准、规范的变化而不断修改和完善。

二、道路安全评价清单

根据道路的实际情况列出道路安全评价清单是运用安全检查表进行安全评价的重要准备。

(一) 事故历史分析

事故历史分析是做好现有道路安全分析的基础。

1. 事故时空分析

(1) 事故发生是否有特别的高发时段。

(2) 沿线事故分布情况。

2. 事故形态

(1) 公路上哪几类事故发生频率较高。

(2) 各类事故发生的时间、路段、交通方式。

3. 交通方式与事故的关系分析

(1) 事故率较高的交通方式。

(2) 事故率高的交通特征。

4. 事故原因分析

对沿线产生事故的主要综合原因进行分析。

(二) 一般道路

1. 直线段(平纵均为直线)

(1) 直线长度与纵坡是否合适。

(2) 进入直线段前的路段情况(平曲线、交叉口、竖曲线等),对直线段的交通有何影响。

(3) 直线段运行车速是否远远超过设计车速。

(4) 路面防滑能力能否满足直线行车要求,特别对下坡车辆。

(5) 车道宽度是否为行驶车辆超车、错车、会车等提供了适宜的条件。

(6) 直射阳光对行车的影响。

(7) 行道树及其阴影是否影响视线,是否影响夜间行车灯光。

(8) 路肩宽度是否适合紧急停车或有合适的停车区。

(9) 路基高度是否过高而又无安全护栏,影响驾驶心理。

(10) 纵横向排水。

(11) 是否有小桥涵，小桥涵宽度是否合适。
(12) 是否有比路基宽度小的窄桥涵。

2. 直线竖曲线
(1) 检查是否存在上述直线段的问题。
(2) 纵坡及变化率。
(3) 直线段内纵坡变化是否频繁。
(4) 竖曲线半径是否合适。
(5) 直线段有多个竖曲线时，视觉上是否形成短波浪。
(6) 是否有断背曲线，对安全的影响。
(7) 检查凸形竖曲线的视距和凹形竖曲线的积水情况。
(8) 爬坡车道是否能发挥作用。
(9) 是否有小桥涵位于凹形曲线谷底，对安全有无影响。

3. 单一平曲线
(1) 平曲线运行车速与其两端直线段的运行车速的变化对安全的影响。
(2) 超高值及其布设方式是否合适。
(3) 超高是否因路基等沉降降低或增大，甚至反超高。
(4) 曲线半径是否与实际运行车速相适应。
(5) 视距是否能够保证；如果不能得到保证，原因是什么。
(6) 检查合成纵坡。
(7) 曲线内侧的排水问题。
(8) 视线诱导，是否有如树林、电线杆等误导路线方向的物体。
(9) 是否允许超车。

4. 反向曲线
(1) 该反向曲线段主要事故原因是否是公路线形问题所致。
(2) 检查单一曲线的内容。
(3) 两平曲线之间的过渡与连接是否合适，过渡方式是否因路基路面变形和沉降产生了影响行车安全的变化。
(4) 反向曲线间的直线段长度是否合适。
(5) 反向曲线之间的半径变化率是否导致运行车速有突然变化。
(6) 视距能否保证；如果不能得到保证，原因是什么。
(7) 是否有视线误导或其他原因使驾驶人无法判断下一个平曲线的存在或对曲率判断错误。

5. 复曲线
(1) 该同向曲线段主要事故原因是否是公路线形问题所致。
(2) 按单一平曲线检查其安全性。
(3) 两个或多个复曲线的曲率变化是否导致运行车速变化太大而影响行车安全。
(4) 视距能否得到保证；如果不能得到保证，原因是什么。
(5) 是否有视线误导或其他原因使驾驶人无法判断下一个平曲线的存在或对曲率判断错误。
(6) 复曲线间的直线长度和过渡方式是否合适。

6. 平纵横线形组合
(1) 平纵线形组合是否得当。
(2) 平纵组合段运行车速与其两端运行车速的变化与协调。

(3) 是否需要限速。
(4) 视距能否得到保证。
(5) 在各种气候情况下线形组合能否为驾驶人所认识。
(6) 路线等级与路面等级是否协调。

(三) 平面交叉口

1. 交叉口交通与事故分析

(1) 分析相交公路进出交叉口的交通流量和构成对行车安全的要求。
(2) 交叉口冲突点、交织段分析。
(3) 该交叉口主要事故原因分析。

2. 交叉口的形式与功能

(1) 交叉口的类型（十字型、T型、环型等）能否适应目前的交通需要与功能。
(2) 交叉口环境状况，违章建筑物、影响交通的商业点等。
(3) 若交叉口位于不太合适的位置，是否采取了合适的交通安全措施。
(4) 交叉口范围内和进出交叉口的线形是否合适。

3. 交叉口冲突、交织安全问题

合流、分流渐变段的长度和宽度等几何线形是否适合于所有的车辆。

4. 进出交叉口和交叉口内的视距

(1) 交叉口周围及交叉口内部是否有误导视线的物体。
(2) 进出交叉口的平纵线形是否能满足可视性的要求；如果不能满足，原因是什么。
(3) 驾驶人是否能清楚交叉口的存在并看清交叉口的交通管理与控制方式，特别是面对停车或让行标志时。
(4) 检查视线是否会被下列等物体遮挡或影响：①安全护栏；②隔离设施；③交叉口周围的建筑物或其他物体；④停车设施；⑤交通控制设施及安装结构物；⑥景观（如交叉口内的雕塑）；⑦季节性生长的农作物、绿化；⑧停车区的停车、停车交通或排队车辆等；⑨直射阳光。

5. 交叉口管理

(1) 交通控制（停车、让行的标志、信号等）是否损坏没有修复，是否与特定的交叉口类型及其功能相适应。
(2) 标志标线的位置、数量、可视性等对行车安全的影响。
(3) 进出交叉口路段的拓宽与渠化交通是否与目前特定的交通构成相适应。

6. 交叉口内平纵指标与布设

(1) 平纵面指标是否与特定交叉口的现有交通量及其构成相适应，要考虑路面加铺后的情况。
(2) 交叉口范围与大小是否适合于所有车辆的行驶，特别是转弯车道。
(3) 交叉口范围是否过大或过小。
(4) 是否有不常见的物体影响安全（自行车、停车、公交上下客等）。
(5) 车道宽度是否适合于所有车辆。
(6) 附加车道或进行渠化交通的措施对行车安全的影响。
(7) 环行交叉口内横坡是否合适。

7. 可读性

(1) 驾驶人是否有适当的时间认识交叉口的类型和功能，主要交通管理与控制特征是否影响道路安全。
(2) 是否有易为用户误解或混淆的标志标线、信号等道路交通信息。

8．排水

（1）检查交叉口范围内有无积水的历史，排水是否畅通，是否影响路面的防滑阻力。

（2）交叉口周围的排水是否会溢流到交叉口范围内。

（3）交通岛、导流岛、安全岛是否导致积水而影响安全。

（四） 交通工程与沿线设施

1．安全设施

（1）类型与安装：①损坏的安全设施是否修复；②安全设施的位置和安装方式是否对交通带来了不利影响。

（2）二次事故：①失控车辆冲撞安全设施后是否已经或有可能产生二次事故，对其是否做了适当考虑；②是否对不良地质等危险路段的安全设施做了特殊考虑。

（3）可视性：安全设施在各种气候条件下是否具有良好的可视性。

2．隔离设施

平面交叉口设置的隔离设施是否完善，是否起到了应有的作用。

3．服务设施

（1）检查与服务区有关的固定物体或设施的位置，包括电杆等的位置。

（2）服务区的照明等是否对主线交通有影响。

（3）进出服务区的交通是否会影响主线上的行车安全。

4．收费站

（1）进出收费站的道路拓宽方式与车道划分是否合适。

（2）收费站照明条件是否合适。

（3）收费站口的导向岛是否有反光标志。

（4）照明灯杆等固体物是否影响交通安全。

（5）排水状况。

收费站前的标志是否清楚。

（五） 标志、标线和照明

1．标志

（1）损坏的标志是否能及时修复。

（2）标志是否有足够的提前量及反复提醒的必要性。

（3）事故的主要或次要原因是否为标志设置不合适或缺少必要的标志。

（4）标志所在位置是否影响用户读标志信息。

（5）从交叉口或出入口看标志的可视性是否会受限制。

（6）标志是否适合于所有用户的需要，如行人标志、建议车速标志等。

（7）是否标志柱有被车辆冲撞的可能性。

（8）标志信息量是否过多或过少，标志信息含义是否清楚。

（9）不同气候条件下的标志可视性。

2．标线与轮廓标

（1）车道划分是否适用于目前的交通。

（2）检查公路本身及线形变化路段的标线是否连续。

（3）从目前的交通看是否要采用标线。

（4）检查标线的耐久性，标线是否已磨损。

（5）检查标线不同条件下的可视性（白天、夜间、雾、雨等）。

（6）标线是否影响路面防滑能力。

3. 标志标线的统一与协调

标志标线是否与整个路网的标志标线协调一致。

4. 照明

（1）各路段是否需要照明，照明是否满足特定环境与交通的需求。

（2）是否因照明原因而产生事故。

（3）照明路段的照明是否被树等遮挡。

（4）照明灯杆的位置是否会影响道路安全，照明灯杆是否有被车辆冲撞的可能性。

（六）特殊的道路用户

1. 行人

（1）是否考虑了行人的需要。

（2）过境公路、近郊公路必要的地方是否设置了行人道。

（3）人行天桥和地道是否能发挥最大作用，各种气候条件下的安全性如何。

（4）特殊行人的交通安全有无保证，如老人、病人、肢体残疾人、聋哑或盲人等。

（5）近郊公路是否设置了自行车道，自行车道是否满足要求。

（6）平面交叉口处自行车交通安全是否有保证。

2. 自行车

（1）近郊公路是否设置了自行车道，自行车道是否满足要求。

（2）平面交叉口处自行车交通安全是否有保证。

3. 大型货车

是否考虑了大型货车行驶的需要，如半径、车道宽度等。

4. 公共交通

（1）公路上长途客运上下客站的位置。

（2）公交车站的布设是否会影响直行交通的安全。

（七）出入口、路边店、加油站

1. 出入口

（1）出入口间距是否太小而影响主线交通。

（2）每一个出入口的位置是否合适，如是否离交叉口太近，在下坡的终点或凹形竖曲线的谷底，或在平曲线范围内（特别是小半径曲线）等。

（3）出入口是否有必要设置。

（4）出入口对主线交通是否可见。

2. 路边店、加油站

（1）路边店和加油站离主线的距离是否足够保证停车而不影响主线交通。

（2）进出加油站和路边点的车辆是否影响交通，特别是长车。

（3）路边货物堆场是否影响道路安全。

（4）路边店和加油站的位置是否合适，如是否离交叉口太近，在下坡的终点或凹形竖曲线的谷底，或在平曲线范围内（特别是小半径曲线）等，若在交叉口一角是否影响交叉口的视距等。

（八）其他问题

第（一）~（七）各项未包含的一些安全问题：

（1）是否有一些非常见因素为事故主要或次要原因，如弃于路边或路边已有的巨石或分散驾驶人注意力的物体。

（2）公路上能运行超大尺寸和其他大车的能力。例如：①大型货车；②公交车；③紧急车辆；④公路养护车辆和设施。

（3）特殊条件下安全关闭公路的能力。

对以上问题进行系统的、完善的分析、整理，就可以形成道路安全评价指标体系。

三、城市道路安全检查表

城市道路是道路的重要组成部分，与公路相比，城市道路的组成更为复杂，其功能也多一些。表 7-16~表 7-18 是以城市道路为例，提出城市道路安全检查表的示例。

表 7-16　道路安全检查表 I

设计车速/(km/h)	80	60	50	40	30	20	是否存在	是否符合	备注
同向曲线最小直线长度/m	≥480	≥360	≥300	≥240	≥180	≥120			
反向曲线最小直线长度/m	≥160	≥120	≥100	≥80	≥60	≥40			
平曲线极限最小半径/m	250	125		60	30	15			
平曲线一般最小半径/m	400	200		100	65	30			
平曲线不设超高最小半径/m	2500	1500		600	350	150			
平曲线最小长度/m	140	100	85	70	50	40			
小转角平曲线最小长度/m	1000/θ	700/θ	600/θ	500/θ	350/θ	280/θ			
圆曲线最小长度/m	70	50	40	35	25	20			
圆曲线设超高最小半径/m	250	150	100	70	40	20			
圆曲线设超高推荐半径/m	400	300	200	150	85	40			
圆曲线不设超高最小半径/m	1000	600	400	300	150	70			
圆曲线不设缓和曲线最小半径/m	2000	1000	700	500	—	—			
缓和曲线最小长度/m	70	50	45	35	25	20			
竖曲线凸形最小半径/m	3000	1200	900	400	250	100			
竖曲线凹形最小半径/m	1800	1000	700	450	250	100			
竖曲线最小曲线长/m	70	50	40	35	25	20			
超高渐变率	1/150	1/125	1/115	1/100	1/75	1/50			
停车视距/m	110	70	60	40	30	20			
最大纵坡限制值(%)	6	7	7	8	9	9			
最大纵坡推荐值(%)	4	5	5.5	6	7	8			
最小坡长/m	290	170	140	110	85	60			
纵坡度(%)	5	6	6	6.5	8	8			
	5.5	6.5	6.5	7	8.5	8.5			
	6	7	7	8	9	9			
纵坡限制长度/m	600	400	350	300	200	150			
	500	350	300	250	150	120			
	400	300	250	200	120	100			
最大超高横坡度(%)	6	4	4	2	2	2			

表 7-17 道路安全检查表 Ⅱ

检查项目	道路类别	快速路	主干路			次干路			支路			是否符合	备注
		一	Ⅰ	Ⅱ	Ⅲ	Ⅰ	Ⅱ	Ⅲ	Ⅰ	Ⅱ	Ⅲ		
道路级别													
设计车速 /(km/h)		80 60	60 50	50 40	40 30	50 40	40 30	30 20	40 30	30 20	20		
双向机动车道(条)		≥4	≥4	≥4	2~4	2~4	2~4	2	2	2	2		
机动车道宽 /m		3.75	3.75	3.75	3.5~3.75	3.75	3.5~3.75	3.5	3.5~3.75	3.5	3.5		
分隔带设置		必须设	应设	应设	可设	可设	不设	不设	不设	不设	不设		
道路断面形式		二、四幅路	二、三、四幅路	二、三幅路	二、三幅路	二、三幅路	一幅路	一幅路	一幅路	一幅路	一幅路		

表 7-18　道路安全检查表Ⅲ

检查项目	内　　容	是否存在问题	措　施
线形组合	（1）线形的骤变，如长直线的末端设置急转弯曲线等 （2）存在连续的高填方路段 （3）短直线介于两个弯曲的圆曲线之间，形成断背曲线 （4）存在很多短坡路段连在一起的线形 （5）在长直线路段上采用凹形竖曲线 （6）在凸形竖曲线与凹形竖曲线的顶部或底部插入急转弯的平曲线 （7）在凸形竖曲线的顶部或凹形竖曲线的底部设置断背曲线 （8）在一平面曲线内，纵断面反复凹凸 （9）转弯半径较小的平曲线与陡坡组合在一起		
行车视线影响情况	视线是否被下列物体影响： （1）安全护栏 （2）隔离设施 （3）路周围建筑物或其他物体 （4）交通控制设施及安装结构物 （5）停车区的停车、停车交通或排队车辆等		
路面质量状况	（1）路面光滑 （2）路面坑洼不平 （3）路面遭人为破坏 （4）施工无明显警示标记		
排水	（1）雨水天气该路段是否排水不畅通 （2）该路段是否有某些地方经常存在积水		
路肩	（1）设计行车速度≥40km/h，是否设置硬路肩，硬路肩宽度是否为0.75~4.0m （2）设计行车速度<40km/h，是否设置软路肩，软路肩宽度是否≥0.5m （3）路肩能否有效地为护栏、栏杆、电线杆、交通标志等设施提供足够的设置场地 （4）双幅路或四幅路中间具有排水沟的断面，是否设置左侧路肩		
分隔带	是否施行机动车道与非机动车道分离 是否施行非机动车道与人行道分离 中间带： （1）主干道以上道路是否设置中间带 （2）道路中间带断口间距是否>300m （3）道路中间带断口长度是否≥6m 两侧带： （1）两侧带宽度是否≥2m （2）北方寒冷地区的两侧带是否预留临时堆放积雪的宽度 人行道： （1）各级道路的人行道宽度是否≥2m （2）商业或文化中心区及大型商店或大型公共文化机构集中路段的道路人行道宽度是否≥3m （3）火车站、码头和长途汽车站附近路段的道路人行道宽度是否≥4m		

(续)

检查项目	内　　容	是否存在问题	措　施
停车带	(1) 是否有路边专用停车带 (2) 设置的路边停车带是否影响交通		
道路安全净空	(1) 行驶汽车道路的安全净空的设置高度是否≥4.5m 　　行驶无轨电车道路的安全净空的设置高度是否≥5.0m 　　行驶有轨电车道路的安全净空的设置高度是否≥5.5m (2) 道路上空跨空物体，如电线、电缆、桥梁、树枝等是否侵入安全净空 (3) 该路段是否在道路反复修补后使路面抬高，造成道路净空高度的减少		
交通标线	(1) 是否在过街路口及其他必要地方设置人行斑马线等交通标线 (2) 道路本身及线性变化路段的交通标线是否连续 (3) 交通标线是否清晰、可视性强 (4) 交通标线是否影响路面的防滑能力		
交通标志	(1) 交通标志是否适合于所有用户的需要，如行人标志、建议车速标志等 (2) 该路段是否曾经因交通标志设置不合理或缺少必要的标志造成交通事故的发生 (3) 警告标志的设置是否有足够的提前量，其到危险地点的距离是否>50m (4) 设置的交通标志信息含义是否清楚 (5) 设置的交通标志是否醒目 (6) 设置的交通标志是否存在视线障碍 (7) 设置的交通标志柱是否有被车辆冲撞的可能性		
防护措施	防护栏： (1) 是否在无中央分隔带的道路中设置路中护栏 (2) 是否在机动车道与非机动车道间无分隔带的情况下设置防护栏 (3) 是否在非机动车道与人行道无其他隔离措施情况下设置行人护栏、护柱 是否在急坡、陡坡、桥头、高路基及过水路面的靠近道路边缘处设置护柱 路障： (1) 是否在特殊地区，如学校、医院等人流密集处设置减速路障 (2) 是否在与干路交叉的支路上设置防止非机动车突然进入干路与干路机动车相撞的路障		
道路技术管理及养护	(1) 是否及时清理道路上影响路况的沙石、泄油等 (2) 是否定期进行路面糙化 (3) 是否定期维护安全设施，包括防护栏、交通标志、标线、照明设施等 (4) 是否及时修复损坏的安全设施 (5) 是否定期修剪数枝或及时排除道路视线障碍物		

(续)

检查项目	内　　容	是否存在问题	措施
交通环境	(1) 道路沿线是否存在严重影响道路用户心理的噪声干扰 (2) 道路沿线是否存在严重干扰驾驶人视觉的广告牌、广告屏幕、建筑物等		
道路照明	(1) 该路段是否曾因照明原因产生道路交通事故 (2) 照明的平均亮度和平均照度等是否符合标准： 	道路类别	照明水平 平均亮度/(cd/m²)	照明水平 平均照度/(lx)	均匀度 亮度均匀度	均匀度 照度均匀度
---	---	---	---	---
快速路	1.5	20	0.40	0.40
主干路	1.0	15	0.35	0.35
次干路	0.5	8	0.35	0.35
支路	0.3	5	0.30	0.30 | (3) 是否采用限制眩光的截光型灯具 (4) 路段的照明是否被树等遮挡 (5) 照明灯杆是否会影响道路通行或被车辆冲撞		
交通监视及控制	(1) 是否配备足够的电子监控设施 (2) 是否配备足够的警力路面巡视 (3) 是否进行路口、出入口交通控制 (4) 是否在必要的时候进行道路网络交通控制 (5) 是否在必要的时候进行路段交通控制		

四、城市道路的主要交通事故和改善措施

根据对城市道路事故的主要类型和路段事故的主要成因进行分析，并根据上述的评价指标，可以制定改善措施，见表7-19。同理还可以对事故多发的交叉路口的事故成因进行分析并制定改善措施，见表7-20。

表7-19　城市路段事故主要成因和改善措施

常见事故形态	主要事故原因	改善思路	改善措施
撞行人事故	视线存在障碍，不易发现驾驶人未预期行人的出现	改建道路线形，改善行车视距	(1) 改善纵断面线形 (2) 改善平面线形
		禁止路边停车	限制停车
		改善照明条件	增设照明路灯或调整路灯亮度
		警告行人存在	设置当心行人标志
	车速过快，反应不及	降低车速	(1) 降低速限 (2) 设减速标志 (3) 设"慢"标志
		人、车路权分离	(1) 设陆桥、地下道 (2) 设行人专用交通标志、标线

（续）

常见事故形态	主要事故原因	改善思路	改善措施
不同向车交叉撞、擦撞	车速过快，反应不及	降低车速	限制路段车速
		清除障碍物	移除路侧危险物
	分派路段路权	隔离车道	设置中央分隔带或护栏
同向车追尾事故、超车事故	视线存在障碍	改建道路线形，改善行车视距	(1) 改善纵断面线形 (2) 改善平面线形
		改善照明条件	增设照明路灯或调整路灯亮度
	车流动线混乱	禁止路段停车	限制停车
		分隔不同特性车流	速度分区
	路面太滑	改善路面	路面糙化
	抢道	防止任意变换车道	(1) 设置路面标记、设置双白线 (2) 限制停车
撞停车车辆或固定物事故	车流动线混乱	禁止路边停车	限制停车
	车速过快，反应不及	降低车速 分隔不同特性车流	(1) 降低速限 (2) 设减速标志 (3) 设"慢"标志 (4) 速度分区 (5) 设置安全护栏
	视线存在障碍	改善照明条件	增设照明路灯或调整路灯亮度
直线段失控事故	视线存在障碍	改建道路线形	(1) 改善纵断面线形 (2) 改善平面线形
		改善照明条件	增设照明路灯或调整路灯亮度
	车速过快，反应不及	降低车速	(1) 降低速限 (2) 设减速标志 (3) 设"慢"标志
		清除障碍物	(1) 移除路侧危险物 (2) 移除安全净空内的危险物
	路面太滑	改善路面	路面糙化
曲线路段失控事故	视线存在障碍	改建道路线形	(1) 改善纵断面线形 (2) 改善平面线形 (3) 设置正确的超高
		改善照明条件	增设照明路灯或调整路灯亮度
	车速过快，反应不及	降低车速	(1) 降低速限 (2) 设减速标志 (3) 设"慢"标志
		清除障碍物	(1) 移除路侧危险物 (2) 移除安全净空内的危险物
	路面太滑	改善路面	路面糙化

表 7-20　城市交叉路口事故主要成因和改善措施

常见事故形态	主要事故原因	改善思路	改善措施
不同向车交叉撞、擦撞事故	干道无法发现平面交叉路口存在	突显平面交叉路口存在	(1) 以标线强化平面交叉路口存在 (2) 设反光路面标记
	抢过平面交叉路口	提醒驾驶人注意	(1) 设置闪光交通标志标线 (2) 设置岔路标志 (3) 设置告示牌
	平面交叉路口范围过大，车流动线混乱	分派平面交叉路口路权	(1) 支道设置停、让等标志、标线 (2) 设置行车管制交通标志、标线
		整理动线，缩小冲突机会及范围	(3) 渠化并缩小平面交叉路口范围
	平面交叉路口视距不足	改善平面交叉路口视距	修剪树木、拆除广告等
同向车擦撞、追撞事故	车流动线混乱	引导各流向车流行驶路径，并分隔不同特性车流	(1) 以标线指引各向车流行驶路径 (2) 设指示标志预告方向 (3) 平面交叉路口渠化
	抢道	防止任意变换车道	设置路面标记及双白线
撞交通岛或障碍物前端	驾驶人对前方路径产生混淆，障碍物不清或不易辨认	引导车辆行进路线，避开岛头或障碍物	(1) 增加照明 (2) 标线重绘 (3) 设置渠化线
		防止离开车道	沿车道线设路面标记
		突显岛头或障碍物所在	(1) 岛头或障碍物前设置明显反光标志 (2) 设置近障碍物标线
撞行人事故	平面交叉路口不易发现驾驶人未预期行人的出现	突显平面交叉路口存在	以照明、标线、标志、反光设施等突显平面交叉路口存在
		警告行人存在	设置当心行人标志
	车速过快，反应不及	降低车速	(1) 降低速限 (2) 设减速标志 (3) 设"慢"标志
		人、车路权分离	(1) 设陆桥、地下道 (2) 设行人专用交通标志、标线

复习思考题

1. 道路交通安全系统评价的概念是什么？如何分类？
2. 道路交通安全系统评价方法要遵循的原则和制约因素是什么？
3. 试述道路安全评价的定义、内涵及意义。
4. 安全度评价指标有哪些？

5. 道路交通安全评价的常用方法有哪些？说出其基本原理。
6. 动态事故强度分析法的基本原理是什么？
7. 灰色聚类评价方法的基本原理是什么？
8. 什么是交通冲突技术？
9. 某高速公路一年间共发生交通事故68起、伤45人、死亡15人，其长度为150km，全程年平均日交通量为15000辆/日，试分别计算其亿车公里事故率、受伤率、死亡率。

第八章

道路交通安全管理

道路交通受人、车、道路、环境等复杂因素的影响，只要一个环节出现差错就有可能引发交通事故。交通事故已成为一个社会问题，世界各国都投入大量的人力、物力和财力来研究减少和避免交通事故的政策与具体的安全管理措施。

第一节 交通安全管理的基本概念

一、交通安全管理的定义

所谓交通安全管理就是在对道路交通事故进行充分研究并认识其规律的基础上，由国家行政机关根据有关法律、法规、标准规范，采用科学的管理方法，在社会公众的积极参与下，对构成道路交通系统的人、车、道路、交通环境等要素进行有效的组织、协调、控制，以实现防止事故发生、减少死伤人数和财产损失、保证道路交通安全和畅通目标的管理活动。

从上述定义可见，交通安全管理包含着以下五层含义：

（1）交通安全管理的目标是减少交通事故的发生，保障道路交通安全、畅通，根本上是保障人民生命财产安全。

（2）交通安全管理的主体是国家公安机关的交通管理职能部门。与此同时，道路交通安全管理需要全社会的广泛参与，包括运输企业、车辆制造维修检测单位、参与交通的驾驶人和行人等。因而，从广义上来讲，交通安全管理的主体是以公安交通管理部门为主的社会各方面共同参与的综合力量。

（3）交通安全管理的客体是道路交通构成要素及其相互关系。道路交通管理的客体，从其外在形式上看，是由人、车、道路、交通环境等要素构成的，而从其内在实质上看，是由受道路交通管理法规所调整和保护的各种道路交通法律关系构成的。

（4）道路交通管理的依据是道路交通管理法律、法规和有关技术规范。道路交通管理的依据概括起来可分为三个部分：第一部分是道路交通管理法律[以全国人大及其常委会为立法主体，如《中华人民共和国道路交通安全法》（以下简称《道路交通安全法》）]、法规（包括国务院制定的法规和地方人大及其常委会制定的地方性法规）、规章（包括公安部制定的部委规章和地方政府制定的政府规章）；第二部分是与道路交通管理相关的法律（如《中华人民共和国刑法》）、法规（如《中华人民共和国道路运输条例》）；第三部分是道路交通管理的相关技术规范[如国家标准《机动车安全运行技术条件》（GB7258—2017）等]。

（5）道路交通管理的基本职能是协调、控制。道路交通管理是一项国家行政管理活动。行政管理部门在交通管理过程中,是通过协调、控制道路交通构成要素及其相互关系,从而达到要素间有序的动态平衡。

二、交通安全管理的作用

总体说来,交通安全管理具有以下六大作用:

1. 对道路交通行为的规范作用

通过交通法规的制定与执行,规范交通参与者的行为准则,规定交通行为的过程要求和处理原则,保证道路交通的有序进行。

2. 对道路交通安全的保障作用

通过一系列强制性的管理活动,使所有交通参与者统一于交通法规的原则和诸项规定之下,从而减少交通冲突,降低事故发生率。

3. 对道路交通畅达的改善作用

通过对交通安全设施的科学布设和交通秩序的有效维护,减少交通堵塞,保证交通通畅。通过有效的交通管理,创造良好的交通条件,使各种运输工具发挥最大的效能,尽可能地提高道路的利用率,使运输企业和国家收到最大的经济效益和社会效益。

4. 对社会生活秩序的稳定作用

通过对交通事故的正确处理,化解矛盾,减少冲突,降低损失,保证社会安定,增加社会凝聚力。

5. 对道路交通功能的促进作用

通过系列的道路交通管理活动,保证汽车运输的畅达,减少环境污染,降低能源消耗,从而最大限度地发挥道路交通的功能,为国民经济建设服务。

6. 对精神文明建设的推动作用

通过交通安全的宣传教育,增强交通参与者的安全意识,帮助人们正确处理生产与安全、速度与效益、局部与全局、个体利益与国家利益等关系,推动我国全民的精神文明建设进程。

三、交通安全管理的构成体系

要实现交通安全管理的既定目标,必须建立完善的交通安全管理保障体系。

1. 交通安全管理体制

"体制"指的是国家机关、企业和事业单位机构设置和管理权限划分的制度。交通安全管理体制则是指关于国家机关、企事业单位、民间组织及社会公众在交通安全管理中的权责划分和操作方法等的制度体系。要形成有效的安全管理,必须明确各类管理主体的权限及对管理交通的制度规则、方式方法的约定。

2. 交通安全管理对象

交通安全管理的对象,是构成道路交通系统的人、车、道路、环境等诸要素及其相互关系。

(1) 人员。凡是参与道路交通活动的人,都是道路交通管理的对象。这里特别提出,驾驶人是导致交通事故发生的主要因素,因此特别要注重对驾驶人的管理。

(2) 车辆。车辆是交通安全的关键。要保证这一关键环节的安全,必须依照国家相关法律、法规及技术标准,从新车的设计、制造,在用车的登记、检测、维护等方面着手,对车辆进行管理和控制。

(3) 道路。道路是安全行驶的基础。对道路实施的交通管理,主要是对道路进行安全核查,以及对道路附属设施进行管理,以保障道路的性质、功能适应道路交通需求,保障对道路的科学、有效使用。

（4）道路交通环境。凡是对正常的道路交通活动有影响的物体和行为环境，都是道路交通管理的对象。对道路交通环境的管理，主要是对道路的三维空间及周边建筑、视觉污染等与交通活动直接相关的物体及行为环境进行监督与管理。由于现代道路交通环境对实现道路交通管理目标影响很大，因此，必须不断强化对道路交通环境的管理。

3. 交通安全管理依据

道路交通法规是依据国家宪法制定的强制性行政命令和规章制度。它既是人们行车、走路、使用道路必须遵循的规范，又是道路交通管理部门查处交通违章、裁定事故责任、进行交通安全管理的重要依据。

4. 交通安全管理手段和方法

随着社会的发展进步，尤其是随着高科技手段在社会各个领域的广泛应用，人们越来越清醒地认识到，强化科技意识，积极运用科学技术，不断提高交通管理工作的科学化、现代化水平，已经成为未来道路交通发展的方向。近年来，智能交通系统（ITS）正在不断地被世界各国开发利用。

第二节　我国交通安全管理体制

一、交通安全管理体制的概念

所谓体制指的是国家机关、企业和事业单位机构设置和管理权限划分的制度。交通安全管理体制则是指关于国家机关、企事业单位、民间组织及社会公众在交通安全管理中的权责划分和操作方法等的制度体系。要形成有效的安全管理，必须明确各类管理主体的权限及对管理交通的制度规则、方式方法的约定。

管理体制问题也一直是我国行政立法的核心问题。在我国现行行政管理体制下，明确管理体制对一部法律及这部法律所规范的社会事务都是非常关键的问题。我国《道路交通安全法》第五条对道路交通安全管理体制做了明确规定，具体内容是：

国务院公安部门负责全国道路交通安全管理工作。县级以上地方各级人民政府公安机关交通管理部门负责本行政区域内的道路交通安全管理工作。

县级以上各级人民政府交通、建设管理部门依据各自职责，负责有关的道路交通工作。

二、交通安全管理体制的变迁

1983年以前，全国维护城市道路交通秩序和处理交通事故的工作及北京、上海等39个大中城市的机动车的登记、发牌和驾驶人考核、发证工作，是由公安机关负责的。1983年，国务院决定将公安机关负责机动车及驾驶人管理的城市由39个扩大到105个，交通部门负责其他地域内机动车及驾驶人的管理，农机部门负责拖拉机牌证管理。

1986年10月，为解决城乡道路交通管理不统一带来的问题，国务院下发了《国务院关于改革道路交通管理体制的通知》（以下简称《通知》）。《通知》是在我国城乡道路标准低、质量差，人车混杂，交通管理又分别由公安、交通、农业部门负责，机构重叠，政出多门，互相扯皮的条件下下发的。《通知》认为，这种多头管理体制，在城乡机动车大幅度增长的情况下，已经越来越不适应我国经济发展和对外开放的需要。《通知》确定了全国城乡道路交通由公安机关负责统一管理的体制。《通知》明确规定，由公安部起草统一规范全国道路交通安全管理的法规。公安机关对全国城乡道路交通依法进行管理，包括交通安全宣传教育、交通指挥、维护交通秩序、交通事故处理和车辆检验、驾驶人考核与发牌发证、路障管理及交通标志、标线等安全设施的设置与管理等。《通知》还规定，除公安机关外，其他部门不准在道路上设置检查站拦截、检查车辆。有关部门确需上路进行检查时，可派人加入公安机关的检查站进行工作。没有公安检查站的地区，有关部门如要设立检查站，须经当地公安机关批准。经省、自治区、直辖市人民政府批准，可在必要的路口、桥头、渡口设立收取通行费的站卡。《通知》要求公安机关要向交通部门提供车辆、驾驶人等有关资料，并在路查、年检中积极协助交通部门做好养路费和车辆购置附加费的征收工作。《通知》提出，公安机关可将车辆检验、驾驶人考核，委托给有设备和技术条件的单位，按照标准和公安机关的要求代行办理。公安机关有权对受托单位进行监督、检查和决定变更委托事项。交通部门的院校应积极协助公安机关培训交通管理人员。此次改革城乡道路交通管理体制，以不增加编制和经费为原则，由公安机关负责组建全国统一的交通管理机构。交通部门现有的交通监理机构，成建制地划归公安部门。交通管理所需经费，维持原有开支渠道，即城市交通管理经费，列入国家预算收支科目，由原来的行政费和城市维护费开支。用于公路交通管理的费用，包括基建费、装备费、交通安全设施费、宣传费、事故处理费和人员经费，由监理规费开支，不足部分仍从养路费中开支。

在《通知》明确道路交通管理体制的同时，还确定由交通部门负责全国公路的规划、建设和维护，建设部门负责城市道路的规划、建设和维护。此后制定的《道路交通管理条例》《道路交通事故处理办法》《中华人民共和国人民警察法》及《中华人民共和国公路法》《城市道路管理条例》，都肯定了这个管理体制。1998年8月，国务院批准的《公安部职能配置、内设机构和人员编制规定》进一步明确了公安部"指导监督地方公安机关维护道路交通安全、交通秩序以及机动车辆、驾驶人管理工作"的职责。具体为：拟定道路交通管理政策，依法查处道路交通违法行为和处理交通事故，维护城乡交通秩序和公路治安秩序，实施机动车辆安全检验、牌证发放和驾驶人考核发证工作，开展交通安全宣传教育活动，参与城市建设、道路交通和安全设施的规划。1998年国务院批准的交通部"三定"方案（即职能配置、内设机构、人员编制方案），在第五部分"其他事项"中，对于道路交通管理也有所涉及，规定："道路交通管理体制维持现状，待下一步进行深入调查后，作为专题，研究管理体制的改革与分工。"

三、现行交通安全管理体制

2003年颁布的《道路交通安全法》，肯定了1986年以来确立的交通管理体制，这是我国第一次以国家法律的形式对道路交通安全管理体制做出明确的规定。

（一）纵向管理

1. 公安部

国务院公安部门（即公安部）负责全国的道路交通安全管理工作。

公安部在道路交通安全管理方面的主要职责是，制定全国统一的道路交通安全管理规章，指导全国城乡道路交通安全管理、安全宣传教育、交通指挥、维护交通秩序、处理交通事故和车辆安全检验、驾驶人考核与发证、发牌等工作并制定技术规范和标准，参与道路建设和交通安全设施的规划，组织交通安全科学研究工作等。道路交通是一个系统，因此，道路交通安全工作在宏观上必须由国家进行统一管理。公安部门作为国家道路交通安全主管部门，负有对全国范围内道路交通安全工作进行统一管理的职责。例如，制定机动车登记管理、机动车检验、驾驶人考试和管理等方面的具体办法，组织实施如"城市道路与交通安全管理畅通工程""创建平安大道"等全国性的道路交通安全管理活动等。

2. 地方公安机关交通管理部门

县级以上地方各级人民政府公安机关交通管理部门负责各自行政区域内的道路交通安全管理工作。

《道路交通安全法》关于县级以上地方各级人民政府公安机关交通管理部门负责本行政区域内的道路交通安全管理工作的规定，是对道路交通安全管理工作的原则分工。根据这一规定，道路交通安全管理工作应当由各地方公安机关的交通警察负责，其他任何单位和部门不得行使这一职权。交通警察行使道路交通安全管理职权，必须在自己所辖的行政区域内，不得越区行使。

强调公安机关交通管理部门应当在自己所辖行政区域内行使职权，是为了分清责任，做到权责明确，各负其责，保证其依法行政。但不能将此简单理解为"交通警察各管一段"，道路交通既是一条线，更是一张网，道路交通安全管理工作需要各管理机关有机配合。各个管理机关做好本辖区内的工作，是保证整个道路交通有序、安全、畅通的前提。各个管理机关实施管理的目的是一致的，即保证整个道路交通秩序有条不紊、安全高效。因此，在实际工作中，既要讲分工，又要讲配合，要以保证整条线路安全畅通的目标统一各个管理部门的认识，共同做好道路交通安全管理工作。

（二） 横向管理

道路交通管理是一项十分复杂的系统工程，涉及面很广，其中，道路交通安全管理只是这个系统中的一个方面。做好道路交通安全管理工作，保证道路交通安全、有序、畅通，仅仅靠公安机关交通管理部门一家是不行的。必须充分发挥与道路交通工作有关的各个职能部门的作用，共同努力。与道路交通安全管理工作关系密切的职能部门就是交通行政主管部门和建设行政主管部门。为此，《道路交通安全法》专门对此做出了原则性规定，规定了交通、建设部门在交通管理方面的职责。

1. 交通部门

交通部门是主管公路和水陆交通行业的部门。根据国务院批准的交通部的"三定"方案和1997年制定、后经多次修正的《中华人民共和国公路法》（以下简称《公路法》）的规定，交通部门负责公路的规划、公路的建设、公路的养护、路政的管理、公路收费及监督检查等，并对破坏公路的行为进行处罚。《公路法》规定的上述内容都从一定程度上与道路交通安全管理密切联系，也是做好道路交通安全管理，尤其是公路交通安全管理的重要基础。

2. 建设部门

建设部门是主管城市道路的业务主管部门。根据"三定"方案，建设部门负责研究拟订城市村镇规划、工程建设、城市建设、村镇建设及城市供水、燃气、热力、市政设施、公共客运、园林、市容和环卫等工作。这些工作均与城市、村镇道路的建设和维护等息息相关。

（三） 公安、交通、建设部门三者之间的有机关系

首先，交通行政主管部门、建设行政主管部门是道路交通安全管理工作的主管机关。规划科学、合理的路网结构，设置齐全、保养状况良好的道路及其附属设施，是保证道路交通安全、有序、畅通的前提条件。道路包括公路、城市道路及广场、公共停车场等用于公众通行的场所等。根据有关的道路交通法律、法规的规定，公路的规划、建设、养护、管理工作主要由交通行政主管部门负责。城市道路的规划、建设、养护、管理工作则是由建设行政主管部门负责。广场、停车场等和城市道路等属于城市基础设施，其规划、管理也是归口建设行政主管部门负责的。由此可见，交通、建设行政主管机关作为"路"的主管部门，其管理工作是否到位是关系道路交通秩序的基础和前提。公安机关交通管理部门与交通、建设行政主管部门能否相互密切配合，做好各自的工作，直接关系到道路交通秩序是否能够安全、畅通、有序。例如，针对我国城市道路交通

秩序混乱、管理水平不高的情况，公安部和建设部于2000年提出了实施畅通工程的意见，由公安部和建设部组成实施全国城市道路交通管理"畅通工程"协调工作小组，并在公安部设立办公室，负责制定全国城市道路交通管理"畅通工程"总体方案，并对"畅通工程"的实施进行指导、监督和检查。通过两个部门的紧密合作，"畅通工程"取得了较好的成效，一些城市的道路交通安全管理工作有了较大提高，道路交通秩序有了较大的改善。

其次，交通、建设行政主管部门还是"车"的主管部门。根据有关法律、法规的规定，交通行政主管部门是公路运输企业的主管部门，而城市建设部门也负有对城市公共交通事业的管理职责。交通、建设行政主管部门也负有管理道路交通参与者及其他与道路交通活动有关的单位和个人的职能。交通行政主管部门负有对驾驶学校或者驾驶培训班实施资格管理的职责，保证驾驶学校或者培训班严格依照法律规定对学员进行培训，培养合格的驾驶人员。

再次，交通、建设行政主管部门作为交通运输企业、城市公共交通的主管部门，负有对这些企业的安全生产进行监督、管理的职责，以保证这些企业认真落实安全生产责任制，预防和减少交通事故。交通、建设行政主管部门作为道路的主管机关，其他单位或者个人因工程建设或者其他活动，需要占用、挖掘道路或者因施工影响道路通行的，需要向其提出申请，由其依法审批。对于未经批准，擅自挖掘、占用道路的，交通、建设主管部门的道路养护部门对于公路、城市道路出现坍塌、坑槽、水毁、隆起等损毁的，也负有及时修复的职责。

综上所述，由于交通、建设行政主管部门对涉及道路交通秩序的"道路、车、人"均具有一定的管理职责，因此，《道路交通安全法》明确规定，县级以上各级人民政府交通、建设行政管理部门依据各自职责，负责有关的道路交通工作。

第三节 道路安全管理

道路的安全管理主要是交通工程的安全管理。在进行交通工程设计时，即在道路设计或制订道路改造方案时，要贯彻"以人为本"的思想，将道路的安全设计作为首要的考虑。加强道路的安全设计，要实现如下两个目标：

1. 扩大道路的"安全空间"

以道路的线形设计为例。道路线形的安全设计要能根据道路线形及时、准确地判定行驶路段的特征和线形的变化，防止驾驶人产生视觉曲折、紊乱和错误。例如，有的道路线形缺乏自然的视线诱导作用，车辆在行驶时视线盲区大，驾驶人容易产生恐惧感，行动犹豫，一旦出现突然情况很容易惊慌失措而肇事。有的道路线形组合不当，容易使驾驶人的视觉产生误差或错觉，造成判断失误。

道路线形应该连贯、均匀、协调舒畅、变化要柔和、过渡要自然，避免不必要的巨变，从而减少视线跳跃的不适应而引起的事故。例如，有的道路线形变化频繁、急促，使驾驶人的视觉负荷过大，心理紧张，对突显信息不能妥善处理。平面线形和纵面线形结合在一起，应尽量使反向点重合，平、竖曲线的长度要均衡，纵横坡度合成要适当，以有效地消除路线扭曲、视线曲折，缓和离心力变化引起的不适。

以上种种给驾驶人带来的不适或紧张心理，都是由于道路条件未能给驾驶人提供足够大的"安全空间"，这样就增加了发生道路交通事故的危险。如图8-1所示，该道路存在有一个最大的"安全空间"，也就是说，其安全性能确定了。当环境条件改变、车辆出现故障、驾驶人注意力分散，或者由于对天气和车辆状况的改变判断不正确而导致操作失误，就会使道路交通原有的安全空间缩小，使交通事故的风险上升，如图8-2所示。

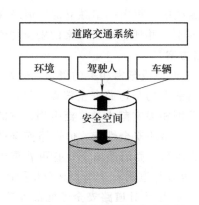 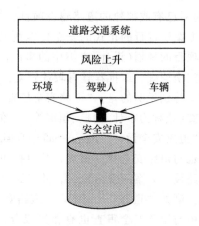

图 8-1 正常状态下的安全空间　　　　图 8-2 风险上升时道路的安全空间

2. 提高道路的"宽容度"

道路安全设计追求的另一个目标是，通过对路网的调节和合理设计，使道路环境更加"宽容"。也就是说，即使驾驶人发生驾驶失误，该道路仍能保持安全行车的道路条件，对可能发生的危险起到消除或者减缓的作用，以避免交通事故的发生或减轻交通事故的损伤程度。道路安全核查是一个切实有效的办法。在道路交通中推行安全核查，并落实成制度，制定安全核查的法律法规和安全核查的指标体系，培育安全核查队伍及设置相应的机构。

通过贯穿于道路建设及整个运营周期内各阶段的安全核查，可以实现道路安全设施的优化设置，从而切实提高道路的安全管理水平。

一、道路安全核查概述

1. 概念

道路安全核查的理念是在道路设计与运营的实践中逐步形成的。当道路交通的正常运行与发展受到日益增长的交通事故影响时，人们开始从各个方面研究交通事故的规律，寻找减少交通事故的方法。通过分析大量积累的交通事故资料，揭示出了一个规律，即道路交通安全水平与道路条件存在着密切的联系。在更进一步的研究过程中，有关各方逐渐认识到，如果在道路的规划与设计阶段，即采用一定的方法，通过一定的程序，考查道路的安全性能，发现并修正项目方案中的安全隐患，制订出具备更强安全性的道路设计方案，是一种有益、有效的交通安全治理途径，可以起到防患于未然的作用，大大减少交通事故所带来的生命和财产损失。这一认知继续扩展到了道路从规划、设计、建造、运营的全寿命周期内，业界人士逐渐在上述各个阶段开展了针对道路交通系统的安全核查与修补，并将其固化成为体制内的专项安全分析环节。

在上述理念的指引下，近年以来，尤其在国外道路建设相对成熟的发达国家，开始研发各种不同的理论与方法体系，并在对道路交通系统的安全检查中加以应用。由于这些方法体系具有对于道路交通系统实施专项安全检查与修正的统一特性，因此统称为道路安全核查（Road Safety Audit）理论体系。

美国联邦公路局对道路安全核查的定义是：道路安全核查是由一个独立的核查小组所实施的，针对现有或未来的道路、交叉口的正式安全性能测试。而在美国道路工程师学会 4S-7 技术委员会（ITE Technical Council Committee 4S-7）1995 年 2 月所做的报告"道路安全核查：事故预防的新手段（Road Safety Audit: A New Tool for Accident Prevention）"中，将道路安全核查进一步详细地描述为：

"安全核查是对已有或拟建的道路建设项目、交通工程项目及其他任何将与用路者发生相互影响的工程的项目方案所进行的正式的安全性能测试。在该测试中,将由一组独立的、训练有素的安全专家对工程项目的规划(设计)方案中的事故隐患做出鉴别,并评估项目方案的安全特性,从而修正方案中的安全瑕疵,或推荐具有较佳安全性能的项目方案。"

本书需要特别说明的是,"道路安全核查"具有若干近似或紧密相关的概念。例如,"道路或交通安全审查(或称为审计、检查、预审等)"在外延与内涵上均与道路安全核查一致,只是不同的名词表述。"道路安全设计(Higway Safety Design)"在美国相关文献中被广泛引用,它的理论基础与方法框架也与道路安全核查相近,其目标也均为改进道路的安全性能,但道路安全设计这一概念偏重于道路设计方案的安全分析,并且强调理论方法体系,而道路安全核查更着重于道路的工程实践体系。诸如"道路安全评价""道路安全评估"等也与道路安全核查具有相同的理论基础,在体系结构中与道路安全审查也有相当成分的重叠,它们都是对道路安全性能的专项分析体系,但外延有所不同。"道路安全评价"一般局限于对道路安全水平实施界定或预测这样的特定环节,而道路安全核查往往涵盖安全水平度量、安全改造、效果追踪等各个环节。

2. 道路安全核查的起源和发展

追本溯源,道路安全核查的方法体系始发自英国,后又传播到澳大利亚、新西兰,其后在美国兴起,并以较快的速度发展到了德国、西班牙等国家。随后的几年中,由于世界银行在第三世界国家中广泛采用贷款与科研项目配套的策略,由其推动的道路安全研究在第三世界国家也获得了相应的发展。这其中,安全核查的项目从印度尼西亚到我国都得到了实质性的推进。目前,安全核查的理念与方法体系已经普及到了全世界,并且形成了以美国、欧盟为代表的不同发展方向与体系版本。

20世纪90年代中期,道路安全核查通过两种平行的渠道引入我国。第一种渠道,以高等院校为主的学者通过国际学术交流与检索外国文献,从理论体系的角度引入道路安全核查的理念,并着手开展理论与应用研究。在这一领域,研究的重心是支持道路核查的各种技术方法与定量指标,获得了一系列符合我国道路状况的道路几何线形设计、交通工程设施设置与使用、交叉口设计等的道路安全微观模型。第二种渠道,通过世界银行贷款项目的配套科研课题,在工程领域开展道路安全核查的实践。在这一领域中,已经开展了道路安全核查或类似实践项目的地区在地理区域上分布较广,引起了全国性的广泛关注。其中,比较有代表性的文献包括2000年湖南省交通工程学会冯桂炎教授主编的《公路设计交通安全审查手册》,以及由交通部主持,于2004年正式发表的《公路建设项目安全性评价指南》。这两个文献从不同的侧面,建立了辅助安全评价及安全核查的体系。2005年,从道路交通工程角度研究交通安全的课题,在我国获得了空前的重视,交通部委托公路科学研究所完成的"西部地区公路交通安全评价"项目已于2006年完成,其成果为相关的道路安全核查工程实践提供了重要的技术支撑。

二、道路安全核查的成效

1. 直接成效

道路安全核查以实质性地提高道路安全性能、发现并消除道路交通系统中的安全隐患为宗旨,它所取得的直接成效有以下几方面:

(1) 通过在规划阶段的道路安全核查,将道路网中特定地点要素或网络特征所引发的事故发生频率与严重程度降至最低。

(2) 能够防患于未然,避免在道路运营之后用生命或鲜血的代价来发现道路的安全性能缺陷。同时,将项目实际运营开始后所进行的安全补救工作降至最低程度。

(3) 通过预期评估与适当的投入，降低项目的全寿命周期（规划、设计、建设与运营期）的总成本。

(4) 增强项目规划、设计、施工、运营、维修各方面参与者的安全设计意识。

(5) 将多种交通方式、多层交通系统内的安全事务集成化处理。

(6) 在道路设计的各个方面都引进"以人为本"的理念。

2. 广义成效

从目前道路安全核查的实践来看，道路安全核查的广义成效远远超出上述直接成效，它对于道路交通工程学的发展还有很多的间接效益，其中主要有以下几点：

(1) 通过道路安全核查的实践，推动道路交通事故机理与交通安全理论、方法、技术的研究与应用。陆续推出的交通安全相关模型，以及逐渐成熟的交通安全分析软件，都是道路安全核查推广所催生的科技成果。

(2) 在道路安全核查的探索与应用过程中所积累的代表性成果，可以丰富与扩充道路工程的设计规范，并提高交通管理水平。其中，对于道路几何线形的组合与动态设计，以及交通工程设施设计规范的改进是最直接的成效。

(3) 道路安全核查的实践与研究，能够派生出许多新设施、新材料，不仅能够带来明显的社会效益，也能够派生出可观的经济效益。

(4) 道路安全核查在直接带来安全成效的同时，也提高了道路交通系统的运行效率。由于交通事故是导致交通拥堵与系统效率下降的重要原因，因此道路安全核查在一定程度上避免了交通事故发生的同时，也使得交通系统的运行更加平稳和顺畅。

(5) 道路安全核查不仅可以在一定程度上避免交通事故的发生，还能够提升所有用路者的安全空间，尤其在传统的道路建造与运营环节中，易被忽略的非机动车和行人的安全问题通过道路安全核查，获得了关注和解决。

三、道路安全核查的实施与监督机制

在道路安全核查的定义中，强调指出道路安全核查的实施者必须是一个独立小组。这是因为在传统的道路设计规程之中，虽然已经包含了一些安全的考查指标，但道路安全核查的实施是专项的安全研究，因此它必须脱离常规的道路设计规程，另行成为一个正式的过程，为此必须设置一个专门的小组加以实施。道路安全核查小组在成员选择、组织机构、业务运作方面需具备以下的必要条件：

1. 道路安全核查必须保持独立性

道路安全核查小组的成员，按照其定义中所强调的，应该是独立的、训练有素的安全专家。他们通常是有多年道路工程与交通安全实践经验的资深人士。尽管许多国家规定道路安全核查应该作为一个制度化的步骤，写入道路设计的合同之中，但道路安全核查小组必须是脱离道路设计或施工单位的独立机构，这样才能全面地、客观地开展道路安全核查工作。

2. 对核查员必须实行严格的认定制度

长期和制度化实行道路安全核查工作需要有一个正规的运行机制，其中对道路安全核查员的遴选机制是保障道路安全核查质量与成效的基础。因此，道路安全核查员应该处在国家机构的监督与管理之下。例如，澳大利亚联邦交通机构认定道路安全核查员的注册应该以州为单位进行，并且注册的管理机构由州议会负责。

3. 核查小组必须保持"多专业"的结构

道路安全核查的一个特有功能，就是对多方式、多层次道路交通系统中的安全问题进行集成化处置。这是传统的设计规程所不具备的。例如,从公路和铁路两种方式的线路优化中寻求公路、铁路交叉的安全。又如,在道路网络中协调联络线与不同等级道路由于车速与线形标准差异所造成的冲突等。

上述任务的完成,要求道路核查员必须来自不同交通方式的机构,具备多重专业背景,这样才可以协同考虑安全问题。通常情况下,道路安全核查成员的构成除应覆盖各种交通方式以外,还应包含道路规划、道路设计、交通组织与管理等不同部门。同时,道路安全核查的成员又要来自不同的层次,能够协调微观和宏观的安全需求,理顺不同层次的衔接。

4. 核查人员的培训

首先,世界各国均认为道路安全核查员应该接受必要的培训。例如,澳大利亚联邦交通机构建议将培训作为道路安全核查员认定的一个必经环节;在德国,已将核查人员的培训制度化。

在国际通行的培训计划中,培训的核心内容都是训练相关人员对道路安全核查程序的认知、领悟与掌握,并进行大量的案例分析。除此之外,还有一些相关的内容,普遍被认为应该纳入道路安全核查的培训之中,包括:①道路安全工程;②道路交通事故多发点段的鉴别与勘察技术;③路侧安全分析技术;④施工区的安全评估、组织与管理;⑤道路交通事故风险评估与管理技术;⑥道路安全核查报告的编制方法。

四、道路安全核查的实现方式和各阶段主要内容

(一)实现方式

在道路安全核查中,改善道路安全性能有两种途径:第一种是排除、更改方案中带有事故倾向性的元素;第二种是通过设置相应的预防与加强性设施(如抗滑路面、护栏、交通控制设施、标志、标线等)化解方案中存在的安全问题。

通过这两种途径,道路安全核查能够以以下特有的方式,来达到改善项目安全性能的目标。

(1)清除现有或设计道路中的视距障碍。
(2)增加或改进转弯车道的设计与交通组织。
(3)加强或改进加减速车道的功能。
(4)改善标志与标线。
(5)改进道路中央隔离带或中央隔离标线。
(6)根据行人实际的穿越能力改善行人过街设施。
(7)改进超高的设计与功能。
(8)加强排水功能。
(9)加强路肩功能,调整车道宽度。
(10)改进道路进出口的设计与交通组织。
(11)对道路交叉口进行安全诊断和改进。

(二)各种类型道路安全核查中的典型问题

广义上分析,所有与道路安全性能、道路潜在事故风险相关的因素都可以成为实施道路安全核查的对象,但由于设施分类、道路等级、道路地理区位等因素的不同,道路安全核查的重心与方向存在着一定的差距,特定的研究对象需要进行一些特别典型的核查项目。

在道路安全核查中,根据设施种类的不同可以划分为道路、交叉口及交通服务枢纽的安全核查共三类。而道路的安全核查中一般又根据道路的技术等级划分为城市道路、高速公路、多车道公路、双车道公路等;交叉口一般可分为平面交叉口与立体交叉。

1. 城市道路

城市道路的特点是用路者成分复杂、交通设施繁多、基本路段相对较短、两侧土地开发密度大等，决定了对它的道路安全核查的主要问题的种类，通常情况下包括：

（1）没有兼顾行人与非机动用路者的安全利益，尤其容易忽略弱势群体特殊道路安全保障设施。

（2）行人横穿街道设施的缺乏，或设置的位置不合理。

（3）沿街道的交通标志信息彼此矛盾或不连贯。

（4）夜间照明不足或设置不合理。

（5）街道积水、结冰等问题。

（6）街道两侧城市开发项目所造成的交通干扰问题。

（7）停车中的安全隐患。

当然，上述问题只是几种较为常见的典型问题。如果全面分析，城市道路是个复杂的交通系统，对它实施道路安全核查也应该是一个外延广泛的体系。要考虑城市交通运营过程中各种与安全相关的问题。

2. 高速公路

高速公路被认为是设施较为完备的道路系统，由于全封闭和全立交，因此避免了横向干扰造成的事故隐患，它的安全问题常常与其服务于快速交通的根本性特征相关联。其中最典型的包括：

（1）高速公路连续长下坡造成的制动失灵等相关问题。

（2）重载车辆在高速公路上的安全问题。

（3）运行车速中的系列安全问题。

（4）高速公路施工区的安全问题。

3. 多车道公路

多车道公路中最为典型的安全问题主要包括：

（1）进出口的安全控制与管理问题。

（2）中央隔离设施中的安全问题。

（3）安全防护的缺乏或设置不合理问题。

（4）非机动车道的缺乏或不连贯问题。

（5）与路面相关的安全问题。

4. 双车道公路

国内外的工程实践都表明，双车道公路是交通安全水平波动较大的一种道路等级。由于它在道路网络中占据的比重较大，道路线形与设施的设计不能采用完备与高级的标准，因此所引发的安全问题比较多。其中最为常见的包括：

（1）城镇化区段的横向交通干扰问题。

（2）线形指标，尤其是与线形组合设计与衔接方式相关的安全问题。

（3）视距障碍问题。

（4）由于不完善的交通信息标识所引发的路权模糊及行车误导问题。

（5）山区公路的高陡边坡及其他路侧安全问题。

（6）超高与加宽的设置问题。

（7）机非混行问题。

应该说明的是，就安全核查而言，双车道公路同样是一个复杂的系统，针对它开展的安全核查必须保持广泛性与完整性。

5. 平面交叉口

平面交叉口由于是多路交通流的直接汇合区域，因此它的安全核查涉及的问题也较多。其中最为典型的包括：

（1）交通冲突问题。
（2）交叉口中的行人交通问题。
（3）多路交叉、畸形交叉口造成的安全问题。
（4）公路、铁路平交道口的特殊安全问题。
（5）进出车道的方向配置与组织问题。
（6）渠化及交通岛中的安全问题。
（7）信号灯控制中的安全问题。
（8）交通信息标识在交叉口中的排列问题。

6. 立体交叉

立体交叉的特点是将平面交叉口对不同交通流的时间分隔方式，转化为空间分隔方式，因此它的主体安全问题也多与其空间组织结构相关。其中较为典型的包括：

（1）立交桥的进出口设置问题。
（2）匝道技术参数中的安全问题。
（3）立交桥中的交织区段问题。
（4）集散车道与加减速车道问题。
（5）交通信息标识的系统性问题。
（6）立交桥中的净空与相应的车辆管理问题。

7. 交通服务枢纽

交通服务枢纽的范围非常广泛，涵盖了公路运输场站、铁路车站、航空港、水运码头、城市公交枢纽等，因此它的安全核查也是一个外延广泛的议题。而且，由于交通服务枢纽的类别不同，它所面对的安全问题和解决的模式也各不相同。寻求共性，可以归纳出以下几项：

（1）静态交通（停车）与动态交通组织所引发的安全问题。
（2）行人安全组织与管理问题。
（3）服务区域、进出区域、等候区域空间分布中的安全问题。
（4）停车标识问题。
（5）多交通方式联接中的安全问题。
（6）紧急交通疏散系统的设置与相关的控制、管理问题。
（7）特殊货物运输中的安全问题。

（三）各阶段主要内容

由于道路安全核查所要解决的问题广泛地分布在道路生命周期的各个阶段，因此，世界各国一致认为道路安全核查可以在道路规划、设计、建造与运营的各个环节上介入。通常情况下，按照进程的不同，道路安全核查可以划分为规划与可行性研究阶段、初步设计阶段、详细设计（施工图设计）阶段、施工阶段、运营前的验收与运营后的核查五个阶段。当然，各个阶段具有不同的研究对象和核心问题，也有不同的核查模式及不同的支撑技术。

1. 规划与可行性研究

以安全的角度，考察道路网络的功能适配性、不同层次路网衔接的顺适性及多方式交通系统转换的平滑性。在可行性研究阶段，重点评析项目的控制点、路线方案、设计标准等是否可能导致安全问题，以及备选方案的路线连续与平顺性，立体交叉、平面交叉、道路出入口分布（针对交通安全）的合理性等。

2. 初步设计方案

该阶段进行安全性能评估的对象包括平、纵线形，视距特征，平面交叉口，立交设计方案，车道与路肩宽度，路面横坡与超高值，超车道特性，停车设施，非机动车与行人设施。其他评估对象包括设计方案与设计规范的偏差所带来的影响、预测施工中可能发生的安全问题等。这阶段的安全核查值得特别重视，因为一旦道路征地拆迁完成后，再进行大幅度的修改将变得比较困难。

3. 详细设计方案

该阶段核查需研究下述设计要素的安全性能：标志、标线、控制信号、照明、交叉口细节设计与交通组织方案、护栏设计方案、路侧设计、路侧净距、路侧景观、施工中的交通管制方案等。

4. 施工阶段

该阶段安全核查的重点包括施工区、施工组织与管理、施工准备与实施方案，以及与施工过程密切相关的交通导流方案、临时交通控制设施等。另外，在该阶段应特别关注施工相关人员与车辆及经过施工区域的用路者的安全保障问题。

5. 运营前的验收与运营后的核查

运营前的测试将包括在路上分别驾车、骑自行车、步行进行现场试验，以保证所有用路者的安全需求都得到满足。这些现场测试应分别在白天与夜间、晴天与雨天进行。在道路通车后，对其安全状况进行系统的监视与评估，主要是找出安全缺陷点的存在，以图改进。

综上所述，安全核查工作在道路设计建设与运营的各阶段都应当进行，其基本作用是提高道路安全性能，降低事故损失，使道路整体的建设与运营成本下降，获得较高的经济效益与社会效益。

第四节　驾驶人的管理

随着我国社会经济的迅速发展及人民生活水平的不断提高，汽车作为现代化交通工具越来越普及，导致了我国的机动车驾驶人的数量迅速增长。由于驾驶人队伍不断壮大，由此带来的行车违章、交通肇事现象也层出不穷。道路交通事故频发已成为"社会顽疾"。2016 年，全国机动车驾驶人交通肇事 194177 起，造成 59032 人死亡，分别占总数的 91.2% 和 93.5%。因此，必须依靠全社会力量，加强驾驶人的管理工作，严格驾驶人准入机制，完善驾驶人管理制度；根据驾驶职业特点和驾驶人心理特点，加强培训，提高驾驶人的整体素质。

一、驾驶人的基本条件

驾驶机动车，应当依法取得机动车驾驶证。我国《道路交通安全法》规定：申请机动车驾驶证，应当符合国务院公安部门规定的驾驶许可条件；经考试合格后，由公安机关交通管理部门发给相应类别的机动车驾驶证。

根据《机动车驾驶证申领和使用规定》规定：申请机动车驾驶证的人，应当符合下列规定。

1. 年龄条件

（1）申请小型汽车、小型自动档汽车、残疾人专用小型自动档载客汽车、轻便摩托车准驾车型的，在 18 周岁以上，70 周岁以下。

（2）申请低速载货汽车、三轮汽车、普通三轮摩托车、普通二轮摩托车或者轮式自行机械车准驾车型的，在 18 周岁以上，60 周岁以下。

（3）申请城市公交车、大型货车、无轨电车或者有轨电车准驾车型的，在 20 周岁以上，50 周岁以下。

（4）申请中型客车准驾车型的，在21周岁以上，50周岁以下。

（5）申请牵引车准驾车型的，在24周岁以上，50周岁以下。

（6）申请大型客车准驾车型的，在26周岁以上，50周岁以下。

（7）接受全日制驾驶职业教育的学生，申请大型客车、牵引车准驾车型的，在20周岁以上，50周岁以下。

2. 身体条件

（1）身高：申请大型客车、牵引车、城市公交车、大型货车、无轨电车准驾车型的，身高为155cm以上。申请中型客车准驾车型的，身高为150cm以上。

（2）视力：申请大型客车、牵引车、城市公交车、中型客车、大型货车、无轨电车或者有轨电车准驾车型的，两眼裸视力或者矫正视力达到对数视力表5.0以上。申请其他准驾车型的，两眼裸视力或者矫正视力达到对数视力表4.9以上。单眼视力障碍，优眼裸视力或者矫正视力达到对数视力表5.0以上，且水平视野达到150°的，可以申请小型汽车、小型自动档汽车、低速载货汽车、三轮汽车、残疾人专用小型自动档载客汽车准驾车型的机动车驾驶证。

（3）辨色力：无红绿色盲。

（4）听力：两耳分别距音叉50cm能辨别声源方向。有听力障碍但佩戴助听设备能够达到以上条件的，可以申请小型汽车、小型自动档汽车准驾车型的机动车驾驶证。

（5）上肢：双手拇指健全，每只手其他手指必须有三指健全，肢体和手指运动功能正常。但手指末节残缺或者左手有三指健全，且双手手掌完整的，可以申请小型汽车、小型自动档汽车、低速载货汽车、三轮汽车准驾车型的机动车驾驶证。

（6）下肢：双下肢健全且运动功能正常，不等长度不得大于5cm。但左下肢缺失或者丧失运动功能的，可以申请小型自动档汽车准驾车型的机动车驾驶证。

（7）躯干、颈部：无运动功能障碍。

（8）右下肢、双下肢缺失或者丧失运动功能但能够自主坐立，且上肢符合本项第5目规定的，可以申请残疾人专用小型自动档载客汽车准驾车型的机动车驾驶证。一只手掌缺失，另一只手拇指健全，其他手指有两指健全，上肢和手指运动功能正常，且下肢符合本项第6目规定的，可以申请残疾人专用小型自动档载客汽车准驾车型的机动车驾驶证。

3. 不得申请机动车驾驶证的情况

有下列情形之一的，不得申请机动车驾驶证：

（1）有器质性心脏病、癫痫病、美尼尔氏症、眩晕症、癔症、震颤麻痹、精神病、痴呆及影响肢体活动的神经系统疾病等妨碍安全驾驶疾病的。

（2）三年内有吸食、注射毒品行为或者解除强制隔离戒毒措施未满三年，或者长期服用依赖性精神药品成瘾尚未戒除的。

（3）造成交通事故后逃逸构成犯罪的。

（4）饮酒后或者醉酒驾驶机动车发生重大交通事故构成犯罪的。

（5）醉酒驾驶机动车或者饮酒后驾驶营运机动车依法被吊销机动车驾驶证未满五年的。

（6）醉酒驾驶营运机动车依法被吊销机动车驾驶证未满十年的。

（7）因其他情形依法被吊销机动车驾驶证未满二年的。

（8）驾驶许可依法被撤销未满三年的。

（9）法律、行政法规规定的其他情形。

二、驾驶人的培训管理

2006 年，交通部发布了《机动车驾驶员培训管理规定》（交通部令 2006 年第 2 号），并于 2016 年 4 月 21 日进行了修正，使我国机动车驾驶员的培训工作进一步走向规范化、制度化。《机动车驾驶员培训管理规定》（以下简称《规定》）发布的目的是为了规范机动车驾驶人培训经营活动，维护机动车驾驶员培训市场秩序，保护各方当事人的合法权益。《规定》明确指出，机动车驾驶员培训实行社会化，从事机动车驾驶人培训业务应当依法经营，诚实信用，公平竞争。同时，为切实保障培训质量，提高驾驶者的安全驾驶素质，《规定》对从事机动车驾驶培训业务的经营许可、教练员管理、经营管理及各级道路运输管理机构的监督检查都做了详细的规定，从源头上保证驾驶员队伍的整体素质，从而有效控制交通事故的发生，切实保障人民生命财产安全。

（一）机动车驾驶员培训业务的概念

机动车驾驶员培训业务是指以培训学员的机动车驾驶能力或者以培训道路运输驾驶人员的从业能力为教学任务，为社会公众有偿提供驾驶培训服务的活动。其包括对初学机动车驾驶人员、增加准驾车型的驾驶人员和道路运输驾驶人员所进行的驾驶培训、继续教育及机动车驾驶员培训教练场经营等业务。

（二）经营许可分类

机动车驾驶员培训依据经营项目、培训能力和培训内容实行分类许可。

1. 按经营项目分类

机动车驾驶员培训业务根据经营项目分为普通机动车驾驶员培训、道路运输驾驶员从业资格培训、机动车驾驶员培训教练场经营三类。

2. 按培训能力分类

普通机动车驾驶员培训根据培训能力分为一级普通机动车驾驶员培训、二级普通机动车驾驶员培训和三级普通机动车驾驶员培训三类。

获得一级普通机动车驾驶员培训许可的，可以从事三种（含三种）以上相应车型的普通机动车驾驶员培训业务；获得二级普通机动车驾驶员培训许可的，可以从事两种相应车型的普通机动车驾驶员培训业务；获得三级普通机动车驾驶员培训许可的，只能从事一种相应车型的普通机动车驾驶员培训业务。

3. 按培训内容分类

道路运输驾驶员从业资格培训根据培训内容分为道路客货运输驾驶员从业资格培训和危险货物运输驾驶员从业资格培训两类。

获得道路客货运输驾驶员从业资格培训许可的，可以从事经营性道路旅客运输驾驶员、经营性道路货物运输驾驶员的从业资格培训业务；获得危险货物运输驾驶员从业资格培训许可的，可以从事道路危险货物运输驾驶员的从业资格培训业务。获得道路运输驾驶员从业资格培训许可的，还可以从事相应车型的普通机动车驾驶员培训业务。

（三）经营条件

1. 从事普通机动车驾驶员培训业务

申请从事普通机动车驾驶员培训业务的，应当取得企业法人资格，并符合下列条件：

（1）有健全的培训机构。包括教学、教练员、学员、质量、安全、结业考试和设施设备管理等组织机构，并明确负责人、管理人员、教练员和其他人员的岗位职责。

（2）有健全的管理制度。包括安全管理制度、教练员管理制度、学员管理制度、培训质量管理制度、结业考试制度、教学车辆管理制度、教学设施设备管理制度、教练场地管理制度、档案管理制度等。

(3) 有与培训业务相适应的教学人员

1) 有与培训业务相适应的理论教练员。理论教练员应当持有机动车驾驶证,具有汽车及相关专业中专以上学历或者汽车及相关专业中级以上技术职称,具有两年以上安全驾驶经历,熟练掌握道路交通安全法规、驾驶理论、机动车构造、交通安全心理学、常用伤员急救等安全驾驶知识,了解车辆环保和节约能源的有关知识,了解教育学、教育心理学的基本教学知识,具备编写教案、规范讲解的授课能力。

2) 有与培训业务相适应的驾驶操作教练员。驾驶操作教练员应当持有相应的机动车驾驶证,年龄不超过60周岁,符合一定的安全驾驶经历和相应车型驾驶经历,熟练掌握道路交通安全法规、驾驶理论、机动车构造、交通安全心理学和应急驾驶的基本知识,熟悉车辆维护和常见故障诊断、车辆环保和节约能源的有关知识,具备驾驶要领讲解、驾驶动作示范、指导驾驶的教学能力。

所配备的理论教练员数量要求及每种车型所配备的相应驾驶操作教练员。数量要求应当按照《机动车驾驶员培训机构资格条件》(GB/T 30340—2013)相关条款的规定执行。

(4) 有与培训业务相适应的管理人员。管理人员包括理论教学负责人、驾驶操作训练负责人、教学车辆管理人员、结业考核人员和计算机管理人员。

(5) 有必要的教学车辆。所配备的教学车辆应当符合国家有关技术标准要求,并装有副后视镜、副制动踏板、灭火器及其他安全防护装置。从事一级普通机动车驾驶员培训的,所配备的教学车辆不少于80辆;从事二级普通机动车驾驶员培训的,所配备的教学车辆不少于40辆;从事三级普通机动车驾驶员培训的,所配备的教学车辆不少于20辆。

(6) 有必要的教学设施、设备和场地。

2. 从事道路运输驾驶员从业资格培训业务

申请从事道路运输驾驶员从业资格培训业务的,应当取得企业法人资格,并具备下列条件:

(1) 具备相应车型的普通机动车驾驶员培训资格

1) 从事道路客货运输驾驶员从业资格培训业务的,应当同时具备大型客车、城市公交车、中型客车、小型汽车(含小型自动挡汽车)四种车型中至少一种车型的普通机动车驾驶员培训资格和通用货车半挂车(牵引车)、大型货车两种车型中至少一种车型的普通机动车驾驶员培训资格。

2) 从事危险货物运输驾驶员从业资格培训业务的,应当具备通用货车半挂车(牵引车)、大型货车两种车型中至少一种车型的普通机动车驾驶员培训资格。

(2) 有与培训业务相适应的教学人员

1) 从事道路客货运输驾驶员从业资格培训业务的,应当配备2名以上教练员。教练员应当具有汽车及相关专业大专以上学历或者汽车及相关专业高级以上技术职称,熟悉道路旅客运输法规、货物运输法规及机动车维修、货物装卸保管和旅客急救等相关知识,具备相应的授课能力,具有2年以上从事普通机动车驾驶员培训的教学经历,且近2年无不良的教学记录。

2) 从事危险货物运输驾驶员从业资格培训业务的,应当配备2名以上教练员。教练员应当具有化工及相关专业大专以上学历或者化工及相关专业高级以上技术职称,熟悉危险货物运输法规、危险化学品特性、包装容器使用方法、职业安全防护和应急救援等知识,具备相应的授课能力,具有2年以上化工及相关专业的教学经历,且近2年无不良的教学记录。

(3) 有必要的教学设施、设备和场地

1) 从事道路客货运输驾驶员从业资格培训业务的,应当配备相应的机动车构造、机动车维护、常见故障诊断和排除、货物装卸保管、医学救护、消防器材等教学设施、设备和专用场地。

2) 从事危险货物运输驾驶员从业资格培训业务的,还应当同时配备常见危险化学品样本、包装容器、教学挂图、危险化学品实验室等设施、设备和专用场地。

3. 从事机动车驾驶员培训教练场经营业务

申请从事机动车驾驶员培训教练场经营业务的，应当取得企业法人资格，并具备下列条件：

（1）有与经营业务相适应的教练场地。

（2）有与经营业务相适应的场地设施、设备，办公、教学、生活设施及维护服务设施。

（3）具备相应的安全条件。包括场地封闭设施、训练区隔离设施、安全通道及消防设施、设备等。

（4）有相应的管理人员。包括教练场安全负责人、档案管理人员及场地设施、设备管理人员。

（5）有健全的安全管理制度。包括安全检查制度、安全责任制度、教学车辆安全管理制度及突发事件应急预案等。

（四）经营管理

机动车驾驶员培训机构应当按照经批准的行政许可事项开展培训业务，并应当在注册地开展培训业务，不得采取异地培训、恶意压价、欺骗学员等不正当手段开展经营活动，不得允许社会车辆以其名义开展机动车驾驶员培训经营活动。同时应当将机动车驾驶员培训许可证件悬挂在经营场所的醒目位置，公示其经营类别、培训范围、收费项目、收费标准、教练员、教学场地等情况。

机动车驾驶员培训实行学时制，按照学时合理收取费用。培训机构应当将学时收费标准报所在地道路运输管理机构备案。对每个学员理论培训时间每天不得超过6个学时，实际操作培训时间每天不得超过4个学时。同时应当建立学时预约制度，并向社会公布联系电话和预约方式。

三、驾驶证申领和使用管理

驾驶证是驾驶人获得驾车上路资格的一个证明。无证驾驶或通过非正常渠道获得驾驶证对道路交通系统都是一个巨大的危害。因此，应当要严格驾驶证的申领条件，严格控制考试、发证、审验等各环节，通过对驾驶证的管理来规范驾驶人的驾驶行为。《机动车驾驶证申领和使用规定》是由公安部出台的关于指导机动车驾驶证申领和使用的权威行政法令，对驾驶证的申领，换证、补证和注销，记分和审验做了详细的规定，对于指导全国驾驶证的管理工作，规范和约束驾驶人的驾驶行为，提高驾驶人的安全驾驶素质有着十分深远的意义。

《机动车驾驶证申领和使用规定》由公安机关交通管理部门负责实施。直辖市公安机关交通管理部门车辆管理所、设区的市或者相当于同级的公安机关交通管理部门车辆管理所负责办理本行政辖区内机动车驾驶证业务。县级公安机关交通管理部门办理机动车驾驶证业务的范围由省级公安机关交通管理部门确定。

（一）驾驶证件信息

机动车驾驶证记载和签注以下内容：

（1）机动车驾驶人信息：姓名、性别、出生日期、国籍、住址、身份证明号码（机动车驾驶证号码）、照片。

（2）车辆管理所签注内容：初次领证日期、准驾车型代号、有效期限、核发机关印章、档案编号。

机动车驾驶人准予驾驶的车型顺序依次分为：大型客车、牵引车、城市公交车、中型客车、大型货车、小型汽车、小型自动档汽车、低速载货汽车、三轮汽车、残疾人专用小型自动档载客汽车、普通三轮摩托车、普通二轮摩托车、轻便摩托车、轮式自行机械车、无轨电车和有轨电车。

驾驶证有效期分为六年、十年和长期。

（二）考试管理

车辆管理所对符合机动车驾驶证申请条件的，应当受理，并在申请人预约考试后三十日内安排考试。

1. 考试科目

机动车驾驶人考试科目分为道路交通安全法律、法规和相关知识考试科目（以下简称"科目一"）、场地驾驶技能考试科目（以下简称"科目二"）、道路驾驶技能和安全文明驾驶常识考试科目（以下简称"科目三"）。

2. 考试内容

（1）科目一的考试内容。包括道路通行、交通信号、交通安全违法行为和交通事故处理、机动车驾驶证申领和使用、机动车登记等规定及其他道路交通安全法律、法规和规章。

（2）科目二的考试内容。包括：①大型客车、牵引车、城市公交车、中型客车、大型货车考试桩考、坡道定点停车和起步、侧方停车、通过单边桥、曲线行驶、直角转弯、通过限宽门、通过连续障碍、起伏路行驶、窄路掉头，以及模拟高速公路、连续急弯山区路、隧道、雨（雾）天、湿滑路、紧急情况处置；②小型汽车、小型自动档汽车、残疾人专用小型自动档载客汽车和低速载货汽车考试倒车入库、坡道定点停车和起步、侧方停车、曲线行驶、直角转弯；③三轮汽车、普通三轮摩托车、普通二轮摩托车和轻便摩托车考试桩考、坡道定点停车和起步、通过单边桥；④轮式自行机械车、无轨电车、有轨电车的考试内容由省级公安机关交通管理部门确定。对第一款第一项、第二项规定的准驾车型，省级公安机关交通管理部门可以根据实际增加考试内容。

（3）科目三的考试内容。道路驾驶技能考试内容包括：大型客车、牵引车、城市公交车、中型客车、大型货车、小型汽车、小型自动档汽车、低速载货汽车和残疾人专用小型自动档载客汽车考试上车准备、起步、直线行驶、加减档位操作、变更车道、靠边停车、直行通过路口、路口左转弯、路口右转弯、通过人行横道线、通过学校区域、通过公共汽车站、会车、超车、掉头、夜间行驶；其他准驾车型的考试内容，由省级公安机关交通管理部门确定。

大型客车、中型客车考试里程不少于20km，其中白天考试里程不少于10km，夜间考试里程不少于5km。牵引车、城市公交车、大型货车考试里程不少于10km，其中白天考试里程不少于5km，夜间考试里程不少于3km。小型汽车、小型自动档汽车、低速载货汽车、残疾人专用小型自动档载客汽车考试里程不少于3km，在白天考试时，应当进行模拟夜间灯光考试。

对大型客车、牵引车、城市公交车、中型客车、大型货车，省级公安机关交通管理部门应当根据实际增加山区、隧道、陡坡等复杂道路驾驶考试内容。对其他汽车准驾车型，省级公安机关交通管理部门可以根据实际增加考试内容。

安全文明驾驶常识考试内容包括：安全文明驾驶操作要求、恶劣气象和复杂道路条件下的安全驾驶知识、爆胎等紧急情况下的临危处置方法及发生交通事故后的处置知识等。

3. 合格标准

（1）科目一考试满分为100分，成绩达到90分的为合格。

（2）科目二考试满分为100分，考试大型客车、牵引车、城市公交车、中型客车、大型货车准驾车型的，成绩达到90分的为合格，其他准驾车型的成绩达到80分的为合格。

（3）科目三道路驾驶技能和安全文明驾驶常识考试满分分别为100分，成绩分别达到90分的为合格。

（三）机动车驾驶人管理

1. 记分

道路交通安全违法行为累积记分周期（即记分周期）为12个月，满分为12分，从机动车驾驶证初次领取之日起计算。依据道路交通安全违法行为的严重程度，一次记分的分值有12分、6分、3分、2分、1分五种。对机动车驾驶人的道路交通安全违法行为，处罚与记分同时执行。如果机动车驾驶人一次有两个以上违法行为记分的，应当分别计算，累加分值。

机动车驾驶人在一个记分周期内累积记分达到12分的，公安机关交通管理部门应当扣留其机动车驾驶证。机动车驾驶人应当在十五日内到机动车驾驶证核发地或者违法行为地公安机关交通管理部门接受为期七日的道路交通安全法律、法规和相关知识的教育。机动车驾驶人接受教育后，车辆管理所应当在二十日内对其进行道路交通安全法律、法规和相关知识考试。如果在一个记分周期内两次以上达到12分或者累计记分达到24分以上的，车辆管理所还应当在道路交通安全法律、法规和相关知识考试合格后十日内对其进行道路驾驶技能考试。

机动车驾驶人在一个记分周期内记分未达到12分，所处罚款已经缴纳的，记分予以清除；记分虽未达到12分，但尚有罚款未缴纳的，记分转入下一记分周期。

2．审验

机动车驾驶人应当按照法律、行政法规的规定，定期到公安机关交通管理部门接受审验。

机动车驾驶证审验内容包括：

（1）道路交通安全违法行为、交通事故处理情况。

（2）身体条件情况。

（3）道路交通安全违法行为记分及记满12分后参加学习和考试情况。

持有大型客车、牵引车、城市公交车、中型客车、大型货车驾驶证一个记分周期内有记分的，以及持有其他准驾车型驾驶证发生交通事故造成人员死亡承担同等以上责任未被吊销机动车驾驶证的驾驶人，审验时应当参加不少于3h的道路交通安全法律法规、交通安全文明驾驶、应急处置等知识学习，并接受交通事故案例警示教育。

对交通违法行为或者交通事故未处理完毕的，身体条件不符合驾驶许可条件的，未按照规定参加学习、教育和考试的，不予通过审验。

年龄在70周岁以上的机动车驾驶人，应当每年进行一次身体检查，在记分周期结束后三十日内，提交县级或者部队团级以上医疗机构出具的有关身体条件的证明。

持有残疾人专用小型自动档载客汽车驾驶证的机动车驾驶人，应当每三年进行一次身体检查，在记分周期结束后三十日内，提交经省级卫生主管部门指定的专门医疗机构出具的有关身体条件的证明。

机动车驾驶人因服兵役、出国（境）等原因，无法在规定时间内办理驾驶证期满换证、审验、提交身体条件证明的，可以向机动车驾驶证核发地车辆管理所申请延期办理。申请时应当填写申请表，并提交机动车驾驶人的身份证明、机动车驾驶证和延期事由证明。延期期限最长不超过三年。延期期间机动车驾驶人不得驾驶机动车。

第五节　车辆安全管理

车辆管理与交通事故的关系十分密切，近年来，各种性能不良的"带病"车、超期服役的"报废"车辆频频上路肇事，给道路交通带来了极大的隐患。

车辆管理是指公安交通管理机关根据有关法规、技术标准，采取必要的技术手段，对正在使用的车辆进行登记、检验、发牌发证及对车辆制造、保修、检验等单位进行监督的一项专门工作。其主要目的是延长车辆的使用寿命，充分发挥运输效能，确保车辆良好的技术性能，尽可能地减少交通事故，保证道路交通安全。

一、机动车的登记

机动车登记是指公安车辆管理机关依法对我国民用机动车辆的车主、住址、电话、单位代码、居民身份证、车辆类型、厂牌型号及车辆技术参数和车辆变更、转移、抵押、注销等情况所实行的记录手续。

我国《道路交通安全法》第八条规定：国家对机动车实行登记制度。机动车经公安机关交通管理部门登记后，方可上道路行驶。尚未登记的机动车，需要临时上道路行驶的，应当取得临时通行牌证。

（一）机动车登记的作用
(1) 机动车登记有利于车辆管理机关掌握车辆的技术状况、变动情况。
(2) 机动车登记有利于车辆管理机关掌握车辆的静态分布，车辆丢失便于查找车主。
(3) 机动车登记有利于公民动产权利实行登记公示。

（二）登记的种类
机动车的登记分为：注册登记、变更登记、转移登记、抵押登记和注销登记。

1. 注册登记

初次申领号牌、行驶证的，应当依法在车辆管理部门进行登记，称为注册登记。

在申请注册登记前，除国家机动车产品主管部门认定免予检验的车型外，应当到机动车安全技术检验机构对机动车进行安全技术检验，取得安全技术检验合格证明。申请注册登记时，应当填写"机动车注册登记/转入申请表"，提交法定证明、凭证，并交验机动车。提交的证明、凭证如下：

(1) 机动车所有人的身份证明。
(2) 购车发票等机动车来历证明。
(3) 机动车整车出厂合格证明或者进口机动车进口凭证。
(4) 车辆购置税完税证明或者免税凭证。
(5) 机动车交通事故责任强制保险凭证。
(6) 车船税纳税或者免税证明。
(7) 法律、行政法规规定应当在机动车注册登记时提交的其他证明、凭证。

车辆管理所应当自受理申请之日起二日内，核对车辆识别代号（车架号码）的拓印膜，对提交的证明、凭证进行审查，核发机动车登记证书、号牌、行驶证和检验合格标志。

2. 变更登记

变更登记主要包括下列情况：
(1) 改变机动车车身颜色的。
(2) 更换发动机的。
(3) 更换车身或者车架的。
(4) 因质量问题更换整车的。
(5) 营运机动车改为非营运机动车或者非营运机动车改为营运机动车的。
(6) 机动车所有人的住所迁出或者迁入车辆管理所管辖区域的。

申请机动车变更登记，应当提交的证明、凭证包括：①机动车所有人的身份证明；②机动车登记证书；③机动车行驶证；④属于更换发动机、车身或者车架的，还应当提交机动车安全技术检验合格证明；⑤属于因质量问题更换整车的，还应当提交机动车安全技术检验合格证明，但经海关进口的机动车和国务院机动车产品主管部门认定免予安全技术检验的机动车除外。

3. 转移登记

已注册登记的机动车所有权发生转移的,应当及时办理转移登记。申请转移登记的,现机动车所有人应当于机动车交付之日起三十日内,填写《机动车转移登记申请表》,提交法定证明、凭证,并交验机动车,超过检验有效期的机动车应当进行安全技术检验。

申请机动车转移登记应当提交的证明、凭证包括:①现机动车所有人的身份证明;②机动车所有权转移的证明、凭证;③机动车登记证书;④机动车行驶证;⑤属于海关监管的机动车,还应当提交"中华人民共和国海关监管车辆解除监管证明书"或者海关批准的转让证明;⑥属于超过检验有效期的机动车,还应当提交机动车安全技术检验合格证明和交通事故责任强制保险凭证。

现机动车所有人住所在车辆管理所管辖区域内的,车辆管理所应当自受理申请之日起一日内,确认机动车,核对车辆识别代号拓印膜,审查提交的证明、凭证,收回号牌、行驶证,确定新的机动车号牌号码,在机动车登记证书上签注转移事项,重新核发号牌、行驶证和检验合格标志。

4. 抵押登记

机动车抵押登记是指抵押人(机动车所有人)将已注册登记的机动车作为抵押物,凭借与抵押权人签订的有效合同,与抵押权人一起向机动车管辖地交警部门车辆管理所申请登记的行为。

根据《道路交通安全法实施条例》第八条规定,机动车所有人将机动车作为抵押物抵押的,机动车所有人应当向登记该机动车的公安机关交通管理部门申请抵押登记。

申请抵押登记的,机动车所有人应当填写申请表,由机动车所有人和抵押权人共同申请,并提交下列证明、凭证:①机动车所有人和抵押权人的身份证明;②机动车登记证书;③机动车所有人和抵押权人依法订立的主合同和抵押合同。

车辆管理所应当自受理之日起一日内,审查提交的证明、凭证,在机动车登记证书上签注抵押登记的内容和日期。

5. 注销登记

注销登记是指已注册登记的机动车因达到国家规定的强制报废标准或灭失等原因而无法继续行驶时,机动车所有人应当向公安机关交通管理部门申请办理登记的行为。

已达到国家强制报废标准的机动车,机动车所有人向机动车回收企业交售机动车时,应当填写申请表,提交机动车登记证书、号牌和行驶证。机动车回收企业应当在机动车解体后七日内将申请表、机动车登记证书、号牌、行驶证和"报废机动车回收证明"副本交回车辆管理所。车辆管理所应当自受理之日起一日内办理注销登记,在计算机登记系统内登记注销信息。

(三)登记条件

公安机关交通管理部门应当自受理申请之日后规定时间内完成机动车登记审查工作,对符合规定条件的,应当发放机动车登记证书、号牌和行驶证;对不符合相关规定条件的,应不予登记,并向申请人说明理由。

(1)有下列情形之一的,不予办理注册登记:①机动车所有人提交的证明、凭证无效的;②机动车来历凭证涂改的,或者机动车来历凭证记载的机动车所有人与身份证明不符的;③机动车所有人提交的证明、凭证与机动车不符的;④机动车未经国家机动车产品主管部门许可生产、销售或者未经国家进口机动车主管部门许可进口的;⑤机动车的有关技术数据与国家机动车产品主管部门公告的数据不符的;⑥机动车的型号、发动机号码、车辆识别代号或者有关技术数据不符合国家安全技术标准的;⑦机动车达到国家规定的强制报废标准的;⑧机动车被人民法院、人民检察院、行政执法部门依法查封、扣押的；⑨机动车属于被盗抢的；⑩其他不符合法律、行政法规规定的情形。

（2）有下列情形之一的，不予办理变更登记：①改变机动车的品牌、型号和发动机型号的，但经国务院机动车产品主管部门许可选装的发动机除外；②改变已登记的机动车外形和有关技术数据的，但法律、法规和国家强制性标准另有规定的除外；③其他不符合法律、行政法规规定的情形。

（3）有下列情形之一的，不予办理转移登记：①机动车与该车档案记载内容不一致的；②属于海关监管的机动车，海关未解除监管或者批准转让的；③机动车在抵押登记、质押备案期间的。

二、机动车的检验

机动车安全技术检验，是指根据《道路交通安全法》及其实施条例规定，按照国家机动车安全技术标准和规程等技术规范要求，对上路行驶的机动车进行检验检测。经检验合格的，由公安机关交通管理部门发给检验合格标志。未取得检验合格标志的车辆，不准上道路行驶。

（一）机动车安全检验的依据

1. 法律依据

根据《道路交通安全法》第八条和第十条，国家对机动车实行登记制度。机动车经公安机关交通管理部门登记后，方可上道路行驶。准予登记的机动车应当符合机动车国家安全技术标准。申请机动车登记时，应当接受对该机动车的安全技术检验。实行机动车登记制度，实际上是国家对社会机动车上路行驶实行条件许可制度，许可的条件就是机动车必须符合安全技术标准。机动车安全技术检验是一种考核手段，因此，它是机动车登记中一项必不可少的工作。

《道路交通安全法》第十三条规定：对登记后上道路行驶的机动车，应当依照法律、行政法规的规定，根据车辆用途、载客载货数量、使用年限等不同情况，定期进行安全技术检验。

2. 检验项目和标准的依据

国家标准《机动车运行安全技术条件》(GB 7258—2017)是我国机动车安全技术管理的最基本的技术性标准，是公安机关交通管理部门新车注册登记检验和在用车定期安全技术检验、事故车辆检验等机动车安全性能检验的主要技术依据，同时也是我国机动车新车定型强制性检验、车辆产品公告审核、新车出厂检验及进口机动车检验的重要技术依据之一。机动车制造厂要按照该标准的要求生产机动车产品；机动车所有人和使用者必须按照该标准的要求正确使用车辆，自觉对车辆进行保养维护作业，确保机动车安全技术状态的良好。

国务院公安部门会同国务院质量技术监督部门共同起草制定的我国公共安全行业标准《机动车安全技术检验项目和方法》(GB 21861—2014)对机动车安全技术检验的内容、方法、流程、检验结果的审核及其他相关标准都做了详细的规定。机动车安全技术检验机构必须按照该标准的要求对机动车进行安全技术检测。

由原国家质量监督检验检疫总局发布的《机动车安全技术检验机构管理规定》对安全检测机构设置规划和资格管理及安全检测机构行为规范做了详细的规定。安检机构应当依法申请检验资格，并只能在许可的检验资格范围内，依法接受委托，严格按照检验标准和规程等技术规范开展机动车安全技术检验。

（二）机动车安全检验的目的

通过对申请登记的机动车进行安全技术检验，可以判定机动车是否符合机动车国家安全技术标准，以便确定是否给予机动车登记、核发牌证，从管理的源头上确保机动车安全技术性能的良好。

通过对在用机动车的安全技术检验，可以督促机动车所有人及时保养维护车辆，确保机动车经常处于良好的安全技术状况，减少因车辆性能原因造成的交通事故。同时，通过检验还可以判定机动车是否达到强制报废条件，以便及时实施报废。

通过对肇事机动车进行安全技术检验，可以帮助交通事故处理人员查找事故原因，为确定事故赔偿责任提供证据。

通过对机动车的定期检测，可以掌握车辆使用情况，预防和打击利用车辆进行危害社会的犯罪活动。

公安交通管理部门将机动车检验中发现的普遍问题向机动车生产厂家和维修部门提供情况反馈，为厂家改进机动车产品质量及提高机动车维修行业的维修质量，提供技术参考。

（三）机动车安全技术检验的种类

根据机动车的不同状况和公安交通管理工作的实际需要，机动车安全技术检验分为不同的种类。

1. 初次检验

机动车注册登记前的注册登记检验称为初次检验。其目的是检验机动车生产厂家和产品型号的合法性；机动车是否符合国家安全技术标准；法律规定要提交的机动车各种凭证、证明是否完备及确认机动车的唯一性和合法性等情况，以确定机动车是否给予办理注册登记。检验合格的，公安机关交通管理部门应当发给检验合格标志。

初次检验须按照"机动车检验的主要内容"中规定的全部项目和要求进行。必要时，还要对车辆的尺寸参数进行测量。对于实施新车免检的国产车型，按规定在新车出厂两年内（含）免于安全技术性能检测。但出厂满两年（以"出厂车辆检测单"注明的日期为准）未办理新车注册登记的，或在新车注册登记前因事故损坏的，仍应进行安全技术性能检测。

2. 定期检验

定期检验是对已经领取正式号牌和行驶证上路行驶的车辆，定期按照《机动车运行安全技术条件》（GB 7258—2017）进行的检验。定期检验通常每年进行一次，所以又称年度检验。定期检验的目的在于检查机动车的主要技术状况，督促加强机动车的维修保养，使机动车经常处于完好状态，确保机动车行驶安全。

《道路交通安全法实施条例》规定：机动车应当从注册登记之日起，按照下列期限进行安全技术检验：

（1）营运载客汽车5年以内每年检验1次；超过5年的，每6个月检验1次。

（2）载货汽车和大型、中型非营运载客汽车10年以内每年检验1次；超过10年的，每6个月检验1次。

（3）小型、微型非营运载客汽车6年以内每2年检验1次；超过6年的，每年检验1次；超过15年的，每6个月检验1次。

（4）摩托车4年以内每2年检验1次；超过4年的，每年检验1次。

（5）拖拉机和其他机动车每年检验1次。

营运机动车在规定检验期限内经安全技术检验合格的，不再重复进行安全技术检验。

已注册登记的机动车进行安全技术检验时，机动车行驶证记载的登记内容与该机动车的有关情况不符，或者未按照规定提供机动车第三者责任强制保险凭证的，不予通过检验。

机动车定期检验的主要内容包括：

（1）检查机动车发动机、底盘、车身及附属设备是否齐全有效，主要总成是否更换，与初次检验的记录是否相同。
（2）检查制动性、转向操作性、灯光、排放等是否符合国家标准要求。
（3）机动车经过改装、改型是否办理了审验和异动登记手续。
（4）检查号牌与行驶证有无损坏、涂改，字迹是否清楚等情况。
（5）转籍、过户是否办理了规定的手续，在册机动车与实有机动车是否一致等。

办理机动车定期检验的车辆所有人应当遵守以下规定：
（1）车主在接到车辆管理机关定期检验通知后，应按照规定的时间、地点和要求参加审验。
（2）对于检验合格的车辆分别在行驶证和"机动车定期检验表"加盖印章。
（3）定期检验不合格的车辆，应在规定期限内修复，逾期仍不合格的，不能通过检验，并不准该机动车在道路上行驶也不允许转籍。
（4）因故不能参加定期审验的车辆，应事先向车辆管理机关申请延期，驻外地机动车可委托所在地车管机关代验，检验后将结果通知原籍车管机关，无故不参加定期检验的车辆，不准在道路上行驶。

3. 临时检验

临时检验是指在定期检验周期内，对参与特定运输用途车辆的不定期检验，以及对未在车辆管理机关注册登记需短期上路行驶车辆的检验。

临时检验的范围包括未经注册登记，但需驶往住址所在地的机动车；已持有国外、港、澳、台号牌，并经我国政府批准，需临时入境的机动车；要参与重大社会活动，参与具有非常危险性运输，参与春节旅客运输等活动的车辆。

临时检验的内容主要是核对车型、发动机台扇编号、整车编号及对车辆安全性能进行检验。

4. 特殊检验

特殊检验是根据特定目的和特殊需要，或者配合司法部门对机动车进行的检验。

特殊检验的范围包括改装车的检验；肇事车辆的检验；外事车辆的检验。

检验内容是对改装项目、改装后整车结构的变化项目及使用性能进行重点检验；对肇事车的结构、技术性能和状况进行检验，必要时需解体车辆或恢复车辆肇事前的状态为分析肇事原因、事故责任认定提供证据；对有关从事外事活动的车辆进行安全性检验和车辆外观检验。

（四）检验的方式、工位、项目及常用设备和工具

机动车安全技术检验是一项专业技术性很强的工作，《机动车安全技术检验项目和方法》（GB 21861—2014）对检验的方式、工位、项目及常用设备和工具做了具体规定。机动车安全技术检验方法见表8-1。

表8-1 机动车安全技术检验方法

序号	检验项目		检验方法
1	车辆唯一性检查	号牌号码/车辆类型*	目视比对检查，目视难以清晰辨别时使用内窥镜等工具；有条件时，可使用能自动识别车辆识别代号、发动机号码的仪器设备
		车辆品牌/型号	
		车辆识别代号（或整车出厂编号）*	
		发动机号码（或电动机号码）	
		车辆颜色和外形*	
2	联网查询		利用联网信息系统查询车辆事故/违法信息

（续）

序号	检验项目		检验方法
3	车辆特征参数检查	外廓尺寸	用长度测量工具测量，重中型货车、专项作业车、挂车应使用自动测量装置
		轴距	用长度测量工具测量；有条件时，可使用自动测量装置
		整备质量	用地磅或轴（轮）重仪等装置称量
		核定载人数*	目视检查，目测座椅宽度、深度及驾驶室内部宽度等参数偏小时使用量具测量相关尺寸
		栏板高度	用钢尺等长度测量工具测量
		后轴钢板弹簧片数*	目视检查
		客车应急出口*	目视检查，目测应急出口尺寸偏小的，使用长度测量工具测量相关尺寸
		客车乘客通道和引道*	目视检查，目测通道、引道偏窄或高度不符合要求时，使用通道、引道测量装置检查
		货厢*	目视检查，目测货厢有超长、超宽、超高嫌疑时，使用长度测量工具测量相关尺寸
4	车辆外观检查	车身外观*	目视检查，对封闭式货厢的货车、挂车应打开车厢门检查，目测有疑问时，使用透光率计、钢尺、手锤、铁钩及照明器具等工具测量相关参数
		外观标识、标注和标牌*	目视检查，目测字高偏小时，使用长度测量工具测量相关尺寸
		外部照明和信号装置	目视检查并操作
		轮胎*	目视检查轮胎规格/型号，目测胎压不正常、轮胎胎冠花纹深度偏小时，使用轮胎气压表、花纹深度计等测量工具测量相关参数
		号牌及号牌安装*	目视检查，目测号牌安装位置、形式，有疑问时使用长度测量工具测量相关尺寸
		加装/改装灯具	目视检查
5	安全装置检查	汽车安全带*	目视检查并操作
		机动车用三角警告牌*	目视检查
		灭火器*	目视检查
		行驶记录装置*	目视检查，目测显示功能异常存疑时，使用专用检验仪器
		车身反光标识*	目视检查，目测逆反射系数偏小时，使用专用检验仪器
		车辆尾部标志板*	目视检查，目测逆反射系数偏小时，使用专用检验仪器
		侧后防护装置*	目视检查，目测防护装置单薄、安装不规范时，使用长度测量工具
		应急锤*	目视检查
		急救箱*	目视检查
		限速功能或限速装置	审查机动车产品公告、机动车出厂合格证、产品使用说明书等技术凭证资料

(续)

序号	检验项目		检验方法
5	安全装置检查	防抱死制动装置*	打开电源,观察"ABS"指示灯,对于半挂车检查相关装置
		辅助制动装置*	审查机动车产品公告等技术资料凭证并操作驾驶室(区)内操纵开关,有疑问时检查相关装置
		盘式制动器*	目视检查
		紧急切断装置*	目视检查
		发动机舱自动灭火装置*	目视检查
		手动机械断电开关*	目视检查,有疑问时操作开关,观察是否断电
		副制动踏板*	目视检查,有疑问时踩下踏板,判断踏板工作是否正常
		校车标志灯和校车停车指示标志牌*	目视检查
		危险货物运输车标志*	目视检查
		肢体残疾人操纵辅助装置*	目视检查
6	底盘动态检验	制动系	以不低于20km/h的速度正直行驶,双手轻扶方向盘,急踩制动踏板后迅速放松
		转向系	检验员操作车辆,起步并行驶20m以上,利用目视、耳听、操作感知等方式检查。对方向盘最大自由转动量和转向力有疑问时,使用方向盘转向力-转向角检测仪测量相关参数
		传动系	
		仪表和指示器	检验过程中,观察仪表和指示器
7	车辆底盘部件检查*	转向系部件	车辆停放在地沟上方的指定位置,使用专用手锤等工具检查,并由驾驶室操作人员配合;大中型客车、重中型货车、专项作业车、挂车检查时应使用底盘间隙仪
		传动系部件	
		行驶系部件	
		制动系部件	
		其他部件	
8	仪器设备检验	行车制动* 空载制动率	采用滚筒反力式制动检验台、平板制动检验台检验,不适宜用制动检验台检验的车辆用便携式制动性能测试仪等路试设备检验
		行车制动* 空载制动不平衡率	
		行车制动* 加载轴制动率	
		行车制动* 加载轴制动不平衡率	
		驻车制动	
		前照灯* 远光发光强度	采用前照灯检测仪检验
		前照灯* 远近光光束垂直偏移	
		车速表指示误差	采用车速表检验台检验
		转向轮横向侧滑量	采用侧滑检验台检验

所有检验项目应一次检验完毕,出现不合格项时应继续进行其他项目的检验,但无法继续进行检验的项目除外。
仪器设备检验时,除检验员外可再乘坐一名送检人员或随车人员。
半挂牵引车可与半挂车组合成铰接列车后同时实施检验,也可单独检验。
机动车安全技术检验时,带"*"的项目应采用检验智能终端(PDA)等设备拍摄检验照片(或视频),其数量、内容和清晰度应能满足检验监管的要求。

（五）机动车安全检验流程

以往的机动车检验往往忽视了车辆的外观检验，对改型改装、乱喷漆、加装栏板等问题把关不严，而《机动车安全技术检验项目和方法》(GB 21861—2014) 的公布实施，使机动车检验项目增加，检验更为规范，要求更为严格，目的是从源头上杜绝带病车辆、不合格车辆的上路行驶。

机动车安全技术检验流程如图 8-3 所示。

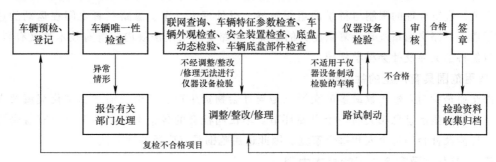

图 8-3　机动车安全技术检验流程图

第六节　道路交通安全法规

一、道路交通安全法规的性质和作用

（一）基本概念

道路交通安全法规是指在道路交通过程中产生的与人的安全与健康及生产资料和社会财富安全保障有关的各种社会关系的法律规范的总和。道路交通安全法规是国家法律体系中的重要组成部分。我们通常说的道路交通安全法规是对有关道路交通安全的法律、行政法规规章、规程、标准的总称。例如，全国人民代表大会及其常务委员会和国务院及有关部委、地方政府颁发的有关道路交通安全、驾驶人管理、机动车安全运行技术等方面的法律、行政法规、规程、决定、条例、规定、规则及标准等，都属于道路交通安全法规范畴。

道路交通安全法规，同其他法规、法令一样，是人类社会进步和发展的产物，是人们长期在行车、走路、车辆管理、道路管理、驾驶人管理的实践中，不断积累的交通安全的经验总结。它的产生与发展，与国家的工农业生产、商品流通、人民的交通需求、道路建设和车辆发展有着密切的联系。因此，道路交通安全法规也必然随着社会的发展，从无到有，从粗到细，不断充实和完善。

国家各级立法机构和地方政府职能部门制定颁发道路交通法规，主要目的是为了加强道路交通管理、维护交通秩序，保障人民生命财产安全和促进交通事业发展。它既是全社会人们行车、走路、使用道路的规范，也是交通管理部门查处交通违章和裁定事故责任的主要依据。因此，有了各种道路交通安全法规，就可以使道路交通安全管理工作有法可依、有章可循。谁违反了这些法规，都要负法律上的责任。

（二）道路交通安全法规的主要特征

随着我国法制建设的发展，有关道路交通安全方面的法律、法规已逐步完善，用法制的手段来维护道路交通秩序，保证交通安全已成为现实，并发挥着重要的作用。

道路交通安全法规是国家法规体系的一部分，因此它具有法的一般特征。除此之外，还具有自身独有的特征。

1. 调整对象具有特定性

道路交通的构成包括人、车、道路、环境四大要素，道路交通安全法规就是调整人、车、道路、环境的相互关系。

2. 内容具有技术性和科学性

实现对人、车、道路、环境的统一管理，通过运用各种手段，对以道路为基础条件而移动的人流、车流，进行合理的限制与科学的组织疏导，以处理人、车、道路三者之间在运动的过程中产生的矛盾。道路交通系统是个复杂庞大的系统，道路交通安全法规内容既有技术性又有科学性，既涉及自然科学又涉及社会科学领域。

3. 适用范围具有广泛的社会性

道路交通是参与人数次数最多的交通，是与社会物资生产、流通、消费和文化交流及人民群众工作、学习和生活息息相关的一个重要环节。不仅同社会的各个部门、各个行业有着密切的联系，而且还涉及社会的每个人和每个家庭。因此适用范围具有广泛的社会性。

（三）道路交通安全法规的基本内容

道路交通安全法规的内容比较广泛，我国现行的交通安全法规的基本内容大体可以分为以下四个方面：

1. 交通秩序管理，即通行规则

通行规则是交通法规的核心，是交通法规最重要的组成部分。它所规定的是人们行车、走路、乘车及在道路上进行有关交通的活动时，应当做什么，可以做什么，不能做什么。

交通秩序管理的主要内容包括：道路通行的规则；交通指挥信号；交通标志和标线等。

2. 车辆与驾驶人管理

在现代交通活动中，机动车已成为人们主要的交通工具之一，也是威胁人们生命和财产安全的主要危害物。机动车的技术状况与驾驶人的素质是保障交通安全的关键，因此在交通法规中对机动车车辆和驾驶人的管理是非常重要的内容。

车辆与驾驶人管理的主要内容包括：车辆在道路通行中应具备的条件；车辆检验标准；让车、会车、超车、停车的规定；速度规定；装载的规定；机动车驾驶员应具备的条件；驾驶执照核发与使用的规定；机动车驾驶人守则；对非机动车通行应具备的条件及通行规定；乘车及步行的规定等。

3. 交通违章处罚与交通事故处理

对违反交通法规的行为给予处罚，是交通法规顺利实施的保障。

这部分内容主要包括：对道路的要求及使用的有关规定；违反道路交通法的处罚；交通事故处理的规定；单位与个人道路交通的权利和义务等。

4. 执法监督

这部分内容是关于公安交通部门管理、值勤和执法要求的规范。主要有加强交通警察队伍建设；明确执法原则；规范警容风纪；严格执行收费规定；严格执行罚款规定；实行回避制度；实行行政监察监督、督察监督及内部层级监督；建立社会和公民的监督及检举、控告制度，以及对交通执法行为的保障等规定。

（四）道路交通安全法规的适用范围

1. 对道路的适用范围

《道路交通安全法》规定：道路，是指公路、城市道路和虽在单位管辖范围但允许社会机动车通行的地方，包括广场、公共停车场等用于公众通行的场所。

2. 对人的适用范围

主要是指车辆驾驶人、行人、乘车人及道路上从事施工、管理、维护交通秩序及处理交通事故的人员。此外，还有一些特定的单位，即可称为"法人"的道路施工单位、交通设施养护管理部门、道路主管部门、专业运输单位等。

3. 对车辆的适用范围

车辆主要包括机动车和非机动车。机动车是指以动力装置驱动或者牵引，上道路行驶的供人员乘用或者用于运送物品及进行工程专项作业的轮式车辆。非机动车是指以人力或者畜力驱动，上道路行驶的交通工具，以及虽有动力装置驱动但设计最高时速、空车质量、外形尺寸符合有关国家标准的残疾人机动轮椅车、电动自行车等交通工具。

（五）道路交通安全法规的基本作用

道路交通安全法规的基本作用表现在以下几个方面：

1. 为交通参与者的安全提供法律保障

我国的安全生产法规是以搞好安全卫生、保障职工在生产中的安全、健康为前提的，道路交通安全法规也不例外。不仅通过严格的法律形式为所有交通参与者制定了行为规范和准则，也从道路设施上、车辆技术条件上规定实现道路交通安全和保障交通参与者安全健康所必需的物质条件。多年来的实践表明，要切实维护人在道路交通中安全与健康的合法权益，单靠思想教育与行政管理是不够的，必须要制定出各种保证道路交通安全的措施，而且要强制人人都必须遵守规章，要用国家强制力来迫使人们按照科学办事，尊重道路交通的客观规律，共同维护安全、高效、有序的交通秩序。

2. 明确管理权限

管理体制问题一直是我国行政立法的核心问题。在我国现行行政管理体制下，明确管理体制对一部法律及这部法律所规范的社会事务都是非常关键的问题。管理体制的确立是一部法律的重点和难点问题。

如果不从根本上解决管理体制的问题，就会产生了一些矛盾和问题，如管理机构重叠、部门职权交叉等，影响了道路交通的正常管理，制约了道路交通事业的健康、协调发展。道路交通安全管理职责问题，是道路交通安全管理法的骨架。明确交通安全管理体制，有利于提高道路交通安全管理整体水平和效率。

3. 规范执法行为

《道路交通安全法》设置了执法监督的规定。执法监督是指对作为执法主体的行政机关及其工作人员的执法行为设置的专门监督制度。设置执法监督，可以有效规范权力的行使、防范权力的滥用。《道路交通安全法》的执法监督，是在贯彻了《人民警察法》规定的执法监督的原则基础上，依据《行政处罚法》的有关规定并结合了公安交通管理部门及其人民警察执法行为的特点等而系统规定的。对执法监督的规定，体现了党和国家对人民权利的保护和从严治警的决心。

4. 调整管理关系

道路交通安全法主要是从道路交通安全管理的角度制定的，它调整的是交通安全管理关系，通过规范了管理部门的权限及各方的权利和义务，来维护道路交通秩序，预防和减少事故，保护人身安全，保护公民、法人和其他组织的财产安全及其他合法权益，提高通行效率。

5. 规范交通行为

交通规则是道路上通行的规矩，如果没有规范的交通行为，交通规则被肆意违反，则可想而知必然会造成交通混乱，从而导致事故的不断发生。道路交通安全法规规范了道路交通安全和秩序，确立了道路交通规则，规范了各种交通行为，从而有效地保障了道路交通安全、畅通、有序。

应该说，在现代文明社会中，没有道路交通法规就不会有现代文明的道路交通，道路交通也根本不可能安全和畅通。充分发挥道路交通法规作用的过程，是一个完善、科学的立法、守法和执法行为的系统工程。也就是说，只有建立在现代社会物质文明和精神文明基础上，道路交通法规才能得以充分发挥其作用。这正如法制社会必须要求国民具备较高的素质、国家具备科学民主的体制一样。

二、我国道路交通安全的法律法规体系

（一）我国安全生产法律法规基本体系

安全生产是一个系统工程，需要建立在各种支持基础之上，而安全生产的法规体系尤为重要。按照"安全第一，预防为主，综合治理"的安全生产方针，国家制定了一系列的安全生产的法规。根据我国立法体系的特点，以及法规调整的范围不同，安全生产法律法规体系由若干层次构成（见图8-4）。按层次由高到低分别为：国家根本法、国家基本法、劳动综合法、安全生产与健康基本法、专门安全法、安全法规、安全规章、安全标准。宪法为最高层次，各种安全基础标准、安全管理标准、安全技术标准为最低层次。

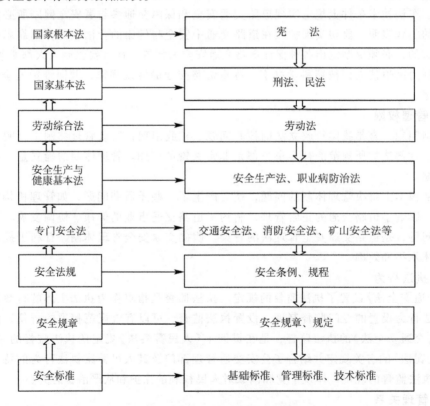

图8-4 安全生产法规体系及层次

（二）道路交通安全法规的组成

1. 法律

法律是指由全国人大及其常委会制定的在全国范围内普遍适用的规范性文件，由国家主席签署公布。涉及道路交通安全的主要是指《道路交通安全法》。

2. 行政法规

行政法规是指由国务院制定和发布的具有较高法律效力的规范性文件的总称，有关道路交通

安全的行政法规主要包括《中华人民共和国道路交通安全法实施条例》、《国务院关于改革道路交通管理体制的通知》。

3. 部门行政规章

部门行政规章是指由国务院所属职能部门依据法律和行政法规制定的，并不得与宪法、法律、行政法规相抵触的规范性文件，主要包括：①《道路交通安全违法行为处理程序规定》；②《道路交通事故处理程序规定》；③《机动车驾驶证申领和使用规定》；④《机动车登记规定》；⑤《机动车维修管理规定》；⑥《机动车驾驶员培训管理规定》；⑦《机动车安全技术检验机构管理规定》。

4. 地方性法规

地方性法规，是指省、自治区政府所在地的市（省会、首府）和经国务院批准的较大的市的人民代表大会及其常委会，根据宪法、法律及行政法规，结合本地区的实际情况制定的，并不得与宪法、法律、行政法规相抵触的规范性文件，如《北京市实施〈中华人民共和国道路交通安全法〉办法》《江苏省道路交通安全法实施条例》。

5. 地方性规章

地方性规章，是指地方国家行政机关根据法律、行政法规和本行政区的地方性法规的规定，制定的规范性法律文件，如《北京市道路交通安全防范责任制管理办法》。

6. 安全标准

道路交通安全标准是道路交通安全法规的延伸与具体化。按标准对象特性分类通常可以分为以下三类：

（1）基础标准。基础标准就是对道路交通具有最基本、最广泛指导意义的标准。概括起来说，就是具有一般的共性，因而是通用性很广的那些标准，如名词、术语等。

（2）产品标准。产品标准就是对道路交通系统有关产品的型式、尺寸、主要性能参数、质量指标、使用、维修等所制定的标准。

（3）方法标准。方法标准就是关于方法、程序规程性质的标准，如试验方法、检验方法、分析方法、测定方法、设计规程、工艺规程、操作方法等。

道路交通安全标准有《道路交通标志和标线》《机动车安全运行技术条件》《机动车安全技术检验项目和方法》《道路车辆外廓尺寸、轴荷及质量限值》等。

7. 其他法律法规中涉及道路交通安全的规范性条款

《刑法》对交通肇事罪的规定、《公路法》中关于超限运输的规定、《大气污染防治法》中关于汽车尾气排放的规定等。

部分现行的道路交通安全法律法规见表 8-2。

表 8-2 部分现行道路交通安全法律法规

	名　称	制定部门	发布日期	施行日期	备　注
法律	《道路交通安全法》	全国人民代表大会常务委员会	2003 年 10 月 28 日	2004 年 5 月 1 日	于 2007 年与 2011 年进行了两次修订
行政法规	《中华人民共和国道路交通安全法实施条例》（国务院令第 405 号）	国务院	2004 年 4 月 30 日	2004 年 5 月 1 日	于 2017 年 10 月 7 日进行了修改 1960 年 2 月 11 日国务院批准、交通部发布的《机动车管理办法》，1988 年 3 月 9 日国务院发布的《中华人民共和国道路交通管理条例》，1991 年 9 月 22 日国务院发布的《道路交通事故处理办法》废止

（续）

名　称	制定部门	发布日期	施行日期	备　注
《道路交通安全违法行为处理程序规定》(公安部令第69号)	公安部	2004年4月30日	2009年4月1日	修订后的《道路交通安全违法行为处理程序规定》于2008年11月17日公安部部长办公会议通过，自2009年4月1日起施行 1999年12月10日公安部发布的《交通违章处理程序规定》(公安部第46号令)废止
《道路交通事故处理程序规定》(公安部令第146号)	公安部	2017年7月22日	2018年5月1日	废止2008年8月17日发布的《道路交通事故处理程序规定》(公安部令第104号)
《机动车驾驶证申领和使用规定》(公安部令第139号)	公安部	2016年1月29日	第五章第四节自发布之日起施行，其余2013年1月1日起施行	2006年12月20日发布的《机动车驾驶证申领和使用规定》(公安部令第91号)和2009年12月7日发布的《公安部关于修改〈机动车驾驶证申领和使用规定〉的决定》(公安部令第111号)同时废止
《机动车登记规定》(公安部令第102号)	公安部	2008年5月27日	2008年10月1日	2001年1月4日公安部发布的《中华人民共和国机动车登记办法》废止 2004年4月30日公安部发布的《机动车登记规定》(公安部令第72号)同时废止 于2012年9月12日进行修正
《关于在全国开展车辆超限超载治理工作的实施方案》（交公路发〔2004〕219号印发）	交通部、公安部、国家发展改革委、国家质检总局、国家安全监管局、国家工商行政管理总局、国务院法制办	2004年4月30日	2004年4月30日	
《机动车维修管理规定》(交通部令2005年第7号)	交通部	2005年6月24日	2005年8月1日	于2015年8月8日、2016年4月14日进行了二次修正 1986年12月12日交通部、国家经委、国家工商行政管理局发布的《汽车维修行业管理暂行办法》、1991年4月10日交通部颁布的《汽车维修质量管理办法》废止
《机动车驾驶员培训管理规定》(交通部令2006年第2号)	交通部	2006年1月12日	2006年4月1日	1996年12月23日发布的《中华人民共和国机动车驾驶员培训管理规定》(交通部令第11号)和1995年7月3日发布的《汽车驾驶员培训行业管理办法》(交公路发〔1995〕246号)

部门规章

(续)

	名　称	制定部门	发布日期	施行日期	备　注
部门规章	《机动车安全技术检验机构管理规定》（国家质量监督检验检疫总局令第87号）	国家质量监督检验检疫总局	2005年12月31日	2006年5月1日	于2016年4月21日修正
地方性法规	《北京市实施〈中华人民共和国道路交通安全法〉办法》	北京市人民代表大会常务委员会	2004年10月22日	2005年1月1日	于2010年12月23日、2018年9月28日修正
安全标准	《机动车运行安全技术条件》（GB 7258—2017）	国家质量监督检验检疫总局	2017年9月29日	2018年1月1日	代替《机动车运行安全技术条件》（GB 7258—2012）
	《机动车安全技术检验项目和方法》（GB 21861—2014）	公安部	2014年12月22日	2015年03月1日	代替《机动车安全技术检验项目和方法》（GB 21861—2008）
	汽车、挂车及汽车列车外廓尺寸、轴荷及质量限值（GB 1589—2016）	国家质量监督检验检疫总局、国家标准化管理委员会	2016年7月26日	2016年7月26日	代替《道路车辆外廓尺寸、轴荷及质量限值》（GB 1589—2004）
	《道路交通标志和标线》（GB 5768）	国家质量监督检验检疫总局（现为国家市场监督管理总局）	2017年7月31日	2018年2月1日	GB 5768.1—2009、GB 5768.2—2009、GB 5768.3—2009、GB 5768.4—2017、GB 5768.5—2017、GB 5768.6—2017均部分代替GB 5768—1999

当然，道路交通安全法规是道路交通管理的依据，而道路交通本身在不断地发展和变化，这就要求道路交通安全法规必须随着道路交通的迅速发展而不断充实、丰富和完善的。这才能使其与道路交通的发展，与国民经济的发展相适应。因此，国家需要经常对道路交通安全法规进行修改和补充，力求不断完善，使其切实起到维护道路交通秩序、保障交通安全和畅通的作用。

（三）《道路交通安全法》的主要内容

1. 立法背景

20世纪90年代以来，我国的国民经济进入了前所未有的高速发展时期，道路建设突飞猛进，城市化进程明显加快，机动化水平迅速提高，道路交通需求大幅增长。与之相伴，我国的道路交通事故也进入了高发期，道路交通安全形势日趋严峻，道路交通管理工作面临许多新情况和新问题。已有的道路交通法规已越来越难以适应新形势的要求，迫切需要出台一部新的道路交通安全法，将道路交通及其管理的法律依据由法规提升为国家法律，为维护道路交通秩序，保证安全、畅通的交通环境提供法律保障。《道路交通安全法》正是在这样的历史背景下提出并制定的。

这部法律从起草到颁布历时10年，草案经充分酝酿、反复修改，历经4次人大常委会审议。最后，由中华人民共和国第十届全国人民代表大会常务委员会第五次会议于2003年10月28日通过，国家主席第八号令公布，自2004年5月1日起施行。2007年12月29日，第十届全国人民代表大会常务委员会第三十一次会议通过《关于修改〈中华人民共和国道路交通安全法〉的决定》，自2008年5月1日起施行。2011年4月22日，第十一届全国人民代表大会常务委员会第二十次会议通过《全国人民代表大会常务委员会关于修改〈中华人民共和国道路交通安全法〉的决定》，自

2011年5月1日起施行。

《道路交通安全法》是我国第一部全面规范道路交通活动中参与人权利义务关系的基本法律，是我国道路交通法制建设的一个重要里程碑。

2. 立法指导原则

2001年12月24日，道路交通安全法草案首次提请九届全国人大常委会第二十五次会议审议。在草案的审议过程中，农用机动车的管理体制、机动车与非机动车发生交通事故的责任认定、交通事故快速处理和抢救费用的支付、机动车安全检验条件等几乎所有的争议都围绕着如何体现以人为本、与民方便的原则。

有关农用车的管理成为争议最多的问题之一。几经争论，最后通过的法律决定，拖拉机等既从事农田作业又从事运输活动的农机由交管部门委托农业（农机）部门负责管理。为了方便农民、减轻农民负担，法律规定农业部门在交通安全法实施前已经发放的机动车牌证继续有效，不必重新换发。

对于交通事故的责任认定，最初的草案是这样规定的：行人和非机动车与机动车发生交通事故造成人身伤亡、财产损失的，超过第三者责任强制保险金额的部分，由有过错的一方承担；双方都有过错的，按照各自过错的比例分担。

在分组审议这部法律草案时，这一根据过错原则进行责任划分的规定引发了委员们激烈的争论，不少委员认为，与机动车相比，行人和非机动车处于弱势地位，发生事故后受到伤害最大的肯定是非机动车一方，法律必须注意保护弱者的权益，文字上的公平只能导致实际上对弱者的不公平。

这种以人为本的出发点让大多数委员最终选择了过错推定原则，否定了"撞了白撞"的条款，规定被改为：机动车与行人或非机动车发生交通事故，由机动车一方承担责任；如果有证据证明非机动车一方违反交通法规，且机动车驾驶人已经采取了必要处置措施的，可以减轻责任。

以人为本的原则还体现在对交通事故处理程序的规定上，通过后的法律明文规定：在道路上发生交通事故，造成人员伤亡的，车辆驾驶人应当立即抢救受伤人员；交警赶赴事故现场后，应先组织抢救受伤人员；对交通事故中的受伤人员，医疗机构应当及时抢救，不得因抢救费用未及时支付而拖延救治。

方便群众、便民原则也始终是草案讨论时委员们遵循的一个原则，最后通过的法律增加了不少体现便民和效率原则的新条款。法律规定：发生交通事故后，未造成人员伤亡的，当事人对事实没有争议，可以即行撤离现场，恢复交通，自行协商处理损害赔偿事宜；在城市的主要人行道应当规划设置盲道，而且必须符合国家标准；机动车必须参加第三者责任强制保险，规定设立道路交通事故社会救助基金解决肇事者逃逸后的治疗费用等过去非常棘手的难题。

3. 主要特点

《道路交通安全法》是以保障道路交通安全为根本出发点，着眼于解决道路交通中的突出问题，从现实需要和交通管理的实际出发，确立了依法管理、方便群众的基本原则，突出以人为本的思想，确立了管理重点，方便一般，简化手续，提高效率的总体思路。因此，它具有这样一些特点：

（1）以保护交通参与人的合法权益为核心，突出保护交通安全，追求提高通行效率。

（2）坚持道路交通统一管理，明确政府及其相关部门在道路交通中的管理职责。

（3）将交通安全宣传教育上升为法律规定，明确规定政府和公安机关交通管理部门，机关、部队、企事业单位、社会团体、教育行政和部门、学校及新闻、出版、广播、电视等媒体的交通安全教育义务。

(4) 倡导科学管理道路交通。提倡加强科学研究，推广使用先进的管理方法、技术和设备。

(5) 重点规定了有助于培养规则意识、保护行人的通行规定；在交通事故处理方面对快速处理、自行协商解决、重点保护行人、非机动车驾驶人权益等内容做了重大改革。

(6) 明确规定了规范执法的监督保障体系，以解决社会和群众普遍关心的乱扣、乱罚问题。

(7) 体现过罚相当的法律责任追究原则。统一规定了处罚的种类、强制措施的适用范围。对酒后驾车、超载、超速等严重影响交通安全的交通违法行为，规定了较为严厉的处罚。

4. 内容简介

《道路交通安全法》共分八章一百二十四条，包括总则、车辆和驾驶人、道路通行条件、道路通行规定、交通事故处理、执法监督、法律责任和附则。

第一章总则（第一~七条），包括立法宗旨、适用范围、道路交通安全管理工作的原则、管理体制、各有关部门在道路交通安全方面的职责和任务、道路交通安全教育及道路交通安全工作科研等内容。

第二章车辆和驾驶人（第八~二十四条），包括两节内容，分别对机动车和非机动车的登记制度，机动车号牌、证照的使用，机动车安全技术检验、强制报废制度，机动车驾驶人的资格、培训，驾驶证照的审验，对机动车驾驶人的管理教育，特殊用途车辆的使用，以及机动车第三者责任强制保险制度等做了规定。

第三章道路通行条件（第二十五~三十四条），对道路交通信号、道路、停车场和道路配套设施、铁路道口、占用道路施工、人行横道和盲道等道路通行条件做了规定。

第四章道路通行规定（第三十五~六十九条），包括五节内容，主要对车辆、行人、乘车人的道路通行做出了规定。第一节一般规定，主要有：右侧通行、分道通行、专用车道专用通行、按照交通信号通行及无交通信号通行的原则、交通管制等规定。第二节机动车通行规定，主要有：机动车行驶速度的原则，保持安全行驶距离和超车的原则，机动车通过路口、停车排队等候或者缓慢行驶有序通行、通过铁路道口、避让行人、载物的原则，载人、载货的限制规定，使用安全带和安全头盔，道路上发生故障的处理办法，特种车辆的行驶、拖拉机上道路行驶及机动车停放等规定。第三节非机动车通行规定，主要有：非机动车行驶、残疾人机动轮椅车和电动自行车车道及最高时速，非机动车停放及畜力车的行驶规定。第四节行人和乘车人通行规定，主要有：行人的通行、通过路口和横过道路、行人妨碍交通的行为、儿童和残疾人的通行、行人通过铁路道口及乘车人的规定。第五节高速公路的特别规定，主要有：高速公路通行的限制性规定，机动车在高速路上发生故障时的处理规定，禁止在高速公路上拦截检查行驶的车辆的规定等。

第五章交通事故处理（第七十条~七十七条），主要对交通事故发生后当事人的处理方法、交通事故逃逸车辆的举报、交通警察对事故处理、公安交管部门对交通事故的认定、道路交通事故损害赔偿争议的解决方式、抢救事故中受伤人员及抢救费用的支付、车辆在道路外发生事故的处理等做了规定。

第六章执法监督（第七十八~八十六条），主要是对公安机关交通管理部门及其交通警察依法执政、文明执法和规范执法的相关规定。

第七章法律责任（第八十七~一百一十八条），主要包括道路交通违法行为的处罚机关、执法人员、处罚依据、处罚种类、具体违法行为的处罚规定等内容。

第八章附则（第一百一十九~一百二十四条），道路、车辆、非机动车、机动车、交通事故等名词的解释及有关问题的说明。

第七节 交通事故紧急救援管理

一、概述

（一）交通事故损失与紧急救援

在我国每年众多的因交通事故死伤的人员中，有相当大一部分是没有得到及时抢救而伤亡、残疾的。如果交通事故发生后，伤者能够得到合理的现场救护并迅速送至医院，那么受伤者的死亡率就会减少，复原机会就会增大。

一般情况下交通事故受伤者的死亡发生在三个不同时期。

（1）第一死亡高峰。第一死亡高峰发生在碰撞瞬间，常常死于脑或中枢神经系统、心脏、主动脉或其他大血管的损伤。上述原因造成的死亡约占该阶段死亡人数的50%，约占所有车祸损伤的5%，并且很难用医疗手段来改变其死亡率。

（2）第二死亡高峰。第二死亡高峰发生在事故后一两个小时之内，死亡原因是严重的头部、胸部、腹部和其他明显的大血管的损伤。这一高峰约占车祸损伤的15%，在具有先进外伤救护条件的发达国家约占事故死亡总数的35%。在我国因救护工作较差，约有80%的事故死亡是在事故发生的瞬间和伤害后的一两个小时内，因此，尽早采取正确的医疗措施可提高生存率。

（3）第三死亡高峰。第三个死亡高峰是在入院后30天内，主要原因有脑死亡、器官功能衰竭和无法控制的败血症，在发达国家即使有良好的医疗条件也无法降低该阶段的死亡率。发达国家大约有15%的事故受伤者在这一阶段的后期死亡，我国很多地区医疗设施不完善，这一时期的死亡比例会更大。

由此可看到，如果存在一个完备的交通事故急救系统，在受伤后关键性的一两个小时内，对伤者在路边做紧急处理，并通过通信联络系统迅速发现伤员并及时送至医院，及早救护，会大大降低受伤者的死亡率、残疾率和永久性伤残程度。同时对交通事故现场进行现场救援、事故勘察、消防排障、疏导交通等一系列活动，保障道路迅速恢复交通。

目前，我国的交通事故紧急救援工作还未成体系，并且没有相应的法规予以保证。事故发生后，大部分是靠交警巡查或过路的驾车人及路过者的口头报案来抢救伤者，很多地区交通、信息不便或路遇者视而不见，致使伤者得不到及时救治，再加之基础医疗设施水平较低，医院因伤者无住院抵押金而拒绝收治等情况普遍存在，致使一些不该死亡的伤者丧失生命，交通事故损失增大。

（二）紧急救援的法律规定

1.《道路交通安全法》中的规定

在道路上发生交通事故，车辆驾驶人应当立即停车，保护现场；造成人身伤亡的，车辆驾驶人应当立即抢救受伤人员，并迅速报告执勤的交通警察或者公安机关交通管理部门。因抢救受伤人员变动现场的，应当标明位置。乘车人、过往车辆驾驶人、过往行人应当予以协助。

公安机关交通管理部门接到交通事故报警后，应当立即派交通警察赶赴现场，先组织抢救受伤人员，并采取措施，尽快恢复交通。

医疗机构对交通事故中的受伤人员应当及时抢救，不得因抢救费用未及时支付而拖延救治。肇事车辆参加机动车第三者责任强制保险的，由保险公司在责任限额范围内支付抢救费用；抢救费用超过责任限额的，未参加机动车第三者责任强制保险或者肇事后逃逸的，由道路交通事故社会救助基金先行垫付部分或者全部抢救费用，道路交通事故社会救助基金管理机构有权向交通事故责任人追偿。

2. 《道路交通事故处理程序规定》中的规定

交通警察到达现场后,应当根据需要立即进行下列工作:

(1) 组织抢救受伤人员。

(2) 在现场周围设置警戒线,在距现场来车方向 50～150m 外设置发光或者反光的交通标志,引导车辆、行人绕行;允许车辆通行的,交通警察应负责现场警戒、疏导交通,指挥其他车辆减速通过。

(3) 指挥驾驶人、乘客等人员在安全地带等候;引导勘察、指挥等车辆依次停放在警戒线内来车方向的道路右侧,车辆应当开启警灯,夜间还应当开启危险报警闪光灯和示廓灯。

(4) 对载运爆炸物品、易燃易爆化学物品及毒害性、放射性、腐蚀性、传染病病原体等危险物品的车辆发生的交通事故,应当立即报告当地人民政府,通报有关部门及时处理,采取封闭道路等交通管制措施;协同有关部门划定隔离区,疏散过往车辆、人员。

(5) 对造成道路、供电、通信等设施损毁的交通事故,通报有关部门及时处理。

(6) 确定交通事故当事人,控制肇事人,查找证人。

急救、医疗人员到达现场的,由急救、医疗人员组织抢救受伤人员,交通警察应当积极协助。

我国有关交通事故紧急救援方面的法律规定还很少,并且约束力不强。发达国家道路交通法规较为健全,法令严密,如美国的《紧急医疗服务制度》,英国的《道路交通安全法》,日本的《交通安全对策基本法》等,并按人口密度、交通量等建立急救医疗网,同时制定有关医院接纳事故受伤者义务的法令。其管理职责分明,执法严格,公民遵守率高,因此,虽然发达国家汽车拥有量、道路交通量远大于我国,但事故的伤亡率却很低。发达国家在道路交通事故紧急救援方面已经积累了很多成功的经验,值得我们借鉴。

二、交通事故紧急救援系统

(一) 交通事故紧急救援系统的功能

(1) 检测。获取交通事故信息及周围交通流所受影响。

(2) 调度。向事故现场派出事故处理人员或紧急救护车辆。

(3) 救援。进行事故勘察和现场救援。

(4) 服务。提供所需的紧急救护服务和其他必要服务。

(二) 交通事故紧急救援系统的构成

根据我国国情,应由公安机关协调当地人民政府及保险公司,组织城市医院和急救中心,建立具有快速反应能力的交通事故紧急救援系统,加强交通事故伤害的抢救力量。交通事故紧急救援系统的构成和实施过程如图 8-5 所示。

(三) 交通事故紧急救援系统运作程序

有效的交通事故紧急救援系统运作程序包括事件检测与确认、事件快速反应、现场处理、交通管理、事件清理、事件信息发布和记录六个过程。在实际应用中,上述六个过程通常是同时进行或交替进行的,有时又根据事件的具体情况减少某些工作环节,但是一个合理的事件管理(处理)程序可以提高各个环节的效率和有效性。

1. 事件的检测和确认

事件检测是提醒有关负责维护交通安全和通畅的机构与部门给予注意的过程。下面的几种方法常用来进行事件检测:

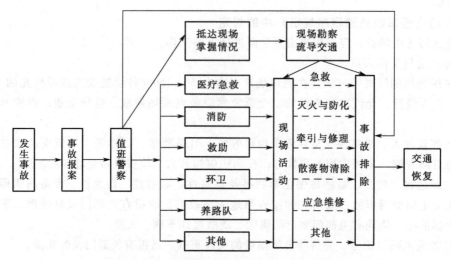

图 8-5 交通事故紧急救援系统的构成和实施过程

(1) 交通监视系统的车辆检测器、视频仪器和闭路、微波电视等。
(2) 移动电话。
(3) 路边紧急电话或交通事故报警电话。
(4) 交通巡逻执法部门的报告等。

2. 事件快速反应

在确定交通事故发生后，紧急救援系统根据历史交通信息并运用人工智能技术提出事件快速反应方案，进行协调各相关机构、管理相应的人员和设备、进行通信联络和信息发布等一系列活动。恰当、合适的事件快速反应过程取决于对所发生事件的了解及现有条件下所能提供的装备与资源。

3. 现场管理

现场管理的重要任务是准确评价事件的严重程度、确定合适的优先权、协调相关资源的使用、保证通信的清晰与畅通，以及通过有效的方法安全、快速、高效地清理事故现场。保证事故处理人员、事件的当事者及其他车辆驾驶人和乘客的安全是事件现场管理的首要目的。

高效的事件管理方案必须具备以下特征：
(1) 确定一个事件现场指挥点。
(2) 指定一个有权威的现场指挥人员。
(3) 应将所有与事件处理相关的人员都包含进来。
(4) 对紧急车辆和设备进行分阶段调用等。

4. 交通管理

交通管理就是将各种交通控制方法应用在事件处理现场，其主要包括：
(1) 车道关闭与开放。
(2) 匝道控制。
(3) 使用可替代道路等。

这个环节是通过信号控制系统的配合实现的。

5. 事件清理

事件清理是移开失事残骸、清理道路上杂物以及其他影响交通流正常运行的东西，是道路通行能力恢复到事件发生前的正常水平的过程。

6. 事件信息发布和记录

事件信息发布是通过各种渠道和方式将事件信息传播给驾驶人的过程。常用的传播手段有：

(1) 道路交通咨询电台。

(2) 可变信息板。

(3) 商业广播电台。

(4) 车内路线导航器。

(5) 有线电视交通报道。

(6) 互联网。

(7) 电话信息交换等。

交通事故紧急救援系统记录事件的相关信息，供以后研究和查阅使用。应用事件管理系统来降低交通阻塞事件主要取决于怎样合理地安排上述六个过程。在事件处理的各个环节中，相关管理部门的协调也是非常必要的。各个部门（如路政管理部门、交通警察、消防队、紧急救援医疗小组、起重和拖车分队、信息发布人员及其他的交通运输相关部门等）在特定的条件下应更深刻地理解自己的责任和作用，以使各部门之间的协作更加有效。

（四）交通事故现场救援

发生交通事故后如有人员被困车中，则需要救援部门的救援人员运用合理的救援方法和适当的救援工具，从汽车中救出被困人员。该项工作应保持车内受伤人员不受干扰，避免浪费时间和劳力，每一步工作要符合急救原理，才能迅速有效地完成救援任务。

1. 救援步骤

(1) 考察现场情况。开始进行救援工作之前，急救人员应对事故现场做一番客观考察，以避免意外发生。若现场和四周有诸如损坏的电线或致命的气体、液体等危险情况，应先将其排除后再进行救援工作。

(2) 固定事故汽车位置。尽快将事故汽车固定下来。先在汽车车轮前后放上木条或砖石块，使汽车不能前后滚动，然后将车轮放气以保证车轮在救援过程中不能摇摆，以免加重伤者伤势。

(3) 检查和保护受伤人员。救援人员要检查受伤人员状况和受伤情况以确定救援工作的速度和方法。在未处理汽车之前，先用毛毯将受伤者盖起来，可起保暖和防止受惊的作用，另外还可防止玻璃碎片和其他物件的伤害。在救援的这段时间内，应有人员陪伴伤者，及时观察受伤者的情况和满足伤者的要求。

(4) 救出被困人员。如果汽车被撞变形，受伤人员无法移动，应使用专门救援工具把有关的汽车部件移动或去除，将车中被困人员救出。这些高性能的汽车急救工具可在短短的十几秒内，将汽车的支柱剪断或车轮轴推开，效率非常高。

(5) 现场诊断急救。如果医疗救护人员未到现场，救援人员应先将伤者送至路旁的安全地带，立即做必要的检查和救护。

(6) 清理现场。当交通警察勘查完现场后，救援人员应拖走事故汽车并扫清路面，协助警察恢复正常的交通秩序。

2. 主要汽车急救工具

(1) 电展宽钳。功能是将汽车金属罩壳撑开，如果放在路面上，可以将汽车架高。

(2) 电剪钳。功能是将汽车金属罩壳撑开，如车顶支架和车门等。

(3) 推拉器。功能是将汽车部件推开或拉开，工作对象主要是车轮轴、车门、仪表板等。

(4) 发动机。发动机是供应急救工具动力能源的机器，分电动机和汽车发动机两种，前者的效率比后者低。每台发动机可同时提供两台急救工具的动力源。

这些急救工具效率高，但伤害力也大，救援人员需接受严格的训练后方能使用。

（五）医疗救护

交通事故造成人员受伤后，要讲究科学的救护方法，及时抢救和运送伤员，避免加重伤情。

1. 救护原则

在判明情况的前提下，先救危重伤员，后护理一般伤员；先处理危及生命的严重损伤，后处理一般损伤；在不加重可能是隐蔽伤的条件下，进行明显损伤的处理和伤员的翻动、搬运。

2. 救护步骤

（1）应控制和制止大出血和疏通呼吸道，这是保住伤者生命的首要环节。

（2）固定伤肢，这是控制减轻疼痛、避免骨折和损伤血管神经、防止伤情加重的一个重要环节。

（3）其他护理，如包扎、心肺复苏等。

3. 现场救护要求

发生交通事故时，伤员的生死往往取决于几个简单的动作。动作不当，可加重伤员的损伤，造成伤员立即死亡或终生残疾。

（1）保持冷静，阻止目击者采取一些危险或不必要的动作；尽量少挪动伤员，必需挪动时，应注意头部、颈部和躯干保持在一条直线上，防止受伤部位的伤情加剧。

（2）伤员处于侧卧安全状态，以防吸进血液或呕吐物而窒息。

（3）确定伤员是否存在阻碍呼吸的情况，观察嘴内是否有异物（如糖果、假牙、血块）等，如不能呼吸，应进行口对口人工呼吸。

（4）避免给伤员吃喝东西，如出现伤员休克时，在确定伤员消化道没有损伤时，可给予食盐的饮料少量饮用。

（5）不应当把骑摩托车伤员的安全头盔脱掉，除非有呕吐现象或呼吸停止。

（6）保护现场，设置安全警告并对出事车辆应熄火停机，禁止抽烟，避免因现场出现车辆溢油而发生火灾等二次事故。

（7）绝对避免把似乎已死亡的伤员丢下不管。

4. 普及急救常识

为避免交通事故中对伤者盲目急救或手足无措情况的出现，在机动车驾驶人和处理事故的交通民警中应该大力普及交通事故人体伤害的急救常识。处理事故的交通民警，更应掌握一定的卫生急救常识，并可将其作为业务考核的一项内容。

另外，机动车辆应按规定配置急救包或红十字卫生箱，以防不测，当路遇事故时可及时投入救护。公安机关可将携带急救用品作为一项规章制度，凡不携带者，一律按违章行为进行处理。

对通信和医疗设备差且事故多发的山区公路，公安交警部门应配合沿线政府，组织义务救护队，由专门医师传授急救常识，培养医疗急救人员，并配备急救必需的交通工具，以便接到报告后，立即赶到现场，抢救处理伤员。

三、高速公路紧急救援系统

高速公路是全立交、全封闭、中央分隔、各种安全服务设施齐全的汽车专用道，比普通公路安全，在行车总里程相等的情况下，高速公路事故伤亡人数为普通公路的 $1/5 \sim 1/4$。但高速公路行车速度快，交通容量大，一旦发生交通事故或交通阻塞，所造成的人身伤亡和经济损失就比普通公路严重，如果救援不及时，损失将会更大。国外观测资料表明，高速公路救援工作不及时可导致死亡人数增加 20%。

目前，我国已投入运营的高速公路还未建立紧急救援系统，使得交通事故信息获取速度缓慢，救援和事故处理反应迟钝，救援工作水平停留在普通公路上。特别是在交通量大的高速公路上，如果没有科学有效的紧急救援系统，及时对事故进行处理救援，迅速恢复交通，将会造成严重影响，甚至伴随发生二次事故。因此，在高速公路规划、设计、建设及运营的同时就应建立起相应的紧急救援系统，以减少交通事故损失。

（一）高速公路紧急救援系统的组成

1. 高速公路紧急救援系统的功能

高速公路紧急救援系统就是及时获取事故信息和快速排除交通事故的系统，其功能如下：

(1) 及时获取发生交通事故的信息，控制协调有关各方迅速采取行动。

(2) 交通事故发生后，提供紧急服务（消防、救护、环保、车辆牵引及供应燃油等）和事故处理。

(3) 车辆发生故障时，提供维修服务，救助陷于困境的汽车驾驶人。

(4) 对处于控制之下的匝道，立刻改变控制策略（如关闭匝道入口等）。

(5) 在交通事故可能影响的范围内，为汽车驾驶人提供情报服务。

2. 高速公路交通事故的检测

检测高速公路交通事故以及时获取信息，主要是利用高速公路监控系统中的监视系统，并辅助其他方法进行的。这些方法所涉及的技术都已成熟，并得到广泛利用。

电子监视：在高速公路上安装大量检测器，通过中央计算机连续监视，计算机每秒数十次扫描检测器；并分析交通量和相邻点上行方向和下行方向的占有率，从而确定是否发生了交通事故。

闭路电视：通过中央控制室的闭路电视，直接观察高速公路上设置电视摄像机地段的交通状况，迅速确定交通事故发生的时间和性质。

航空监视：警察和公路经营者采用直升机或小型飞机在高峰时间观察一个区域交通的总情况，特别是出现交通瓶颈的地方，以掌握事故动态。

呼援装置和紧急电话：由当事人或知情者以按拨相应按钮（如消防、救护、警察等）或热线电话方式向监控中心传递事故信息。

驾驶人互助救护系统：利用一种辅助设备（如闪光求助监视系统），可以报告需要帮助的驾驶人的困难。

民用频道无线电：驾驶人用民用频道无线电在汽车上直接向控制中心报告事故情况。

警察和公路巡逻车：使用警察巡逻车和备用燃料、零部件及必需设备的服务车检测事故。

事故检测是迅速有效地排除高速公路事故、减少事故对交通流影响的基础，因此事故检测必须提供准确有用的实时情报，应能详细地描述事故的性质及程度，以便为处理事故而采取各种适当合理的措施。

根据我国的经济实力、道路建设等情况，在近、中期内以采用闭路电视、呼援装置和紧急电话、驾驶人互相救护系统、警察和公路巡逻车等方法检测事故更为经济有效，而且可以完全采用现有的高速公路监控系统。这些方法配合使用，互为补充，相应的检测设备合理布局，科学管理，以适应我国高速公路管理的需要。

3. 高速公路交通事故的排除

排除高速公路交通事故，需要一支多种项目的事故管理队伍，包括高速公路经营者、交通警察、公路养路队、医疗、消防、环卫、车辆维修、救助等有关方面。救援控制中心根据事故检测信息，利用各种通信设备安排必要的排除事故的措施。救援措施一般包括：

(1) 提供诸如警察、消防和救护一类的紧急服务。

(2) 维修和牵引车辆。
(3) 改变控制方案。
(4) 驾驶人提供情报。

由于高速公路远离城市，增加了利用城市现有的医疗急救、消防、环卫系统的难度。因此应建立适合我国国情的高速公路紧急救援系统的体制。

（二） 高速公路紧急救援系统的体制和救援过程

高速公路紧急救援系统对于确保高速公路的"安全、畅通、高效"，起着重要的作用，紧急救援系统的体制必须科学合理。

从系统管理的角度出发，依据现行法规，尽可能地发挥有关部门的优势和能力，我国高速公路紧急救援系统体制的设想如图8-6所示。

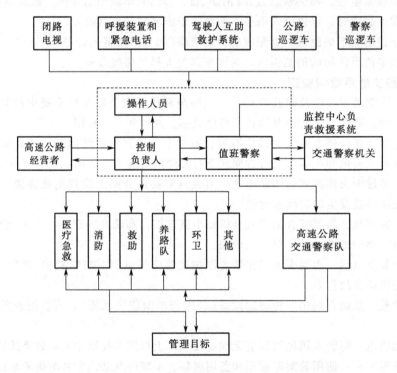

图 8-6　高速公路紧急救援系统体制设想

高速公路紧急救援体制应采用立法的方式予以确认，使有关部门在法律上有着不容推卸的责任，从而保证紧急救援系统的有效运转。在确立体制之后，由高速公路监控中心以现有的消防、医疗急救等部门为基础，形成全天候运转的紧急救援实体，配备经过训练的救援人员和必要的设备、车辆，监控中心还要制定出总体的、具体的救援方案并组织演练。

高速公路紧急救援的实施过程如下：监控中心的控制负责人与值班警察紧密配合、协调工作，在获取事故信息后，双方互通情况，提出要求，进行指挥；交通警察按值班警察的指令抵达事故现场后，及时将有关信息反馈给控制室，同时在现场进行必要的交通管制；控制室立即改变控制方案，并由驾驶人提供有关情报；救援系统的各方应按照控制负责人做出的指示赶赴现场，进行处置。事故的活动全部由警察指挥，在事故勘察处理完毕后，迅速解除交通管制，恢复正常交通。

第八节 智能交通系统

随着全球经济的发展,社会对交通运输的需求持续增长,交通基础设施的增加依然不能满足交通运输量的增加,尤其是经济活动比较集中的世界各大城市,交通拥堵已成为普遍现象,严重影响了经济的发展,制约了社会活动的进行。人们不得不把更多的时间花在路途上,而交通事故造成的损失更令人触目惊心,交通阻塞还引起环境恶化。为了能够充分发挥现有交通设施的作用,促进经济的发展,使交通与环境更协调和谐,各国政府都很重视利用信息数据通信技术、控制技术、传感器技术、运筹学、人工智能和系统综合技术的有效集成,应用于交通运输、服务控制及车辆制造,从而促进了智能交通系统的研究和开发。

一、智能交通系统的概念

智能交通系统(Intelligent Transportation Systems,ITS)是未来交通系统的发展方向,它是将先进的信息技术、数据通信传输技术、电子传感技术、控制技术及计算机技术等有效地集成并运用于整个地面交通管理系统而建立的一种在大范围内、全方位发挥作用的,实时、准确、高效的综合交通运输管理系统。

广义而言,ITS 包括交通系统的规划、设计、实施及运行管理智能化,而狭义的 ITS 概念主要指交通系统的管理与组织的智能化,其实质就是利用高新技术对传统的交通系统进行改造而形成的一种信息化、智能化、社会化的新型现代交通系统。

ITS 技术的产生是道路建设与运输领域里的一场革命,它是公路建设和运输发展到一定阶段的产物。它对道路建设提出了更新、更高的要求,给运输带来了从形式到观念到效果的根本变化。运用 ITS 技术,不仅可以有效地解决交通阻塞问题,而且对交通事故的应急处理、环境保护、能源节约等都有显著的效果。

我国目前由于仍然处在基础设施建设期,在 ITS 的开发和应用上还处于初步阶段,而发达国家已进入相对成熟的阶段。现在的美国已经成为一个智能交通系统大国,智能交通在美国的应用已达 80% 以上,而且相关的产品居全球前列。智能交通系统的相关技术已经产生了显著的效益,如电子收费、付费系统,大大提高了道路的使用效率。在环境方面,运输效率的提高意味着减少车辆废气排放。例如,在美国广泛使用的交互式导航系统能使车辆废气排放量减少 5%~16%。目前,美国在智能交通系统应用发展较快的几个方面分别是:车辆安全系统(占 51%)、电子收费(占 37%)、公路及车辆管理系统(占 28%)、实时自动定位系统(占 20%)、商业车辆管理系统(占 14%)。

为了加快智能交通系统的发展,2001 年 4 月,美国召开了一次由智能交通系统行业 260 名专家和有关人员参加的全国高层讨论会。会后制订了 21 世纪头 10 年智能交通系统发展规划,提出了未来智能交通系统的使命和发展目标。规划明确了具体的目标:①一是安全方面:减少交通伤亡事故和财产损失,到 2011 年,减少交通事故达 15%。②二是经济效益:以可靠的信息和良好的基础设施管理,保证出行时间的准确性,便于人们决定是否或何时、通过哪种方式出行,有助于形成高效的、终端至终端的客货运输,包括快速的、无间隙的、多方式之间的货物转换,以达到每年节省 200 亿美元的目的。③三是环境保护和减少能耗:降低燃油耗费,减轻噪声污染及其他交通因素构成的对人们日常生活的安全和健康的危害程度。美国交通部估计,智能交通系统的应用将减少大约每年 120 万起的交通事故,挽救上万人的生命,节省 260 亿美元因交通堵塞及交通事故造成的损失。

二、智能交通系统的组成

目前国际上公认,一个比较完整的 ITS 系统,主要是由以下七大子系统来组成的。

1. 交通信息服务系统

先进的交通信息服务系统是建立在完善的信息服务网络基础上的,交通参与者通过装备在道路上、车上、换乘站上、停车场上及气象中心的传感器和传输设备,可以向交通信息中心提供各处的交通信息;该系统得到这些信息并经过处理以后,实时向交通参与者提供道路交通信息、公共交通信息、换乘信息、交通气象信息、停车场信息及与出行有关的其他信息;出行者根据这些信息确定自己的出行方式、选择路线。进一步讲,如果当交通工具上装备了自动定位和导航系统时,该系统可以帮助驾驶人自动选择行驶路线。

随着信息网络技术的不断发展,科学家们已经提出将该系统建立在互联网上,并采用多媒体技术,这将使交通信息服务系统的服务功能大大增强,汽车将有望成为移动的信息中心和办公室。

2. 交通管理系统

该系统有部分是与交通信息服务系统共用信息采集、处理和传输系统,但是交通管理系统主要是给交通管理者使用的,它将对道路系统中的交通情况、交通事故、气象状况和交通环境进行实时的监视,根据收集到的信息,对交通进行控制,如信号灯、发布诱导信息、道路管制、事故处理与救援等。

3. 公共交通系统

该系统的主要目的是改善公共交通效率(包括公共汽车、地铁、轻轨、城郊铁路和城市间的公共汽车),提供便捷、经济、运量大的公交系统。

4. 车辆控制系统

该系统目前还处于研究试验的阶段,从当前的发展看,可分为两个层次:

一是车辆辅助安全驾驶系统,该系统有以下几个部分:车载传感器(微波雷达、激光雷达、摄像机、其他形式的传感器等)、车载计算机和控制执行机构等,行驶中的车辆通过车载的传感器测定出与前车、周围车辆及与道路设施的距离和其他情况,车载计算机进行处理,对驾驶人提出警告,在紧急情况下,强制车辆制动。

二是自动驾驶系统,装备了这种系统的汽车也被称为智能汽车,它在行驶途中可以做到自动导向,自动检测和回避障碍物。在高速公路上,能够自动在较高的速度下保持与前车的距离。但是车辆控制系统完全功能的发挥,还需要得到公路自动化系统的支持,不然就只能起到辅助安全驾驶系统的作用。

5. 货运管理系统

这里所说的货运管理系统是指以高速道路网和信息管理系统为基础,利用物流理论进行管理的智能化物流管理系统。

6. 自动电子收费系统

公路收取通行费是公路建设资金回收的重要渠道之一,但是随着公路交通量的不断增加,公路收费站开始成为道路上新的堵塞瓶颈。自动电子收费系统就是为了解决这个问题而开发的。使用者可以在高速公路公司或者银行预交一笔通行费,领到一张内部装有电子线路的通行卡,将其安装在自己汽车的指定位置,这样当汽车通过收费站的不停车收费通道时,该通道上装置的读取设备和汽车上的通行卡之间进行相互间的通信,自动在预交账户上将本次的通行费扣除,在现有的车道上安装自动电子收费系统,可以使得车道的通行能力提高 3~5 倍。

7. 紧急事件管理与救援系统

紧急事件管理与救援系统是一个比较特殊的系统，它的基础是交通信息服务系统、交通管理系统及有关的救援机构和设施，通过交通信息服务系统和交通管理系统将交通监控中心、交警、道路养护管理机构、交通救援机构、灾害处置管理中心等机构联成一个有机的整体，为道路使用者提供现场紧急处置、拖车、现场救援、排除事故车辆等服务。

随着全球经济和科技的发展，建立一个"安全、高效、舒适"的全新的 ITS 系统已越来越成为 21 世纪世界道路交通的必然趋势和现代化城市的先进标志。可以预见，ITS 技术拥有着广阔的发展前景，它必将会给我们的生活带来巨大的变化。

三、ITS 在交通管理中的应用

1. 交通规划支持
该系统主要为交通规划提供关于交通流和交通需求方面的数据。

2. 交通控制
交通控制指的是利用交通信息和控制技术对交通流进行管理和控制。

3. 事故管理
这项服务就是要及时检测出交通网络中的各种交通事故，并做出反应。

4. 交通需求管理
交通需求管理指的就是采用如收费和区域进入控制等一些管理和控制策略来影响整个出行在不同时段和不同交通方式上的需求水平。

5. 警力巡逻和执法
警力巡逻和执法指的是采用一些交通管理和控制手段来执行各项交通法规和条例。

6. 基础设施维护管理
基础设施维护管理指的是应用 ITS 技术进行道路、通信及机电系统等交通基础设施的维护管理。

第九节　交通运输企业安全生产标准化建设

一、交通运输企业安全标准化建设背景

随着我国经济社会的快速发展，各行业安全生产事故，特别是重特大安全生产事故依然频发，给人民生命财产造成了巨大损失。党中央、国务院越来越重视安全生产工作，近年来，从政策、法规、工作部署等多方面不断加强安全生产工作，特别是 2010 年和 2011 年先后下发了《国务院关于进一步加强企业安全生产工作的通知》（国发〔2010〕23 号）和《国务院关于坚持科学发展安全发展促进安全生产形势持续稳定好转的意见》（国发〔2011〕40 号），将安全发展上升到国家战略层面，把安全生产工作置于前所未有的高度。

安全生产标准化体现了"安全第一、预防为主、综合治理"的方针和"以人为本"的科学发展观，强调企业安全生产工作的规范化、科学化、系统化和法制化，强化风险管理和过程控制，注重绩效管理和持续改进，符合安全管理的基本规律，代表了现代安全管理的发展方向，是先进的安全管理思想与我国传统的安全管理方法、企业具体实际的有机结合，有效地提高了企业安全生产水平，从而推动了我国安全生产状况的根本好转。安全生产标准化主要包含目标职责、制度化管理、教育培训、现场管理、安全投入、安全风险管控及隐患排查治理、应急管理、事故查处、

绩效评定、持续改进等方面。

企业安全生产标准化建设工作的提出最早可追溯到《国务院关于进一步加强安全生产工作的决定》（国发〔2004〕2号）。该文件明确提出了在全国所有的工矿、商贸、交通、建筑施工等企业普遍开展安全质量标准化活动的要求。但当时标准化工作还处于探索阶段，重点是安全质量环节，没有形成通过规范安全生产各个环节使人、机、物、环境处于良好的生产状态，并持续改进，不断提升企业安全生产综合管理水平的要求。

国务院关于企业安全生产标准化工作是以《国务院关于进一步加强企业安全生产工作的通知》和《国务院关于坚持科学发展安全发展促进安全生产工作形势持续稳定好转的意见》在全国范围内进行部署。这两个文件明确要求要深入开展以岗位达标、专业达标和企业达标为内容的安全生产标准化建设，对在规定期限内未实现达标的企业，要依据有关规定责令停产整顿；对整改逾期仍未达标的，要依法予以关闭。《国务院安委会关于深入开展企业安全生产标准化建设的指导意见》（安委〔2011〕4号）则对全国企业安全生产标准化工作做了进一步细化和部署，要求以工矿商贸、交通运输等行业（领域）为重点深入开展安全生产标准化建设。

二、交通运输企业安全生产标准化概念

1. 交通运输企业安全生产标准化的定义

企业通过落实企业安全生产主体责任，通过全员全过程参与，建立并保持安全生产管理体系，全面管控生产经营活动各环节的安全生产与职业卫生工作，实现安全健康管理系统化、岗位操作行为规范化、设备设施本质安全化、作业环境器具定制化，并持续改进。

通过建立交通运输企业安全生产责任制，制定安全管理制度和操作规程，排查治理隐患和监控重大危险源，建立预防机制，规范生产行为，使交通运输企业各生产环节符合有关安全生产法律法规和标准规范的要求，人（人员）、机（机械）、料（材料）、法（工法）、环（环境）、测（测量）处于良好的生产状态，并持续改进，不断加强交通运输企业安全生产规范化建设。

交通运输企业安全生产标准化建设内在要素的关系如图8-7所示，是通过资源（资金、人员、信息等），规范设备运行、教育培训等交通运输企业的安全生产条件，优化人、机器设备、材料、管理环境、劳动者等组成的生产系统，降低系统安全生产风险的。

2. 交通运输企业安全生产标准化建设的类型

交通运输企业安全生产标准化建设按领域分为道路运输、水路运输、港口营运、城市客运、交通运输工程建设、收费公路运营六个专业类型和其他类型（未列入前六种类型，但由交通运输管理部门审批或许可经营）。

道路运输专业类型含道路旅客运输、道路危险货物运输、道路普通货物运输、道路货物运输站场、汽车租赁、机动车维修和汽车客运站等类别；水路运输专业类型含水路旅客运输、水路普通货物运输、水路危险货物运输等类别；港口营运专业类型含港口客运、港口普通货物营运、港口危险货物营运等类别；城市客运专业类型含城市公共汽车客运、城市轨道交通运输和出租汽车营运等类别；交通运输工程建设专业类型含交通运输建筑施工企业和交通工程建设项目等类别；收费公路运营专业类型含高速公路运营、隧道运营和桥梁运营等类别。

3. 交通运输企业安全生产标准化建设等级

交通运输企业安全生产标准化建设等级分为一级、二级、三级，其中一级为最高等级，三级为最低等级。评为一级达标企业的考评分数不低于900分（满分1000分，下同）且完全满足所有达标企业必备条件；评为二级达标企业的考评分数不低于700分且完全满足二、三级达标企业必备条件；评为三级达标企业的考评分数不低于600分且完全满足三级达标企业必备条件。水路危

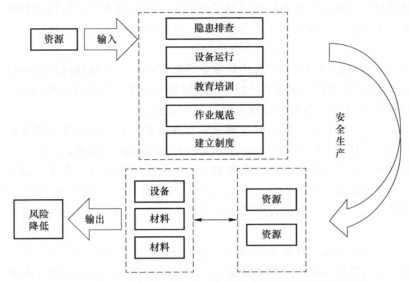

图 8-7 交通运输企业安全生产标准化建设内在要素的关系图

货物运输、水路旅客运输、港口危险货物营运、城市轨道交通、高速公路、隧道和桥梁运营企业安全生产标准化建设等级不设三级,二级为最低等级。交通运输企业安全生产标准化建设标准和评价指南由交通运输部另行发布。

4. 交通运输企业安全生产标准化建设评价形式

交通运输企业安全生产标准化建设评价工作坚持"政策引导、依法推进、政府监管、社会监督"的原则。相关工作应统一通过交通运输企业安全生产标准化管理系统(简称管理系统)开展。评价机构负责交通运输企业安全生产标准化建设评价活动的组织实施和评价等级证明的颁发。企业依据自主自愿原则选择安全标准化建设评价等级和评价机构。交通运输企业安全生产标准化建设评价包括初次考评、换证考评和年度核查三种形式。

(1) 初次考评。申请初次考评的企业应具有企业法人资格(含分公司),并直接从事交通运输生产经营建设行为的实体;具有与其经营管理相适应的安全生产管理机构和人员,并建有相应的安全生产管理制度;已进行安全生产标准化建设自评。

初次考评应提交申请报告,需要附上企业法人营业执照、经营许可证(与交通运输行业相关、能表明企业类型的证件,如道路运输许可证)复印件等;企业基本情况(企业名称、所在地区、企业性质、股比情况、法人代表、经营范围);企业安全生产基本情况(安全生产规章制度、安全生产组织机构、安全生产运行情况);企业安全生产标准化建设自评报告。

评价机构接到交通运输企业考评申请后,将在5个工作日内完成申请材料完整性和符合性核查。核查不通过的,会及时告知企业,并说明原因。企业申请资料核查通过后,评价机构将成立评价组,任命评价组长,制订评价方案,提前5个工作日告知当地主管机关,满足条件后即可启动现场评价。

(2) 换证考评。换证考评每3年1次,在安全生产标准化达标证书有效期届满之日前3个月内提出,申请换证考评的企业需要提供相关安全生产管理体系证书(证明)及近3年安全事故情况。换证考评申请需要附送企业法人营业执照、经营许可证、安全生产标准化达标证书、企业基本情况和安全生产组织架构、企业安全生产管理情况等。

若是企业申请高一级别安全生产标准化达标考评,考评及发证的内容、范围和方法按照初次考评的有关规定执行。新组建企业考评应于新组建企业正式运营6个月内提出初次考评申请。重新考评未通过考评的或经主管机关审核不合格的,企业应采取纠正措施并可在3个月后重新申请考评。

(3) 年度核查。企业取得安全生产标准化建设等级证明后,有效期内应按年度开展自评,自我核查时间间隔不超过12个月,企业自评报告应报颁发等级证明的评价机构核查,评价机构将在企业提交年度自评报告15个工作日内完成自评报告年度核查。

评价机构对企业年度自评报告核查时发现企业自评结论不能满足原有等级要求;自评报告内容不全或存在不实,不能真实体现企业安全生产标准化建设实际情况的;企业生产经营状况发生重大变化的,包括生产经营规模、场所、范围或主要安全管理团队等;企业未按要求及时向评价机构报告重大安全事故隐患和较大以上安全生产责任事故的;相关方对企业的安全生产提出举报、投诉等情况,需进行现场核查。需进行现场核查的企业,评价机构将在30个工作日内完成现场核查工作。

年度核查结论分为不合格、合格和优秀三个等级评价,并通过管理系统向社会公开。企业安全生产标准化建设运行情况不能持续满足所取得的评价等级要求,或者长期存在重大安全事故隐患且未有效整改的评为不合格;基本满足且对不影响评价结论的问题和重大安全事故隐患进行有效整改的评为合格;满足原评价等级所有要求,并建立有效的企业安全生产标准化持续改进工作机制,并且运行良好,重大安全事故隐患和问题整改完成的,评为优秀。对于年度核查评为优秀,应由企业在年度自查报告中主动提出申请,经评价机构核查,包括进行现场抽查验证通过后,方可评为优秀。

评价机构对企业年度自评报告进行记录并存档。对企业的年度核查评价在合格以上的,维持其安全生产标准化建设等级证明有效;客运、危险货物经营企业安全生产标准化建设评价及年度核查情况作为企业经营资质年审和运力更新、新增审批、招标投标的安全条件重要参考依据。同时,规定已经取得企业安全生产标准化证明的企业,连续3个年度核查评为优秀的,可直接换发评价证明。

年度核查评价不合格或未按要求提交自评报告的,评价机构应通知企业并提出相关整改建议,企业在30日内未经验收完成整改,或者仍未提交自评报告,或者拒绝评价机构现场复核的,评价机构应撤销并收回企业安全生产标准化建设等级证明,并通过管理系统向社会公告。

已经取得交通运输企业安全生产标准化建设等级证明的企业,在有效期内发现存在重大安全事故隐患或发生较大及以上安全生产责任事故的,应在10个工作日内向颁发等级证明的评价机构报送相关信息,评价机构可视情况开展企业安全生产标准化建设核查工作。

(4) 获证企业的日常管理。获证企业必须高度重视安全生产标准化建设,一方面企业要保证每年都要开展自评,并且将自评的报告报发证主管机关,以此保证安全生产标准化建设的规范化;另一方面企业要做日常的安全管理工作。获得安全生产标准化证书并不能证明企业在以后的生产中没有安全隐患,因此需要企业更加注重日常安全管理工作,严格按照标准化生产的规范要求,同时将安全生产标准化规范深入到具体的行动中,实现安全生产的目的,形成强有力的制度性约束力。

企业是安全生产的责任主体,也是安全生产标准化建设的主体。安全生产标准化是企业管理的一个重要组成部分,是一项综合性的基础工作,贯穿于企业整个生产、技术和管理活动的全过程。企业在生产经营过程中容易出现人员操作不当、设施违章过期使用、安全管理措施不完善和不到位、安全责任不明确及各类违章行为,这些是造成人身伤害事故和责任事故的根源。由此可见,实现安全生产标准化是实现安全生产的基础,不仅仅是对某个部门、个人要求安全生产,而是在企业生产经营的每个岗位、每个环节都必须落实责任，一线生产员工要正确操作，管理部门要依据制度和流程运行，机器设备要定期检修和保养以提高运行水平，作业环境要整齐规范以确保安全。只有企业上下都贯彻到位，建立起一个系统的管理体系，安全生产标准化才能真正实现。同时，企业安全生产标准化建设是一个制定目标、实施目标、合格评定、分析改进，以及再修订标准的动态循环的管理系统，是通过持续改进来实现的。在实施过程中不断发现问题，排查隐患，制订解决方案，提高管理水平，与管理学中的一个通用模型——PDCA循环相似，进行动态的循环管理。

交通运输企业安全生产标准化建设是规范企业安全生产管理，改进安全生产绩效，建立安全生产长效机制的一种系统方法。通过安全生产标准化建设，可以使企业健全管理制度和操作规范，建立预防机制，保证生产环节和相关岗位的操作符合规范，生产作业人员、车辆、设备等始终保持较好的标准和水平，并不断持续改进和提高，最终实现快速发展。

同时，开展交通运输企业安全生产标准化建设工作是对国务院关于企业安全生产标准化建设工作重要部署的贯彻落实，不仅可以进一步落实交通运输企业安全生产主体责任，可以强化交通运输企业安全生产的长效机制建设，还可以为主管部门实施安全生产分类指导、分级监管提供重要依据。实施交通运输企业安全生产标准化建设考评，将企业划分为不同等级，能够客观真实地反映出各地区企业安全生产状况和不同安全生产水平的企业数量，为加强全行业安全监管提供有效的基础数据支撑；可以提高安全生产事故的防范能力。而且，深入开展安全生产标准化建设，能够进一步规范从业人员的安全行为，保证生产过程中各个环节的安全生产一致性，促进各类隐患的排查治理，提高信息化管理水平，推进安全生产长效机制建设，有效防范和坚决遏制事故发生，促进交通运输安全生产形势持续稳定好转，有利于交通运输行业稳定发展。

三、交通运输企业安全生产标准化建设流程

1. 安全生产标准化体系的指导思想

以科学发展观为统领，坚持"安全第一、预防为主、综合治理"的方针，牢固树立以人为本、安全发展的理念，全面贯彻《国务院关于进一步加强企业安全生产工作的通知》和《国务院安委会关于深入开展企业安全生产标准化建设的指导意见》的精神，以落实企业安全生产主体（责任）为主线，以强化安全生产"双基"（基层、基础）为重点，通过开展企业安全生产标准化建设，全面提升交通运输企业安全生产水平，为构建便捷、安全、经济、高效的综合运输体系，发展现代交通运输业提供可靠的安全保障。

2. 安全生产标准化体系的总体要求

通过落实岗位责任制，建立安全生产标准化，完善安全管理和培训机制，使员工素质、技术装备水平、事故防范和安全管理能力均有显著提高，确保企业提升安全生产管理水平。全面推进安全生产标准化建设的工作，促进企业安全生产制度化、规范化，从源头上强化企业安全管理意识，达到减少事故、保障人身安全、保证企业生产顺利进行的目的。

3. 交通运输企业安全生产标准化建设过程

交通运输企业安全生产标准化建设过程如图8-8所示。

（1）策划准备及目标制定。交通运输企业在经营过程中形成自有既定的安全管理运行模式及人员机构安排等，与安全标准化的规范要求存在差距，因此，在进行安全标准化建设前，企业领导必须高度重视安全生产标准化建设，并且在思想层面树立严格的标准化生产管理意识，形成专门机构负责研究安全生产化标准的工作体系，重点是针对本企业的安全生产管理现状，研究怎样做，以及借鉴其他企业的经验，分析本企业在安全生产标准化建设中所存在的不足，重点是梳理

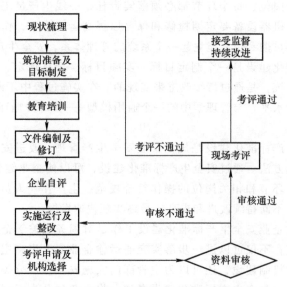

图 8-8 交通运输企业安全生产标准化建设过程

企业自身的安全管理模式及管理现状，根据本企业与安全生产标准化要求的差距，制订安全生产标准化建设的目标和计划。

企业可组织标准化工作小组或委托评审单位人员对企业现阶段的安全管理情况进行初始评估。初评人员应根据相关的法律法规及《企业安全生产标准化基本规范》（GB/T 33000—2016）要求，了解企业的安全工作方针和目标、组织机构、人员及装备配置、安全管理文化和制度、岗位安全操作等安全管理信息，找出管理漏洞和差距，并做出符合企业安全管理现状的评估报告，为标准化的实施提供依据。

按照适用于企业的国际公约、国内的法律法规及《企业安全生产标准化基本规范》（GB/T 33000—2016）的要求，对照初评报告的内容，结合企业各岗位的性质、特点和资源需求制定全面的、切实可行的岗位安全工作标准。

（2）教育培训。对全体从业人员进行安全生产标准化相关内容培训：首先组织安全生产标准化工作小组成员，进行《企业安全生产标准化基本规范》（GB/T 33000—2016）系统培训，掌握评审达标的考核内容、方法和要求；其次对各部门管理人员进行《企业安全生产标准化基本规范》（GB/T 33000—2016）系统培训，理解安全生产标准化的考评要素内容和实施方法，明确安全标准化赋予本部门管理人员的职责；再次，针对员工进行《企业安全生产标准化基本规范》（GB/T 33000—2016）系统培训，着重理解安全标准化的意义，明确安全标准化赋予员工的职责，基本掌握本岗位不安全因素的识别和安全检查表的应用。

（3）文件编制及修订。根据策划结果，编写适合于本企业的安全生产标准化手册、员工安全手册和相关的程序文件，制订和下达实施计划。在编写标准化手册和文件时应充分融合现行的企业安全管理体系的相关文件，而在计划执行过程中可能会存在一些问题，员工的理解也会存在偏差，因此，可以采取一段时间试运行的方法，重点进行手册和文件的学习和培训，使各部门员工明确自己岗位职责和安全操作要求，最后经过效果评价，改进和提高，进入实施运行阶段。

（4）企业自评。由企业安全生产标准化工作小组制订自评计划，并依据相关的法律法规和有关安全生产标准化文件的精神编制考评检查项目表，安全标准化工作小组按照考评检查项目表的内容进行自评，逐项给出自评分值，对存在的不符合项制定纠正措施，并编制自评报告。

(5)实施运行及整改。根据自评结果,针对不符合项实施整改和提出预防措施,随后对发现的问题经过跟踪验证,确保这些存在或潜在的缺陷得到纠正,从而改进安全生产标准化管理,不断提高安全生产标准化实施水平和安全绩效。根据 PDCA 管理循环,运行一个周期后进行企业自评,及时了解企业自身安全标准化达标情况。

(6)考评申请及机构选择。具备独立法人资格,从事交通运输生产经营建设的企业或独立运营的实体;具有与其生产经营活动相适应的经营资质、安全生产管理机构和人员,并建立相应的安全生产管理制度;近一年内没有发生较大以上安全生产责任事故;已开展企业安全生产标准化建设自评,结论符合申请等级要求的交通运输企业可申请初次考评。交通运输企业应根据经营范围分别申请相应专业类别建设评价,属同一专业类型不同专业类别的,可合并评价,依照法律法规要求自主申请,自主选择相应等级的评价机构。

(7)资料审核。评价机构接到交通运输企业考评申请后,应在 5 个工作日内完成申请材料完整性和符合性核查。核查不通过的,应及时告知企业,并说明原因。评价机构对申请材料核查后,认为自身能力不足或申请企业存在较大安全生产风险时,可拒绝受理申请,并向其说明,记录在案。企业可根据存在问题,进行自我检查和整改,待达标后可再申请安全标准等级考评。

(8)现场考评。企业申请资料核查通过后,评价机构应成立评价组,任命评价组长,制订评价方案,提前 5 个工作日告知当地主管机关后,满足下列条件,可启动现场考评,现场考评流程如图 8-9 所示。要求所成立的现场评价组评审员不少于 3 人,其中自有评审员不少于 1 人;评价组长原则上应为自有评审员,并且具有 2 年和 8 家以上同等级别企业安全生产标准化建设评价经历,

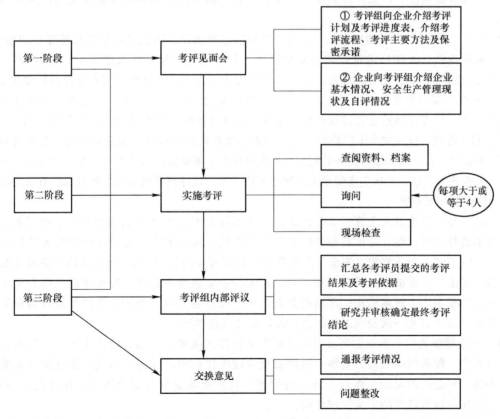

图 8-9 交通运输企业现场考评流程

3年内没有不良信用记录,并经评价机构培训,具有较强的现场沟通协调和组织能力;评价组应熟悉企业评价现场安全应急要求和当地相关法律法规和标准规范要求。评价机构应在接受企业评价申请后30个工作日内完成对企业的现场评价工作,并提交评价报告。

(9) 接受监督,持续改进。现场考评工作完成后,评价组向企业反馈发现的安全事故隐患和问题、整改建议及现场评价结论,形成现场考评问题清单,问题清单应经企业和评价组签字确认。现场发现的重大安全事故隐患和问题应向负有直接安全生产监督管理职责的交通运输管理部门和相应的主管机关报告。

企业对考评发现的安全事故隐患和问题,在现场考评结束30日内按要求整改到位的,经申请,由评价机构确认整改合格,所完成的整改内容可视为达到相关要求;对于不影响评价结论的安全事故隐患和问题,企业应按评价机构有关建议积极组织整改,并在年度报告中予以说明。

四、交通运输企业安全生产标准化建设要点

1. 安全生产方针和目标

企业安全生产方针和目标是企业安全生产的发展方向和行动纲领。企业安全生产工作必须与企业发展同步规划、同步实施,并与其相适应。安全生产方针和目标应坚持控制风险、降低事故、持续改进的原则,不断提高企业安全生产绩效。

(1) 建立安全生产方针与目标管理制度。企业应坚持"安全第一,预防为主,综合治理"的安全生产方针。企业安全生产方针和目标应不低于上级下达的安全控制指标。企业应建立安全生产方针与目标管理制度,以文件形式发布安全生产方针和目标,制定并实施安全生产方针与目标保障措施。

(2) 中长期规划。中长期规划是企业安全发展的重要依据,因此针对企业容易存在的重生产、轻安全管理的现状,尤其是偏重短期的安全管理,需要制订严格的中长期安全管理规划。例如,企业可以通过制订五年安全生产规划及跨年度专项安全工作方案,持续落实安全标准化建设工作。

(3) 年度计划。年度计划是企业在一年内所要完成的全部规划,以及对企业安全管理工作进行指导的方案。年度计划是企业建设的必要条件,也是具体指导安全管理工作的重要举措。

(4) 目标考核。设立安全生产控制指标,对安全生产管理指标进行量化和细化,横向分解到各职能部门和基层单位,纵向分解到各管理岗位和生产岗位。职能部门应定期对安全生产目标和指标完成情况进行考核与奖惩,严格落实安全生产奖惩考核制度,以保证年度安全工作目标的有效完成。

2. 管理机构和人员

管理机构是具体负责安全管理工作的部门,其不仅是安全生产规划的制定者、组织者,也是安全管理的监督部门。设立与企业相符的安全管理机构,规范配置相应的安全管理人员是保证企业安全生产的基础。企业要成立安全生产委员会(或领导小组),下属各分支机构分别成立相应的领导机构。安全生产委员会的职责必须明确,并实行主要领导负责制;按规定设置与安全生产相适应且独立的安全生产管理机构;定期召开安全生产委员会会议,如安全生产管理机构和下属各分支机构每月至少召开一次安全工作例会,做好会议签到和记录。

(1) 安全管理机构。企业主要负责人依据国家有关法规要求,结合企业安全生产特点,设立安全管理机构,配备相应的人力资源,提供安全管理工作的组织保障。首先,企业要成立安全生产领导小组,对企业的安全工作进行统一的管理;其次企业也要对安全管理工作进行具体划分,根据不同的岗位设置科学的安全管理组织。

(2) 管理人员配备。管理人员是实施安全管理的主要人员,因此需要在相关规则和制度下建立主要负责人、安全管理人员台账,确保安全工作真正落到实处。

3. 安全责任体系

（1）健全责任制。企业主要负责人在单位的领导层、承担管理工作的有关职能部门及员工之间，建立一种分工明确、运行有效、责任落实，能够充分发挥作用的安全生产责任制度，把安全生产工作落到实处。全体员工安全职责明确，制定并落实安全生产责任制，层层签订安全生产责任书，并落实到位；主要负责人或实际控制人是安全生产第一责任人，按照安全生产法律法规赋予的职责，对安全生产负全面组织领导、管理责任和法律责任，并履行安全生产的责任和义务；分管安全生产的负责人是安全生产的重要负责人，统筹协调和综合管理企业的安全生产工作，对安全生产负重要管理责任；其他负责人和全体员工实行"一岗双责"，对业务范围内的安全生产工作负责；安全生产管理机构、各职能部门、生产基层单位的安全职责明确并落实到位。

（2）责任制考评。建立安全生产职责考核和奖惩制度，形成安全生产责任制考核机制，对各级管理部门、管理人员及从业人员安全职责的履行情况和安全生产责任制的实现情况进行定期考核，辅以奖惩，持续改进安全生产管理工作。

4. 法规和安全管理制度

及时识别和获取适用的安全生产法律、法规、标准及其他相关要求，有利于企业了解、掌握与企业生产经营活动相关的安全生产法律、法规、标准及其他相关要求，以提高企业在经营活动中的法律意识，规范其安全生产行为。

（1）资质要求。交通运输企业应具有在从事行业经营活动中合法有效，经营范围符合要求的资质，如"道路运输经营许可证""企业法人营业执照"等，若是危险化学品运输企业还需要有"道路危险货物运输许可证"等相关资质。

（2）法规。法规是指引职业活动非常重要的文件。交通运输企业在实施生产的全过程，均应及时更新并获取本行业安全生产法律法规及标准规范，建立识别、获取控制制度。在生产过程中，通过发放法律、法规、标准等学习资料，开展相关培训活动，确保企业和从业人员能够按照法律、法规、标准及其他相关要求安全生产。

（3）安全管理制度。依据最新的国家安全生产法律、法规、标准、规范，结合企业的生产性质、特点，将适用的安全生产法律、法规、标准和规范融入企业安全生产管理制度中，并严格落实，保证安全生产工作经常化、规范化、制度化。

（4）岗位安全生产操作规程。企业必须依据法律、法规、标准、规范及生产工艺、设备、设施特性、操作方法、生产过程的危险性及结合企业实际生产操作岗位的设立情况，编制岗位安全生产操作规程并发放到岗位（职工），规范从业人员的安全生产行为，当有变更时，应及时修订安全生产操作规程，确保安全、有效。

（5）制度执行及档案管理。为保证法律、法规、标准及其他要求的有效执行，企业应每年定期对法律、法规、标准及其他要求的贯彻执行情况进行适宜性及合规性评价，查找实施和执行过程中的不符合项，制定整改措施予以纠正。将更新后的制度作为执行文件下发，替换并回收旧文件，合理归档。

5. 安全投入

保证必要的安全生产资金投入，完善安全生产条件，是提高企业安全水平的重要支撑。企业应制定安全费用管理制度，按照国家、当地政府的有关安全生产费用提取标准，足额提取安全生产费用，专项用于安全生产。同时，按照国家规定的安全生产费用使用范围，依法、合理和有效地使用安全生产专项资金，建立安全生产费用管理台账，确保安全生产条件得到持续改善。

6. 场地和设施设备

企业需要配备与运输生产活动相适应的场地和设施设备。按国家有关规定设置疏散紧急通道，并配足有效的安全消防设备及器材；设置专门的车辆安全检查场地，配备汽车安全检验台及必要的仪器、设备；设有覆盖安全重点部位的视频监控设备，并保持实时监控；设有专用应急通道，并规范标识；各种设施、设备维护保养良好等。

7. 科技创新与信息化

鼓励科技创新并积极应用，发挥企业内部员工的积极性，为企业安全生产注入新的技术力量。建立安全信息系统和稳定可靠的运营组织系统，如 GPS 定位系统、车辆维保管理系统、驾驶人培训教育系统等。可以开展安全科技小组活动，征求科技合理化建议，并奖励科技成果，形成对安全生产的正向激励。

8. 队伍建设

安全培训教育是安全管理的重要组成部分，是实现企业安全生产、预防事故和职业危害的一项重要措施。企业通过员工队伍建设，提高员工安全意识和安全技能，实现安全生产。根据国家及行业相关规定，企业应制订安全培训教育计划，并确保其得到有效实施。根据相关部门的要求，定期与不定期地按照国家的相关规定对员工开展宣传教育，同时还要在车站、广场等人员密集的场所进行宣传。管理人员参加培训教育，确保管理人员具备安全生产管理知识和管理能力，保证企业安全生产工作的正常、有序开展。从业人员培训就是对从事工作岗位的人员进行教育培训，让其掌握必要的安全知识，保证工作人员可以在工作岗位出现安全隐患及事故时可以第一时间进行相应的操作，以此规范从业人员安全生产行为。规范档案，开展安全教育培训，企业要做好档案管理工作，及时将安全教育培训结果记录在案，通过对档案的科学考评实现安全教育培训的高效化。

9. 作业管理

有效实施作业管理，有利于贯彻落实安全生产方针，规范作业现场的安全行为，控制和消除生产作业过程中的潜在风险，实现安全生产。加强现场作业安全管理，强化安全监督检查，规范现场人员作业行为，严禁违章行为，防止各类事故发生，保障员工及公司财产安全。安全值班制度化，保证管理的连续性，促进安全生产，加大督查力度，杜绝"三违"现象的发生。强化监督管理，明确和落实各自的安全责任，规范安全生产行为，规避生产经营活动实施过程中的安全风险，预防各类事故发生，确保生产经营活动正常进行。规范驾驶员、检修等人员的安全管理，实行一人一档制。建立安全警示标志设置台账，在存在危险因素的作业场所和设备设施醒目位置设置符合规定的安全标志，警示、提醒从业人员注意危险，防止事故发生。

10. 危险源辨识与风险控制运用

运用标准科学的分析方法，辨识和确定各项生产和管理活动中的危险源，评价其风险等级，明确风险控制措施并实施有效控制，将风险控制在可接受的程度，防止事故发生。企业可结合辨识出的生产和管理作业活动中的危险、危害因素，编制有针对性的安全检查表，并执行定期检查；对危险部位、场所、设施等不安全因素，执行风险告知卡、岗位安全检查表制度，对风险进行有效控制和管理。

11. 隐患排查与治理

建立安全生产事故隐患排查治理长效机制，加强事故隐患监控管理，及时消除安全隐患，有效防止和减少各类事故发生，确保实现安全生产。加强生产作业现场安全过程控制，规范逐级隐患排查，从严落实安全生产责任制，监督各项安全规程制度的实施，制止违章指挥、违章作业，预防事故的发生。加强事故隐患监督管理，及时采取安全隐患整改措施，以消除事故隐患，防止和减少事故的发生，确保安全生产有效运行。

12. 职业健康

职业健康要求企业保护劳动者的合法权益，保障职工在生产劳动过程中不受职业病危害因素的影响，预防职业病的发生。企业要改善生产作业环境，规范工作场所职业病危害的告知和警示工作，有效预防、控制和消除职业病危害，为从业人员提供符合职业健康要求的工作环境和条件，配备与职业健康保护相适应的设施、工具，保障职工在生产、工作中遭受工伤事故伤害和患职业病后获得医疗救治和经济补偿，保护员工的健康及其康复的权利，预防工伤事故，促进企业安全生产。

13. 安全文化

企业通过安全文化建设，使员工树立正确的价值观、安全观及道德行为规范，形成自我约束、持续改进的安全长效机制，构建良好的安全人文氛围和协调的人、机、环境关系，创造一个稳定、文明的工作环境。良好的安全环境管理，能维护企业良好的整体形象，保证企业员工能拥有安全、整洁、卫生的工作环境，提升工作效率。通过文化力量的指引，可使员工从"要我安全"向"我要安全"转变，形成自我行为管理，通过员工内在思想动力实现安全行为，促进员工队伍整体安全素质的提高，提升企业整体安全管理水平。组织员工签订安全生产承诺书，是现阶段常见的安全文化精神建设的途径之一。

14. 应急救援

应急预案是企业安全管理的必要举措，主要是针对事故不可避免或不能完全避免的情况下，一旦发生需要采取科学的救援方式的安全管理体系。通过应急预案可以将事故损失降到最低。依据事故后果分析，突发事件的性质、特点和可能造成的社会危害，结合企业现状，制定出科学的预案体系，保证预案的科学性与真实性。所编制的预案要能在事故发生后快速控制其发展，合理、充分地利用一切可能的力量和资源，保护现场职工和附近居民的健康与安全，并将事故对环境和财产造成的损失降至最低程度。对危险性较大的企业，建议建立应急队伍，按照应急预案的要求配备相应的应急物质及装备，建立应急救援设备、设施清单，并进行经常性的检查、维护、保养，确保其处于良好状态。按规定实施应急演练，找出需改善的潜在问题；锻炼队伍，提高救援人员的心理素质；熟练预案，提高应急管理与救援水平。

15. 事故报告及调查处理

依据事故管理制度等有关规定，企业应当及时、准确和完整地报告事故处理信息。信息的处置应当遵循快速高效、协同配合、分级负责的原则。企业应明确事故报告程序和事故报告责任部门、责任人。事故发生后，企业应按规定及时、准确、如实地向有关部门报告。发生事故后，现场人员应立即采取应急措施，以防止事故扩大，减少人员伤亡和财产损失。并按照"四不放过原则"开展事故、事件调查处理。

16. 绩效考核与持续改进

企业应制定绩效评定及改进管理制度，以及安全生产标准化自评计划，每年至少一次对本单位安全生产标准化的实施情况进行评定，对安全生产工作目标、指标的完成情况进行综合考评，不断完善各项管理制度，持续改进，建立与之相适应的、科学的安全管理体系。

五、交通运输企业安全生产标准化注意事项

1. 管理者应高度重视，落实责任

（1）企业管理者应高度重视安全生产标准化建设，制订严格的安全生产标准工作方案，并且将安全生产标准具体到各个下属单位，实行严格的岗位责任制，提高工作人员的安全意识。同时，企业管理者也要加强对安全生产标准化实施的监督，采取定期与不定期的方式对具体工作进行检

查,及时发现问题并解决问题,做到现场办公。

(2) 落实安全生产标准化责任制度,将其与个人利益相挂钩。将安全生产标准化工作与员工的个人利益相挂钩有助于提高工作人员工作的积极性,因此企业要实施绩效考核机制,如企业在安全生产标准化建设工作总结的基础上,要制定完善的绩效考核机制,通过物质与精神并存的奖励机制提高各个下属单位安全生产标准化建设的积极性,尤其是要加强对企业管理者的绩效考核,将安全生产标准化建设作为考核管理者的重要指标,以此激发管理者的积极性,使其起到良好的带头示范作用,消除"走过场、侧重表面工作"的现象。

2. 强化基层基础工作,规范安全管理

强化基层基础工作是规范安全生产的重要举措,也是规范各项制度的有力保障:

(1) 对照我国相关安全生产标准化建设的法律法规等对企业的安全规章制定等进行分析,及时修正、完善企业的各项制定建设,并且形成文件下发到下属单位认真执行。

(2) 对特种岗位证件的管理制度进行修订完善,增加风险分析等安全管理的内容,以此增强特殊岗位的安全性。

(3) 规范企业安全管理规程,建立安全管理记录台账。企业要统一印制安全活动记录表、安全培训计划表及工段综合安全检查表等,规范安全管理记录的内容,便于及时根据记录的情况对照安全隐患进行整改,以此大大提高企业安全管理水平。例如,通过规范的记录表可以清晰地了解到企业的安全隐患问题,以此及时采取措施给予消除。

(4) 加强基层安全教育培训工作。企业要加强对员工的安全教育培训,并且将安全培训常态化,鼓励员工开展自学以提高自身的安全技术和安全意识,以此应对工作中所存在的各种问题。同时,各个下属单位也要根据具体情况建立标准化的安全教育培训模式,提高员工对安全标准化管理的正确认识。

(5) 加强安全生产标准化管理的监督工作,通过监督提高员工的行为规范,从而将安全生产标准化的要求置于具体的工作中,从而形成良好的企业管理文化,从根本上规避安全事故的发生。

(6) 建立应急处理预案,提高企业的安全保障能力。企业要结合现状建立应急处理预案,同时对企业的各项制度等进行全面的修订,根据安全生产标准化的要求建立事故预防与应急预案相结合的方案,尤其是企业要知道下属单位建立针对关键装置部位的应急处理方案,保证在第一时间做出快速反应,以此降低与消除各种安全隐患事故。同时,企业也要做好预案的备案工作,加强对质检、安检等部门的沟通,开展全面的安全管理体系。当然企业也要加强对重点危险源的应急演练,通过应急演练提高员工的工作积极性。

(7) 年初进行布置,明确当年安全生产标准化工作的安排和进度要求,确保安全生产标准化建设工作落到实处。不同的企业应有不同的工作要求:已达标企业要加强对安全生产标准化管理体系运行情况的评价与改进,推动企业持续改进安全生产工作。达标有效期将满的企业,要按照新标准和新的考评办法,重新申请考评,鼓励企业申请升级达标;新达标企业要认真学习和宣贯相关行业安全生产标准化新的考评标准,加快落实各项工作要求。

3. 加强危害识别,有效控制风险

安全生产标准化规范为危害的辨识、运行控制、绩效改进提供了有效方法和手段。企业通过不断完善风险评价组织体系,做到全员、全过程参与风险评价和风险管理。

(1) 企业组织各所属单位进行年度危害识别和风险评价,并制定控制措施。

(2) 企业安全管理部门牵头对危险源辨识、风险评价及风险控制相关制度进行修订,完善各级风险评价组织体系,细化风险评价准则,并进行危险源识别,对生产、检修等作业活动进行作业危害分析及风险评价。组织各岗位员工对各自生产岗位的每个作业活动(工作任务)按照生产工序、操作步骤进行工作危害分析。指导、督促各车间对照车间设备设施台账及工艺技术规程，进一步完善安全检查表内容，覆盖车间所有的设备、设施、作业场所和工艺过程。安全管理部门指导各部门进行危险源辨识，组织年度风险评审，通过风险评价，确定重大风险，落实安全责任人和风险控制措施。

（3）企业建立各级风险评价组织体系，做好危险识别工作，以此有效控制风险。企业要提高员工风险管控的积极性，建立全员参与机制。对于常规活动要以岗位作为评价对象，引入科学的风险评价方法对容易出现的危险源等进行分析与评估，以此及时掌握风险因素，从而制定切实可行的措施，保证安全生产。企业要组织相关专家学者、企业领导及员工定期对企业的生产进行风险评估，通过检查各项安全制度的落实情况，以此及时将危险源消除在萌芽状态。经评价，针对不可容许风险制订整改方案，落实安全责任人，完成限期整改。

（4）建立检修风险评估机制。企业在进行常规的检修等工作时，必须要对其进行风险评估，做好安全风险管控措施，对于没有进行风险评估的作业不给其办理相关的维修证明等，以此防范安全事故发生。

4. 以安全生产标准化创建为契机，全面进行现场规范整治

（1）以安全生产标准化要求为依据，结合企业安全管理现状，促进企业现场安全规范的管理。现场安全管理是整个企业安全管理的重要环节，因此要严格对照安全生产标准化方案对现场进行严格的安全管理，做到安全无死角、隐患及时消除，从而有力地推动安全生产管理的标准化操作，为员工提供安全舒适的工作环境。

（2）企业安全管理部门对企业各所属单位进行安全生产标准化专门检查，对发现的问题和隐患，以书面形式，要求责任单位限期整改。企业负责人定期带队，组织各职能部门，对各所属单位安全生产标准化达标验收的准备工作进行检查验收，各所属单位均需按要求进行整改，使现场安全环境得到改善，使生产现场的安全水平得到全面提高。

5. 定期进行自评，不断改进安全绩效

安全生产标准化建设属于系统的工程，需要企业的各个方面共同参与持续改进才能实现，因此基于安全生产工作的需要，要求企业加强自我考评，通过自我考评发现问题、改进问题，实现企业安全管理的质量。

企业首先要将安全生产标准化管理方案与企业的安全管理工作进行对照分析，通过对照及时发现问题，从而要求各个单位进行整改，以此进一步完善各项安全制度。编制《安全生产标准化工作手册》，并且将该手册下发到各个岗位，形成标准清晰的工作依据，指导岗位工作。企业管理者要做好自评工作，强调自评工作的真实性与有效性，避免将自评工作转化为形象工作。建立限期整改制度，对于发现的问题要在规定的期限内进行整改，并且建立安全整改工作小组，落实安全管理责任，从而保证整改工作的有效推进。

复习思考题

1. 交通安全管理的定义是什么？其含义是什么？
2. 交通安全管理的作用和保障体系是什么？
3. 试述现行交通安全管理体制及其变迁。
4. 道路安全核查的实现方式和各阶段的主要内容是什么？
5. 申请机动车驾驶证的人，应当符合哪些规定？
6. 机动车驾驶员培训业务单位的经营条件有哪些？

7. 申领驾驶证考试的考试科目具体有哪些？
8. 机动车登记的种类和主要内容是什么？
9. 试述机动车安全技术检验的种类、流程。
10. 申请检验资格许可的条件有哪些？
11. 机动车强制报废制度及其基本原则是什么？
12. 道路交通法规的性质和作用是什么？
13. 试述我国安全生产法律法规的基本体系；现行的道路交通安全法律法规有哪些？
14. 试述《道路交通安全法》的立法背景、立法指导原则、主要特点和内容简介。
15. 交通事故紧急救援系统由哪些部分构成？谈谈如何在现场实施交通事故救援。
16. 试述智能交通系统的概念、组成及其应用。
17. 道路交通运输企业安全管理的内容有哪些？
18. 结合实际谈谈如何实施安全管理模式（如 OSHMS 管理体系）。

附录

附录A 中华人民共和国道路交通安全法

《中华人民共和国道路交通安全法》由中华人民共和国第十届全国人民代表大会常务委员会第五次会议于2003年10月28日通过,自2004年5月1日起施行。

2007年12月29日,第十届全国人民代表大会常务委员会第三十一次会议通过《关于修改〈中华人民共和国道路交通安全法〉的决定》,自2008年5月1日起施行。

2011年4月22日,第十一届全国人民代表大会常务委员会第二十次会议通过《全国人民代表大会常务委员会关于修改〈中华人民共和国道路交通安全法〉的决定》,自2011年5月1日起施行。

目 录

第一章 总则

第二章 车辆和驾驶人

　第一节 机动车、非机动车

　第二节 机动车驾驶人

第三章 道路通行条件

第四章 道路通行规定

　第一节 一般规定

　第二节 机动车通行规定

　第三节 非机动车通行规定

　第四节 行人和乘车人通行规定

　第五节 高速公路的特别规定

第五章 交通事故处理

第六章 执法监督

第七章 法律责任

第八章 附则

第一章 总 则

第一条 为了维护道路交通秩序,预防和减少交通事故,保护人身安全,保护公民、法人和其他组织的财产安全及其他合法权益,提高通行效率,制定本法。

第二条 中华人民共和国境内的车辆驾驶人、行人、乘车人以及与道路交通活动有关的单位和个人,都应当遵守本法。

第三条　道路交通安全工作，应当遵循依法管理、方便群众的原则，保障道路交通有序、安全、畅通。

第四条　各级人民政府应当保障道路交通安全管理工作与经济建设和社会发展相适应。

县级以上地方各级人民政府应当适应道路交通发展的需要，依据道路交通安全法律、法规和国家有关政策，制定道路交通安全管理规划，并组织实施。

第五条　国务院公安部门负责全国道路交通安全管理工作。县级以上地方各级人民政府公安机关交通管理部门负责本行政区域内的道路交通安全管理工作。

县级以上各级人民政府交通、建设管理部门依据各自职责，负责有关的道路交通工作。

第六条　各级人民政府应当经常进行道路交通安全教育，提高公民的道路交通安全意识。

公安机关交通管理部门及其交通警察执行职务时，应当加强道路交通安全法律、法规的宣传，并模范遵守道路交通安全法律、法规。

机关、部队、企业事业单位、社会团体以及其他组织，应当对本单位的人员进行道路交通安全教育。

教育行政部门、学校应当将道路交通安全教育纳入法制教育的内容。

新闻、出版、广播、电视等有关单位，有进行道路交通安全教育的义务。

第七条　对道路交通安全管理工作，应当加强科学研究，推广、使用先进的管理方法、技术、设备。

第二章　车辆和驾驶人

第一节　机动车、非机动车

第八条　国家对机动车实行登记制度。机动车经公安机关交通管理部门登记后，方可上道路行驶。尚未登记的机动车，需要临时上道路行驶的，应当取得临时通行牌证。

第九条　申请机动车登记，应当提交以下证明、凭证：

（一）机动车所有人的身份证明。

（二）机动车来历证明。

（三）机动车整车出厂合格证明或者进口机动车进口凭证。

（四）车辆购置税的完税证明或者免税凭证。

（五）法律、行政法规规定应当在机动车登记时提交的其他证明、凭证。

公安机关交通管理部门应当自受理申请之日起五个工作日内完成机动车登记审查工作，对符合前款规定条件的，应当发放机动车登记证书、号牌和行驶证；对不符合前款规定条件的，应当向申请人说明不予登记的理由。

公安机关交通管理部门以外的任何单位或者个人不得发放机动车号牌或者要求机动车悬挂其他号牌，本法另有规定的除外。

机动车登记证书、号牌、行驶证的式样由国务院公安部门规定并监制。

第十条　准予登记的机动车应当符合机动车国家安全技术标准。申请机动车登记时，应当接受对该机动车的安全技术检验。但是，经国家机动车产品主管部门依据机动车国家安全技术标准认定的企业生产的机动车型，该车型的新车在出厂时经检验符合机动车国家安全技术标准，获得检验合格证的，免予安全技术检验。

第十一条　驾驶机动车上道路行驶，应当悬挂机动车号牌，放置检验合格标志、保险标志，并随车携带机动车行驶证。

机动车号牌应当按照规定悬挂并保持清晰、完整，不得故意遮挡、污损。

任何单位和个人不得收缴、扣留机动车号牌。

第十二条　有下列情形之一的，应当办理相应的登记：

（一）机动车所有权发生转移的。

（二）机动车登记内容变更的。

（三）机动车用作抵押的。

（四）机动车报废的。

第十三条　对登记后上道路行驶的机动车，应当依照法律、行政法规的规定，根据车辆用途、载客载货数量、使用年限等不同情况，定期进行安全技术检验。对提供机动车行驶证和机动车第三者责任强制保险单的，机动车安全技术检验机构应当予以检验，任何单位不得附加其他条件。对符合机动车国家安全技术标准的，公安机关交通管理部门应当发给检验合格标志。

对机动车的安全技术检验实行社会化。具体办法由国务院规定。

机动车安全技术检验实行社会化的地方，任何单位不得要求机动车到指定的场所进行检验。

公安机关交通管理部门、机动车安全技术检验机构不得要求机动车到指定的场所进行维修、保养。

机动车安全技术检验机构对机动车检验收取费用，应当严格执行国务院价格主管部门核定的收费标准。

第十四条　国家实行机动车强制报废制度，根据机动车的安全技术状况和不同用途，规定不同的报废标准。

应当报废的机动车必须及时办理注销登记。

达到报废标准的机动车不得上道路行驶。报废的大型客、货车及其他营运车辆应当在公安机关交通管理部门的监督下解体。

第十五条　警车、消防车、救护车、工程救险车应当按照规定喷涂标志图案，安装警报器、标志灯具。其他机动车不得喷涂、安装、使用上述车辆专用的或者与其相类似的标志图案、警报器或者标志灯具。

警车、消防车、救护车、工程救险车应当严格按照规定的用途和条件使用。

公路监督检查的专用车辆，应当依照公路法的规定，设置统一的标志和示警灯。

第十六条　任何单位或者个人不得有下列行为：

（一）拼装机动车或者擅自改变机动车已登记的结构、构造或者特征的。

（二）改变机动车型号、发动机号、车架号或者车辆识别代号。

（三）伪造、变造或者使用伪造、变造的机动车登记证书、号牌、行驶证、检验合格标志、保险标志。

（四）使用其他机动车的登记证书、号牌、行驶证、检验合格标志、保险标志。

第十七条　国家实行机动车第三者责任强制保险制度，设立道路交通事故社会救助基金。具体办法由国务院规定。

第十八条　依法应当登记的非机动车，经公安机关交通管理部门登记后，方可上道路行驶。

依法应当登记的非机动车的种类，由省、自治区、直辖市人民政府根据当地实际情况规定。

非机动车的外形尺寸、质量、制动器、车铃和夜间反光装置，应当符合非机动车安全技术标准。

第二节　机动车驾驶人

第十九条　驾驶机动车，应当依法取得机动车驾驶证。

申请机动车驾驶证，应当符合国务院公安部门规定的驾驶许可条件；经考试合格后，由公安机关交通管理部门发给相应类别的机动车驾驶证。

持有境外机动车驾驶证的人，符合国务院公安部门规定的驾驶许可条件，经公安机关交通管理部门考核合格的，可以发给中国的机动车驾驶证。

驾驶人应当按照驾驶证载明的准驾车型驾驶机动车；驾驶机动车时，应当随身携带机动车驾驶证。

公安机关交通管理部门以外的任何单位或者个人，不得收缴、扣留机动车驾驶证。

第二十条　机动车的驾驶培训实行社会化，由交通主管部门对驾驶培训学校、驾驶培训班实行资格管理，其中专门的拖拉机驾驶培训学校、驾驶培训班由农业（农业机械）主管部门实行资格管理。

驾驶培训学校、驾驶培训班应当严格按照国家有关规定，对学员进行道路交通安全法律、法规及驾驶技能的培训，确保培训质量。

任何国家机关以及驾驶培训和考试主管部门不得举办或者参与举办驾驶培训学校、驾驶培训班。

第二十一条　驾驶人驾驶机动车上道路行驶前，应当对机动车的安全技术性能进行认真检查；不得驾驶安全设施不全或者机件不符合技术标准等具有安全隐患的机动车。

第二十二条　机动车驾驶人应当遵守道路交通安全法律、法规的规定，按照操作规范安全驾驶、文明驾驶。

饮酒、服用国家管制的精神药品或者麻醉药品，或者患有妨碍安全驾驶机动车的疾病，或者过度疲劳影响安全驾驶的，不得驾驶机动车。

任何人不得强迫、指使、纵容驾驶人违反道路交通安全法律、法规和机动车安全驾驶要求驾驶机动车。

第二十三条　公安机关交通管理部门依照法律、行政法规的规定，定期对机动车驾驶证实施审验。

第二十四条　公安机关交通管理部门对机动车驾驶人违反道路交通安全法律、法规的行为，除依法给予行政处罚外，实行累积记分制度。公安机关交通管理部门对累积记分达到规定分值的机动车驾驶人，扣留机动车驾驶证，对其进行道路交通安全法律、法规教育，重新考试；考试合格的，发还其机动车驾驶证。

对遵守道路交通安全法律、法规，在一年内无累积记分的机动车驾驶人，可以延长机动车驾驶证的审验期。具体办法由国务院公安部门规定。

第三章　道路通行条件

第二十五条　全国实行统一的道路交通信号。

交通信号包括交通信号灯、交通标志、交通标线和交通警察的指挥。

交通信号灯、交通标志、交通标线的设置应当符合道路交通安全、畅通的要求和国家标准，并保持清晰、醒目、准确、完好。

根据通行需要，应当及时增设、调换、更新道路交通信号。增设、调换、更新限制性的道路交通信号，应当提前向社会公告，广泛进行宣传。

第二十六条　交通信号灯由红灯、绿灯、黄灯组成。红灯表示禁止通行，绿灯表示准许通行，黄灯表示警示。

第二十七条　铁路与道路平面交叉的道口，应当设置警示灯、警示标志或者安全防护设施。无人看守的铁路道口，应当在距道口一定距离处设置警示标志。

第二十八条　任何单位和个人不得擅自设置、移动、占用、损毁交通信号灯、交通标志、交通标线。

道路两侧及隔离带上种植的树木或者其他植物，设置的广告牌、管线等，应当与交通设施保持必要的距离，不得遮挡路灯、交通信号灯、交通标志，不得妨碍安全视距，不得影响通行。

第二十九条　道路、停车场和道路配套设施的规划、设计、建设，应当符合道路交通安全、畅通的要求，并根据交通需求及时调整。

公安机关交通管理部门发现已经投入使用的道路存在交通事故频发路段，或者停车场、道路配套设施存在交通安全严重隐患的，应当及时向当地人民政府报告，并提出防范交通事故、消除隐患的建议，当地人民政府应当及时做出处理决定。

第三十条　道路出现坍塌、坑槽、水毁、隆起等损毁或者交通信号灯、交通标志、交通标线等交通设施损毁、灭失的，道路、交通设施的养护部门或者管理部门应当设置警示标志并及时修复。

公安机关交通管理部门发现前款情形，危及交通安全，尚未设置警示标志的，应当及时采取安全措施，疏导交通，并通知道路、交通设施的养护部门或者管理部门。

第三十一条　未经许可，任何单位和个人不得占用道路从事非交通活动。

第三十二条　因工程建设需要占用、挖掘道路，或者跨越、穿越道路架设、增设管线设施，应当事先征得道路主管部门的同意；影响交通安全的，还应当征得公安机关交通管理部门的同意。

施工作业单位应当在经批准的路段和时间内施工作业，并在距离施工作业地点来车方向安全距离处设置明显的安全警示标志，采取防护措施；施工作业完毕，应当迅速清除道路上的障碍物，消除安全隐患，经道路主管部门和公安机关交通管理部门验收合格，符合通行要求后，方可恢复通行。

对未中断交通的施工作业道路，公安机关交通管理部门应当加强交通安全监督检查，维护道路交通秩序。

第三十三条　新建、改建、扩建的公共建筑、商业街区、居住区、大（中）型建筑等，应当配建、增建停车场；停车泊位不足的，应当及时改建或者扩建；投入使用的停车场不得擅自停止使用或者改作他用。

在城市道路范围内，在不影响行人、车辆通行的情况下，政府有关部门可以施划停车泊位。

第三十四条　学校、幼儿园、医院、养老院门前的道路没有行人过街设施的，应当施划人行横道线，设置提示标志。

城市主要道路的人行道，应当按照规划设置盲道。盲道的设置应当符合国家标准。

第四章　道路通行规定

第一节　一般规定

第三十五条　机动车、非机动车实行右侧通行。

第三十六条　根据道路条件和通行需要，道路划分为机动车道、非机动车道和人行道的，机动车、非机动车、行人实行分道通行。没有划分机动车道、非机动车道和人行道的，机动车在道路中间通行，非机动车和行人在道路两侧通行。

第三十七条　道路划设专用车道的，在专用车道内，只准许规定的车辆通行，其他车辆不得进入专用车道内行驶。

第三十八条　车辆、行人应当按照交通信号通行；遇有交通警察现场指挥时，应当按照交通警察的指挥通行；在没有交通信号的道路上，应当在确保安全、畅通的原则下通行。

第三十九条　公安机关交通管理部门根据道路和交通流量的具体情况，可以对机动车、非机动车、行人采取疏导、限制通行、禁止通行等措施。遇有大型群众性活动、大范围施工等情况，需要采取限制交通的措施，或者做出与公众的道路交通活动直接有关的决定，应当提前向社会公告。

第四十条　遇有自然灾害、恶劣气象条件或者重大交通事故等严重影响交通安全的情形，采取其他措施难以保证交通安全时，公安机关交通管理部门可以实行交通管制。

第四十一条　有关道路通行的其他具体规定，由国务院规定。

第二节　机动车通行规定

第四十二条　机动车上道路行驶，不得超过限速标志标明的最高时速。在没有限速标志的路段，应当保持安全车速。

夜间行驶或者在容易发生危险的路段行驶，以及遇有沙尘、冰雹、雨、雪、雾、结冰等气象条件时，应当降低行驶速度。

第四十三条　同车道行驶的机动车，后车应当与前车保持足以采取紧急制动措施的安全距离。有下列情形之一的，不得超车：

（一）前车正在左转弯、掉头、超车的。

（二）与对面来车有会车可能的。

（三）前车为执行紧急任务的警车、消防车、救护车、工程救险车的。

（四）行经铁路道口、交叉路口、窄桥、弯道、陡坡、隧道、人行横道、市区交通流量大的路段等没有超车条件的。

第四十四条　机动车通过交叉路口，应当按照交通信号灯、交通标志、交通标线或者交通警察的指挥通过；通过没有交通信号灯、交通标志、交通标线或者交通警察指挥的交叉路口时，应当减速慢行，并让行人和优先通行的车辆先行。

第四十五条　机动车遇有前方车辆停车排队等候或者缓慢行驶时，不得借道超车或者占用对面车道，不得穿插等候的车辆。

在车道减少的路段、路口，或者在没有交通信号灯、交通标志、交通标线或者交通警察指挥的交叉路口遇到停车排队等候或者缓慢行驶时，机动车应当依次交替通行。

第四十六条　机动车通过铁路道口时，应当按照交通信号或者管理人员的指挥通行；没有交通信号或者管理人员的，应当减速或者停车，在确认安全后通过。

第四十七条　机动车行经人行横道时，应当减速行驶；遇行人正在通过人行横道，应当停车让行。

机动车行经没有交通信号的道路时，遇行人横过道路，应当避让。

第四十八条　机动车载物应当符合核定的载质量，严禁超载；载物的长、宽、高不得违反装载要求，不得遗洒、飘散载运物。

机动车运载超限的不可解体的物品，影响交通安全的，应当按照公安机关交通管理部门指定的时间、路线、速度行驶，悬挂明显标志。在公路上运载超限的不可解体的物品，并应当依照公路法的规定执行。

机动车载运爆炸物品、易燃易爆化学物品以及剧毒、放射性等危险物品，应当经公安机关批准后，按指定的时间、路线、速度行驶，悬挂警示标志并采取必要的安全措施。

第四十九条　机动车载人不得超过核定的人数，客运机动车不得违反规定载货。

第五十条　禁止货运机动车载客。

货运机动车需要附载作业人员的，应当设置保护作业人员的安全措施。

第五十一条 机动车行驶时，驾驶人、乘坐人员应当按规定使用安全带，摩托车驾驶人及乘坐人员应当按规定戴安全头盔。

第五十二条 机动车在道路上发生故障，需要停车排除故障时，驾驶人应当立即开启危险报警闪光灯，将机动车移至不妨碍交通的地方停放；难以移动的，应当持续开启危险报警闪光灯，并在来车方向设置警告标志等措施扩大示警距离，必要时迅速报警。

第五十三条 警车、消防车、救护车、工程救险车执行紧急任务时，可以使用警报器、标志灯具；在确保安全的前提下，不受行驶路线、行驶方向、行驶速度和信号灯的限制，其他车辆和行人应当让行。

警车、消防车、救护车、工程救险车非执行紧急任务时，不得使用警报器、标志灯具，不享有前款规定的道路优先通行权。

第五十四条 道路养护车辆、工程作业车进行作业时，在不影响过往车辆通行的前提下，其行驶路线和方向不受交通标志、标线限制，过往车辆和人员应当注意避让。

洒水车、清扫车等机动车应当按照安全作业标准作业；在不影响其他车辆通行的情况下，可以不受车辆分道行驶的限制，但是不得逆向行驶。

第五十五条 高速公路、大中城市中心城区内的道路，禁止拖拉机通行。其他禁止拖拉机通行的道路，由省、自治区、直辖市人民政府根据当地实际情况规定。

在允许拖拉机通行的道路上，拖拉机可以从事货运，但是不得用于载人。

第五十六条 机动车应当在规定地点停放。禁止在人行道上停放机动车；但是，依照本法第三十三条规定施划的停车泊位除外。

在道路上临时停车的，不得妨碍其他车辆和行人通行。

第三节 非机动车通行规定

第五十七条 驾驶非机动车在道路上行驶应当遵守有关交通安全的规定。非机动车应当在非机动车道内行驶；在没有非机动车道的道路上，应当靠车行道的右侧行驶。

第五十八条 残疾人机动轮椅车、电动自行车在非机动车道内行驶时，最高时速不得超过十五公里。

第五十九条 非机动车应当在规定地点停放。未设停放地点的，非机动车停放不得妨碍其他车辆和行人通行。

第六十条 驾驭畜力车，应当使用驯服的牲畜；驾驭畜力车横过道路时，驾驭人应当下车牵引牲畜；驾驭人离开车辆时，应当拴系牲畜。

第四节 行人和乘车人通行规定

第六十一条 行人应当在人行道内行走，没有人行道的靠路边行走。

第六十二条 行人通过路口或者横过道路，应当走人行横道或者过街设施；通过有交通信号灯的人行横道，应当按照交通信号灯指示通行；通过没有交通信号灯、人行横道的路口，或者在没有过街设施的路段横过道路，应当在确认安全后通过。

第六十三条 行人不得跨越、倚坐道路隔离设施，不得扒车、强行拦车或者实施妨碍道路交通安全的其他行为。

第六十四条 学龄前儿童以及不能辨认或者不能控制自己行为的精神疾病患者、智力障碍者在道路上通行，应当由其监护人、监护人委托的人或者对其负有管理、保护职责的人带领。

盲人在道路上通行，应当使用盲杖或者采取其他导盲手段，车辆应当避让盲人。

第六十五条 行人通过铁路道口时，应当按照交通信号或者管理人员的指挥通行；没有交通信号和管理人员的，应当在确认无火车驶临后，迅速通过。

第六十六条　乘车人不得携带易燃易爆等危险物品，不得向车外抛洒物品，不得有影响驾驶人安全驾驶的行为。

第五节　高速公路的特别规定

第六十七条　行人、非机动车、拖拉机、轮式专用机械车、铰接式客车、全挂拖斗车以及其他设计最高时速低于七十公里的机动车，不得进入高速公路。高速公路限速标志标明的最高时速不得超过一百二十公里。

第六十八条　机动车在高速公路上发生故障时，应当依照本法第五十二条的有关规定办理；但是，警告标志应当设置在故障车来车方向一百五十米以外，车上人员应当迅速转移到右侧路肩上或者应急车道内，并且迅速报警。

机动车在高速公路上发生故障或者交通事故，无法正常行驶的，应当由救援车、清障车拖曳、牵引。

第六十九条　任何单位、个人不得在高速公路上拦截检查行驶的车辆，公安机关的人民警察依法执行紧急公务除外。

第五章　交通事故处理

第七十条　在道路上发生交通事故，车辆驾驶人应当立即停车，保护现场；造成人身伤亡的，车辆驾驶人应当立即抢救受伤人员，并迅速报告执勤的交通警察或者公安机关交通管理部门。因抢救受伤人员变动现场的，应当标明位置。乘车人、过往车辆驾驶人、过往行人应当予以协助。

在道路上发生交通事故，未造成人身伤亡，当事人对事实及成因无争议的，可以即行撤离现场，恢复交通，自行协商处理损害赔偿事宜；不即行撤离现场的，应当迅速报告执勤的交通警察或者公安机关交通管理部门。

在道路上发生交通事故，仅造成轻微财产损失，并且基本事实清楚的，当事人应当先撤离现场再进行协商处理。

第七十一条　车辆发生交通事故后逃逸的，事故现场目击人员和其他知情人员应当向公安机关交通管理部门或者交通警察举报。举报属实的，公安机关交通管理部门应当给予奖励。

第七十二条　公安机关交通管理部门接到交通事故报警后，应当立即派交通警察赶赴现场，先组织抢救受伤人员，并采取措施，尽快恢复交通。

交通警察应当对交通事故现场进行勘验、检查，收集证据；因收集证据的需要，可以扣留事故车辆，但是应当妥善保管，以备核查。

对当事人的生理、精神状况等专业性较强的检验，公安机关交通管理部门应当委托专门机构进行鉴定。鉴定结论应当由鉴定人签名。

第七十三条　公安机关交通管理部门应当根据交通事故现场勘验、检查、调查的情况和有关的检验、鉴定结论，及时制作交通事故认定书，作为处理交通事故的证据。交通事故认定书应当载明交通事故的基本事实、成因和当事人的责任，并送达当事人。

第七十四条　对交通事故损害赔偿的争议，当事人可以请求公安机关交通管理部门调解，也可以直接向人民法院提起民事诉讼。

经公安机关交通管理部门调解，当事人未达成协议或者调解书生效后不履行的，当事人可以向人民法院提起民事诉讼。

第七十五条　医疗机构对交通事故中的受伤人员应当及时抢救，不得因抢救费用未及时支付而拖延救治。肇事车辆参加机动车第三者责任强制保险的，由保险公司在责任限额范围内支付抢救费用；抢救费用超过责任限额的，未参加机动车第三者责任强制保险或者肇事后逃逸的，由道路交通事故社会救助基金先行垫付部分或者全部抢救费用，道路交通事故社会救助基金管理机构有权向交通事故责任人追偿。

第七十六条　机动车发生交通事故造成人身伤亡、财产损失的，由保险公司在机动车第三者责任强制保险责任限额范围内予以赔偿。不足的部分，按照下列方式承担赔偿责任：

（一）机动车之间发生交通事故的，由有过错的一方承担责任；双方都有过错的，按照各自过错的比例分担责任。

（二）机动车与非机动车驾驶人、行人之间发生交通事故，非机动车驾驶人、行人没有过错的，由机动车一方承担责任；有证据证明非机动车驾驶人、行人有过错的，根据过错程度适当减轻机动车一方的责任。机动车一方没有过错的，承担不超过百分之十的赔偿责任。

交通事故的损失是由非机动车驾驶人、行人故意碰撞机动车造成的，机动车一方不承担赔偿责任。

第七十七条　车辆在道路以外通行时发生的事故，公安机关交通管理部门接到报案的，参照本法有关规定办理。

第六章　执法监督

第七十八条　公安机关交通管理部门应当加强对交通警察的管理，提高交通警察的素质和管理道路交通的水平。

公安机关交通管理部门应当对交通警察进行法制和交通安全管理业务培训、考核。交通警察经考核不合格的，不得上岗执行职务。

第七十九条　公安机关交通管理部门及其交通警察实施道路交通安全管理，应当依据法定的职权和程序，简化办事手续，做到公正、严格、文明、高效。

第八十条　交通警察执行职务时，应当按照规定着装，佩戴人民警察标志，持有人民警察证件，保持警容严整，举止端庄，指挥规范。

第八十一条　依照本法发放牌证等收取工本费，应当严格执行国务院价格主管部门核定的收费标准，并全部上缴国库。

第八十二条　公安机关交通管理部门依法实施罚款的行政处罚，应当依照有关法律、行政法规的规定，实施罚款决定与罚款收缴分离；收缴的罚款以及依法没收的违法所得，应当全部上缴国库。

第八十三条　交通警察调查处理道路交通安全违法行为和交通事故，有下列情形之一的，应当回避：

（一）是本案的当事人或者当事人的近亲属。

（二）本人或者其近亲属与本案有利害关系。

（三）与本案当事人有其他关系，可能影响案件的公正处理。

第八十四条　公安机关交通管理部门及其交通警察的行政执法活动，应当接受行政监察机关依法实施的监督。

公安机关督察部门应当对公安机关交通管理部门及其交通警察执行法律、法规和遵守纪律的情况依法进行监督。

上级公安机关交通管理部门应当对下级公安机关交通管理部门的执法活动进行监督。

第八十五条　公安机关交通管理部门及其交通警察执行职务，应当自觉接受社会和公民的监督。

任何单位和个人都有权对公安机关交通管理部门及其交通警察不严格执法以及违法违纪行为进行检举、控告。收到检举、控告的机关，应当依据职责及时查处。

第八十六条　任何单位不得给公安机关交通管理部门下达或者变相下达罚款指标；公安机关交通管理部门不得以罚款数额作为考核交通警察的标准。

公安机关交通管理部门及其交通警察对超越法律、法规规定的指令，有权拒绝执行，并同时向上级机关报告。

第七章　法　律　责　任

第八十七条　公安机关交通管理部门及其交通警察对道路交通安全违法行为，应当及时纠正。

公安机关交通管理部门及其交通警察应当依据事实和本法的有关规定对道路交通安全违法行为予以处罚。对于情节轻微，未影响道路通行的，指出违法行为，给予口头警告后放行。

第八十八条　对道路交通安全违法行为的处罚种类包括：警告、罚款、暂扣或者吊销机动车驾驶证、拘留。

第八十九条　行人、乘车人、非机动车驾驶人违反道路交通安全法律、法规关于道路通行规定的，处警告或者五元以上五十元以下罚款；非机动车驾驶人拒绝接受罚款处罚的，可以扣留其非机动车。

第九十条　机动车驾驶人违反道路交通安全法律、法规关于道路通行规定的，处警告或者二十元以上二百元以下罚款。本法另有规定的，依照规定处罚。

第九十一条　饮酒后驾驶机动车的，处暂扣六个月机动车驾驶证，并处一千元以上二千元以下罚款。因饮酒后驾驶机动车被处罚，再次饮酒后驾驶机动车的，处十日以下拘留，并处一千元以上二千元以下罚款，吊销机动车驾驶证。

醉酒后驾驶机动车的，由公安机关交通管理部门约束至酒醒，吊销机动车驾驶证，依法追究刑事责任；五年内不得重新取得机动车驾驶证。

饮酒后驾驶营运机动车的，处十五日拘留，并处五千元罚款，吊销机动车驾驶证，五年内不得重新取得机动车驾驶证。

醉酒后驾驶营运机动车的，由公安机关交通管理部门约束至酒醒，吊销机动车驾驶证，依法追究刑事责任；十年内不得重新取得机动车驾驶证，重新取得机动车驾驶证后，不得驾驶营运机动车。

饮酒后或者醉酒驾驶机动车发生重大交通事故，构成犯罪的，依法追究刑事责任，并由公安机关交通管理部门吊销机动车驾驶证，终生不得重新取得机动车驾驶证。

第九十二条　公路客运车辆载客超过额定乘员的，处二百元以上五百元以下罚款；超过额定乘员百分之二十或者违反规定载货的，处五百元以上二千元以下罚款。

货运机动车超过核定载质量的，处二百元以上五百元以下罚款；超过核定载质量百分之三十或者违反规定载客的，处五百元以上二千元以下罚款。

有前两款行为的，由公安机关交通管理部门扣留机动车至违法状态消除。

运输单位的车辆有本条第一款、第二款规定的情形，经处罚不改的，对直接负责的主管人员处二千元以上五千元以下罚款。

第九十三条　对违反道路交通安全法律、法规关于机动车停放、临时停车规定的，可以指出违法行为，并予以口头警告，令其立即驶离。

机动车驾驶人不在现场或者虽在现场但拒绝立即驶离，妨碍其他车辆、行人通行的，处二十元以上二百元以下罚款,并可以将该机动车拖移至不妨碍交通的地点或者公安机关交通管理部门指定的地点停放。公安机关交通管理部门拖车不得向当事人收取费用,并应当及时告知当事人停放地点。

因采取不正确的方法拖车造成机动车损坏的,应当依法承担补偿责任。

第九十四条 机动车安全技术检验机构实施机动车安全技术检验超过国务院价格主管部门核定的收费标准收取费用的,退还多收取的费用,并由价格主管部门依照《中华人民共和国价格法》的有关规定给予处罚。

机动车安全技术检验机构不按照机动车国家安全技术标准进行检验,出具虚假检验结果的,由公安机关交通管理部门处所收检验费用五倍以上十倍以下罚款,并依法撤销其检验资格;构成犯罪的,依法追究刑事责任。

第九十五条 上道路行驶的机动车未悬挂机动车号牌,未放置检验合格标志、保险标志,或者未随车携带行驶证、驾驶证的,公安机关交通管理部门应当扣留机动车,通知当事人提供相应的牌证、标志或者补办相应手续,并可以依照本法第九十条的规定予以处罚。当事人提供相应的牌证、标志或者补办相应手续的,应当及时退还机动车。

故意遮挡、污损或者不按规定安装机动车号牌的,依照本法第九十条的规定予以处罚。

第九十六条 伪造、变造或者使用伪造、变造的机动车登记证书、号牌、行驶证、驾驶证的,由公安机关交通管理部门予以收缴,扣留该机动车,处十五日以下拘留,并处二千元以上五千元以下罚款;构成犯罪的,依法追究刑事责任。

伪造、变造或者使用伪造、变造的检验合格标志、保险标志的,由公安机关交通管理部门予以收缴,扣留该机动车,处十日以下拘留,并处一千元以上三千元以下罚款;构成犯罪的,依法追究刑事责任。

使用其他车辆的机动车登记证书、号牌、行驶证、检验合格标志、保险标志的,由公安机关交通管理部门予以收缴,扣留该机动车,处二千元以上五千元以下罚款。

当事人提供相应的合法证明或者补办相应手续的,应当及时退还机动车。

第九十七条 非法安装警报器、标志灯具的,由公安机关交通管理部门强制拆除,予以收缴,并处二百元以上二千元以下罚款。

第九十八条 机动车所有人、管理人未按照国家规定投保机动车第三者责任强制保险的,由公安机关交通管理部门扣留车辆至依照规定投保后,并处依照规定投保最低责任限额应缴纳的保险费的二倍罚款。

依照前款缴纳的罚款全部纳入道路交通事故社会救助基金。具体办法由国务院规定。

第九十九条 有下列行为之一的,由公安机关交通管理部门处二百元以上二千元以下罚款:

(一)未取得机动车驾驶证、机动车驾驶证被吊销或者机动车驾驶证被暂扣期间驾驶机动车的。

(二)将机动车交由未取得机动车驾驶证或者机动车驾驶证被吊销、暂扣的人驾驶的。

(三)造成交通事故后逃逸,尚不构成犯罪的。

(四)机动车行驶超过规定时速百分之五十的。

(五)强迫机动车驾驶人违反道路交通安全法律、法规和机动车安全驾驶要求驾驶机动车,造成交通事故,尚不构成犯罪的。

(六)违反交通管制的规定强行通行,不听劝阻的。

(七)故意损毁、移动、涂改交通设施,造成危害后果,尚不构成犯罪的。

(八)非法拦截、扣留机动车辆,不听劝阻,造成交通严重阻塞或者较大财产损失的。

行为人有前款第二项、第四项情形之一的，可以并处吊销机动车驾驶证；有第一项、第三项、第五项至第八项情形之一的，可以并处十五日以下拘留。

第一百条　驾驶拼装的机动车或者已达到报废标准的机动车上道路行驶的，公安机关交通管理部门应当予以收缴，强制报废。

对驾驶前款所列机动车上道路行驶的驾驶人，处二百元以上二千元以下罚款，并吊销机动车驾驶证。

出售已达到报废标准的机动车的，没收违法所得，处销售金额等额的罚款，对该机动车依照本条第一款的规定处理。

第一百零一条　违反道路交通安全法律、法规的规定，发生重大交通事故，构成犯罪的，依法追究刑事责任，并由公安机关交通管理部门吊销机动车驾驶证。

造成交通事故后逃逸的，由公安机关交通管理部门吊销机动车驾驶证，且终生不得重新取得机动车驾驶证。

第一百零二条　对六个月内发生二次以上特大交通事故负有主要责任或者全部责任的专业运输单位，由公安机关交通管理部门责令消除安全隐患，未消除安全隐患的机动车，禁止上道路行驶。

第一百零三条　国家机动车产品主管部门未按照机动车国家安全技术标准严格审查，许可不合格机动车型投入生产的，对负有责任的主管人员和其他直接责任人员给予降级或者撤职的行政处分。

机动车生产企业经国家机动车产品主管部门许可生产的机动车型，不执行机动车国家安全技术标准或者不严格进行机动车成品质量检验，致使质量不合格的机动车出厂销售的，由质量技术监督部门依照《中华人民共和国产品质量法》的有关规定给予处罚。

擅自生产、销售未经国家机动车产品主管部门许可生产的机动车型的，没收非法生产、销售的机动车成品及配件，可以并处非法产品价值三倍以上五倍以下罚款；有营业执照的，由工商行政管理部门吊销营业执照，没有营业执照的，予以查封。

生产、销售拼装的机动车或者生产、销售擅自改装的机动车的，依照本条第三款的规定处罚。

有本条第二款、第三款、第四款所列违法行为，生产或者销售不符合机动车国家安全技术标准的机动车，构成犯罪的，依法追究刑事责任。

第一百零四条　未经批准，擅自挖掘道路、占用道路施工或者从事其他影响道路交通安全活动的，由道路主管部门责令停止违法行为，并恢复原状，可以依法给予罚款；致使通行的人员、车辆及其他财产遭受损失的，依法承担赔偿责任。

有前款行为，影响道路交通安全活动的，公安机关交通管理部门可以责令停止违法行为，迅速恢复交通。

第一百零五条　道路施工作业或者道路出现损毁，未及时设置警示标志、未采取防护措施，或者应当设置交通信号灯、交通标志、交通标线而没有设置或者应当及时变更交通信号灯、交通标志、交通标线而没有及时变更，致使通行的人员、车辆及其他财产遭受损失的，负有相关职责的单位应当依法承担赔偿责任。

第一百零六条　在道路两侧及隔离带上种植树木、其他植物或者设置广告牌、管线等，遮挡路灯、交通信号灯、交通标志，妨碍安全视距的，由公安机关交通管理部门责令行为人排除妨碍；拒不执行的，处二百元以上二千元以下罚款，并强制排除妨碍，所需费用由行为人负担。

第一百零七条　对道路交通违法行为人予以警告、二百元以下罚款，交通警察可以当场做出行政处罚决定，并出具行政处罚决定书。

行政处罚决定书应当载明当事人的违法事实、行政处罚的依据、处罚内容、时间、地点以及处罚机关名称，并由执法人员签名或者盖章。

第一百零八条　当事人应当自收到罚款的行政处罚决定书之日起十五日内，到指定的银行缴纳罚款。

对行人、乘车人和非机动车驾驶人的罚款，当事人无异议的，可以当场予以收缴罚款。

罚款应当开具省、自治区、直辖市财政部门统一制发的罚款收据；不出具财政部门统一制发的罚款收据的，当事人有权拒绝缴纳罚款。

第一百零九条　当事人逾期不履行行政处罚决定的，做出行政处罚决定的行政机关可以采取下列措施：

（一）到期不缴纳罚款的，每日按罚款数额的百分之三加处罚款。

（二）申请人民法院强制执行。

第一百一十条　执行职务的交通警察认为应当对道路交通违法行为人给予暂扣或者吊销机动车驾驶证处罚的，可以先予扣留机动车驾驶证，并在二十四小时内将案件移交公安机关交通管理部门处理。

道路交通违法行为人应当在十五日内到公安机关交通管理部门接受处理。无正当理由逾期未接受处理的，吊销机动车驾驶证。

公安机关交通管理部门暂扣或者吊销机动车驾驶证的，应当出具行政处罚决定书。

第一百一十一条　对违反本法规定予以拘留的行政处罚，由县、市公安局、公安分局或者相当于县一级的公安机关裁决。

第一百一十二条　公安机关交通管理部门扣留机动车、非机动车，应当当场出具凭证，并告知当事人在规定期限内到公安机关交通管理部门接受处理。

公安机关交通管理部门对被扣留的车辆应当妥善保管，不得使用。

逾期不来接受处理，并且经公告三个月仍不来接受处理的，对扣留的车辆依法处理。

第一百一十三条　暂扣机动车驾驶证的期限从处罚决定生效之日起计算；处罚决定生效前先予扣留机动车驾驶证的，扣留一日折抵暂扣期限一日。

吊销机动车驾驶证后重新申请领取机动车驾驶证的期限，按照机动车驾驶证管理规定办理。

第一百一十四条　公安机关交通管理部门根据交通技术监控记录资料，可以对违法的机动车所有人或者管理人依法予以处罚。对能够确定驾驶人的，可以依照本法的规定依法予以处罚。

第一百一十五条　交通警察有下列行为之一的，依法给予行政处分：

（一）为不符合法定条件的机动车发放机动车登记证书、号牌、行驶证、检验合格标志的。

（二）批准不符合法定条件的机动车安装、使用警车、消防车、救护车、工程救险车的警报器、标志灯具，喷涂标志图案的。

（三）为不符合驾驶许可条件、未经考试或者考试不合格人员发放机动车驾驶证的。

（四）不执行罚款决定与罚款收缴分离制度或者不按规定将依法收取的费用、收缴的罚款及没收的违法所得全部上缴国库的。

（五）举办或者参与举办驾驶学校或者驾驶培训班、机动车修理厂或者收费停车场等经营活动的。

（六）利用职务上的便利收受他人财物或者谋取其他利益的。

（七）违法扣留车辆、机动车行驶证、驾驶证、车辆号牌的。

（八）使用依法扣留的车辆的。

（九）当场收取罚款不开具罚款收据或者不如实填写罚款额的。

（十）徇私舞弊，不公正处理交通事故的。

（十一）故意刁难，拖延办理机动车牌证的。

（十二）非执行紧急任务时使用警报器、标志灯具的。

（十三）违反规定拦截、检查正常行驶的车辆的。

（十四）非执行紧急公务时拦截搭乘机动车的。

（十五）不履行法定职责的。

公安机关交通管理部门有前款所列行为之一的，对直接负责的主管人员和其他直接责任人员给予相应的行政处分。

第一百一十六条 依照本法第一百一十五条的规定，给予交通警察行政处分的，在做出行政处分决定前，可以停止其执行职务；必要时，可以予以禁闭。

依照本法第一百一十五条的规定，交通警察受到降级或者撤职行政处分的，可以予以辞退。

交通警察受到开除处分或者被辞退的，应当取消警衔；受到撤职以下行政处分的交通警察，应当降低警衔。

第一百一十七条 交通警察利用职权非法占有公共财物，索取、收受贿赂，或者滥用职权、玩忽职守，构成犯罪的，依法追究刑事责任。

第一百一十八条 公安机关交通管理部门及其交通警察有本法第一百一十五条所列行为之一，给当事人造成损失的，应当依法承担赔偿责任。

第八章 附 则

第一百一十九条 本法中下列用语的含义：

（一）"道路"，是指公路、城市道路和虽在单位管辖范围但允许社会机动车通行的地方，包括广场、公共停车场等用于公众通行的场所。

（二）"车辆"，是指机动车和非机动车。

（三）"机动车"，是指以动力装置驱动或者牵引，上道路行驶的供人员乘用或者用于运送物品以及进行工程专项作业的轮式车辆。

（四）"非机动车"，是指以人力或者畜力驱动，上道路行驶的交通工具，以及虽有动力装置驱动但设计最高时速、空车质量、外形尺寸符合有关国家标准的残疾人机动轮椅车、电动自行车等交通工具。

（五）"交通事故"，是指车辆在道路上因过错或者意外造成的人身伤亡或者财产损失的事件。

第一百二十条 中国人民解放军和中国人民武装警察部队在编机动车牌证、在编机动车检验以及机动车驾驶人考核工作，由中国人民解放军、中国人民武装警察部队有关部门负责。

第一百二十一条 对上道路行驶的拖拉机，由农业（农业机械）主管部门行使本法第八条、第九条、第十三条、第十九条、第二十三条规定的公安机关交通管理部门的管理职权。

农业（农业机械）主管部门依照前款规定行使职权，应当遵守本法有关规定，并接受公安机关交通管理部门的监督；对违反规定的，依照本法有关规定追究法律责任。

本法施行前由农业（农业机械）主管部门发放的机动车牌证，在本法施行后继续有效。

第一百二十二条 国家对入境的境外机动车的道路交通安全实施统一管理。

第一百二十三条 省、自治区、直辖市人民代表大会常务委员会可以根据本地区的实际情况，在本法规定的罚款幅度内，规定具体的执行标准。

第一百二十四条 本法自2004年5月1日起施行。

附录 B 道路交通标志

警 告 标 志

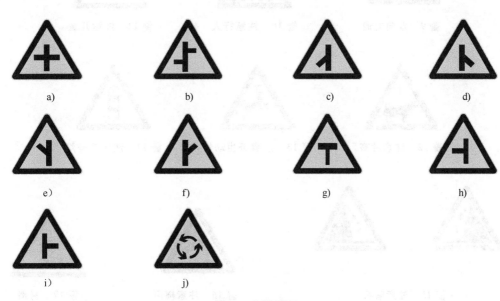

警 1 交叉路口

警 2 急弯路　　　　　　　　　　警 3 反向弯路

警 4 连续弯路　　警 5 连续下坡　　　　　警 6 陡坡

警 7 窄路　　　　　　　　　　　警 8 窄桥

警9 双向交通
 警10 注意行人
 警11 注意儿童

 警12 注意牲畜
 警13 注意野生动物
 警14 注意信号灯

 a)
 b)

警15 注意落石

 警16 注意横风
 警17 易滑

 a)
 b)

警18 傍山险路

 a)
 b)

警19 堤坝路

 警20 村庄
 警21 隧道
 警22 渡口
 警23 驼峰桥

 警24 路面不平
 警25 路面高凸
 警26 路面低洼
 警27 过水路面

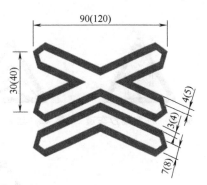

警28　有人看守铁道路口　　警29　无人看守铁道路口　　警30　叉形符合（单位：cm）

警31　斜杠符号（单位：cm）

警32　注意非机动车　　警33　注意残疾人　　警34　事故易发路段　　警35　慢行

a) 左右绕行　　　　b) 左侧绕行　　　　c) 右侧绕行
警36　注意障碍物　　　　　　　　　　　　　　　警37　注意危险

警38　施工　　　　警39　建议速度　　　　警40　隧道开车灯

警41　注意潮汐车道　　警42　注意保持车距　　a) 十字平面交叉　　b) 丁字平面交叉

警43　注意分离式道路

a)　　　　b)

警44　注意合流

a)　　　　　　　　b)　　　　　　　　c)

警45　避险车道

警46　注意车辆排队

a) 注意路面结冰　　b) 注意雨(雪)天　　c) 注意雾天　　d) 注意不利气象条件

警47　注意路面结冰、注意雨(雪)天、注意雾天、注意不利气象条件

禁令标志

 禁1　禁止通行
 禁2　减速让行
 禁3　会车让行
 禁4　禁止通行

 禁5　禁止驶入
 禁6　禁止机动车驶入
 禁7　禁止载货汽车驶入
 禁8　禁止电动三轮车驶入

 禁9　禁止大型客车驶入
 禁10　禁止小型客车驶入
 禁11　禁止挂车、半挂车驶入
 禁12　禁止拖拉机驶入

 禁13　禁止三轮汽车、低速货车驶入
 禁14　禁止摩托车驶入
 禁15　禁止某两种车驶入
 禁16　禁止非机动车驶入

 禁17　禁止畜力车驶入
 禁18　禁止人力客运三轮车驶入
 禁19　禁止人力货运三轮车驶入
 禁20　禁止人力车进入

 禁21　禁止行人进入
 禁22　禁止向左转弯
 禁23　禁止向右转弯
 禁24　禁止直行

禁25 禁止向左向右转弯
 禁26 禁止直行和向左转弯
 禁27 禁止直行和向右转弯
 禁28 禁止掉头

 禁29 禁止超车
 禁30 解除禁止超车
 禁31 禁止停车
 禁32 禁止长时间停车

 禁33 禁止鸣喇叭
 禁34 限制宽度
 禁35 限制高度
 禁36 限制质量

 禁37 限制轴重
 禁38 限制速度
 禁39 解除限制速度
 禁40 停车检查

 禁41 禁止运输危险物品车辆驶入
 禁42 海关
 禁43 区域限制速度
 禁44 区域限制速度解除

 禁45 区域禁止长时停车
 禁46 区域禁止长时停车解除
 禁47 区域禁止停车
 禁48 区域禁止停车解除

指示标志

 示1 直行
 示2 向左转弯
 示3 向右转弯
 示4 直行和向左转弯

 示5 直行和向右转弯
 示6 向左和向右转弯
 示7 靠右侧道路行驶
 示8 靠左侧道路行驶

 示9 立体交叉直行和左转弯行驶
 示10 立体交叉直行和右转弯行驶
 示11 环岛行驶
 示12 单行路（向左或向右）

 示13 单行路（直行）
 示14 步行
 示15 鸣喇叭
 示16 最低限速

 示17 路口优先通行
 示18 会车先行
 示19 人行横道
 示20 右转车道

 示21 左转车道
 示22 直行车道
 示23 直行和右转合用车道
 示24 直行和左转合用车道

示 25　掉头车道　　示 26　掉头和左转合用车道　　示 27　分向行驶车道

示 28　公交线路专用车道　　示 29　机动车行驶　　示 30　机动车车道

示 31　非机动车行驶　　示 32　非机动车车道

示 33　快速公交系统专用车道　　示 34　多乘员车辆专用车道

a)　　　b)　　　c)　　　d)

示 35　停车位

示 36　允许掉头

指 路 标 志

a)   b)

路 1   四车道及以上公路交叉路口预告

a)   b)

路 2   大交通量的四车道以上公路交叉路口预告

a)   b)

路 3   箭头杆上标识公路编号、道路名称的公路交叉路口预告

a)   b)

c)   d)

路 4   十字交叉路口

a)   b)   c)

路 5   丁字交叉路口

d) e)

路 5　丁字交叉路口（续）

路 6　Y型交叉路口　　　　路 7　环形交叉路口

a) b)

路 8　互通式立体交叉

a)　　b)

路 9　分岔处　　　路 10　国道编号　　　路 11　省道编号

路 12　县道编号　　　路 13　乡道编号

a)　　b)　　c)　　d)

路 14　街道名称

路15　路名牌　　　　　　　　路16　地点距离

路17　地名　　　　　　　　　路18　著名地点

路19　行政区划分界　　　　　路20　道路管理分界

a)

b)

c)

路21　地点识别

a)

b)

路22　停车场　　　　　　　　路23　错车道

路24　人行天桥　　　路25　人行地下通道　　　路26　残疾人专用设施

a)　　　　　　　　b)

路 27　观景台

　　　　　　　　　　　　　a)　　　　　b)

路 28　应急避难设施（场所）　　路 29　休息区

a)　　　　　　　b)　　　　　　　c)

路 30　绕行

　　　　　　　　　　　a)　　　　　b)

路 31　此路不通　　路 32　车道数变少

路 33　车道数增加　　路 34　交通监控设备

　　　a)　　　　　　　　　b)

路 35　隧道出口距离预告　　　　　　　　路 36　基本单元

路 37　组合使用　　　　　　　　　　　路 38　两侧通行

路 39　右侧通行　　　　　路 40　左侧通行

　a)　　　　　　b)　　　　　　c)　　　　　　d)

路 41　入口预告

a) 不带编号标识的地点、方向　　　　　b) 带编号标识的地点、方向

路 42　地点、方向

路 43　编号

路 44　命名编号

路 45　路名

路 46　地点距离

 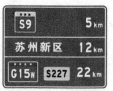 

路 47　城市区域多个出口时的地点距离

路 48　下一出口预告

路 49　出口编号

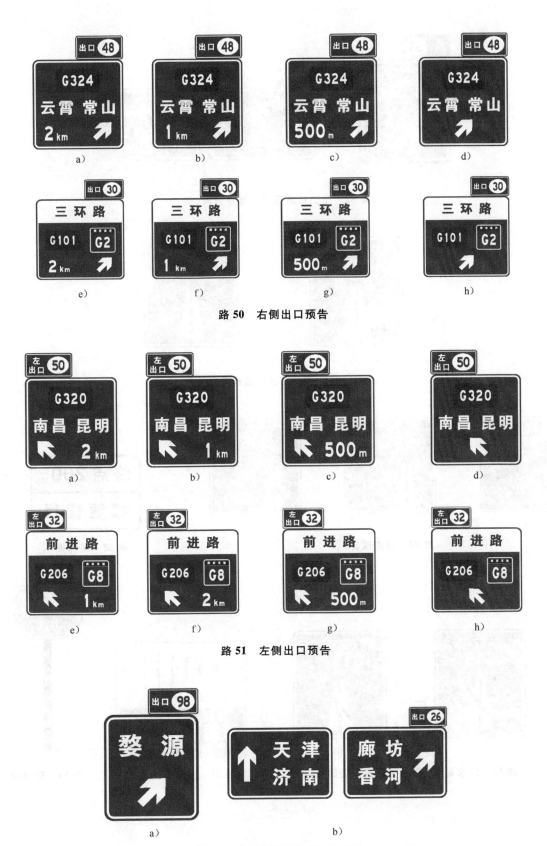

路 50　右侧出口预告

路 51　左侧出口预告

路 52　出口标志及出口地点方向

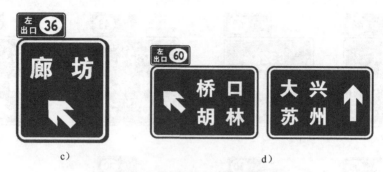

路 52　出口标志及出口地点方向（续）

路 53　高速公路起点

路 54　终点预告　　　　　　　路 55　终点提示

路 56　国家高速公路、省级高速公路终点　　路 57　道路交通信息　　路 58　里程牌

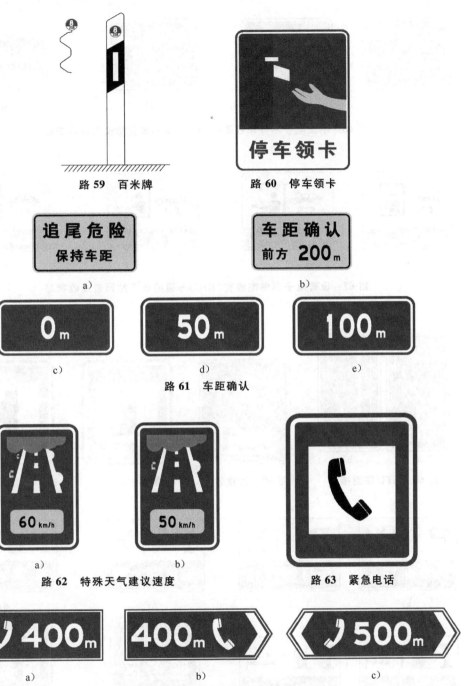

路 59　百米牌

路 60　停车领卡

路 61　车距确认

路 62　特殊天气建议速度

路 63　紧急电话

路 64　电话位置指示

路 65　救援电话

a) b) c) d)

路 66　不设电子不停车收费（ETC）车道的收费站预告及收费站

a) b) c) d)

路 67　设有电子不停车收费（ETC）车道的收费站预告及收费站

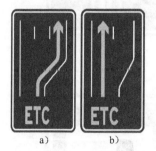   

路 68　ETC 车道指示　　路 69　计重收费　　路 70　加油站　　路 71　紧急停车带

a) b) c) d)

e) f) g) h)

路 72　服务区预告

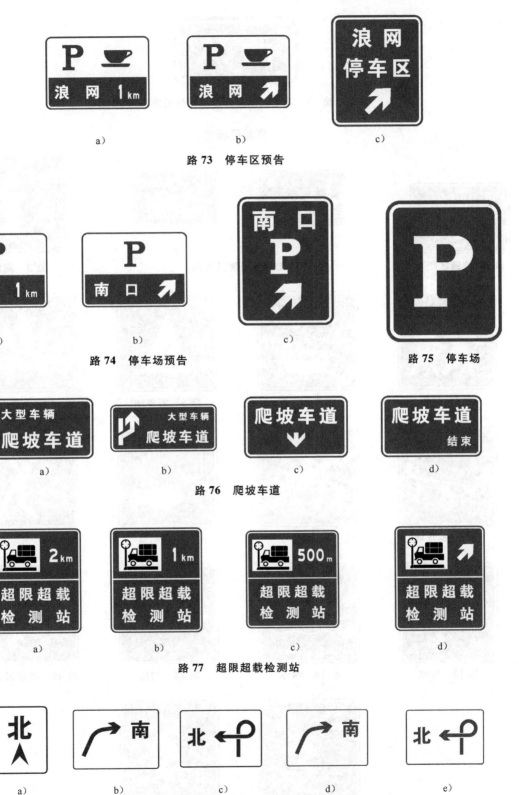

路73 停车区预告

路74 停车场预告　　路75 停车场

路76 爬坡车道

路77 超限超载检测站

路78 设置在指路标志版面中的方向

路79 设置在指路标志版面外的方向

旅游区标志

旅1　旅游区距离

a)

b)

旅2　旅游区方向

旅3　问讯处

旅4　徒步

旅5　索道

旅6　野营地

旅7　营火

旅8　游戏场

旅9　骑马

旅10　钓鱼

旅11　高尔夫球

旅12　潜水

旅13　游泳

旅14　划船

旅15　冬季游览区

旅16　滑雪

旅17　滑冰

辅 助 标 志

a)

b)

辅1　时间范围

辅2　除公共汽车外

辅3　机动车

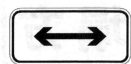

辅4　货车

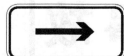

辅5　货车、拖拉机

辅6　私人专属

a)

b)

c)

d)

e)

f)

g)　　　　　　h)

辅7　行驶方向标志

辅8　向前 200m

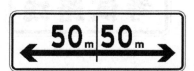

辅9　向左 100m　　　辅10　向左、向右各 50m

辅11　向右100m	辅12　某区域	辅13　距离某地200m
辅14　长度	辅15　学校	辅16　海关
辅17　事故	辅18　塌方	辅19　教练车行驶路线
辅20　驾驶考试路	辅21　校车停靠站点	辅22　组合辅助

参考文献

[1] 裴玉龙, 王炜. 道路交通事故成因及预防对策 [M]. 北京: 科学出版社, 2004.
[2] 刘运通. 道路交通安全指南 [M]. 北京: 人民交通出版社, 2004.
[3] 王文武, 李迁生. 高速公路安全管理 [M]. 北京: 人民交通出版社, 2001.
[4] 王昆元, 陈文均, 等. 道路交通运输安全管理 [M]. 北京: 机械工业出版社, 2004.
[5] 许洪国, 何彪. 道路交通事故分析与再现 [M]. 北京: 警官教育出版社, 2000.
[6] 许洪国, 等. 交通事故分析与处理 [M]. 北京: 人民交通出版社, 2003.
[7] 裴玉龙. 道路交通安全 [M]. 北京: 人民交通出版社, 2004.
[8] 过秀成. 道路交通安全学 [M]. 南京: 东南大学出版社, 2001.
[9] 任福田, 刘小明, 荣建, 等. 交通工程学 [M]. 北京: 人民交通出版社, 2002.
[10] 高延龄, 许洪国, 等. 汽车运用工程 [M]. 北京: 人民交通出版社, 2002.
[11] 刘志强, 葛如海, 龚标. 道路交通安全工程 [M]. 北京: 化学工业出版社, 2005.
[12] 肖贵平, 朱晓宁. 交通安全工程 [M]. 北京: 中国铁道出版社, 2004.
[13] 沈斐敏. 安全系统工程理论与应用 [M]. 北京: 煤炭工业出版社, 2001.
[14] 闪淳昌, 卢齐忠, 罗云. 现代安全管理原理 [M]. 北京: 中国工人出版社, 2003.
[15] 李江. 现代道路交通管理 [M]. 北京: 人民交通出版社, 2000.
[16] 魏朗, 刘浩学. 汽车安全技术概论 [M]. 北京: 人民交通出版社, 1999.
[17] 郭忠印, 方守恩, 等. 道路安全工程 [M]. 北京: 人民交通出版社, 2001.
[18] 雷兢. 道路交通事故预测及控制研究 [D]. 福州: 福州大学, 2005.
[19] 冯桂炎. 公路设计交通安全审查手册 [M]. 北京: 人民交通出版社, 2000.
[20] 段里仁. 道路交通事故概论 [M]. 北京: 中国人民公安大学出版社, 2003.
[21] 朱建安, 戴帅, 朱新宇. 电动自行车交通事故特征与安全改善对策 [J]. 城市交通, 2018 (3).
[22] 谷志杰. 车辆与驾驶员管理 [M]. 北京: 中国人民公安大学出版社, 2001.
[23] 刘志强. 中外道路交通安全状况比较分析 [J]. 北美交通信息, 2002, 13 (5).
[24] 王庆云. 交通安全: 交通可持续发展的重要环节 [J]. 综合运输, 2003 (10).
[25] 刘志强, 宫镇, 蔡东. 道路交通事故多发点鉴别 [J]. 交通运输工程学报, 2003, 3 (2).
[26] 朱兴琳, 陆秉堃. 道路交通事故多发点(段)的鉴别方法 [J]. 新疆农业大学学报, 2002, 25 (1).
[27] 陈照章, 成立, 朱淋临. 我国道路交通安全的现状及其对策 [J]. 中国安全科学学报, 2002, 12 (12).
[28] 李江. 现代道路交通管理 [M]. 北京: 人民交通出版社. 2000.
[29] 罗实贵, 周伟. 道路交通事故多发点鉴别方法探讨 [J]. 公路交通大学学报, 1999, 19 (1).
[30] 钱新明, 陈宝智. 事故致因的突变模型 [J]. 中国安全科学学报, 1995, 5 (2).
[31] 姜璐, 于连宇. 初等突变理论在社会科学中的应用 [J]. 系统工程理论与实践, 2002, 40 (10).
[32] 李智明, 师格. 证券收益的尖点突变模型 [J]. 新疆大学学报(自然科学版), 2003, 20 (2).
[33] 郭忠印, 方守恩, 等. "公路项目安全性评价规范"研究: 道路安全状况调研分析报告 [R]. 上海: 同济大学出版社, 2000.

[34] 房日荣，沈斐敏. 道路交通事故发展趋势分析与预测［J］. 中国安全生产科学技术，2012（3）.
[35] 李政. 道路交通安全评价研究［D］. 西安：长安大学，2001.
[36] 刘清. 道路交通安全等级评价与实例分析［J］. 交通科技，2001，192（3）.
[37] 刘小明，段海林. 平面交叉口交通安全评价方法研究［J］. 人类工效学，1996（4）.
[38] 刘小明，段海林. 平面交叉口交通冲突标准化技术研究［J］. 公路交通科技，1997（3）.
[39] 荣建，刘小明，任福田. 基于高速公路通行能力分析的车辆分类［J］. 中国公路学报，1999（4）.
[40] 任福田，刘小明. 鉴别危险路段方法的研究进展［J］. 中国交通工程，1998（4）.
[41] 杨佩昆. 智能交通［M］. 上海：同济大学出版社，2002.
[42] 姜华平，唐勇，李磊. 基于智能交通运输系统（ITS）的交通安全控制体系研究［J］. 中国安全科学学报，2003，13（7）.
[43] 丁东伟，刘凯，杨维国，等. 智能交通与中国的交通安全［J］. 中国安全科学学报，2002，12（6）.
[44] 张景松，刘志平. 我国道路交通安全现状分析与对策［J］. 交通科技，2003，196（1）.
[45] 夏国建，潘焕梁. 道路运输安全管理［M］. 北京：人民交通出版社，2003.
[46] 陈斌，魏庆曜，付锐. 道路安全审计应用研究［J］. 广西交通科技，2003（2）.
[47] 何树林. 谈道路交通安全立法［J］. 辽宁警察学院学报，2004（3）.
[48] 周鹏，史忠科，陈小锋. 城市交通联网控制及其多目标优化实现［J］. 控制理论与应用，2002，19（2）.
[49] 史忠科，等. 交通控制系统导论［M］. 北京：科学出版社，2003.
[50] 董长德，崔志惠. 质量、环境、职业健康安全一体化管理体系基础知识［M］. 北京：中国计量出版社，2002.
[51] 国家安全生产监督局. 安全评价［M］. 北京：煤炭工业出版社，2003.
[52] 慕庆国. Ⅱ型理论在煤炭企业安全管理中的应用［J］. 企业经济，2003（9）.
[53] 钱国超，张世庆. 企业管理信息系统的查询和安全设计［J］. 工业控制计算机，2003（12）.
[54] 王金付. 交通运输部全面推进企业安全生产标准化建设：访交通运输部安全监督司司长［J］. 交通标准化，2012（14）.
[55] 林斯潭. 交通运输企业如何建立和实施安全生产标准化体系［J］. 珠江水运，2014（12）.
[56] 孙波，宋天泳，刘继光. 辽宁省城市轨道交通运营企业安全生产标准化体系构建方案研究［J］. 科技风，2017（15）.
[57] 张翼. 电子科技企业安全生产标准化管理研究［D］. 北京：中央民族大学，2017.
[58] 邓玮曦. 企业安全生产标准化建设项目管理研究［D］. 南宁：广西大学，2012.